이것이 C++이다

강의 현장을 그대로 옮긴 C++ 입문서

지은이 **최호성** cx8537@naver.com

2016년 현재 삼성 SDS 멀티캠퍼스(현 크레듀 멀티캠퍼스)의 보안 분야 전임 교수이자 (주)프로토콜마스터 기술 이사로 재직 중이다. '개발자에게 은퇴란 없다'라는 신념으로 실무 개발과 집필, 강의에 모두 열정을 쏟고 있다. 비트 교육센터에서 C/C++ 강의를 했으며, 1992년 처음 C를 접한 후로 지금까지 C/C++를 이용한 응용 프로그램을 개발해왔다.

한국전자통신연구원과 옛 정보통신부가 주도한 온라인 게임 서버 성능 평가 시스템 등 다수의 기술 연구 용역과 국책 과제를 수행했고 SafeNET, TimeKeeper, CyberWALL 등 다수의 상용 소프트웨어를 개발했다. 윈도우 기반 보안 소프트웨어 분야에서도 다양한 개발 경험을 갖고 있다.

저서로는 『Windows MFC 정복』(가남사), 『윈도우 프로그래밍 기초/고급편』(프리렉), 『Visual C++ 2008 MFC 윈도우 프로그래밍』(프리렉), 『독하게 시작하는 C 프로그래밍』(루비페이퍼)이 있다.

이것이 C++이다 : 강의 현장을 그대로 옮긴 C++ 입문서

초판 1쇄 발행 2016년 2월 1일
초판 8쇄 발행 2023년 2월 28일

지은이 최호성 / **펴낸이** 김태헌
펴낸곳 한빛미디어(주) / **주소** 서울시 서대문구 연희로2길 62 한빛미디어(주) IT출판1부
전화 02-325-5544 / **팩스** 02-336-7124
등록 1999년 6월 24일 제25100-2017-000058호 / **ISBN** 978-89-6848-246-5 93000

총괄 배윤미 / **책임편집** 이미향 / **기획·편집** 이중민 / **교정** 김연숙 / **진행** 김선우
디자인 표지 일러스트 박현호, 표지 / 내지 강은영
영업 김형진, 장경환, 조유미 / **마케팅** 박상용, 한종진, 이행은, 고광일, 성화정 / **제작** 박성우, 김정우

이 책에 대한 의견이나 오탈자 및 잘못된 내용에 대한 수정 정보는 한빛미디어(주)의 홈페이지나 아래 이메일로 알려주십시오. 잘못된 책은 구입하신 서점에서 교환해 드립니다. 책값은 뒤표지에 표시되어 있습니다.

한빛미디어 홈페이지 www.hanbit.co.kr / 이메일 ask@hanbit.co.kr
소스 코드 www.hanbit.co.kr/src/2246 / Q/A cafe.naver.com/windev

지금 하지 않으면 할 수 없는 일이 있습니다.
책으로 펴내고 싶은 아이디어나 원고를 메일(**writer@hanbit.co.kr**)로 보내주세요.
한빛미디어(주)는 여러분의 소중한 경험과 지식을 기다리고 있습니다.

이것이 C++이다

강의 현장을 그대로 옮긴 C++ 입문서

국내 최고 C++ 명강의 | 카페를 통한 Q/A | C++11 표준 완벽 호환

최호성 지음

HB 한빛미디어
Hanbit Media, Inc.

구세대 프로그래밍 언어로 비춰지던 C++가 '모던 C++'라는 새 옷을 입었습니다. 이제 스펙만 생각한다면 신/구를 모두 아우르는 최강의 프로그래밍 언어가 된 셈입니다. 바꿔서 생각하면 배워야 할 것들이 더 늘어났다는 의미이기도 합니다. 하지만 분명한 것은 그만큼 더 강력한 언어가 되었다는 사실입니다. 언제부터인가 JAVA 개발자와 C++ 개발자는 그 시작부터가 서로 다른 길을 가는 것으로 인식됐습니다. 아무래도 C++는 시스템이나 게임 개발에 가까운 성격을 보이고 있고 일반적인 SI 개발과는 거리가 먼 환경에 적합한 언어이기 때문이 아닐까 생각합니다.

C/C++ 전문 개발자로 살아온 저로서는 아무리 환경이 변해도 이 두 언어는 지속되기를 바랄수밖에 없습니다. 높은 추상성을 바탕으로 더 나은 생산성을 제공하는 개발 환경도 좋지만 그 환경 자체를 구현해내기 위한 도구인 C/C++를 더 많은 사람들이 배우고 활용하기를 희망합니다. 윈도우 운영체제나 리눅스 운영체제만 하더라도 C/C++가 아닌 다른 언어로 개발하는 것은 아직 상상할 수 없습니다. 그럼에도 불구하고 SI 사업이 주를 이루는 국내 개발 환경의 특수성 때문에 C/C++ 개발자 숫자가 줄어드는 우리나라의 현실은 참으로 안타깝습니다.

반대로 생각하면 이제 C/C++ 분야 전문가를 희망하는 사람들이라면 분명히 교양 목적으로 C++를 배울 가능성은 많이 줄었다고 판단할 수 있습니다. 물론 학교에서 공부하는 분은 예외일 수도 있습니다. 아무튼 저는 철저히 실무자가 되려는 사람들을 고려해 이 책을 집필했습니다. 지난 20년 가까이 쌓은 경험에서 얻은 노하우를 선배 프로그래머 입장에서 이 책에 담고 싶었습니다. 그래서 20대의 제가 겪었던 실수를 독자 여러분이 다시 되풀이하지 않도록 하기 위해 노력했습니다. 물론 평가는 독자의 몫입니다. 게다가 제가 생각하지 못한 부족한 점이 눈에 보일 수도 있을 것입니다. 그럴 때는 꼭 저에게 알려주면 고맙겠습니다.

이 책을 써내려 가는 내내 진심으로 행복했습니다. 그리고 그 에너지가 독자 여러분에게도 전달됐으면 좋겠습니다. 2015년 한 해 동안 힘들었던 일도 많았지만 2016년을 맞이한 지금은 새 희망으로 가득합니다. 아마도 이 책이 저를 행복하게 만들어주지 않을까 싶습니다.

끝으로 이 책이 나오기까지 함께 산고의 고통을 나눈 이중민 과장님에게 감사의 인사를 전합니다. 제가 보지 못 했던 부분을 확인하고 다듬어주셔서 진심으로 감사합니다. 덕분에 이 책의 완성도를 한 층 더 높일 수 있었습니다. 아울러 한빛미디어 관계자 분께도 정말 감사 인사를 드립니다.

그리고 하늘나라에서 저를 지켜보실 아버지, 아직도 저 때문에 고생하시는 어머니, 늘 힘이 되어주시는 장인, 장모님께도 감사 인사를 올립니다. 언제나 건강하시고 오래오래 함께 해주시면 좋겠습니다. 또한 제가 이 책을 쓸 수 있도록 시간을 벌어준다며 조카들을 돌봐준 처남 선규와 처남댁 꽃순에게도 감사 인사를 전합니다. 정말 큰 도움이 됐습니다. 아빠가 책 쓴다고 눈치를 봐야 했던 큰 아들 우진이와 막내 주은이에게도 고맙다고 말하고 싶습니다. 마지막으로 묵묵히 제 곁을 지켜준 아내 보나에게도 고맙다고 그리고 사랑한다고 전하고 싶습니다.

감사합니다.

2016년 새해를 맞으며, 널널한 개발자 최호성

바야흐로 '앱APP'의 시대입니다. 스마트폰이 대중화된 그 순간부터 이미 예견된 것이긴 하지만 상상을 초월하는 것들이 앱으로 만들어져 활용되고 있습니다. 지금은 식상한 것이지만 나침반이나 수평계 같은 것이 소프트웨어로 구현됐을 때 다들 놀라움을 감추지 못했습니다. 단순히 컴퓨터를 들고 다니는 수준을 넘어 패러다임이 변화했음을 느꼈기 때문이겠죠.

덕분에 앱 개발자가 되고 싶어 하는 분들을 쉽게 볼 수 있습니다. 그리고 아직은 C를 첫 번째 프로그래밍 언어로 배우는 사람이 많긴 하지만 JAVA로 프로그래밍을 시작하는 경우도 눈에 띄게 늘었습니다. 그럼에도 불구하고 군이 C++를 배우려는 분들은 아직 많습니다. 게임 개발자가 되기 위해 혹은 시스템 프로그래밍 전문가가 되기 위해 C++를 선택하는 경우도 많기 때문입니다. 그러니까 적어도 JAVA가 아니라 C++를 선택한 사람은 최상위 응용 프로그램만을 생각한 프로그래밍을 하려는 것은 아님이 분명합니다.

이 책은 그런 분들을 위해 집필되었습니다. 객체지향 프로그래밍을 JAVA나 C#이 아닌 C++로 시작해야만 하는 분들, C++ 전문 프로그래머가 되기 위한 길을 선택한 분들을 위해서 말이죠. C++는 현존하는 프로그래밍 언어 중에서 가장 정교하고 복잡한 언어임에 틀림없습니다. 그렇다 보니 배우기도 까다롭고 제대로 활용하는 것도 만만치가 않습니다. 방대한 분량의 문법을 이 책 한 권으로 끝내는 것도 사실상 불가능합니다.

하지만 이 책을 통해서 제대로 된 C++가 무엇인지 확실히 배울 수 있다는 것만큼은 약속할 수 있습니다. 객체지향 프로그래밍은 조금 어렵게 느껴질 수도 있습니다. 하지만 수박 겉핥듯 어물쩍 넘어가서 나중에 C도 C++도 아닌 코드를 만드는 일은 없도록 최선을 다해 돕겠습니다. 그러므로 여러분도 편안한 마음은 갖되 단단히 각오하고 학습에 임하기를 당부합니다.

이 책은 다음과 같은 것들을 이미 갖췄다고 가정하고 출발합니다.

- C를 이미 배웠다.
- Visual Studio 201x 버전의 컴파일러를 사용할 수 있다(2008 버전이어도 상관없음).

- 선형 자료구조에 대해 알고 있으며 단일 연결 리스트를 구현할 수 있다.
- Visual Studio가 제공하는 디버거를 일부라도 사용할 수 있다.

개인적으로 서울의 B 교육센터에서 C++를 수년간 강의했습니다. 보통 한 과정을 1개월 동안 60시간 정도 수업합니다. 그런데 조금 아쉬운 점은 그중 15~20시간 정도를 C++가 아닌 C 이야기로 채워야 한다는 점입니다. C를 제대로 배우지 않았다면 C++도 제대로 배우기 어렵기 때문입니다.

강의실에서 제가 하는 질문을 지금 여러분들에게도 던져봅니다. 한번 대답해보시죠.

- Visual Studio를 이용해 디버그할 때 메모리 윈도우를 확인하나요?
- 유니코드가 무엇인지 알고 있나요? L"Hello"와 "Hello"의 차이 말입니다.
- 호출 스택^{Call stack}을 알고 있나요?
- 재귀호출을 알고 있나요? 그렇다면 재귀호출이 반복문과 다른 점은 무엇인가요?
- 함수 포인터를 선언하고 사용할 수 있나요? 아, 함수 호출 연산자를 알고 있나요?
- 함수 포인터를 안다면 역 호출^{Call back} 구조를 알고 있겠군요. 혹시 qsort( ) 함수를 사용해 본 적이 있나요?
- gets( ) 함수가 보안 결함이 있다는 사실을 알고 있나요? 그렇다면 대체 함수는 뭔가요?

"예"라는 대답이 몇 개나 나왔는지 확인해보세요. 4개 이상이면 이미 C++를 빠르게 배울 기반은 마련된 셈입니다.

물론 앞 질문에 단 한 가지도 "예"라는 대답을 하지 못했다고 해서 실망하기는 아직 이릅니다. 실제 강의에서 모든 질문에 "아니오"라고 대답한 사람들이 70%는 넘기 때문입니다(개인적으로 너무나 아쉬운 부분입니다. C의 문법만 열심히 배운 것일지도 모른다고 생각합니다). 이 책에서 다시 C를 다루지는 않겠지만 모두 "아니오"라고 대답하신 분들을 충분히 고려했습니다.

특히 단계별 실습을 제시해 문제를 해결하는 과정을 설명함으로써 (이해 여부와 상관없이) 한 번만 읽어도 C++에 많이 익숙해질 수 있도록 안내할 것입니다.

만일 자신이 C를 배우긴 했으나 무엇인가 부족한 부분이 많다고 느낀다면 제가 쓴 『독하게 시작하는 C 프로그래밍』을 읽어보기 바랍니다. 아니면 인터넷에서 '최호성의 C 프로그래밍.PDF'로 검색해 파일을 다운로드해서 읽어봐도 좋습니다.

참고로 이 책은 방금 밝혔던 것처럼 철저히 실습을 통해 C++를 다룹니다. **따라서 이 책의 모든 예제는 Windows 7 32비트 운영체제, Visual Studio Professional 2013을 기준으로** 만들었습니다. 개발 환경인 Visual Studio를 다루는 방법을 배우는 것도 이 책의 한 축입니다. 그래야 Visual Studio라는 도구를 이용해 프로그램도 작성하고 문제도 찾아서 해결할 수 있습니다. 여러분도 비슷한 실습 환경을 갖추기를 권합니다. 그래야 이 책과 동일한 화면으로 실습할 수 있습니다.

참고로 2016년 1월 Visual Studio의 최신 버전은 2015입니다. 하지만 아직 사용자 수가 많지 않을 것으로 생각해 2013 버전을 사용했습니다. 물론 2008 이상 버전이면 화면이 조금 다르다는 차이가 있을 뿐 문제 될 것은 없습니다. 만일 2013을 구하기 어렵다면 2015로 학습하더라도 큰 무리는 없습니다.

혹은 유료여서 부담이 된다면 Visual Studio Community 2013을 사용해도 좋습니다. 어떤 버전을 설치해도 좋지만 Express 버전은 설치하지 말기 바랍니다. 무료라 누구나 사용할 수 있지만 제한된 기능이 너무 많기 때문입니다.

Visual Studio Professional 2013은 www.visualstudio.com/ko-kr/downloads/download-visual-studio-vs.aspx에 접속해서 Professional 버전을 검색한 후 다운로드해 설치하면 됩니다.

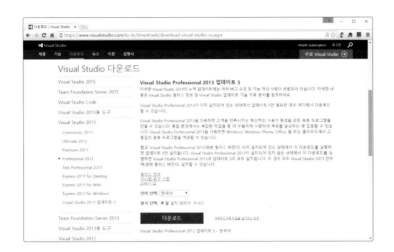

그리고 질문이 있을 때는 '널널한 Windows 개발자 되기(cafe.naver.com/windev)' 카페로 접속해 질문을 남겨주기 바랍니다. 빠른 시일 내에 답변해드리겠습니다. 만일 질문이 개인적인 것이라 공개하기 어렵다면 메일(cx8537@naver.com)로 보내도 됩니다. 자, 그럼 준비는 끝났습니다.

· 실습 과제

3~8장에는 여러분의 실력 향상에 도움을 주기 위한 13개의 실습 과제가 수록되어 있습니다. 이 과제는 여러분이 처음부터 끝까지 따라 해보면서 이해할 수 있도록 도와주기도 하고, 여러분이 직접 과제를 해결해야 할 때도 있습니다. 직접 해결해야 하는 실습 과제는 각 장의 끝에 정답을 수록해놓았습니다. 바로 정답을 참고하기보다는 될 수 있으면 직접 해결해보려고 노력하기 바랍니다. 이해가 되지 않는다면 카페와 인터넷 강의를 참고하세요.

· 연습 문제

1~10장의 마지막에는 연습 문제가 있습니다. 실습 과제가 여러분의 프로그래밍 실력을 향상시켜준다면 연습 문제는 C++의 개념 이해를 도와주는 내용으로 구성했습니다. 해당 장을 잘 이해했는지 확인할 수 있는 알찬 문제로 구성되어 있으니 절대로 빼먹지 말고 하나씩 풀어보세요. 연습 문제의 풀이와 답은 카페와 무료로 제공되는 인터넷 강의에서 친절한 해설을 통해 알려드립니다.

· 인터넷 강의

저자가 직접 알려주는 인터넷 강의를 유튜브 채널(goo.gl/czAdSn)을 통해서 동영상으로 볼 수 있습니다.

• 카페

저자가 직접 운영하는 '널널한 Windows 개발자 되기(cafe.naver.com/windev)' 에서는 이 책에서 사용된 예제 코드, 연습문제 정답, Q&A를 제공합니다. 이 책을 읽고 난 후에는 카페를 통해 윈도우 기반의 모든 개발 기술에 대한 더 많은 배움을 이루길 바랍니다.

PART 01 C에서 C++로 문법 전환하기

CHAPTER 01 C와는 다른 C++

CHAPTER 02 C++ 함수와 네임스페이스

PART 02 객체지향 프로그래밍

CHAPTER 03 클래스

CHAPTER **04 복사 생성자와 임시 객체**

CHAPTER 05 연산자 다중 정의

PART 03 객체의 관계 규정과 설계

CHAPTER 06 상속 기본

CHAPTER 07 상속 심화

CHAPTER 08 수평적 관계와 집합 관계

PART 04 템플릿과 예외 처리 그리고 이후에 알아야 할 것

CHAPTER 09 템플릿

CHAPTER 10 예외 처리

C에서 C++로
문법 전환하기

C++는 C와 '매우' 다릅니다. 어떤 면에선 비슷하지도 않습니다. 물론 C++가 C를 그 일부로 포함하고 있는 데다 기본적인 문법도 같기 때문에 외형적으로는 비슷해 보이긴 합니다. 그러나 다시 강조하지만 다릅니다. 그리고 C는 프로그램이 실행되는 순서를 중요하게 생각하는 절차지향 언어고 C++는 어떤 프로그램 모음(객체)을 조합해서 실행하는 객체지향 언어입니다. 객체지향 언어라도 절차지향적 요소가 아예 배제되는 것은 아니지만 프로그래밍 방식 자체가 다르기 때문에 접근 방법도 많은 차이가 있습니다. 그리고 얻고자 하는 결과가 같은 경우에도 C와 문법이 비슷하긴 하지만 다른 점이 상당히 많습니다.

이러한 사실들 때문에 처음 C++를 배울 때는 혼란스럽기도 합니다. 그러나 잘 생각해보면 정답이 명확한 편입니다. 만일 C와 C++ 사이에 비슷하지만 다른 점이 발견되면

"무조건 C++의 방식을 따른다"

라고 판단하면 됩니다. C++는 C의 문제점을 보완하면서 새롭고 다양한 개발 방법을 제시하려고 만들어진 프로그래밍 언어입니다. 그래서 일상의 삶과 비슷한 원리로 프로그래밍할 수 있고 코드를 재사용할 수 있어 효율성도 높습니다. 하지만 C에 익숙한, 절차지향 프로그래밍을 경험한 분이라면 선입견을 버리고 발상을 전환해야 합니다. 이 책은 이러한 문제를 해결하는 데 도움이 될 것입니다.

C와는 다른 C++

1장에서는 C++를 시작하기에 앞서 C와 구별되는 점이 무엇인지를 살펴봅니다. 일단 문법 중심으로 무엇이 다른지 살펴보겠지만 '왜 그런 문법이 만들어졌는지 이유를 아는 것'이 중요합니다. 그래야 외우느라 불평하면서 시간 낭비할 필요 없이 제대로 활용할 수 있습니다.

이 장의 핵심 개념

여기에서는 절차지향 프로그래밍 언어인 C와 객체지향 언어인 C++의 차이점을 살펴봅니다. 우선 Visual Studio 2013을 다루는 방법을 간단하게 살펴봅니다. 그리고 자료형 개념을 중심으로 C++가 왜 C보다 더 효율적인 프로그래밍 언어인지를 알아볼 것입니다.

1. 인스턴스: 지금까지 배웠던 변수를 객체라는 다른 형식으로 다루는 것입니다.

2. auto: 초깃값의 자료형에 맞춰 선언하는 인스턴스의 자료형을 '자동으로' 결정합니다.

3. 참조형 변수: 지긋지긋했던 포인터의 오류를 줄여주는 자료 다루기 방법입니다.

4. 범위 기반 for문: 특정 조건 없이도 반복문을 사용하도록 도와줍니다.

이 장의 학습 흐름

여기에서 우리가 다룰 것은 C++의 '개념'입니다.

1장

C++ 스타일의 Hello World를 만들어봅니다.

Hello World를 출력하는 입출력 흐름을 살펴봅니다.

자료형 고민을 덜어주는 새로운 auto 예약어를 배웁니다.

포인터와 다른 조강지처! 참조자를 배웁니다.

왜 C++를 배워야 하는지 알게 됩니다.

1.1 C와 C++의 차이

C에서 가장 중요한 것 중 하나가 바로 '자료형'입니다. 정수형(int)이나 문자형(char)이냐에 따라 계산되는 값과 표현 방식이 달라지기 때문입니다. 혹은 기본 자료형으로 표현할 수 없는 자료의 경우 구조체나 공용체 같은 것을 조합해 새로운 형식을 만들어내기도 합니다. 그래서 C에서는 구조체를 '사용자 정의 자료형'으로 구별하기도 했습니다.

중요한 것이 있으면 어려운 것도 있을 것입니다. C를 배울 때 누구나 '포인터' 때문에 머리가 아팠을 것입니다. 대체로 C에서 가장 이해하기 어려웠던 개념으로 포인터를 많이 꼽곤 합니다. 그런데 안타깝게도 포인터는 C++에서도 여전히 문젯거리입니다. 왜 어려웠을까요? 자료형의 관계를 정확히 이해하지 못했기 때문입니다.

C에서 자료형과 관련된 핵심 개념은 다음과 같습니다.

- 정수형이나 문자형 같은 자료형: 기본 자료를 다룰 수가 없으면 어떤 프로그래밍 결과도 낼 수 없습니다. 또한 자료형의 관계를 정확히 알아야 올바르게 자료형을 사용할 수 있습니다.
- 구조체나 공용체: 기존의 자료형을 조합해 새로운 형식을 만들어낸 후 이를 자료형처럼 활용할 수 있습니다.
- 포인터: 자료형을 효율적으로 다루기 위해 메모리를 어떻게 이용하는지 이해하기 위한 핵심 개념입니다.

'C++'는 'C'에 '++'가 붙여졌습니다. 필자는 개인적으로 '++'를 'C의 비효율성을 개선하자'라는 의미라고 말하고 싶습니다. C와 C++의 가장 큰 차이점 중 하나는 자료형의 어려운 개념을 쉽게 만들자는 데 있습니다. 희망을 버리지 마세요. C++에는 이 문제를 해결하기 위한 새로운 문법과 자료형이 갖추어져 있으니까요.

그리고 포인터가 어려웠다고 하는 분들의 공통점은 '메모리 디버깅'을 해본 경험이 없다는 것입니다. 물론 메모리 구조를 제대로 이해하지 못 했다는 것이 원인이 될 수도 있습니다. 이 책에서는 이런 문제를 극복하기 위해 디버거의 기능을 최대로 활용하고 메모리 변화를 직접 추적합니다.

첫 단추가 중요하다고 하지요? 그러므로 이 장을 완벽하게 여러분의 것으로 만들기 바랍니다.

1.2 HelloWorld로 본 C++

C를 처음 배울 때 printf() 함수를 이용해 'HelloWorld'라는 예제를 만든 기억이 있을 겁니다. 대부분은 문자열이 무엇인지, 함수가 무엇인지도 모른 채 똑같이 글자를 입력해 넣었을 것입니다. 그리고 처음 보는 생소한 글자를 입력하다가 오타를 찾지 못해 프로그램이 실행되지 않는 전쟁을 치룬 분도 있을지 모르겠습니다. C++라고 다르지는 않습니다(그래도 C를 경험했다면 오타와 전쟁을 다시 할 일은 없으리라 생각합니다). 거두절미하고 다음 예제를 순서에 따라 작성하고 결과를 확인해봅시다.

여기서 잠깐

☀ **Visual Studio 설치**

이 책은 Visual Studio 201x 기반의 개발 도구라면 무난히 실습할 수 있도록 구성했습니다. 따라서 별도의 설치 방법을 소개하지는 않습니다. 설치 방법을 잘 모르겠다면 '널널한 Windows 개발자 되기(http://cafe.naver.com/windev)'에서 원하는 버전의 설치 방법을 참고하기 바랍니다. 설치 방법은 간단해서 설치 기본 옵션을 그대로 두고 지시하는 사항에 따라 설치하면 됩니다. 그리 어렵지 않습니다.

Visual Studio를 실행하고 [파일] → [새로 만들기] → [프로젝트]를 선택하거나 기본 도구 모음에서 〈새 프로젝트〉 버튼을 클릭합니다.

'새 프로젝트' 대화상자 왼쪽에 보이는 목록에서 [템플릿] → [Visual C++] → [Win32]를 선택하고 오른쪽에서 다시 [Win32 콘솔 응용 프로그램]을 선택합니다. 이어서 아래에 보이는 [이름] 항목에는 'HelloCpp'라는 이름을 입력한 다음 〈확인〉 버튼을 클릭합니다.

여기서 잠깐

☀ **프로젝트 생성 시 오류가 발생할 경우**

간혹 학교 실습실에서 예제를 작성할 때 '다른 프로젝트가 [프로젝트가 저장된 폴더] 폴더에 이미 있으므로 프로젝트를 만들 수가 없습니다'라는 오류 메시지가 나타날 수 있습니다. 이런 경우에는 '위치'를 다른 폴더로 변경하거나 HelloCpp 폴더를 삭제하고 다시 만들면 됩니다.

'Win32 응용 프로그램 마법사 시작' 화면에서는 선택할 것이 없으므로 〈다음〉 버튼을 클릭합니다.

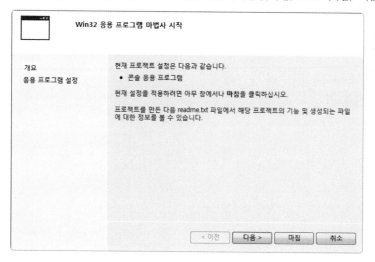

'응용 프로그램 설정' 화면에서 [응용 프로그램 종류] 항목은 반드시 '콘솔 응용 프로그램'을 선택하고 [추가 옵션] 항목에서 '미리 컴파일된 헤더'와 'SDL(Security Development Lifecycle) 검사'를 선택한 후 〈마침〉 버튼을 클릭합니다.

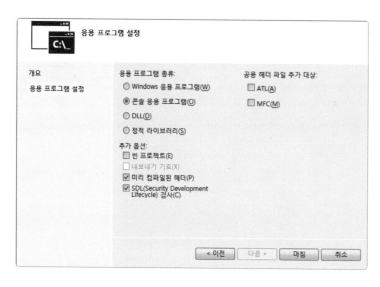

step 5

이제 코드를 입력하는 창을 확인할 수 있습니다. 기본적으로 _tmain( ) 함수가 생성되어 있으므로 여기에 다음과 같은 코드를 추가해서 프로그램을 완성합니다.

[01/HelloCpp/HelloCpp.cpp] 첫 번째 C++ 프로그램

```
01  // HelloCpp.cpp : 콘솔 응용 프로그램에 대한 진입점을 정의합니다.
02  //
03
04  #include "stdafx.h"
05  #include <iostream>
06
07  int _tmain(int argc, _TCHAR* argv[])
08  {
09    std::cout << "Hello, World" << std::endl;
10
11    return 0;
12  }
```

step 6

[빌드] → [컴파일](Ctrl + F7) 혹은 [빌드] → [솔루션 빌드](Ctrl + Shift + B)를 선택해 예제를 빌드합니다. 그리고 [디버그] → [디버깅하지 않고 시작](Ctrl + F5)[1]을 신택해 예제를 실행한 후 결과를 확인합니다. 만일 오류가 발생했다면 오류를 수정하고 결과를 확인합니다.

실행결과

```
Hello, World
계속하려면 아무 키나 누르십시오 . . .
```

[1] Visual Studio 2015에서는 [디버그하지 않고 시작]이라는 이름으로 수정되었습니다.

☆ 앞으로 생략할 부분들

보통 Visual Studio에서 프로젝트를 만들면 *.cpp 파일에 다음과 같은 문장이 나타납니다.

```
// HelloCpp.cpp : 콘솔 응용 프로그램에 대한 진입점을 정의합니다.
//
```

이는 해당 파일이 어떤 프로젝트 형태인지 설명하기 위한 템플릿입니다.
또한 이 책에서 소개하는 예제를 실행하면 실행 결과 아래에 다음과 같은 문장이 나타납니다.

```
계속하려면 아무 키나 누르십시오 . . .
```

이는 [디버깅하지 않고 시작]을 선택했을 때 프로그램을 종료하기 위한 메시지입니다.
이 책에서는 이 두 문장을 표기하지 않을 것이니 당황하지 않길 바랍니다.

코드를 작성한 소감이 어떨지는 모르겠지만 일단 C의 Hello World 코드와는 다르다는 것을 확실히 알 수 있을 겁니다. 정확한 것은 모르겠다 하더라도 printf() 함수가 눈에 보이지 않았다는 점과 << 연산자가 출력하는 데 관여했을 것이라는 정도는 알 수 있습니다. 그리고 무엇보다 직관적으로 << 연산자가 가리키는 방향이 모두 **std::cout**로 향한다는 점입니다. 언뜻 생각하면 모두가 std::cout로 향한다고도 볼 수 있지만 달리 생각하면 std::cout에게 "Hello, World"라는 문자열을 '전달'(<<)한다는 것으로 생각할 수 있습니다. 따라서 '출력'의 구체적인 방법을 std::cout이 '알아서' 해주는 형태라 하겠습니다.

그럼 이제 예제의 한 부분씩 자세히 살펴보겠습니다.

```
04  #include "stdafx.h"
```

stdafx.h 파일은 Visual Studio에서 추가로 사용하는 헤더 파일입니다. 그러므로 C++를 지원하는 다른 컴파일러에서는 사용하지 않습니다.

✿ stdafx의 의미

std는 standard, 즉 표준이라는 의미입니다. 그리고 afx는 application frameworks를 줄인 표현입니다. 따라서 stdafx = standard application frameworks = 표준 애플리케이션 프레임워크라는 의미입니다. C를 배울 때 살펴본 적이 있겠지만 프로그래밍 언어의 코드는 가능하면 영어 기반으로 나름의 의미를 담고 이름을 짓는 경우가 많습니다. 그냥 코드를 작성해보는 것도 중요하지만 이렇게 각 코드의 이름이 갖는 의미를 추론하면서 코드를 작성한다면 실력 있는 프로그래머로 성장하는 데 큰 도움이 될 것입니다.

또한 stdafx.h는 '미리 컴파일된 헤더Pre-compiled header' 파일이라고 합니다. 간단히 말해 '프로젝트 파일 전체에 적용하고 싶은 선언을 작성할 목적으로 존재하는 파일' 정도로 이해하면 됩니다. 나중에 '11장 객체지향 주소록'에서 실제 예제를 통해 다룹니다.

✿ 미리 컴파일된 헤더 사용하지 않기

미리 컴파일된 헤더는 Visual Studio에서 지원하는 기능이므로 앞서 설명한 것처럼 다른 실행 환경을 염두에 두고 작성한 C++ 코드를 실행하면 오류가 발생합니다. 만약 다른 실행 환경의 코드를 실행하고 싶어서 미리 컴파일된 헤더를 사용하지 않으려면 [Step 4]의 [추가 옵션] 항목에서 '미리 컴파일된 헤더'를 선택하지 않은 상태에서 프로젝트를 만들면 됩니다. 혹시 이미 프로젝트를 만들어 놓은 상황이라면 [프로젝트] → [속성]을 선택한 후 왼쪽에서 [구성 속성] → [C/C++] → [미리 컴파일된 헤더]를 선택하고 [미리 컴파일된 헤더] 항목의 설정을 '미리 컴파일된 헤더 사용 안 함'으로 수정한 후 프로젝트를 실행하면 됩니다.

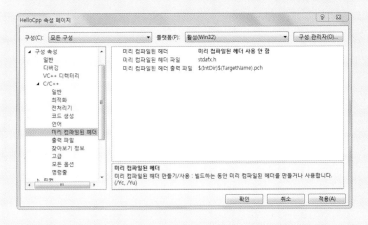

```
05  #include <iostream>
```

iostream은 확장명이 없지만 분명한 헤더 파일입니다. 그렇다고 확장명이 생략된 것도 아니므로 iostream.h와는 다른 파일입니다. 헤더 파일임에도 불구하고 확장자 .h가 생략된 이유는 **C++에서는 사용자 정의 헤더가 아닌 표준 헤더 파일들은 모두 .h 확장명을 생략**하기 때문입니다. 예제에서 이 헤더 파일을 포함한 이유는 cout, endl 같은 객체를 사용하는 데 이 헤더 파일이 필요하기 때문입니다. 즉, C의 stdio.h와 같은 역할을 하는 파일이라 할 수 있습니다.

그렇기 때문에 앞으로 여러분이 작성할 대부분의 C++ 예제에는 iostream 헤더 파일이 포함될 것입니다. 그러니 잘 기억해두었다가 빼먹는 일이 없도록 주의합시다.

```
07  int _tmain(int argc, _TCHAR* argv[])
```

"main() 함수가 어디 갔지?" 라고 중얼거린 사람이 있을지도 모르겠군요. 게다가 "_TCHAR 같은 자료형은 아예 처음 보는데?"라고 말할 사람들도 꽤 있을 것입니다. 우선 앞의 코드를 간략하게 설명하자면 전 세계의 문자를 하나의 데이터 형식 안에 담는 유니코드를 지원하기 위해 기존의 int main(int argc, char* argv[])[2] 를 변경한 것으로 생각하면 됩니다.

여기서 잠깐

☆ **_tmain() 함수의 유래**

_tmain() 함수의 형태를 생소하다고 느끼는 분이라면 아마 C를 배울 때 유니코드(Unicode)에 대해 자세히 배우지 못했기 때문인 것으로 생각합니다.

_tmain() 함수와 _TCHAR 자료형은 모두 유니코드를 지원하기 위해 재선언된 것입니다. _tmain() 함수는 C에 있는 wmain() 함수의 상수 정의고, _TCHAR 자료형은 Visual Studio에서 '유니코드 사용' 옵션을 변경하지 않는다면 C의 **wchar_t** 자료형입니다. 그리고 _tmain() 함수의 두 번째 매개변수는 'wchar_t*의 배열'이며, 역시 유니코드이므로 Hello 같은 문자열 상수를 사용하지 않고 L"Hello" 같은 형식을 사용합니다.

참고로 문자열은 크게 두 가지 형태로 사용합니다. 첫 번째는 MBCS(Multi Bytes Character Set)이며 그동안 여러분이 C에서 본 자료형들이 대부분 MBCS 형식이었습니다. 그리고 두 번째가 방금 설명한 유니코드인데 **윈도우 계열 개발자들은 대부분 유니코드를 사용합니다.**

---

[2] Visual Studio 2015에서는 기본 템플릿에서 int argc, char* argv[ ]가 없는 형태로 시작됩니다. 참고하기 바랍니다.

이 문제에 대한 설명을 몽땅 늘어놓고 싶지만 불필요하게 지면만 차지하는 꼴이 될 테니 생략하겠습니다. 만일 더 자세한 설명을 원한다면 인터넷에서 유니코드와 관련된 내용을 찾아보기 바랍니다. 그리고 구글에 접속한 후 **'최호성의 C 프로그래밍 PDF'**로 검색하고 파일을 다운로드한 다음 '제12장 문자, 문자열 처리 함수' 부분을 살펴보기 바랍니다.

Visual Studio가 아닌 다른 환경에서 이 책을 실습한다면 _tmain() 함수가 아닌 int main(int argc, char* argv[]) 함수를 선언해서 사용하면 됩니다.

```
09    std::cout << "Hello, World" << std::endl;
```

예제의 핵심 코드입니다. 이 한 줄의 코드에 C++의 많은 특징이 녹아있습니다. 자세한 설명을 이어가기에 앞서 다음과 같이 요약해보겠습니다.

- **std**는 '네임스페이스(Namespace)'라고 하며 개념 상 '소속'으로 생각하면 됩니다.
- ::은 '범위 지정 연산자' 혹은 '스코프 설정 연산자(Scope resolution operator)'라고 합니다.
- **cout**은 콘솔 출력을 담당하는 객체입니다.
- << 는 '연산자 함수'입니다.

그러므로 std::cout은 "std 네임스페이스에 속한 cout다"라고 설명할 수 있습니다. 같은 방식으로 std::endl은 "std 네임스페이스에 속한 endl이다"라고 설명할 수 있습니다. 여기서 endl은 End of line을 의미하며, 이는 C의 '\n'처럼 개행 역할과 출력 스트림을 모두 내보내는[Flush] 역할을 동시에 수행합니다.

따라서 다음과 같이 요약할 수 있습니다.

"std에 속한 cout 객체에 "Hello, World" 문자열과 endl 객체를 '넘겨(<<)' 문자열을 화면에 출력해 달라."

여기서 제가 굳이 '넘겨'라고 언급했는데, 이는 마치 세탁소 주인에게 세탁물을 '넘기는' 것과 같은 의미입니다. 자, 여기서 돌발 질문 몇 가지만 하겠습니다.

"세탁소를 이용하는 것과 자신이 직접 세탁하는 것 중 어느 쪽이 많은 돈이 들까요?"

"세탁소 주인과 여러분 중 누가 더 세탁을 잘할까요?"

"자, 그럼 다시 질문하겠습니다. 세탁물을 자신이 세탁하는 것이 효율적일까요? 아니면 세탁소에 맡기는 것이 효율적일까요?"

이 질문에 답하기에 앞서 다음 두 줄의 코드를 잘 비교해보기 바랍니다.

```cpp
// 1번
std::cout << "Hello, World" << std::endl;

// 2번
printf("%s\n", "Hello, World");
```

1번은 조금 전에 살펴본 C++ 예제고, 2번은 C 예제입니다. 코드 길이만 놓고 생각하면 1번이 효율적이지 못한 것처럼 보이는군요. 하지만 더 어려운 공부를 해야 하는 쪽이 무엇인가라는 가정 아래 "문자열을 출력하는 데 무엇이 더 어려운 개념인가요?"라고 질문한다면 1번이 더 쉽다고 할 수 있습니다. 왜냐하면 printf() 함수를 이용해서 문자열을 출력하려면 printf() 함수의 사용 방법, 형식 문자나 이스케이프 시퀀스에 대해서 알아야 하기 때문입니다. 아, 요즘 유행하는 한 가지가 더 있군요. 보안 문제는 없는지도 생각해야 합니다.

아무튼 2번의 경우 (코드를 작성하는) 사용자가 훨씬 더 어려운 개념을 알아야 문자열을 출력할 수 있습니다. 이는 세탁을 잘하기 위해 세탁기 사용 방법과 세제 투입량을 스스로 알아야 하는 일에 비유할 수 있습니다. 반면에 1번은 세탁물을 세탁소 주인에게 맡기는 것으로 볼 수 있습니다. 편의성만 놓고 본다면 세탁소를 이용하는 것이 압승입니다.

무엇보다 "여러분이 세탁소 주인보다 세탁을 더 잘할까요?"라는 질문을 한다면 그 어느 누구도 쉽게 '예'라고 대답하지 못한다는 사실입니다. 절차지향 언어는 세탁이라는 행위를 완성하기 위한 절차상의 흐름 하나 하나를 신경 쓰는 반면 객체지향 언어는

"세탁을 전문으로 하는 객체에게 맡긴다!"

는 개념이 강합니다. 물론 세탁 전문 객체를 내가 만들어야 할 수도 있겠죠. 그렇다고 하더라도 세탁이 지속적으로 해야 하는 일임을 생각한다면 세탁 전문 객체를 만드는 것이 훨씬 효율적이라는 사실은 변하지 않습니다.

그럼 이제 앞에서 제시한 세 가지 질문에 답할 차례입니다. 돈은 세탁소를 이용하는 경우가 더 많이 필요합니다. 하지만 세탁소 주인이 나보다 세탁을 더 잘할 가능성이 높습니다. 그리고 내가 세탁을 하느라 소비하는 시간에 다른 생산적인 일을 하거나 기타 부대 비용을 따져보면 세탁소를 이용하는 편이 여러 모로 효율적일 수 있습니다.

한 가지 더. 만일 세탁소를 이용하는 비용이나 여러분이 직접 세탁하는 비용이 엇비슷하다면? 네, 세탁소를 이용하는 것이 정답입니다. 그리고 좋은 점이 하나 또 있군요. 비용이 싸고 세탁을 더 잘하는 곳을 찾았다면 세탁소를 바꾸면 됩니다. 세탁기를 바꾸는 것보다 훨씬 쉽고 경제적입니다.

여기서 잠깐

☆ C++의 창시자

비야네 스트롭스트룹은 1978에 '클래스를 가진 C(C with Classes)'라는 이름으로 C++를 만들었습니다(C++라는 이름은 1984년에 결정되었습니다). 현재 미국 텍사스 A&M 대학에서 컴퓨터 과학 석좌 교수로 재직 중이며, 현재까지도 C++의 표준화 그룹 분야에서 왕성한 활동을 이어가고 있습니다(더 자세한 정보는 http://www.stroustrup.com/를 참고하기 바랍니다. 여담인데 이름에 대한 유래도 밝히고 있습니다).

참고로 C++의 표준이 최초로 결정된 해는 1998년 C++98

표준입니다. 이어서 2003년에 C++03 표준이 만들어졌으며 현재 많은 C++ 입문서가 이 표준을 따르고 있습니다. 하지만 가장 최신 표준은 2016년 현재 C++14입니다.

오른쪽 사진은 창시자가 직접 집필한 C++ 책입니다. 지금 여러분이 보고 있는 책도 C++ 책인데 여기서 다른 C++ 책을 권하는 모습이 조금 의아하게 생각되겠만 창시자가 직접 남긴 서적이라는 점만으로도 충분한 가치가 있습니다.

1.3 인스턴스와 입출력 흐름

앞으로 우리는 '인스턴스Instance'라는 말을 자주 사용할 것입니다. 용어의 사전적 의미는 '예시' 혹은 '경우'인데 쉽게 잘 와닿지 않습니다. 따라서 사랑이나 우정처럼 개념으로 이해해야 합니다. 일단 다음 문장을 읽어봅시다.

"철수는 사람이다."

당연한 이야기지만 사람 중에 철수가 포함됩니다. 여기서 '사람'은 '형식'이 되고 '철수'는 사람이라는 형식에 대한 하나의 예시Instance가 됩니다. 물론 사람이 프로그래밍 언어의 변수는 아니지만 굳이 프로그래밍 언어 방식으로 표현하자면 다음과 같이 표현할 수 있습니다.

```
사람 철수, 영희;
```

이 표현을 프로그래밍 언어 방식으로 설명하면 "철수와 영희는 각각 사람이라는 형식에 대한 인스턴스다"라고 말할 수 있습니다. 응용하면 다음과 같이 표현할 수도 있습니다.

```
미인 전지현;
```

이러한 표현을 C++ 코드에 적용한다고 생각해보죠. 다음 구문을 살펴보겠습니다.

```
int a;
string strdata;
```

"a는 int 자료형에 대한 인스턴스고 strdata는 string 자료형에 대한 인스턴스다"라고 설명할 수 있습니다. C++에서는 '변수'라는 표현보다는 '인스턴스'라는 표현에 익숙해져야 합니다. 객체지향 프로그래밍 환경에서는 모든 것을 다 객체로 표현하고 객체의 형식을 갖는 변수를 인스턴스라고 하기 때문입니다.

1.3.1 std::cout

std 네임스페이스에 속한 cout 객체는 iostream 클래스의 인스턴스(혹은 객체)입니다(우리가 아직 클래스에 대해 배우지 않았으니 우선 자료와 함수를 동시에 갖춘 구조체 정도로 생각합시다). 앞서 HelloWorld 예제에서도 본 적이 있으니 바로 다음 예제를 살펴보겠습니다.

[01/CoutSample/CoutSample.cpp] std::cout 사용법

```
01  #include "stdafx.h"
02  #include <iostream>
03
04  int _tmain(int argc, _TCHAR* argv[])
05  {
06    std::cout << 10 << std::endl;
07    std::cout << 10U << std::endl;
08    std::cout << 10.5F << std::endl;
09    std::cout << 10.5 << std::endl;
10    std::cout << 3 + 4 << std::endl;
11
12    return 0;
13  }
```

실행결과

```
10
10
10.5
10.5
7
```

여기서 가장 중요한 것은 C처럼 출력해야 하는 결과에 맞춰 자료형(형식 문자)을 지정하지 않아도 된다는 사실입니다. int 자료형이든 double 자료형이든 cout 객체가 알맞은 자료형을 선택해 출력합니다. 물론 필요하다면 cout가 제공하는 메서드를 이용해서 출력 형식을 맞출 수도 있습니다. 아니면 C의 printf() 함수를 그대로 써도 상관없습니다.

그런데 한 가지 의문이 남습니다. CoutString.cpp 예제를 살펴보면 단순히 문자열을 출력해야 하는 경우에 C++의 std::cout보다 C의 printf()가 더 낫다고 생각할 수도 있습니다. 하지만 문자열을 조합할 때는 C의 문법으로 불가능한 것들이 있습니다. 다음 예제를 확인합니다.

[01/CoutString/CoutString.cpp] 문자열 조합 출력

```
01  #include "stdafx.h"
02  #include <string>
03  #include <iostream>
04
05  int _tmain(int argc, _TCHAR* argv[])
06  {
07      std::string strData = "Test string";
08      std::cout << "Sample string" << std::endl;
09      std::cout << strData << std::endl;
10
11      strData = "New string";
12      std::cout << strData << std::endl;
13
14      std::cout << "저는 " << 20 << "살" << "입니다." << std::endl;
15
16      return 0;
17  }
```

실행결과

```
Sample string
Test string
New string
저는 20살입니다.
```

물론 "저는 20살입니다."라는 문자열을 출력하기 위해 "저는 %d살입니다."라는 형식의 문자열을 이용할 수도 있습니다. 하지만 << 연산자를 이용해 마치 문자열들을 하나씩 조립해서 붙여나가듯 출력하는 방법은 이해하기 쉬울 뿐만 아니라 다양한 방법으로 응용해서 사용하는 데도 편리합니다.

1.3.2 std::cin

cin은 cout과 정반대의 입력 방법을 제공합니다. std::cout를 사용할 때처럼 자료형을 맞출 필요는 없습니다. 특히 문자 컨테이너인 string 객체를 이용할 경우 배열과 달리 문자열의 최대 길이를 미리 고려할 필요가 없으므로 매우 편리합니다. 다음 코드에서 '직업'을 입력받는 부분과 '이름'을 입력받는 코드를 비교해 살펴보기 바랍니다.

[01/CinString/CinString.cpp] std::cin 사용법

```
01  #include "stdafx.h"
02  #include <string>
03  #include <cstdio>
04  #include <iostream>
05
06  int _tmain(int argc, _TCHAR* argv[])
07  {
08    int nAge;
09    std::cout << "나이를 입력하세요." << std::endl;
10    std::cin >> nAge;
11
12    char szJob[32];
13    std::cout << "직업을 입력하세요." << std::endl;
14    std::cin >> szJob;
15
16    std::string strName;
17    std::cout << "이름을 입력하세요." << std::endl;
18    std::cin >> strName;
19
20    std::cout << "당신의 이름은 " << strName << "이고, "
21      << "나이는 " << nAge << "살이며, "
22      << "직업은 " << szJob << "입니다." << std::endl;
23
24    return 0;
25  }
```

나이를 입력하세요.
20
직업을 입력하세요.
학생
이름을 입력하세요.
홍길동
당신의 이름은 홍길동이고, 나이는 20살이며, 직업은 학생입니다.

직업은 char 자료형의 32개 배열로 받았지만 이름은 string 클래스 인스턴스로 받았습니다. 따라서 직업은 한글로 16자 이상 입력받을 수 없지만 이름은 그런 제한이 없습니다. 그리고 이 예제는 string strName;처럼 C와 달리 코드 중간에 아무 곳에서나 변수를 선언할 수 있다는 것을 보여줍니다. 남용하면 문제가 되겠지만 잘 사용한다면 정말 편리합니다.

지금까지 기본 입·출력 방법에 대해 간략히 알아봤습니다. 다뤄야 할 것들이 좀 더 있지만 꼭 필요한 것들은 앞으로 다른 예제를 소개하면서 함께 알아볼 예정입니다.

1.4 자료형

C에서 자료형이란 '일정 크기의 메모리에 저장된 정보를 해석하는 방법' 정도로 이해하면 됩니다. 클래스나 구조체 같은 사용자 정의 자료형을 제외한 기본 자료형은 C++ 역시 크게 다르지 않습니다 (C++에서 제공하는 기본 자료형은 http://www.cplusplus.com/doc/tutorial/variables/를 참고하기 바랍니다). 그런데 C++11 표준에서는 몇몇 자료형이 새롭게 선을 보였습니다.

자료형	설명
long long	64비트 정수(컴파일러에 따라 약간 다를 수 있음)
char16_t	16비트 문자(ex. char16_t a = u'A';)
char32_t	32비트 문자(ex. char32_t a = u'A';)
auto	컴파일러가 자동으로 형식을 규정하는 자료형(ex. auto a = 10;)
decltype(expr)	expr과 동일한 자료형(ex. int x = 10; decltype(x) y = 20;)

char16_t와 char32_t는 유니코드 처리를 위한 자료형으로 생각하면 됩니다. Long long의 경우도 C의 자료형 수준에서 이해할 수 있습니다. 하지만 **auto**와 **decltype(expr)**은 완전히 새로운 자료형이라고 할 수 있습니다. 특히 auto는 기존에 있던 자료형인데 의미가 새롭게 바뀐 경우이므로 주의해야 합니다.

1.4.1 변수 선언 및 정의

C++의 기본적인 변수 선언 문법은 C의 문법과 같습니다. 즉, 다음과 같은 변수 선언과 정의가 가능합니다.

```
int a = 10;
```

하지만 이보다 훨씬 C++답게 변수를 선언하는 방법은 다음과 같습니다.

```
int a(10);
int b(a);
```

10은 int 자료형 인스턴스인 a의 초깃값이 됩니다. 여기서 중요한 사실은 10이 상수라는 점입니다. 이어지는 선언(b(a))에서는 b의 초깃값이 상수가 아니라 변수입니다. 이는 "b는 a를 복제해서 만든다(혹은 생성한다)"는 의미입니다. 그리고 이와 같은 개념은 나중에 '복사 생성자'로 이어집니다.

1.4.2 auto

C에서 auto 예약어는 지역 변수 선언에 해당하는 기억 분류 지정자입니다. 하지만 사실상 아무도 이 예약어를 사용하지 않습니다. 어차피 생략하면 auto로 지정되고 스택을 사용하도록 컴파일하기 때문이죠. 이렇게 존재감이 없었던 탓일까요? C++11로 변경되면서 이 auto 예약어의 기능이 새롭게 변경됐습니다.

```
[01/AutoSample/AutoSample.cpp] auto 예약어 사용

01   #include "stdafx.h"
02   #include <iostream>
03
04   int main(void)
05   {
06     int a = 10;
07     int b(a);
08     auto c(b);
09
10     std::cout << a + b + c << std::endl;
11
12     return 0;
13   }
```

실행결과

```
30
```

핵심은 간단합니다. **초깃값의 형식에 맞춰 선언하는 인스턴스의 형식이 '자동'으로 결정**됩니다. 이게 뭐 그리 대단한 변화라고 호들갑이냐 할지 모르겠으나 나중에 배우게 될 고급 문법들(특히 템플릿)을 알고 나면 정말 대단한 변화라는 것을 스스로 알게 될 것입니다. 그리고 '1.7 범위 기반 for문'에도 이 auto 자료형을 활용합니다. 궁금하면 먼저 1.7절을 확인하는 것도 나쁘지 않습니다.

1.5 메모리 동적 할당

개발자가 C나 C++를 사용하는 이유 중 상당 부분은 포인터 때문이라 해도 과언이 아닙니다. 개발자에게 포인터란 장미꽃의 가시와도 같습니다. 강력하고 아름답지만 조그마한 실수에도 치명적인 오류를 일으키기 때문입니다. 그리고 '포인터'라는 말은 늘 '메모리 관리'라는 말을 수식어처럼 달고 다니는데, 이는 무엇보다 할당과 해제라는 관리 문제가 있기 때문입니다.

하지만 이제 malloc()과 free() 함수는 잊기 바랍니다. 아니 아예 이별하는 편이 낫겠습니다. 객체지향 프로그래밍을 방해하는 원인으로 작용할 수 있기 때문입니다. 대신 new와 delete 연산자를

활용해야 합니다. new와 delete 연산자는 내부에서 malloc()과 free() 함수를 호출합니다. 그리고 단순히 메모리를 관리하는 이상의 일들을 수행합니다. 무엇보다 문법적으로 '연산자'입니다. 그래서 복잡한 함수를 사용한다는 느낌은 줄어들고 편의성은 높아졌습니다.

1.5.1 new와 delete 연산자

new와 delete는 C++에서 객체를 동적 할당하고 해제하는 '연산자'입니다. 단일 인스턴스라면 다음과 같은 형태로 사용합니다.

```
형식 *변수이름 = new 형식;
delete 변수이름;
```

배열이라면 다음과 같은 형태로 사용합니다.

```
형식 *변수이름 = new 형식[요소개수];
delete[] 변수이름;
```

new 연산자를 malloc() 함수와 비교했을 때 가장 도드라진 특징 중 하나는 **"메모리 크기를 정하지 않는다"**는 점입니다. 자료의 '형식' 속에는 필요한 메모리 크기도 포함됩니다. 그런데 문제는 형식에 따른 메모리 크기가 컴파일러마다 달라질 수 있다는 점입니다. 이 때문에 보통 sizeof 연산을 통해 크기를 직접 계산하기도 합니다. 하지만 new 연산자를 활용하면 그럴 필요가 없습니다.

[01/NewDeleteSample/NewDeleteSample.cpp] new 연산자 사용

```
01   #include "stdafx.h"
02   #include <iostream>
03
04   int _tmain(int argc, _TCHAR* argv[])
05   {
06       // 인스턴스만 동적으로 생성하는 경우
07       int *pData = new int;
08
09       // 초깃값을 기술하는 경우
```

```
10    int *pNewData = new int(10);
11
12    *pData = 5;
13    std::cout << *pData << std::endl;
14    std::cout << *pNewData << std::endl;
15
16    delete pData;
17    delete pNewData;
18 }
```

실행결과

```
5
10
```

new int 연산을 통해 int 인스턴스 한 개가 동적으로 생성됐습니다(물론 나중에 16번 행에서 delete 연산자로 삭제했습니다). 그리고 7번 행처럼 객체를 동적으로 생성함과 동시에 초기화하는 것도 가능합니다. 이는 3장에서 살펴볼 객체를 선언하는 문법과 동일하다고 볼 수 있습니다. 12번 행처럼 포인터를 이용해 동적으로 생성한 인스턴스에 접근하는 방법이나 활용하는 방법은 C와 다르지 않습니다. 만일 동적으로 생성해야 할 인스턴스가 여러 개라면 배열 형태로 생성할 수 있습니다. 다음 예제가 이를 설명해주는데 주의할 점이 있습니다. **'배열 형태로 동적 생성한 것은 반드시 배열 형태를 통해 삭제'**해야 한다는 것입니다.

[01/NewDeleteArray/NewDeleteArray.cpp] 배열 형태의 객체 생성

```
01  #include "stdafx.h"
02  #include <iostream>
03  using namespace std;
04
05  int _tmain(int argc, _TCHAR* argv[])
06  {
07     // 객체를 배열 형태로 동적 생성한다.
08     int *arr = new int[5];
09     for(int i = 0; i < 5; ++i)
10        arr[i] = (i + 1) * 10;
```

```
11
12    for(int i = 0; i < 5; ++i)
13      cout << arr[i] << endl;
14
15    // 배열 형태로 생성한 대상은 반드시 배열 형태를 통해 삭제한다!
16    delete[] arr;
17
18    return 0;
19 }
```

```
10
20
30
40
50
```

이미 C를 배운 독자라면 malloc()이나 free() 함수 대신 new나 delete 연산자를 사용하는 것이 크게 어려운 일은 아닐 것입니다. 그러나 malloc() 함수와 new 연산자는 많이 다릅니다. 그중 가장 다른 점 하나만 꼽으라면 아마도 '생성자 함수 호출'일 것입니다. 아직 생성자 함수에 대해 배우지는 않았지만 여기에서 **"new 연산자는 객체의 생성자를 호출하고, delete 연산자는 객체의 소멸자를 호출한다"**라는 사실은 꼭 기억하기 바랍니다.

1.6 참조자 형식

'참조자^{Reference}' 형식은 C에는 없는 형식으로 포인터와 구조적으로 비슷합니다. 그러나 겉으로 드러나는 모습은 전혀 포인터 같지 않습니다. 그리고 다음처럼 선언과 동시에 반드시 초기화해야 합니다.

```
형식 &이름 = 원본;
```

예를 들어 int &rData = a;처럼 사용하는 것이죠. 따라서 원래 변수가 없는 참조자란 애초부터 있을 수 없습니다!

그리고 상수에는 포인터를 선언할 수 없는 것처럼 참조도 선언할 수 없습니다. 그러므로 우선 **"상수에는 참조자를 선언할 수 없다"**라고 기억하기 바랍니다(나중에 'r-value 참조'라는 것을 설명하겠지만 그것은 전혀 다른 목적의 것입니다).

```
int *pData = &3;  // 불가능
int &rData = 3;   // 상수에 대한 참조는 불가능
int &rData;       // 참조 원본이 없으므로 불가능
```

1.6.1 참조형 변수 선언과 정의

'참조형 변수(혹은 참조자)'는 처음 어떤 변수와 짝을 이루게 되면 그 짝이 달라지지 않습니다. 그렇다고 짝을 이룬 원래 변수가 달라진 것을 감지해주는 것도 아닙니다. 하지만 포인터의 일반적인 사용 문제 몇 가지를 문법적으로 차단했습니다. 그리고 사용상 가장 특이한 점은 **"겉으로 보기에는 전혀 포인터로 보이지 않는다"**는 점입니다.

[01/ReferenceType/ReferenceType.cpp] 참조형 변수 사용

```
01  #include "stdafx.h"
02  #include <iostream>
03  using namespace std;
04
05  int _tmain(int argc, _TCHAR* argv[])
06  {
07    int nData = 10;
08
09    // nData 변수에 대한 참조자 선언
10    int &ref = nData;
11
12    // 참조자의 값을 변경하면 원본도 변경된다!
13    ref = 20;
14    cout << nData << endl;
```

```
15
16      // 포인터를 쓰는 것과 비슷하다.
17      int *pnData = &nData;
18      *pnData = 30;
19      cout << nData << endl;
20
21      return 0;
22  }
```

```
20
30
```

ReferenceType.cpp 예제를 실행하면 화면에 '20'과 '30'을 출력합니다. 13번 행에서 **ref = 20;**이 실행되면서 참조 원본인 nData의 값이 변경됐기 때문입니다. 이 13번 행 코드는 결과적으로 18번 행 ***pnData = 30;**과 같은 의미입니다. 그러나 겉으로는 전혀 포인터로 보이지 않는 데다 간접 지정 연산을 수행하지도 않기 때문에 처음 접할 때는 조금 헷갈리기도 합니다.

C에서 함수를 호출할 때 매개변수로 주소를 전달하는 기법을 '참조에 의한 호출^{Call By Reference}'이라고 배웠을 것입니다. 여기서의 참조^{Reference}는 바로 '주소'를 의미합니다. 이제 참조 형식에 대해서 배웠으므로 포인터와 참조가 내부 구조상으로는 같다는 사실을 잊지 말기 바랍니다. 성능이나 효율 관점에 대해서는 C에서 배웠을 것으로 생각하고 넘어가겠습니다. 결론은 다음과 같습니다. 다들 알고 있지요?

"덩치 큰 자료는 값이 아니라 '주소'를 전달하는 것이 효율적이다!"

이제 '주소'라는 말 대신 '참조'라고 바꿔주면 될 것 같습니다. 그런 의미에서 함수의 매개변수가 참조 형식으로 되어 있는 CallByReference.cpp 예제를 살펴보겠습니다.

```
01  #include "stdafx.h"
02  #include <iostream>
03  using namespace std;
04
05  // 매개변수가 int에 대한 참조 형식이다.
06  void TestFunc(int &rParam)
07  {
08     // 피호출자 함수에서 원본의 값을 변경했다.
09     rParam = 100;
10  }
11
12  int _tmain(int argc, _TCHAR* argv[])
13  {
14     int nData = 0;
15
16     // 참조에 의한 인수 전달이다.
17     TestFunc(nData);
18     cout << nData << endl;
19
20     return 0;
21  }
```

실행결과

```
100
```

TestFunc() 함수의 매개변수가 참조 형식이므로 17번 행에서 &nData가 아니라 그냥 nData라고 기술합니다. 만일 **TestFunc(&nData);**라고 기술한다면 컴파일 오류가 발생합니다.

그리고 9번 행의 코드를 실행함으로써 _tmain() 함수의 nData 값이 100으로 변경됩니다. 참조 전달이기 때문에 TestFunc() 함수의 매개변수인 rParam은 nData의 다른 이름이 됩니다. 따라서 rParam의 변화는 nData의 변화를 의미합니다. 함수의 **매개변수가 참조자인 경우 가장 큰 문제점은 호출자 코드만 봐서는 매개변수가 참조 형식이라는 사실을 전혀 알 수 없다**는 것입니다. 이 점을 주의해야 합니다. C++에서는 절대로 호출자 코드만 보고 함수의 원형을 확신해서는 안 됩니다!

ReferenceSwap.cpp 예제는 참조 전달의 가장 전형적인 예제로 호출자 함수의 두 변숫값을 교환하는 방법을 보여줍니다. C와 비교해보면 포인터 대신 참조자가 사용됐다는 점만 다릅니다.

[01/ReferenceSwap/ReferenceSwap.cpp] 참조 전달

```cpp
01  #include "stdafx.h"
02  #include <iostream>
03  using namespace std;
04
05  // 참조 전달이므로 호출자 변수의 값을 변경할 수 있다.
06  void Swap(int &a, int &b)
07  {
08    int nTmp = a;
09    a = b;
10    b = nTmp;
11  }
12
13  int _tmain(int argc, _TCHAR* argv[])
14  {
15    int x = 10, y = 20;
16
17    // 참조 전달이며 두 변수의 값이 교환된다.
18    Swap(x, y);
19
20    // 교환된 결과를 출력한다.
21    cout << "x: " << x << endl;
22    cout << "y: " << y << endl;
23
24    return 0;
25  }
```

실행결과

```
x: 20
y: 10
```

8~10번 행은 두 변수의 값을 교환하는 코드인데, 문제는 a와 b가 모두 int & 형식이므로 _tmain()
함수의 x와 y 값이 변한다는 점입니다.

가능하다면 가급적 포인터 대신 참조 형식을 사용하기 바랍니다. 여러 이유로 C++에서는 꼭 참조
자를 사용하는 것이 좋습니다. 자세한 설명은 앞으로 계속할 것이니 일단 머릿속에 "포인터를 의도
적으로 사용하지 말자!"라고 기억해두기 바랍니다.

1.6.2 r-value 참조

C++11에 새로 등장한 문법 중에 'r-value 참조'라는 것이 있습니다. 여기서 r-value란 대입 연산
자의 두 피연산자 중 오른쪽에 위치한 연산자를 말하는 것으로, 일반적인 변수와 상수 모두 해당될
수 있습니다. 문법은 일반 참조자와 비슷하지만 다음 코드처럼 &가 두 번 연속(&&)해서 등장한다
는 점이 다릅니다.

```
int &&rdata = 3;
```

"어? 그럼 int rData = 3;하고 뭐가 다른가요?"라는 질문이 귓가에 들리는 듯하네요. 네! 결과만 두
고 생각하면 그 둘은 크게 다르지 않습니다. 그런데 이런 문법은 왜 등장했냐고요? 안타깝지만 지금
그 설명을 하기는 좀 이릅니다. 내용도 내용이지만 아직 다른 것을 좀 더 배워야 이해하기 쉽기 때문
입니다. 우선 RvalueSample.cpp 예제를 통해 기본적인 활용 예 정도만 살펴보겠습니다.

[01/RvalueSample/RvalueSample.cpp] r-value 참조

```
01  #include "stdafx.h"
02  #include <iostream>
03  using namespace std;
04
05  int TestFunc(int nParam)
06  {
07    int nResult = nParam * 2;
08
09    return nResult;
10  }
11
```

```
12   int _tmain(int argc, _TCHAR* argv[])
13   {
14     int nInput = 0;
15     cout << "Input number: ";
16     cin >> nInput;
17
18     // 산술 연산으로 만들어진 임시 객체에 대한 r-value 참조
19     int &&rdata = nInput + 5;
20     cout << rdata << endl;
21
22     // 함수 반환으로 만들어진 임시 객체에 대한 r-value 참조
23     int &&result = TestFunc(10);
24
25     // 값을 변경할 수 있다.
26     result += 10;
27     cout << result << endl;
28
29     return 0;
30   }
```

실행결과

```
Input number: 5
10
30
```

핵심은 19, 23번 행입니다. 19번 행은 덧셈 연산의 결과로 생성된 '임시 결과'에 대한 r-value 참조자 선언과 정의고, 23번 행은 함수 반환값에 대한 r-value 참조자 선언과 정의입니다. 이 예제에서 가장 중요한 것 하나는 바로 '임시 결과'입니다. 보통 **임시 결과는 이어지는 연산에 활용된 직후 소멸하는 r-value**입니다.

r-value 참조자라는 것은 이제 곧 사라질 대상에 대해 참조자를 부여할 수 있다는 것입니다. 이것이 핵심입니다. 일단은 '임시 결과'라는 말에 더 주목하기 바랍니다. 3 + 4 연산의 결과가 7이라는 사실은 누구나 다 알고 있습니다. 그러나 **3 + 4 + 5 연산에서 3 + 4 연산의 결과를 '임시 결과'라고 한다**는 사실은 잘 인식하지 못합니다. 아마도 너무나 당연하기 때문일 것입니다. 이어지는 + 5 연산에 참여하는 것은 3도 4도 아니고 그 둘이 만든 '임시 결과'라는 사실을 절대 잊지 말기 바랍니다.

1.7 범위 기반 for문

C++11에 새로 생긴 여러 문법들 중 개인적으로 가장 마음에 드는 것이 바로 '범위 기반^{Range-based} for문'입니다. for문은 대부분 일정 '횟수'를 중심으로 반복합니다(while문은 반복 횟수보다는 조건을 중심으로 반복합니다). 따라서 보통 배열 자료구조에 접근할 때 for문을 자주 사용하는데, 이는 배열의 요소가 선언할 때 확정되기 때문입니다.

그러나 여기 한 가지 문제가 있습니다. 만일 배열 요소의 개수를 변경한다면? 그렇습니다, 당연히 for문도 수정해야 합니다. 하지만 범위 기반 for문을 사용한다면 그럴 필요가 없습니다. 애초에 배열 요소의 개수를 조건식으로 기술할 필요가 없기 때문입니다.

```
for(auto 요소변수 : 배열이름)
    반복 구문;
```

만일 배열 요소의 개수가 5개면 범위 기반 for문은 자동으로 5회 반복합니다. 그리고 0번 요소부터 4번 요소까지 '요소 변수'를 통해 접근할 수 있습니다. 즉, **반복 횟수는 배열 요소 개수에 맞춰 자동으로 결정**됩니다!

[01/RangeBasedfor/RangeBasedfor.cpp] 범위 기반 for문

```
01  #include "stdafx.h"
02  #include <iostream>
03  using namespace std;
04
05  int _tmain(int argc, _TCHAR* argv[])
06  {
07    int aList[5] = {10, 20, 30, 40, 50};
08
09    // 전형적인 C 스타일 반복문
10    for(int i = 0; i < 5; ++i)
11      cout << aList[i] << ' ';
12
13    cout << endl;
14
15    // 범위 기반 C++11 스타일 반복문
16    // 각 요소의 값을 n에 복사한다.
```

```
17    for(auto n : aList)
18      cout << n << ' ';
19
20    cout << endl;
21
22    // n은 각 요소에 대한 참조다.
23    for(auto &n : aList)
24      cout << n << ' ';
25
26    cout << endl;
27
28    return 0;
29  }
```

실행결과

```
10 20 30 40 50
10 20 30 40 50
10 20 30 40 50
```

10번 행 **for(int i = 0; i < 5; ++i)**와 17번 행 **for(auto n : aList)**는 같은 의미입니다. 10번 행의 for 반복 구간 내부에서 각 배열 요소에 접근할 때 값을 읽기만 했을 뿐 쓰지는 않았기 때문입니다. 즉, l-value로 사용했거나 단항 증/감 연산 같은 것을 수행하지 않았다는 것이죠. 이 두 코드의 가장 큰 차이는 '조건식'입니다. 만일 **배열 요소의 개수가 5개에서 10개로 변경된다면 10번 행의 조건식은 반드시 수정해야 합니다.** 하지만 **17, 23번 행은 그럴 필요가 없습니다.** 따라서 코드를 잘못 입력해서 오류가 발생할 가능성이 대폭 줄어듭니다.

만일 11번 행에서 aList[i] = 10; 같은 코드를 실행했다면 17번 행처럼 범위 기반 for문을 사용할 수 없고, 23번 행 **for(auto &n : aList)**처럼 **참조자를 요소 형식으로 선언**해야 합니다. 이 경우 n = 10; 같은 연산을 실행하면 각 배열의 요소가 모두 10으로 변경됩니다. 앞으로는 전체 배열 요소에 접근할 때 범위 기반 for문을 사용하기 바랍니다. 실수(버그)도 줄일 수 있을 뿐만 아니라 생산성도 향상시킬 수 있다는 것이 너무도 분명하기 때문입니다.

1. 자신의 이름과 나이를 입력받고 "나의 이름은 홍길동이고, 20살입니다."라고 출력하는 프로그램을 작성하세요. 단, 반드시 std::cout, std::cin을 이용해 작성합니다.

2. C++11에서 auto 예약어는 어떤 의미인지 쓰고 코드로 예를 보이세요.

3. char[12] 배열 메모리를 new 연산자로 동적 할당하고 해제하는 코드 예를 작성하세요.

4. int에 대한 참조 형식을 매개변수로 받고 두 변수의 값을 교환하는 함수를 작성하세요. 함수 원형은 void Swap(int &a, int &b)입니다.

5. 상수형 참조가 기존의 참조 형식과 크게 다른 점이 무엇인지 답하세요.

6. 다음과 같은 int 배열을 오름차순으로 정렬한 후 화면에 결과를 출력하는 프로그램을 작성하세요. 정렬 방법은 상관없습니다.

```
int aList[5] = {10, 20, 30, 40, 50};
```

단, 화면에 배열 내용을 출력할 때는 반드시 '범위 기반 for문'을 사용해야 합니다.

C++ 함수와 네임스페이스

C와 C++의 중요한 차이점 중 하나는 바로 '다중 정의'입니다. 이름이 같은 함수가 동시에 여러 개 존재할 수 있다는 뜻입니다. 또 하나의 차이점으로는 네임스페이스가 있습니다. 범위 지정 방법을 통해 더 체계적으로 코드를 관리할 수 있게 해줍니다.

이 두 가지 차이점 때문에 C++는 규모가 큰 프로젝트를 수행할 경우 C와 비교해 훨씬 좋은 성능을 보여줍니다. 아무튼 2장도 1장처럼 C와 비교해 독특하거나 차이점이 있는 문법들을 소개하겠습니다.

이 장의 핵심 개념

여기에서는 1장에 이어 C와 C++의 차이점을 살펴보겠습니다. C와 C++의 중요한 차이점 중 두 가지는 이름이 같은 함수가 동시에 여러 개 존재할 수 있다는 다중 정의와 범위를 지정해서 체계적으로 코드를 관리할 수 있게 해주는 네임스페이스입니다.

1. 디폴트 매개변수: 기본값을 정해서 함수 이름만 쓰면 함수를 실행합니다.

2. 다중 정의: 이름은 같은데 내 맘대로 자료형을 바꿔도 됩니다.

3. 인라인 함수: 함수와 매크로의 장점을 모았습니다.

4. 네임스페이스: 내가 원하는 함수, 변수 등에 소속감을 심어줍니다.

이 장의 학습 흐름

여기에서 우리가 다룰 것은 C와 C++ 함수의 '차이점'입니다.

2장

매개변수 없이도 함수를 자유롭게 사용하는 방법을 배웁니다.

Add( ) 함수를 얼마나 다양한 형태로 사용할 수 있는지 살펴봅니다.

"이 구역의 주인은 나야!" 변수, 함수 등을
하나로 묶는 방법을 배웁니다.

네임스페이스가 얼마나 코드를 간결하게 만드는지를 살펴봅니다.

C++가 왜 효율적인지를 확인할 수 있습니다.

2.1 디폴트 매개변수

C에서는 함수를 호출하려면 반드시 매개변수의 실인수를 기술해야 합니다. 가령 정수형(int) 매개 변수가 두 개 있는 함수라면 TestFunc(3, 4);라고 호출해야 합니다. 따라서 매개변수 중 하나를 빠뜨릴 경우 컴파일러의 잔소리를 각오해야 합니다. 하지만 C++에서는 상황이 좀 달라 경우에 따라서는 생략할 수도 있습니다. 구체적으로 문법을 설명하기 전에 일단 코드부터 살펴봅시다.

[02/DefaultParam/DefaultParam.cpp] 디폴트 매개변수 사용

```
01  #include "stdafx.h"
02  #include <iostream>
03
04  // nParam 매개변수의 디폴트 값은 10이다.
05  int TestFunc(int nParam = 10)
06  {
07    return nParam;
08  }
09
10  int _tmain(int argc, _TCHAR* argv[])
11  {
12    // 호출자가 실인수를 기술하지 않았으므로 디폴트 값을 적용한다.
13    std::cout << TestFunc() << std::endl;
14
15    // 호출자가 실인수를 확정했으므로 디폴트 값을 무시한다.
16    std::cout << TestFunc(20) << std::endl;
17
18    return 0;
19  }
```

디폴트 값을 20으로 변경

실행결과

```
10
20
```

5번 행은 함수 선언과 정의가 시작되는 부분이며 **nParam 매개변수의 초깃값이 10**임을 알 수 있습니다. C++에서는 함수 원형에 다음과 같이 초깃값을 기술할 수 있습니다.

```
반환자료형 함수이름(매개변수자료형이름 = 디폴트값);
```

매개변수의 디폴트 값을 '선언'한 함수는 호출자 코드에서 실인수를 생략한 채 호출할 수 있습니다. 재차 강
조하고 싶은 사실은 매개변수의 디폴트 값은 반드시 함수 원형의 선언 부분에 기술해야 한다는 점입
니다. 정의 부분에 기술할 경우 컴파일 오류가 발생합니다. 다음 코드는 함수 원형의 선언부에 디폴
트 값을 기술한 예입니다.

```
05  int TestFunc(int = 10);
06
07  int TestFunc(int nParam)
08  {
09    return nParam;
10  }
11
12  int _tmain(int argc, _TCHAR* argv[])
13  {
14    std::cout << TestFunc(20) << std::endl;
15
16    return 0;
17  }
```

TestFunc() 함수의 원형이 조금 낯설게 보입니다. 이는 매개변수의 이름을 기술하지 않았기 때문
인데 문법적으로는 전혀 문제가 없는 코드입니다. 왜냐하면 C/C++의 함수 원형 선언에서 매개변
수의 이름을 생략할 수 있기 때문입니다. 그리고 매개변수의 디폴트 값을 적용하면 호출자 함수에서
다음과 같은 코드를 만날 수도 있습니다. TestFunc() 함수의 매개변수가 1개이고 기본값이 10이
면 다음 두 코드는 사실상 같은 코드입니다.

```
std::cout << TestFunc(10) << std::endl;
std::cout << TestFunc() << std::endl;
```

위 코드만 놓고 보면 한 가지 당황스러운 사실을 알 수 있습니다. 어쩌면 이미 이런 혼잣말을 하고
있을지도 모르겠네요.

"호출자의 코드만 봐선 함수 원형이 뭔지 알 수가 없겠는 걸?"

네, 그렇습니다. C++에서는 '절대로' 호출자의 코드만 보고 함수 원형을 확정하면 안 됩니다! 마음 같아서는 한 백 번 정도 거듭해 강조하고 싶습니다. 참고로 함수 원형을 정확히 알 수 없는 이유는 몇 가지가 더 있는데, 이는 네임스페이스, 클래스 등을 다룬 후 설명해야 이해하기 쉬우므로 나중에 자세히 설명하겠습니다.

이번에는 매개변수가 둘인 경우를 생각해보겠습니다. 매개변수가 둘이므로 디폴트 값도 두 매개변수에 모두 혹은 일부에 설정할 수 있습니다. 하지만 매개변수가 하나인 경우와 달리 신경 써야 할 요소가 좀 더 있습니다.

[02/DefaultParam2/DefaultParam2.cpp] 매개변수가 두 개일 때의 디폴트 값

```
01  #include "stdafx.h"
02  #include <iostream>
03
04  int TestFunc(int nParam1, int nParam2 = 2)
05  {
06      return nParam1 * nParam2;
07  }
08
09  int _tmain(int argc, _TCHAR* argv[])
10  {
11      std::cout << TestFunc(10) << std::endl;
12      std::cout << TestFunc(10, 5) << std::endl;
13
14      return 0;
15  }
```

실행결과

```
20
50
```

호출자가 설정하는 실인수는 피호출자 함수 매개변수의 왼쪽부터 짝을 맞춥니다. 따라서 11번 행에 보이는 실인수 10은 TestFunc() 함수의 왼쪽 첫 번째 매개변수인 nParam1의 초깃값이 됩니다.

이와 달리 12번 행에서는 두 매개변수의 실인수를 모두 기술했습니다. 그러므로 nParam2의 초깃값은 디폴트 값인 2가 아니라 5가 됩니다.

여기까지는 그리 어렵지 않을 것입니다. 그러나 디폴트 값을 기술하는 위치가 지금처럼 오른쪽 매개변수가 아니라 왼쪽 매개변수라면 문법적으로 몇 가지 문제에 부딪힐 수 있습니다. 하지만 다음 사항만 기억해둔다면 문제를 쉽게 해결할 수 있습니다.

1. 피호출자 함수 **매개변수의 디폴트 값은 반드시 오른쪽 매개변수부터 기술**해야 한다.

2. 매개변수가 여러 개일 때 왼쪽 첫 번째 매개변수의 디폴트 값을 기술하려면 나머지 오른쪽 '모든' 매개변수에 대한 디폴트 값을 기술해야 한다. **절대로 중간에 빼먹으면 안 된다!**

3. 호출자 함수가 피호출자 함수 매개변수의 실인수를 기술하면 이는 왼쪽부터 짝을 맞추어 적용되며, 짝이 맞지 않는 매개변수는 디폴트 값을 적용한다.

세 가지 사항을 기억했다면 이번엔 잘못된 예를 구체적으로 살펴보도록 하겠습니다. 첫 번째 잘못된 예는 **디폴트 값이 없는 매개변수에는 호출자 함수에 반드시 실인수를 기술**해야 하는데 이를 지키지 않아 발생하는 오류입니다.

```
04   int TestFunc(int nParam1, int nParam2 = 2)
......
11     std::cout << TestFunc() << std::endl;
```

실행결과

```
error C2660: 'TestFunc' : 함수는 0개의 매개변수를 사용하지 않습니다.
```

매개변수 nParam1은 디폴트 값이 없습니다. 따라서 호출자 함수는 반드시 nParam1에 대한 실인수를 기술해야 합니다.

두 번째 잘못된 예는 **디폴트 값을 오른쪽 매개변수부터 기술**해야 하는데 이를 지키지 않아 발생하는 오류입니다.

```
04   int TestFunc(int nParam1 = 5, int nParam2)
......
11     std::cout << TestFunc(10) << std::endl;
```

```
error C2548: 'TestFunc' : 매개변수 2에 대한 기본 매개변수가 없습니다.
error C2660: 'TestFunc' : 함수는 1개의 매개변수를 사용하지 않습니다.
```

오류 메시지가 두 개지만 첫 번째(C2548) 오류를 해결하면 두 번째는 자연스럽게 사라집니다. nParam2의 디폴트 값을 10으로 기술한다면 호출자 함수의 실인수 10은 nParam1에 적용됩니다. 세 번째 잘못된 예는 **중간에 위치한 매개변수에 디폴트 값을 생략할 수 없는데** 이를 지키지 않아 발생하는 오류입니다.

```
04  int TestFunc(int nParam1 = 5, int nParam2, int nParam3 = 10)
```

매개변수가 여러 개인 경우 중간에 이빨이 빠진 것처럼 디폴트 값을 생략할 수 없습니다.

이제 정리됐나요? 그런데 아직 한 가지 중요한(어쩌면 가장 중요한) 사실을 더 살펴볼 차례입니다. 앞서 이미 언급한 '함수 원형'과 관계된 것으로, **호출자의 코드만 보고서는 절대로 함수의 원형을 정확히 알아낼 수 없다는 사실**입니다.

다음 코드를 살펴봅시다.

```
std::cout << TestFunc() << std::endl;
```

안타깝지만 이 호출자 코드 한 줄만 봐서는 함수 원형을 알아내기란 불가능입니다. 지금 배운 디폴트 매개변수 때문입니다. 디폴트 매개변수는 자칫 '이것도 맞고 저것도 맞다'는 식의 **'모호성'**을 만들고 맙니다. 그리고 이 '모호성'은 코드를 이해하는 데 매우 심각한 방해 요소로 작용합니다. 그러므로 가급적이면 디폴트 매개변수를 사용하는 일은 자제하는 것이 좋습니다.

반대로 다음과 같은 전제 조건이 있다면 디폴트 매개변수를 사용하는 것이 좋을 때도 있습니다.

　　"함수를 만든 사람과 사용자가 서로 다를 수 있다!"

프로그래밍의 특성상 작성이 끝난 코드를 다시 수정해야 하는 경우가 많은데, 보통 함수를 만든 사람은 함수 코드를 충분히 이해하겠지만 함수 '사용자(호출자)'는 함수 이름과 매개변수 그리고 반환 자료형 같은 표면적인 것밖에 알 수 없습니다. 따라서 함수를 만드는 사람은 사용자의 입장을 충분히 고려해서 사용자가 쉽게 이해할 수 있도록 함수를 만들도록 노력하고, 수정할 때도 가급적 함수 원형을 바꾸는 일을 하지 않는 것(디폴트 매개변수를 사용하는 장점을 갖는 함수 원형을 만드는 것) 이 바람직합니다.

이런 의미에서 지금부터 보여주는 예는 디폴트 매개변수를 적극 활용한 경우입니다. CalcLayout() 함수는 2013년에 철수가 작성했고 같은 해에 길동이가 사용(호출)했다고 가정합니다.

```
// 2013년에 철수가 만든 함수
int CalcLayout(int nWidth, int nHeight)
{
  return nWidth * nHeight;
}


// 2013년 길동이의 코드
int _tmain(int argc, _TCHAR* argv[])
{
  CalcLayout(10, 5);

  return 0;
}
```

현재 시점에서는 크게 문제 될 것이 없습니다. 그러나 시간이 흘러 새로운 기능이 필요해서 또 다른 사용자인 영희가 다음과 같이 함수 원형을 변경해서 사용하려 했다고 가정합니다.

```
// 2013년에 철수가 만든 함수 원형을 2016년에 다음과 같이 변경!
#define MYTYPE_A 100
#define MYTYPE_B 200

int CalcLayout(int nWidth, int nHeight, int nType)
{
  return nWidth * nHeight + nType;
}

// 2016년 영희의 코드
int _tmain(int argc, _TCHAR* argv[])
{
  CalcLayout(10, 5, MYTYPE_A);
```

```
    return 0;
  }
```

함수 원형이 변경됐습니다. 함수 자체의 설계가 달라진 셈이죠. 그러나 아쉽게도 2013년에 길동이가 만든 코드는 변경할 수가 없는데, 이는 영희는 상관없겠지만 2013년에 길동이가 작성한 코드는 함수 원형이 달라져 컴파일 오류가 발생할 것이기 때문입니다. 모두를 만족시키기 위해서는 2013년 길동이의 코드를 변경하는 것이 불가피해 보입니다. 하지만 철수가 CalcLayout() 함수의 원형을 다음과 같이 기술한다면 어떨까요?

```
// 길동이와 영희 모두를 만족시킬 수 있다.
int CalcLayout(int nWidth, int nHeight, int nType = MYTYPE_A)
{
  return nWidth * nHeight + nType;
}
.....

// 2013년 길동이의 코드
CalcLayout(10, 5);
.....

// 2016년 영희의 코드
CalcLayout(10, 5, MYTYPE_A);
```

길동이의 코드를 수정할 필요는 없고 다시 빌드만 하면 됩니다. 따라서 현재(영희의 코드)와 과거(길동이의 코드) 모두에 적합한 함수 원형이 될 수 있습니다. 물론 이와 같은 경우를 제외하고 디폴트 매개변수를 사용하는 일은 신중해야 합니다.

실력 있는 개발자는 '미래'의 유지보수 문제에 대응할 수 있도록 '현재' 코드를 작성할 줄 압니다. 그것이 초보자와 경력자를 나누는 기준이 될 수도 있습니다. C++같은 객체지향 언어는 '객체'라는 대상에 대한 제작자(혹은 작성자)와 사용자가 다른 사람인 경우가 많으므로 실제 함수를 사용할 사용자를 고려해 코드를 작성하는 습관을 갖는 것이 중요합니다.

실력 좋은 프로그래머들이 많은 구글에서는 특정 프로그램(혹은 프로젝트)을 개발할 때 모든 개발자가 일정 수준의 규칙을 준수하도록 가이드라인을 제시합니다. 이런 가이드를 보통 '코딩 규칙(Coding Convention)'이라 합니다. 아직 이른 감이 있긴 하지만 이 책을 모두 공부한 후에는 꼭 다음 링크를 참조해보기 바랍니다.

• https://code.google.com/p/google-styleguide/

이 책을 공부한 후라고 말하는 이유는 안타깝지만 C++를 모두 배운 후에라야 제대로 이해할 수 있기 때문입니다.

2.2 함수 다중 정의

C++에서 '다중 정의'는 하나(함수 이름, 변수 이름 등)가 여러 의미를 동시에 갖는 것을 말합니다. 영문 표기는 'Overloading'이며 이를 직접 읽어 '오버로딩'이라고 하거나 번역해서 '다중 정의'라고도 합니다. 이 문법은 C에 익숙한 개발자들에게는 꽤나 큰 골칫거리입니다. C에서는 이름이 같은 함수가 존재할 수 없기 때문입니다.

하지만 C++에서는 매개변수 구성이 달라지거나 어떤 식으로든 함수 원형이 달라지면 이름이 같더라도 다른 함수가 됩니다. 이를 통해 C++는 함수의 '다형성'을 지원합니다.

2.2.1 다중 정의 일반

FuncPoly.cpp 예제는 Add()라는 이름의 함수를 세 가지 형태로 다중 정의하고 사용하는 예입니다. 따라서 세 개의 Add() 함수가 등장합니다. 매개변수 구성까지 똑같은 경우는 없으니 비교하면서 코드를 살펴봅시다.

[02/FuncPoly/FuncPoly.cpp] Add() 함수의 다중 정의

```
01   #include "stdafx.h"
02   #include <iostream>
03
```

```
04  int Add(int a, int b, int c)◄
05  {
06      std::cout << "Add(int, int, int): ";
07
08      return a + b + c;
09  }
10
11  int Add(int a, int b)◄
12  {
13      std::cout << "Add(int, int): ";
14
15      return a + b;
16  }
17
18  double Add(double a, double b)◄
19  {
20      std::cout << "Add(double, double): ";
21
22      return a + b;
23  }
24
25  int _tmain(int argc, _TCHAR* argv[])
26  {
27      std::cout << Add(3, 4) << std::endl;
28      std::cout << Add(3, 4, 5) << std::endl;
29      std::cout << Add(3.3, 4.4) << std::endl;
30
31      return 0;
32  }
```

실행결과

```
Add(int, int): 7
Add(int, int, int): 12
Add(double, double): 7.7
```

우선 '더하기'라는 개념은 늘 한결같지만 자료형에 따라 상세한 연산 내용은 달라질 수 있습니다. 무엇보다 구조체 같은 사용자 정의 자료형이나 문자열 등 일반 자료형이 아니라면 '더한다'라는 의미를 단순 덧셈 연산만으로 취급할 수는 없습니다. 하지만 다중 정의는 Add()라는 함수 이름은 그대로 사용하면서 '**더하기'라는 한 가지 개념을 여러 가지 형태로 다양하게 구현**할 수 있습니다.

그리고 FuncPoly.cpp 예제를 호출자 관점에서 살펴보면 '호출되는 함수가 (컴파일러에 의해) 자동으로 결정'된다는 사실을 알 수 있습니다.

```
27    std::cout << Add(3, 4) << std::endl;
28    std::cout << Add(3, 4, 5) << std::endl;
29    std::cout << Add(3.3, 4.4) << std::endl;
```

3과 4는 각각 int 자료형 상수입니다. 따라서 27번 행의 Add() 함수는 두 번째로 정의한 Add(int, int) 함수를 호출합니다. 3.3과 4.4는 double 자료형 상수입니다. 그러므로 세 번째로 정의한 Add(double, double) 함수를 호출합니다.

함수 다중 정의에서는 사용자 코드에 있는 함수 호출의 구체적인 대상이 무엇인지 식별하는 것이 중요합니다. '알아서' 혹은 '자동으로'라는 말들은 '모호성'을 포함하기도 합니다. 자, 이쯤에서 C 스타일 함수 원형의 구성을 다시 살펴봅시다.

```
   반환형식 호출규칙 함수이름(매개변수, 매개변수, …);
```

크게 네 가지(반환 형식, 호출 규칙, 함수 이름, 매개변수 구성)입니다. 이 중 다중 정의에 영향을 주는 것은 '매개변수'뿐입니다. 어차피 함수 이름은 같기 때문에 달라질 수 있는 요소는 세 가지밖에 없습니다. 그러므로 다음과 같은 코드들은 문법에 맞지 않습니다.

문법에 맞지 않는 첫 번째 예는 **반환 형식만 다른 경우**입니다.

```
// 반환 형식만 다르다.
int Add(int a, int b);
double Add(int a, int b);
```

문법에 맞지 않는 두 번째 예는 **호출 규칙만 다른 경우**입니다.

```
// 호출 규칙만 다르다.
int __cdecl Add(int a, int b);
```

```
int __stdcall Add(int a, int b);
```

2.2.2 다중 정의와 모호성

디폴트 매개변수와 다중 정의가 조합되면 매우 강력한 '모호성'이 발생할 수 있습니다. 각각으로도
모호성 문제가 있는데 그 둘을 합쳐놓았으니 오죽하겠습니까? 그래서 그중 가장 문제가 될 만한 것
을 예제로 다뤄보고자 합니다. 일단 FuncAmbiguity.cpp 예제를 살펴보겠습니다.

[02/FuncAmbiguity/FuncAmbiguity.cpp] 디폴트 매개변수와 다중 정의가 조합되었을
때의 모호성

```
01   #include "stdafx.h"
02   #include <iostream>
03
04   void TestFunc(int a)
05   {
06     std::cout << "TestFunc(int)" << std::endl;
07   }
08
09   void TestFunc(int a, int b = 10)
10   {
11     std::cout << "TestFunc(int, int)" << std::endl;
12   }
13
14   int _tmain(int argc, _TCHAR* argv[])
15   {
16     TestFunc(5);
17
18     return 0;
19   }
```

실행 결과를 살펴보기 전에 다음 세 가지 질문에 먼저 답해보기 바랍니다.

- 이 예제는 컴파일할 수 있는가? 즉, 컴파일 오류는 없는가?
- 오류가 발생한다면 몇 번 행에서 발생하는가?

- TestFunc() 함수의 다중 정의가 문제인가? 아니면 호출하는 쪽이 문제인가?

```
funcambiguity.cpp(19): error C2668: 'TestFunc' : 오버로드된 함수에 대한 호출이 모호
합니다.
funcambiguity.cpp(12): 'void TestFunc(int,int)'일 수 있습니다.
funcambiguity.cpp(7): 또는 'void TestFunc(int)'
```

FuncAmbiguity.cpp 예제를 빌드하면 컴파일 오류가 발생하는데, 오류 내용에 아예 '호출이 모호'
하다는 표현이 있습니다. 한 가지 재미있는 사실은 16번 행을 주석문으로 처리하거나 TestFunc(5,
10)과 같이 int 자료형 실인수 두 개를 기술하면 오류가 사라진다는 점입니다. 이 사실이 의미하는
것은 FuncAmbiguity.cpp 예제처럼 TestFunc() 함수가 다중 정의되는 것은 문법적으로 문제가
되지 않는다는 것입니다.

이 이야기를 조금 다르게 말하면 "함수를 만든 제작자는 오류를 경험하지 않지만 함수 사용자는 오
류를 경험할 수 있다"는 뜻입니다. FuncAmbiguity.cpp 예제와 같은 다중 정의 상태라면 사용자
가 TestFunc(int) 함수를 호출할 수 있는 방법은 없습니다. 무릇 실력 있는 프로그래머라면 자신
이 만들어낸 함수나 객체를 사용하는 또 다른 개발자를 고려해야 한다는 점을 다시 강조하고 싶습니
다. 심지어 사용자의 실수를 차단하기 위한 노력까지 해야 합니다.

2.2.3 함수 템플릿

함수를 다중 정의하는 이유는 사용자의 편의성과 확장성을 얻을 수 있기 때문입니다. 그런데 사용자
를 편하게 해주자고 제작자는 같은 일을 여러 번 반복해야 합니다. 더 큰 문제는 같은 일을 하는 코
드가 다중 정의된 함수 여러 개로 존재한다는 것입니다. 이는 유지보수 측면에서 보면 심각한 문제
입니다. 가령 다섯 가지 형태로 다중 정의된 함수에서 논리적 결함이 발생했다고 생각해봅시다. 개
발자는 적어도 다섯 곳의 코드를 수정해야 할 것입니다.

또한 불필요한 코드가 생길 수도 있습니다. 같은 일을 하는 함수가 다섯 개 존재하지만 실제 사용되
는 것이 하나밖에 없다면 결국 불필요한 코드만 늘어나 메모리를 소모하는 꼴이 되고 맙니다. 한 마
디로 비효율적이죠. 그래서 C++에서는 **가급적이면 함수 다중 정의보다는 '함수 템플릿**^{Template}**'을 사용하**
길 권합니다. 형태는 다음과 같습니다.

```
template <typename T>
반환형식 함수이름(매개변수)
{

}
```

template <typename T>라는 구문을 빼면 일반적인 함수를 만드는 것과 크게 다르지 않습니다. 여기서 typename은 자료형을 의미합니다. 이어진 T는 자료형입니다. 템플릿은 일종의 '틀'이며 마치 판화의 틀을 만들어 여러 장의 판화를 인쇄하는 것과 같습니다. 다만 인쇄하는 것이 그림이나 사진이 아니라 '소스 코드'라는 점만 다릅니다. 그러니까 typename T는 마치 판화 틀의 구멍 난 부분과 같은 셈이지요.

FuncTemplate.cpp 예제의 TestFunc()는 템플릿 함수입니다. 따라서 호출자가 어떤 실인수로 TestFunc() 함수를 호출하는가에 따라 자동으로 다중 정의가 이루어집니다. 즉, 사용자 코드에 의해 컴파일러가 다중 정의 코드를 만듭니다.

[02/FuncTemplate1/FuncTemplate1.cpp] 템플릿 함수

```
01  #include "stdafx.h"
02  #include <iostream>
03
04  template <typename T>
05  T TestFunc(T a)
06  {
07    std::cout << "매개변수 a: " << a << std::endl;
08
09    return a;
10  }
11
12  int _tmain(int argc, _TCHAR* argv[])
13  {
14    std::cout << "int\t" << TestFunc(3) << std::endl;
15    std::cout << "double\t" << TestFunc(3.3) << std::endl;
16    std::cout << "char\t" << TestFunc('A') << std::endl;
17    std::cout << "char*\t" << TestFunc("TestString") << std::endl;
18
```

```
19    return 0;
20  }
```

```
매개변수 a: 3
int     3
매개변수 a: 3.3
double  3.3
매개변수 a: A
char    A
매개변수 a: TestString
char*   TestString
```

앞서 소개한 많은 예제에서 cout 객체는 '알아서' 값을 출력한다고 했는데, 여기에 템플릿이 조합되면 굳이 형식을 지정하지 않아도 쉽게 코드를 확장할 수 있습니다.

그럼 우리가 앞서 살펴본 예제들 속에 등장했던 Add() 함수를 다중 정의가 아니라 함수 템플릿으로 변경한 것을 살펴보겠습니다. 다음과 같이 간결하고도 확장성 높은 코드가 됩니다.

[02/FuncTemplate2/FuncTemplate2.cpp] 함수 템플릿으로 만든 Add() 함수

```
01  #include "stdafx.h"
02  #include <iostream>
03
04  template <typename T>
05  T Add(T a, T b)
06  {
07    return a + b;
08  }
09
10  int _tmain(int argc, _TCHAR* argv[])
11  {
12    std::cout << Add(3, 4) << std::endl;
13    std::cout << Add(3.3, 4.4) << std::endl;
14
15    return 0;
16  }
```

그리고 7번 행에 브레이크포인트를 설정하고 [디버그] → [디버깅 시작]([F5])을 선택해 실행한 후 [호출 스택]을 확인하면 다음과 같이 템플릿 함수의 이름이 Add⟨int⟩(int a, int b)로 확정된 것을 알 수 있습니다. 참고로 12번 행에 설정한다면 다른 형식으로도 보일 것입니다.

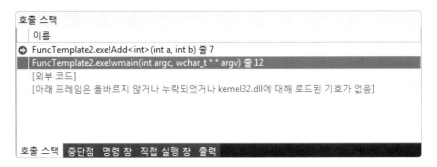

그리고 12번 행 코드는 다음과 같이 변경할 수 있습니다.

```
        std::cout << Add<int>(3, 4) << std::endl;
```

호출자 코드에 기술한 ⟨int⟩는 ⟨typename T⟩와 짝을 이룹니다. 따라서 T를 int형으로 해석해 코드를 생성합니다. 만일 사용자가 함수 템플릿을 이용하지 않는다면 아무런 코드도 생성되지 않을 것입니다. 따라서 코드를 만들어 놓고 전혀 사용하지 않는 상황은 발생할 수 없습니다. 무엇보다 **같은 일을 하는 코드가 여러 번 등장할 필요가 없어졌기 때문에 안정적인 구조**라고 할 수 있습니다.

2.3 인라인 함수

함수를 호출하면 스택 메모리 사용이 증가하고 매개변수 때문에 메모리 복사가 일어납니다. 제어 흐름도 이동해야 합니다. 코드만 살펴보면 드러나 보이지는 않지만 내부적으로는 여러 연산들(매개변수 복사, 스택 조정, 제어 이동 등)이 일어나는 것이죠.

보통 이 같은 문제(함수 호출로 인한 오버헤드)를 극복하고자 매크로를 사용합니다. 특히 길이가 짧고 단순한 것임에도 불구하고 관리 상의 목적 때문에 함수로 만들어진 코드를 매크로로 변환할 경우 무시할 수 없는 수준의 성능 향상을 기대할 수 있습니다.

하지만 매크로는 함수가 아닙니다. 외형은 그렇게 보이지만 본질은 함수가 아니므로 다양한 논리적 오류를 발생시키기도 합니다. 게다가 매개변수에 형식을 지정할 수 없다는 점도 큰 문제입니다.

그래서 탄생한 것이 바로 '인라인inline' 함수입니다. 인라인 함수는 매크로의 장점과 함수의 장점을 두루 갖춘 재주 많은 함수입니다. 본질적으로 함수이므로 매개변수에 형식을 지정할 수 있어 매크로의 단점을 보완해줍니다. 문법도 매우 간단해 함수 원형 앞에 inline이라는 예약어만 작성하면 끝납니다. 그러나 내부적으로는 매크로처럼 함수 호출을 하지 않습니다. 결과적으로 **함수와 매크로의 장점만 한 군데 모아놓은 것**입니다.

[02/InlineSample/InlineSample.cpp] 인라인 함수

```
01  #include "stdafx.h"
02  #include <cstdio>
03
04  #define ADD(a, b)((a) + (b))
05
06  int Add(int a, int b)
07  {
08    return a + b;
09  }
10
11  inline int AddNew(int a, int b)
12  {
13    return a + b;
14  }
15
16  int _tmain(int argc, _TCHAR* argv[])
17  {
18    int a, b;
19    scanf_s("%d%d", &a, &b);
20
21    printf("ADD(): %d", ADD(a, b));
22    printf("Add(): %d", Add(a, b));
23    printf("AddNew(): %d", AddNew(a, b));
24
25    return 0;
26  }
```

```
3 4
ADD(): 7
Add(): 7
AddNew(): 7
```

매크로든 일반 함수든 인라인 함수든 결과는 모두 동일합니다. 하지만 결과를 내는 과정이나 성격은 상당히 다릅니다.

먼저 4번 행의 매크로 코드는 '괄호 투성이'라 할 만합니다. 혹시 발생할지 모를 논리적 오류(연산 순서 문제)를 사전에 차단하기 위한 방편이죠. 그렇다 하더라도 매개변수에 자료형을 지정할 수 없다는 문제를 해결할 수는 없습니다. 효율은 좋지만 단점도 많습니다.

반면에 11번 행의 AddNew() 인라인 함수는 inline 예약어를 빼면 기존의 함수와 다를 바 없습니다. 무엇보다 자료형 등이 지정되어 있으므로 **문법적으로도 완벽한 함수**입니다. 매크로를 사용할 때와 같은 문제는 있을 수 없습니다. 그럼 아마도 궁금한 것들이 생길 것 같아 예상되는 질문과 답변을 정리해보겠습니다.

"그렇게 좋은 것이라면 왜 아직도 일반 함수를 사용하나요? 모두 인라인 함수가 되면 좋지 않나요?"

네, 맞습니다. 가능하다면 모두 인라인 함수로 처리하면 좋겠지요. 하지만 꼭 그런 것만은 아닙니다. 같은 코드가 기계어에 계속 반복해서 나올 테니 코드의 길이가 일정 수준 이상 길어지면 인라인 함수가 되는 것은 바람직하지 않습니다.

"그렇다면 바람직한 코드의 길이가 있는 것인가요?"

네, 그렇습니다. 하지만 그것은 모두 컴파일러가 결정합니다. 개발자 자신이 직접 결정할 일이 아닙니다. Visual Studio의 '솔루션 탐색기'에서 [프로젝트 이름](이 경우라면 InlineSample.cpp)을 마우스 오른쪽 버튼으로 클릭한 후 [속성]([프로젝트 이름]을 선택한 후 [Alt]+[Enter]를 눌러도 실행 가능)을 선택해 속성 페이지를 실행합니다. 그리고 [구성 속성] → [C/C++] → [최적화]를 선택한 후 [인라인 함수 확장] 항목의 설정값을 확인하면 다음과 같은 그림을 볼 수 있습니다.

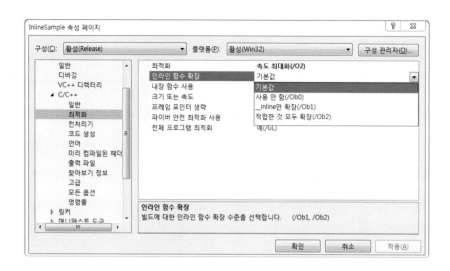

설정값은 보통 '기본값'으로 지정되어 있습니다. 이 항의 기본값은 "인라인 함수로 사용하는 데 적합한 함수는 모두 인라인 함수로 만든다"는 의미입니다. 따라서 Visual Studio를 이용해 컴파일할 경우 인라인으로 선언하지 않았다고 하더라도 적합하다면 인라인 함수로 확장합니다. 또한 인라인으로 선언했다고 해도 적합하지 않다면 일반 함수로 컴파일합니다.

여기서 잠깐

☆ **최적화의 의미**

'최적화Optimization'란 컴파일러가 고급어를 기계어로 번역하는 과정에서 CPU나 메모리 사용의 효율을 높이도록 코드를 변경하는 것을 말합니다. 앞으로 더 실력 있는 개발자로 인정받고 싶다면 반드시 '최적화'와 관련된 여러 가지 내용을 살펴보기 바랍니다.

2.4 네임스페이스

네임스페이스^{Namespace}는 C++가 지원하는 각종 요소들(변수, 함수, 클래스 등)을 한 범주로 묶어주기 위한 **문법**입니다. 보통 우리말로 '이름 공간'이라고 번역하는 경우가 많은데 의미 상으로는 '소속'이나 구역이라는 개념이 더 적합합니다. 소속이든 구역이든 어쨌거나 이러한 용어를 통해 '네임스페이스'가 어떤 의미인지 이해할 수 있으면 좋겠습니다.

2.4.1 네임스페이스

네임스페이스를 선언하려면 namespace 예약어를 이용해 다음과 같은 형태로 선언합니다.

```
namespace 이름
{
    // 네임스페이스의 시작

.....

    // 네임스페이스의 끝
}
```

네임스페이스의 블록 내부에 선언하는 변수나 함수들은 모두 명시한 '이름'에 속하게 됩니다. 내부에서 변수나 함수를 선언한다면 모두 해당 네임스페이스에 속합니다. NamespaceSample.cpp 예제의 경우 g_nData 변수와 TestFunc() 함수는 모두 TEST라는 네임스페이스에 속합니다.

[02/NamespaceSample/NamespaceSample.cpp] 네임스페이스 선언 및 정의

```
01  #include "stdafx.h"
02  #include <iostream>
03
04  namespace TEST
05  {
06      int g_nData = 100;
07
08      void TestFunc(void)
09      {
```

```
10        std::cout << "TEST::TestFunc()" << std::endl;
11    }
12  }
13
14  int _tmain(int argc, _TCHAR* argv[])
15  {
16    TEST::TestFunc();
17    std::cout << TEST::g_nData << std::endl;
18
19    return 0;
20  }
```

실행결과

```
TEST::TestFunc()
100
```

이 예제에서 주목할 부분은 바로 16번 행입니다. 네임스페이스가 존재할 경우 식별자 앞에 범위 지정 연산자(::)를 이용해 네임스페이스를 기술할 수 있습니다. 상황에 따라서는 생략할 수 있지만 지금 당장은 반드시 기술해야 한다고 알아둡시다(자세한 내용은 뒤에서 다시 살펴볼 것입니다).

TestFunc() 함수가 TEST 네임스페이스 소속이듯 cout은 std라는 네임스페이스 소속입니다. 그런 이유로 _tmain() 함수에서는 네임스페이스를 모두 기술했습니다. 참고로 _tmain() 함수는 소속이 없습니다. 정확히 말하면 아예 없는 것은 아니고 '전역 네임스페이스^{Global namespace}'에 속합니다. 따라서 cout, TestFunc(), _tmain() 등은 각자 속한 네임스페이스가 모두 다른 것입니다.

이와 같이 코드의 소속을 나누면 규모가 큰 프로그램을 만들기 좋습니다. 보통 조금이라도 프로그래밍 경험이 있는 사람이라면 식별자에 붙이는 이름(변수 이름이나 함수 이름)이 자신이 만드는 코드 내부에서 중복될 확률이 많다는 사실을 잘 알고 있습니다. 그리고 이름을 짓는 규칙이 다른 사람들도 별반 다르지 않다는 것도 알고 있습니다. 그래서 여러 사람이 공동으로 프로그램을 만드는 과정에서는 변수나 함수 이름이 겹치는 일이 자주 발생합니다. 이런 경우에 네임스페이스를 잘 활용한다면 이름이 겹쳐서 발생하는 문제들을 한 번에 해결할 수 있습니다.

2.4.2 using 선언

보통 사람의 이름은 성씨와 이름으로 구성됩니다. '홍길동'의 경우 '홍'이라는 성과 '길동'이라는 이름으로 구성된다는 것은 누구나 알고 있습니다. 방금 살펴본 네임스페이스는 '소속'을 의미한다고 설명했는데, 이름에 비교하면 네임스페이스는 성씨를 나타낸다고 봐도 무방합니다.

그런데 보통 집에서는 이 '소속'을 생략하고 식별자를 활용합니다. 대표적인 사례는 다음과 같습니다.

"철수야, 얼른 와서 밥 먹어라."

철수의 성씨가 최씨인지 김씨인지 이 예에는 나타나지 않습니다. 그러니까 엄밀히 말해 부정확하거나 적어도 모호성이 존재하는 표현입니다. 한국인의 경우 좀 더 정확하게 이름을 표현하자면 '최'씨라는 성이라도 본관을 다르게 구분해야 할 것입니다. "XX '최'가 몇 대 손 '아무개'입니다"라는 식으로 말이죠. 이런 식으로 정말 정확하게 철수의 이름을 부르면 다음과 같을 것입니다.

"XX 김가 25대 손 철수야, 얼른 와서 밥 먹어라."

하지만 보통 그렇게 부르는 어머니는 없으실 것입니다. 자, 왜 그럴까요? 당연한 대답입니다만 그럴 필요가 없기 때문입니다. 게다가 효율적이라고 하기도 어렵고요.

같은 논리가 네임스페이스에도 적용됩니다. 그러나 어머니께서 철수를 부르듯 임의로 생략할 수는 없고 **문법에 따라 생략**해야 하는데, 이 때 사용하는 예약어가 **using**입니다.

```
using namespace 네임스페이스이름;
```

프로그램 내부에서 앞으로 자주 사용해야 하는 네임스페이스가 있다면 모든 식별자 앞에 이를 기술할 것이 아니라 using 예약어를 선언한 후 네임스페이스를 생략하는 것도 좋은 방법입니다. **using 선언은 "철수는 김씨다"라고 미리 말해두는 것**과 같습니다. 그러면 그냥 '철수'라고만 말해도 다들 '김철수'라고 이해할 수 있습니다.

[02/NamespaceUsing/NamespaceUsing.cpp] using 선언

```
01  #include "stdafx.h"
02  #include <iostream>
```

```
03
04   // std 네임스페이스를 using 예약어로 선언한다.
05   using namespace std;
06
07   namespace TEST
08   {
09      int g_nData = 100;
10
11      void TestFunc(void)
12      {
13         // cout에 대해서 범위를 지정하지 않아도 상관없다.
14         cout << "TEST::TestFunc()" << endl;
15      }
16   }
17
18   // TEST 네임스페이스에 using 선언을 한다.
19   using namespace TEST;
20
21   int _tmain(int argc, _TCHAR* argv[])
22   {
23      // TestFunc()나 g_nData에도 범위 지정을 할 필요가 없다.
24      TestFunc();
25      cout << g_nData << endl;
26
27      return 0;
28   }
```

실행결과

```
TEST::TestFunc()
100
```

24~25번 행 코드에서는 TestFunc() 함수나 g_nData에 굳이 TEST라는 네임스페이스를 명시하지 않았지만 컴파일 오류도 없고 실행도 잘 됩니다. 마찬가지로 5번 행에서 네임스페이스에 using 예약어를 선언했기 때문에 14, 25번 행에서 std 네임스페이스를 생략할 수 있습니다.

2.4.3 네임스페이스의 중첩

서울은 어디 소속이지요? 네, 우리 대한민국에 속한 도시입니다. 그리고 서울은 다시 여러 '구'들로 이루어집니다. 바꿔 말해 '강남구'는 서울에 속한 행정 구역이라 할 수 있습니다. 이와 같은 소속 관계를 표현한 대표적인 사례가 바로 주소입니다.

서울시 강남구 대치동 XXX로 XX길

이와 같은 우리 일상의 주소를 C++의 네임스페이스로 표현하자면 다음과 같습니다.

```
서울시::강남구::대치동::XXX로::XX길
```

공백 문자가 범위 지정 연산자로 변경됐을 뿐 사실상 차이는 없습니다. 우리나라의 주소 체계는 다음 그림처럼 더 큰 범위에 속하는 소속을 먼저 표기하기 때문에 구조가 C++ 네임스페이스 구조와 정확히 일치합니다.

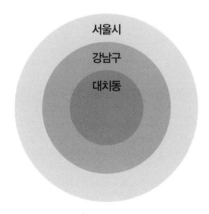

위 그림처럼 범위 속에 작은 규모의 범위가 속할 수도 있고, 범위가 여러 개 존재할 수도 있습니다. 네임스페이스도 똑같습니다. **네임스페이스 안에 또 다른 네임스페이스가 속할 수 있습니다.** 그것도 하나가 아니라 여러 개가 동시에 속할 수도 있고 하나의 네임스페이스 안에 또 다시 네임스페이스를 넣을 수도 있습니다. 이와 같은 구조를 '네임스페이스의 중첩'이라 부릅니다.

NamespaceNested.cpp 예제는 네임스페이스의 중첩을 보여줄 뿐만 아니라 식별자 검색이라는 주제도 함께 설명합니다. C++에서는 이름이 같은 변수나 함수라도 속해 있는 네임스페이스가 다르면 전혀 다른 개체로 인식합니다.

[02/NamespaceNested/NamespaceNested.cpp] 네임스페이스의 중첩

```cpp
01  #include "stdafx.h"
02  #include <iostream>
03  using namespace std;
04
05  namespace TEST
06  {
07    int g_nData = 100;
08    namespace DEV
09    {
10      int g_nData = 200;
11      namespace WIN
12      {
13        int g_nData = 300;
14      }
15    }
16  }
17
18  int _tmain(int argc, _TCHAR* argv[])
19  {
20    cout << TEST::g_nData << endl;
21    cout << TEST::DEV::g_nData << endl;
22    cout << TEST::DEV::WIN::g_nData << endl;
23
24    return 0;
25  }
```

실행결과

```
100
200
300
```

7, 10, 13번 행에 선언된 int g_nData 변수는 이름은 같아도 전혀 다른 세 개의 전역 변수입니다. 따라서 접근할 때는 20~22번 행처럼 정확히 네임스페이스를 명시해야 합니다. 만일 20번 행을 cout << g_nData << endl;과 같이 변경하고 컴파일한다면 오류가 발생합니다. _tmain() 함수가 속한 전역 네임스페이스에 g_nData 변수는 존재하지 않기 때문입니다.

식별자 앞에 별도로 범위 지정 연산자를 붙이지 않는다면 정해진 순서에 따라 다양한 범위를 대상으로 식별자 선언을 검색합니다. 자세한 내용은 '2.5 식별자 검색 순서'를 참고합니다.

2.4.4 네임스페이스와 다중 정의

C++에서의 식별자는 C와 달리 '네임스페이스::이름'의 형태를 취합니다. 실무에서 사용하는 코드는 네임스페이스와 범위 지정 연산자를 생략하는 경우가 많아 C처럼 이름만 기술해도 된다고 생각하기 쉬우니 주의해야 합니다. 그리고 네임스페이스는 앞에서 배운 다중 정의의 이름이라는 것도 포함시켜 생각해야 합니다. 즉, "이름이 같다는 것은 속해 있는 네임스페이스도 같다"는 의미가 함축된 것입니다.

그런데 네임스페이스는 달라도 나머지(함수 이름과 매개변수 구성)가 같은 형태로 선언되었다면 다중 정의가 가능합니다(엄밀히 말하면 다중 정의라기보다는 전혀 다른 두 함수가 동명이인처럼 존재하는 것으로 인식한다고 이해하면 됩니다). NamespaceOver.cpp 예제의 TestFunc() 함수는 세 번 정의되는데 각각 속한 네임스페이스가 다릅니다. 따라서 전혀 다른 개별 함수가 됩니다.

[02/NamespaceOver/NamespaceOver.cpp] 네임스페이스를 포함한 다중 정의

```
01  #include "stdafx.h"
02  #include <iostream>
03  using namespace std;
04
05  // 전역(개념상 무소속)
06  void TestFunc(void) { cout << "::TestFunc()" << endl; }
07
08  namespace TEST
09  {
10    // TEST 네임스페이스 소속
11    void TestFunc(void) {
12      cout << "TEST::TestFunc()" << endl;
13    }
14  }
15
16  namespace MYDATA
```

```
17  {
18      // MYDATA 네임스페이스 소속
19      void TestFunc(void) {
20          cout << "DATA::TestFunc()" << endl;
21      }
22  }
23
24  int _tmain(int argc, _TCHAR* argv[])
25  {
26      TestFunc();      // 묵시적 전역
27      ::TestFunc();    // 명시적 전역
28      TEST::TestFunc();
29      MYDATA::TestFunc();
30
31      return 0;
32  }
```

실행결과

```
::TestFunc()
::TestFunc()
TEST::TestFunc()
DATA::TestFunc()
```

NamespaceOver.cpp 예제에 나오는 네임스페이스는 전역, TEST, MYDATA 이렇게 세 가지입니다. 그리고 세 가지 네임스페이스 모두에 void TestFunc(void) 함수가 존재하므로 호출자는 **네임스페이스를 기술함으로써 각각을 구별**해 호출해야 합니다.

그러나 26번 행에서는 별도로 네임스페이스를 지정하지 않았습니다. 그럼에도 오류가 발생하지 않은 이유는 호출자 함수인 _tmain() 함수의 네임스페이스가 전역이기 때문입니다. 자, 그렇다면 한 가지 생각해볼 문제가 있습니다. 만일 TEST, MYDATA 네임스페이스에 using 선언을 하면 어떻게 될까요?

```
......
08 using namespace TEST;
......
16 using namespace MYDATA;
```

네, 26번 행에서 다음과 같은 오류가 발생합니다.

실행결과

```
error C2668: 'TestFunc' : 오버로드된 함수에 대한 호출이 모호합니다.
```

그리고 이 오류를 해결하는 방법은 네임스페이스를 구체적으로 명시함으로써 모호성을 제거하는 방법뿐입니다.

여기서 잠깐

☼ C와 C++의 식별자 차이

C++에서는 네임스페이스에 속하지 않은 식별자는 없습니다. 적어도 '전역' 네임스페이스에 속합니다. 그러므로 그동안 여러분이 C에서 사용했던 모든 함수는 C++에서 '전역 네임스페이스'에 속합니다. printf( ) 같은 함수를 C++에서도 사용할 수 있는데, 이때 네임스페이스는 전역이 됩니다.

이미 언급한 바 있는데 C++에서는 '네임스페이스::이름' 구조로 식별자 이름을 기술합니다. 하지만 선언되는 위치에 따라 네임스페이스가 자동으로 결정되므로 보통은 선언에서 생략합니다. 그런데 변수 선언과 비교했을 때 함수 선언은 구조가 복잡한 편입니다. 반환 형식과 매개변수 같은 것들이 포함되기 때문입니다.

가령 C와 C++에서 int TestFunc(int, int)라는 함수 원형을 인식할 때는 다음 표와 같이 구분됩니다.

C 함수 원형		C++ 함수 원형	
반환 형식	int	반환 형식	int
호출 규약	__cdecl	호출 규약	__cdecl
이름	**TestFunc**	**소속::이름**	**::TestFunc**
매개변수 리스트	(int, int)	매개변수 리스트	(int, int)
−		const	const

일단 식별자 부분에 차이가 있는 걸 알 수 있습니다. 그리고 나중에 배울 클래스에 속한 함수('메서드'라고 부릅니다)의 원형에는 끝에 const라는 예약어가 붙기도 합니다. 이 const도 함수 원형에 속하며 다중 정의에 영향을 줍니다. 그러므로 다음과 같은 함수 원형은 모두 다른 함수가 됩니다.

1. int TestFunc(int);

2. int Data::TestFunc(int);

3. int CMyData::TestFunc(int);

4. int CMyData::TestFunc(int) const;

이 중 1번은 소속이 없는 것으로 보이는 경우고, 2~3번은 속해 있는 네임스페이스나 클래스가 있는 경우입니다. 마지막 4번은 CMyData라는 클래스의 상수형 메서드입니다.

2.5 식별자 검색 순서

다음은 C++에서 '식별자가 선언된 위치를 검색하는 순서'입니다. 일부러 외울 필요는 없지만 자주 볼 수 있는 곳에 따로 적어두면 좋습니다. 어차피 프로그램을 개발하다 보면 자연스럽게 암기할 수도 있겠지만 처음에는 헷갈리기 때문입니다. 특히 클래스와 상속을 배운 후라면 헷갈림의 정도가 심해지는 상황도 많이 발생하기 때문입니다.

우선 여러분이 따로 적어둘 수 있도록 순서를 소개하겠습니다.

전역 함수인 경우

1. 현재 블록 범위
2. 현재 블록 범위를 포함하고 있는 상위 블록 범위(최대 적용 범위는 함수 몸체까지)
3. 가장 최근에 선언된 전역 변수나 함수
4. using 선언된 네임스페이스 혹은 전역 네임스페이스. 단, 두 곳에 동일한 식별자가 존재할 경우 컴파일 오류 발생!

클래스 메서드인 경우

1. 현재 블록 범위
2. 현재 블록 범위를 포함하고 있는 상위 블록 범위(최대 적용 범위는 함수 몸체까지)
3. 클래스의 멤버
4. 부모 클래스의 멤버
5. 가장 최근에 선언된 전역 변수나 함수

아직 클래스를 배운 것은 아니지만 정리하는 김에 함께 다룬 것이므로 나중에 클래스를 배운 후에 다시 이 내용을 확인하기 바랍니다.

2.5.1 현재 블록 범위

가장 먼저 검색하는 범위는 식별자에 접근하는 코드가 속한 블록 범위({ } 구간)입니다. 가장 보편적인 경우라 다음 예제를 보면 즉시 이해할 수 있습니다.

[02/IdSearchSeq1/IdSearchSeq1.cpp] 식별자에 접근하는 코드가 속한 블록 범위

```
01   #include "stdafx.h"
02   #include <iostream>
03   using namespace std;
04
05   int nData(20);
06
07   int _tmain(int argc, _TCHAR* argv[])
08   {
09      int nData(10);
10
11      cout << nData << endl;
12      cout << argc << endl;
13
14      return 0;
15   }
```

실행결과

```
10
1
```

5번 행에는 전역 변수 nData의 선언이 보이고 9행에는 _tmain() 함수의 지역 변수인 nData의 선언 및 정의가 보입니다. 11번 행에서 nData의 값을 출력했지만 검색 순서상 접근자 코드가 속한 블록 범위가 우선하므로 지역 변수 nData의 값을 출력했습니다.

2.5.2 상위 블록 범위

접근자 코드가 속해 있는 범위에서 식별자 선언을 찾지 못한다면 중첩된 블록 범위의 상위(혹은 바깥쪽)로 검색 범위를 확장합니다. 하지만 확장 범위는 최대 함수 몸체까지로 제한됩니다. 만일 최대 적용 범위가 함수 몸체를 벗어난다면 네임스페이스 범위(혹은 클래스 범위)로 확장됩니다. 아무튼 이번 단계와 같은 경우는 제어문에서 자주 볼 수 있습니다.

[02/IdSearchSeq2/IdSearchSeq2.cpp] 범위 검색의 확장

```
01   #include "stdafx.h"
02   #include <iostream>
03   using namespace std;
04
05   int _tmain(int argc, _TCHAR* argv[])
06   {
07     int nInput = 0;
08     cout << "11 이상의 정수를 입력하세요" << endl;
09     cin >> nInput;
10
11     if(nInput > 10)
12     {
13       cout << nInput << endl;
14     }
15
16     else
17       cout << "Error" << endl;
18
19     return 0;
20   }
```

11 이상의 정수를 입력하세요
13
13

2.5.3 가장 최근에 선언된 전역 변수

네임스페이스는 앞서 설명했듯이 선언할 수 있는 대상 모두를 한 영역으로 묶어주는 역할을 합니다. 하지만 컴파일러가 대상 모두를 1번 행부터 마지막 행까지 순차적으로 해석한다는 특성과 무관한 것은 아닙니다(참고로 클래스는 다릅니다!). 즉, **전역 변수는 네임스페이스보다 선언 위치가 더 우선합니다.** 이 점을 잊지 말고 IdSearchSeq3.cpp 예제의 실행 결과를 예측해봅시다.

[02/IdSearchSeq3/IdSearchSeq3.cpp] 네임스페이스와 전역 변수의 검색 우선권

```
01  #include "stdafx.h"
02  #include <iostream>
03  using namespace std;
04
05  int nData = 200;
06
07  namespace TEST
08  {
09    int nData = 100;
10    void TestFunc(void)
11    {
12      cout << nData << endl;
13    }
14  }
15
16  int _tmain(int argc, _TCHAR* argv[])
17  {
18    TEST::TestFunc();
19
20    return 0;
21  }
```

```
100
```

12번 행에서 nData의 값을 출력하는데 여기서 nData는 5번 행의 전역 변수가 아니라 9번 행에 선언 및 정의된 nData입니다. TestFunc( ) 함수와 더불어 같은 TEST 네임스페이스 소속이며 12번행 관점에서는 가장 최근에 선언된 변수이기 때문입니다.

하지만 다음처럼 코드를 바꾼다면 어떤 실행 결과가 나올까요? 다시 예측해봅시다.

```
05   int nData = 200;
06
07   namespace TEST
08   {
09     void TestFunc(void)
10     {
11       cout << nData << endl;
12     }
13     int nData = 100;
14   }
```

13번 행에 선언된 동일한 TEST 네임스페이스에 속한 nData의 값이 출력될까요? 아니면 5번 행에 선언된 nData의 값이 출력될까요? 정답은 5번 행의 nData입니다. 따라서 실행 결과는 200이 출력됩니다. **전역 변수는 네임스페이스를 생각하지 말고 선언 순서를 생각해야** 합니다. 즉, C의 일반 전역 변수의 경우와 크게 다르지 않습니다.

그렇다면 다음과 같이 5번 행의 nData 선언을 삭제한다면 어떻게 될까요?

```
05   namespace TEST
06   {
07     void TestFunc(void)
08     {
09       cout << nData << endl;
10     }
11     int nData = 100;
```

```
12  }
13
14  int nData = 200;
```

정답은 "컴파일 오류가 발생한다!"입니다. 교수님들이나 강사님들께서 시험 문제로 출제하기 '딱 그만이다!'라는 생각이 들지 않나요?

2.5.4 using 선언과 전역 변수

앞서 using namespace 선언을 통해 매번 식별자 앞에 네임스페이스를 기술하는 번거로움을 피할 수 있다고 했습니다. 실무에서는 편의성과 생산성을 높이는 차원에서 대부분 그렇게 합니다.

그런데 간혹 문제가 발생합니다. 같은 반에 '영희'라는 친구가 둘이고 선생님께서 "영희야"라고 부르면 둘 중 어느 영희인지 구별할 수가 없습니다. 자, IdSearchSeq4.cpp 예제의 실행 결과가 어떻게 될지 아래 설명을 읽지 않고 코드만 보고 예측해보세요.

[02/IdSearchSeq4/IdSearchSeq4.cpp] using namespace 선언을 적용하기 전

```
01  #include "stdafx.h"
02  #include <iostream>
03  using namespace std;
04
05  int nData = 100;
06
07  namespace TEST
08  {
09    int nData = 200;
10  }
11
12  int _tmain(int argc, _TCHAR* argv[])
13  {
14    cout << nData << endl;
15
16    return 0;
17  }
```

결과를 알려주기 전에 예제 하나를 더 보도록 하겠습니다. IdSearchSeq4.cpp 예제의 TEST 네임스페이스에 using 선언을 추가한다면 결과는 어떻게 달라질까요?

[02/IdSearchSeq5/IdSearchSeq5.cpp] TEST 네임스페이스에 using 선언 추가

```
01   #include "stdafx.h"
02   #include <iostream>
03   using namespace std;
04
05   int nData = 100;
06
07   namespace TEST
08   {
09     int nData = 200;
10   }
11
12   using namespace TEST;
13
14   int _tmain(int argc, _TCHAR* argv[])
15   {
16     cout << nData << endl;
17
18     return 0;
19   }
```

정답을 바로 공개합니다. IdSearchSeq4.cpp 예제는 다음과 같은 실행 결과를 출력합니다.

실행결과

```
100
```

변경된 IdSearchSeq5.cpp 예제는 다음과 같은 오류가 발생합니다.

실행결과

```
error C2872: 'nData' : 모호한 기호입니다.
int nData'일 수 있습니다.
int TEST::nData'일 수 있습니다.
```

_tmain() 함수에서 변수 nData에 접근하는 코드는 전역 네임스페이스에 속한 nData와 TEST 네임스페이스에 속해 있는 nData 모두가 해당됩니다. 오류를 해결하려면 _tmain() 함수에 **::nData**라고 범위 지정 식별자를 기술하거나 **TEST::nData**라고 정확히 네임스페이스를 기술해야 합니다.

지금까지 C++가 C와 다른 점들을 절차지향적 요소들 중심으로 살펴봤습니다. 어떤가요? 해볼 만하다는 생각이 드나요? 조금 낯설게 느껴지는 부분이 있긴 하지만 잘 생각해보면 '꼭 필요한 문법 요소일 수 있겠다'는 생각도 들 것입니다. 혹시 이해가 잘 안 되는 것이 있다면 반드시 다시 복습해 자신의 것으로 만든 후 다음을 공부하기 바랍니다. 2부에서는 이제 본격적인 '객체지향 프로그래밍'의 세계를 살펴볼 것이기 때문입니다.

이해하기가 어렵다면 그 전에 잠시 쉬어가면서 1부를 다시 살펴보는 것도 나쁘지 않습니다. 혹은 주변에 C++를 공부하는 친구들과 지금까지 설명한 주제와 관련해 논의하는 것도 이해를 돕는 데 큰 힘이 될 것입니다.

1. 다음 두 함수 원형에서 잘못된 점은 무엇인지 답하세요.

```
int TestFunc(int nParam1 = 5, int nParam2, int nParam3 = 10)
int TestFunc(int nParam1 = 5, int nParam2)
```

2. 다음 두 함수는 문법적으로 문제가 없습니다. 하지만 호출하는 코드에서는 문제가 발생할 수 있습니다. 어떤 문제인지 답하세요.

```
void TestFunc(int a)
{
  std::cout << "TestFunc(int)" << std::endl;
}

void TestFunc(int a, int b = 10)
{
  std::cout << "TestFunc(int, int)" << std::endl;
}
```

3. 함수를 다중 정의하는 것보다는 함수 템플릿이 더 좋은 코드가 될 가능성이 높습니다. 이유를 답하세요.

4. inline 함수와 매크로의 공통된 장점은 무엇인지 답하세요.

5. 네임스페이스를 매번 작성하기 싫다면 미리 (   ) 선언을 하는 것이 좋습니다. 괄호 속에 알맞은 말은 무엇인가요?

6. 다음 코드의 실행 결과를 작성하세요.

```
#include "stdafx.h"
#include <iostream>
using namespace std;

int nData = 200;

namespace TEST
```

```
{
  int nData = 100;
  void TestFunc(void)
  {
    cout ≪ nData ≪ endl;
  }
}

int _tmain(int argc, _TCHAR* argv[])
{
  TEST::TestFunc();

  return 0;
}
```

객체지향
프로그래밍

이제 본격적으로 객체지향 프로그래밍을 배웁니다. 앞서 2장까지는 C와 다른 C++에 대해 설명하는 데 중점을 두었으며 무엇보다 C와 똑같이 '절차지향' 방식의 범위 안에서 C++의 다른 점을 설명했습니다. 어떤 의미로는 객체지향 프로그래밍과는 아무런 관련이 없었다고 볼 수 있습니다.

하지만 이제는 본격적으로 객체지향 프로그래밍이라는 개념 안에서 C++를 살펴보겠습니다. 먼저 몇 가지 화두를 던져볼까 합니다. 어떤 의미에서 '학습 목표'라고 생각해도 좋습니다.

- 객체란 무엇인지 설명할 수 있는가?
- 객체를 구현한 문법이 클래스(class)다. 그렇다면 클래스와 구조체는 무엇이 다른가?
- 생성자와 소멸자 함수가 무엇인지 설명할 수 있는가?

이 책을 읽고 나면 한 분도 빠짐없이 스스로 이 질문에 대해 답할 수 있기를 바랍니다. 3장부터는 객체의 내부 흐름을 파악할 목적으로 단계별 프로젝트를 과제로 제시합니다. 지금까지 익숙했던 절차지향 프로그래밍 개념을 머릿속에서 지우고 객체지향 프로그래밍 개념을 이해하기 위한 예제를 다루는 중요한 과제입니다. 꼭 실습을 통해 과제를 완성하기 바랍니다.

클래스

3장은 객체지향 프로그래밍의 실질적 '첫 발'을 내딛기 위해 객체를 기술하는 C++의 문법인 '클래스(class)'를 살펴보겠습니다. 참고로 JAVA나 C#에서도 클래스라는 용어를 사용하며 의미도 같습니다. 덕분에 많은 사람이 객체와 클래스를 동일시하거나 용어를 섞어서 사용하는 경향이 있는데, 크게 문제될 일은 아닐 수 있지만 상황에 따라서는 반드시 구별해야 합니다.

3장부터 가장 강조하고 싶은 것은 '흐름'입니다. 절차지향 프로그래밍에서는 정해진 한 가지 흐름을 내가 모두 알고 있고 직접 코드를 따라갈 수도 있습니다. 하지만 객체지향 프로그래밍에서는 생성자와 소멸자 함수라는 별도의 흐름이 존재합니다. 생성자와 소멸자 함수는 내가 제어할 수도 없는 데다 호출 시기를 명확히 알지 못하면 심각한 논리적 오류를 일으킬 수도 있습니다. 기본적인 문법을 제외하고 클래스의 핵심을 짚으라면 단언컨대 '생성자'와 '소멸자'라고 말할 수 있습니다.

이 장의 핵심 개념

여기에서는 본격적으로 객체지향 프로그래밍의 개념을 이해해야 합니다. 특히 클래스, C++의 가장 큰 특징인 생성자와 소멸자, 메서드, 정적 멤버 등을 꼭 이해하고 넘어가야 합니다.

1. 클래스: 함수를 포함할 수 있는 구조체의 확장이라고 생각하면 편합니다. 이 책의 주요 개념이므로 꼭 기억해야 합니다.

2. 생성자와 소멸자: 클래스 객체가 생성 및 소멸할 때 '자동으로' 호출되는 함수입니다. 클래스와 객체를 다루는 데 꼭 필요합니다.

3. 메서드: 함수 형태로 클래스의 실제 동작과 상태를 책임집니다. 실제로 어떤 동작을 구현하는 데 가장 중심이 됩니다.

이 장의 학습 흐름

여기에서 우리가 다룰 것은 객체지향 프로그래밍의 '이해'입니다.

3장

> 개념상으로 묶여야 하는 함수의 모음인 클래스를
> 선언하고 제어하는 방법을 배웁니다.

> 클래스와 객체가 만들어지고 없어질 때의 상태를 정의하는
> 생성자와 소멸자 함수를 살펴봅니다.

> 여러분이 구현하는 프로그램의 핵심 일꾼인 메서드의
> 여러 가지 사용 형태를 살펴봅니다.

> 여러분은 이제 객체지향 프로그래머입니다.

3.1 객체지향 프로그래밍 개요

사전적인 정의에서 C++의 객체와 클래스의 정의를 간단하게 살펴보면 다음과 같습니다.

"객체란 변수들과 그와 관련된 메서드들이 모여서 이룬 하나의 꾸러미다."

"클래스란 C의 구조체에서 확정된 변수, 객체, 함수를 포함한 하나의 틀이다."

즉, 객체란 지금까지 우리가 살펴본 변수와 '3.4 메서드'에서 본격적으로 배울 메서드가 모여서 어떤 동작이나 상태를 나타내는 단위고, 클래스란 이러한 객체를 모아 사용하는 틀이라고 보면 됩니다.

하지만 절차지향적 사고방식을 객체지향 사고방식으로 바꾸는 작업을 거치지 않으면 이러한 사전적인 정의를 통해서 객체와 클래스를 이해하기란 쉽지 않습니다. 일단 다음을 외치고 시작해봅시다.

"이제는 인식의 전환이 필요합니다!"

절차지향적 사고방식을 객체지향 프로그래밍 사고방식으로 바꾸려면 반드시 '인식'이 달라져야 합니다. 무엇에 대한 인식이냐고요? 당장은 '나 자신'입니다. 지금부터는 '나'를 '남' 보듯 해야 합니다. 아마도 많은 분이 집에서 혼자 라면을 끓여 먹을 때는 격식을 차리지 않을 겁니다. 예쁜 그릇에 라면을 담기는커녕 김치조차 통째로 꺼내 놓고 먹는 것이 보통이겠죠. 이 상황에 '배려'라는 것은 없습니다. 나는 '손님'이 아니기 때문입니다.

그러나 이제는 **나를 '손님'으로 생각**해야 합니다. 당장 '지금의 나'는 어렵다면 '6개월 후 미래의 나'를 생각해야 합니다. 이는 분명 자신이 작성했던 6개월 전의 코드를 열어보면서 "내가 작성한 것이 맞긴 한 것인가?"라는 생각이 들 수도 있다는 말입니다. 앞으로 여러분이 무엇을 배우든 그것을 써먹을 때는 **반드시 다수의 (여러분의 클래스를 가져다 사용하는) '사용자'를 배려**해야 합니다. 그 사용자가 자신이라고 하더라도 말이죠.

물론 이런 생각이 들 수도 있을 겁니다.

"왜 피곤하게 복잡한 코드를 만들지?"

"것 참, 두 줄이면 끝날 코든데... 꼭 저렇게까지 해야 하나?"

하지만 명심, 또 명심하기 바랍니다. 무조건 코드를 작성할 때는 다수의 사용자를 염두에 두고 작업해야 합니다. 그러기 위해서는 다음과 같은 명제를 기억해두어야 합니다.

"사용자의 편의성을 극대화해야 합니다!"

"사용자의 실수 가능성을 제작자가 차단해야 합니다!"

이제는 코드를 살펴보겠습니다. HelloOOP1.c 예제는 C로 작성한 흔한 코드입니다. 이 코드의 몇
몇 문제점을 지적한 후 이를 개선하는 과정에서 자연스럽게 객체지향 프로그래밍 환경을 이해하게
될 것입니다. 잘하면 한 번에 2~3마리 토끼를 잡을 수 있는 절호의 찬스이므로 절대 놓치지 말기 바
랍니다.

여기서 잠깐

☼ **Visual Studio에서 C 프로젝트 만들기**

Visual Studio에서 C 프로젝트를 만드는 방법은 '1.2 HelloWorld로 본 C++' [Step 4]의 [추가 옵션] 항목
에서 '빈 프로젝트'를 선택한다는 것만 다르고, 나머지는 기존 C++ 프로젝트를 만드는 방법과 같습니다.

단, 프로젝트를 생성한 후에는 어떤 파일도 생성되지 않습니다. 따라서 파일을 추가해주어야 합니다. '솔루션
탐색기' 창에서 [프로젝트 이름] → [소스 파일]을 마우스 오른쪽 버튼으로 클릭한 후 바로 가기 메뉴에서 [추
가] → [새 항목]을 선택해서 '새 항목 추가' 창을 엽니다. 그리고 [Visual C++] → [C++ 파일]을 선택한 후 [이
름] 항목에서 '프로젝트이름.c'라고 저장하면 됩니다.

```
[03/HelloOOP1/HelloOOP1.c] 기존 절차지향 프로그래밍 코드

01   #include <stdio.h>
02
03   // 제작자의 코드
04   typedef struct USERDATA
05   {
06     int nAge;
07     char szName[32];
08   } USERDATA;
09
10   // 사용자의 코드
11   int main(void)
12   {
13     USERDATA user = {20, "철수"};
14     printf("%d, %s\n", user.nAge, user.szName);
15
16     return 0;
17   }
```

실행결과

```
20, 철수
```

별다른 설명이 필요치 않은 일반적인 C 예제입니다. 객체지향 프로그래밍과 전혀 관련이 없을 뿐만 아니라 아직 절차지향 프로그래밍 방법만 알고 있는 우리의 현재 상황을 상징적으로 보여줍니다. 그러나 이젠 상황이 다릅니다. 객체지향 방식을 이해해야 합니다. 그러기 위해서 우리가 해야 할 일은 '제작자와 사용자 관점을 분리해서 생각'하는 것입니다.

지금 살펴본 HelloOOP1.c 예제에서 가장 중요한 부분은 '주석문'입니다. 그런데 주석문이 미덕이라 할 만한 이 코드의 특징은 제작자는 편하고 사용자는 상대적으로 매우 불편하다는 점입니다. 다음 코드를 살펴보겠습니다.

```
13     USERDATA user = {20, "철수"};
14     printf("%d, %s\n", user.nAge, user.szName);
```

이 코드를 통해 우리는 다음과 같은 사실을 알 수 있습니다.

- 사용자는 제작자가 만든 자료구조(구조체)의 멤버 및 구성을 알고 있어야 한다.
- 자료구조에 담긴 정보를 출력하고 싶다면 사용자 스스로 직접 멤버에 접근해야 하며 적절한 출력 방법도 선택해야 한다.
- 만일 제작자가 자료구조를 변경한다면 사용자는 제작자의 코드와 관련된 자신의 코드를 몽땅 수정해야 한다.

전반적인 분위기가 마치 갑·을 관계 같습니다. "만들어 놨으니까 알아서 잘 써. 참, 그러다 문제 생기면 네 탓이다. 알지?"라고 말하는 느낌이랄까요? 그 '잘'이라는 말은 참으로 무섭습니다. 무책임한데다 불분명하기까지 합니다. 누굴 골탕먹일 생각이 아니라면 개발자는 사용을 자제할 필요가 있는 말입니다.

그렇다면 다수의 사용자를 조금이라도 배려하는 제작자의 코드는 어때야 할까요? 잘 모르겠다면 일단 사용자가 자주 사용할 것으로 생각되는 기능을 미리 만들어 제공한다고 생각해봅시다. 다음 HelloOOP2.c 예제를 보겠습니다. 이번 절에서 소개할 나머지 예제는 실행 결과가 HelloOOP1.c와 같으므로 실행 결과는 생략합니다.

[03/HelloOOP2/HelloOOP2.c] 제작자가 미리 구현한 코드

```
01  #include <stdio.h>
02
03  // 제작자의 코드
04  typedef struct USERDATA
05  {
06      int nAge;
07      char szName[32];
08  } USERDATA;
09
10  void PrintData(USERDATA *pUser)
11  {
12      printf("%d, %s\n", pUser->nAge, pUser->szName);
13  }
14
15  // 사용자의 코드
16  int main(void)
17  {
18      USERDATA user = {20, "철수"};
```

```
19    // printf("%d, %s\n", user.nAge, user.szName);      // 1단계
20    PrintData(&user);                                    // 2단계
21
22    return 0;
23  }
```

제작자가 PrintData( )라는 함수를 만들어 사용자에게 제공했습니다. 초기화까지는 어쩌지 못했지만 PrintData(&user);라는 코드에는 구조체 멤버에 일일이 접근하는 코드가 보이지 않습니다. 그렇기 때문에 **만일 제작자가 구조체를 변경하더라도 사용자가 20번 행 코드를 변경할 이유는 없습니다.** 따라서 피곤한 것은 제작자일 뿐 사용자는 아닙니다.

방금 설명한 의도를 객체지향 방식에서는 '인터페이스'라고 부르는데 매우 중요한 개념입니다. 별것 아닌 것 같지만 제작자가 PrintData( ) 함수를 사용자에게 제공함으로써 '출력을 위한 구체적인 방법'을 사용자가 굳이 알아야 할 필요가 없어졌습니다. 다시 정리하면 다음 그림과 같이 함수(기능)를 제공받아 사용하면 그만이지 구체적인 함수 구조까지 알아야 할 필요는 없어진 셈입니다. 이와 같은 역할을 수행하는 함수를 '**인터페이스 함수**'라고 부릅니다.

잘 생각해보면 자동차를 운전하는 것과 비슷합니다. 모든 자동차는 핸들, 브레이크, 엑셀러레이터 같은 보편적인 인터페이스를 제공합니다. 그리고 그것들이 내부적으로 어떻게 상호작용하는지, 즉 자동차의 구조가 어떤지 운전자(사용자)는 알 필요가 없습니다. 자동차의 내부 구조가 변경됐다 해서 운전 방법을 새로 배워야 할 필요도 없습니다.

그런데 HelloOOP2.c 예제처럼 인터페이스 함수를 제공하더라도 한 가지 문제가 더 있습니다. 자료구조와 함수가 각각 따로 존재할 뿐, 그 둘의 관계를 엮어서 하나로 묶어주지는 못했다는 점입니다. 즉, 다음과 같이 질문한다고 생각해보죠.

"이 구조체하고 함수가 무슨 관계야?"

딱히 할 말이 없습니다. 그래서 나온 발상이 "구조체 안에 함수를 집어 넣어버리자!"라는 것입니다. 그러나 그렇게 했다가는 C에서는 문법 오류가 발생합니다. 그래서 찾아낸 절충안이 HelloOOP3.c 예제입니다.

[03/HelloOOP3/HelloOOP3.c] 구조체와 함수 관계를 정의

```c
01  #include <stdio.h>
02
03  // 제작자의 코드
04  typedef struct USERDATA
05  {
06    int nAge;
07    char szName[32];
08    void(*Print)(struct USERDATA *);
09  } USERDATA;
10
11  void PrintData(USERDATA *pUser)
12  {
13    printf("%d, %s\n", pUser->nAge, pUser->szName);
14  }
15
16  // 사용자의 코드
17  int main(void)
18  {
19    USERDATA user = {20, "철수", PrintData};
20    // printf("%d, %s\n", user.nAge, user.szName);     // 1단계
21    // PrintData(&user);                               // 2단계
22    user.Print(&user);                                 // 3단계
23
24    return 0;
25  }
```

C 문법에 충실하자면 함수를 구조체 안에 넣을 수는 없지만 19번 행처럼 객체를 초기화할 때 출력을 담당하는 함수의 주소(이름)를 기술하고 22번 행 **user.Print(&user);**라는 형태로 사용할 수 있

습니다. 자 어떻습니까? **사용자 관점에서만 생각한다면 마치 함수가 구조체의 멤버로 들어간 것처럼 느껴**지지 않습니까?

하지만 여전히 아쉬운 점이 한 가지 남습니다. user의 멤버인 Print() 함수를 호출하면서 user의 주소를 매개변수로 전달하는 코드는 어딘가 어색합니다. Print() 함수가 user의 멤버인데 user의 주소를 모르기 때문입니다. 마치 누군가의 자녀라면서 부모의 이름은 모른다는 것과 같은 상황이랄까요? 그래서 C++에서는 이런 어색한 상황을 없애려고 다음에 소개하는 4단계처럼 코드를 바꿔버렸습니다(더 자세한 코드 앞부분은 '3.2 클래스 기본 문법'의 HelloOOP.cpp 예제에서 확인할 수 있습니다).

```cpp
// 사용자의 코드
int main(void)
{
  USERDATA user = {20, "철수", PrintData};
  // printf("%d, %s\n", user.nAge, user.szName);      // 1단계
  // PrintData(&user);                                 // 2단계
  // user.Print(&user);                                // 3단계
  user.Print();                                        // 4단계

  return 0;
}
```

물론 C에서는 이와 같은 코드를 만들고 컴파일하면 오류가 발생합니다. 하지만 C++에서는 가능합니다. 한 가지 재미있는 것은 user.Print(&user)를 user.Print()로 표현했을 뿐 실제로는 여전히 &user 매개변수가 존재한다는 것입니다. 이 사실을 잘 기억해두기 바랍니다. 나중에 배울 this 포인터'를 이해하는 데 큰 도움이 될 것입니다.

3.2 클래스 기본 문법

클래스는 정말 쉽게 생각하면 '함수를 포함할 수 있는 구조체'라고 표현할 수 있습니다. 물론 그 이상의 의미가 있지만 당장 문법을 이해하는 데는 이 정도면 충분합니다. 다른 의미들은 상황에 맞춰 하나씩 꺼내 붙이도록 하겠습니다.

일단 클래스를 선언하는 문법은 다음과 같습니다.

```
class 클래스이름
{
접근제어지시자:
    멤버변수선언;
    멤버함수선언및정의;
};
```

구조체를 선언하는 것과 가장 크게 다른 점은 '접근 제어 지시자'라는 것이 등장했다는 것과 함수를
멤버로 포함할 수 있다는 것입니다. 함수를 멤버로 갖는 것이 어떤 의미인지는 이미 설명했으니 바
로 예제부터 보겠습니다. HelloOOP.cpp 예제는 앞서 다룬 HelloOOP.c를 C++의 클래스를 사
용해 변경한 것입니다.

[03/HelloOOP/HelloOOP.cpp] 클래스를 이용해 객체지향 프로그램으로 변경

```
01  #include "stdafx.h"
02  #include <cstdio>
03
04  // 제작자의 코드
05  class USERDATA
06  {
07  public:
08      // 멤버 변수 선언
09      int nAge;
10      char szName[32];
11
12      // 멤버 함수 선언 및 정의
13      void Print(void)
14      {
15          // nAge와 szName은 Print() 함수의 지역 변수가 아니다!
16          printf("%d, %s\n", nAge, szName);
17      }
18  };
19
20  // 사용자의 코드
21  int _tmain(int argc, _TCHAR* argv[])
22  {
23      USERDATA user = { 10, "철수" };
```

```
24    user.Print();
25
26    return 0;
27  }
```

7번 행의 **public**은 접근 제어 지시자입니다. **public** 지시자를 사용하면 기본적으로 구조체를 사용하는 것과 같은 개념이라고 생각해도 됩니다. 그렇기 때문에 사용자 코드에서 . 혹은 –> 같은 멤버 접근 연산자를 이용해 구조체 내부 멤버에 접근할 수 있습니다. 하지만 C++에서는 public 외에 private이나 protected 접근 제어 지시자 등을 이용해 접근을 차단할 수 있습니다. 이는 잠시 후에 좀 더 자세히 다룹니다.

13~17번 행 코드는 **USERDATA 클래스의 멤버 함수인 Print() 함수를 선언 및 정의**한 것입니다. 여기서 가장 중요한 것은 **nAge와 szName이 Print() 함수 내부에 선언된 지역 변수가 아니라 Print() 함수가 속한 클래스의 멤버 변수**라는 사실입니다. C++를 처음 배울 때 헷갈리고 자주 실수하는 부분인 만큼 주의해야 합니다.

그리고 이 예제에서 가장 C다운 부분은 바로 23번 행입니다. 기존 구조체 초기화 방법을 그대로 사용했을 뿐만 아니라 **'멤버 변수 초기화'라는 중요한 일을 사용자가 알아서 하도록 방치**했다는 근본적인 문제를 가지고 있습니다. 물론 C++는 이 문제를 해결했습니다. 바로 '생성자'라는 매우 독특한 함수로 말이죠.

3.2.1 멤버 선언 및 정의

클래스 멤버 변수는 구조체와 비교했을 때 선언하는 방법이나 사용하는 이유가 크게 다르지 않습니다. 하지만 '생성자'를 이용해 초기화할 수 있다는 점에서 큰 차이가 있습니다. 이 차이점 덕분에 사용자는 좀 더 쉽게 객체를 선언하고 사용할 수 있습니다.

생성자를 이용하는 함수의 가장 중요한 특징은

"반환 자료형이 없다"

"호출하는 함수가 아니라 적절한 시기에 내부에서 자동으로 호출되는 함수"

라는 사실입니다. MemberInit1.cpp 예제를 통해 이를 살펴보겠습니다.

```
01   #include "stdafx.h"
02   #include <iostream>
03   using namespace std;
04
05   // 제작자 코드
06   class CTest
07   {
08   public:
09      // CTest 클래스의 '생성자 함수' 선언 및 정의
10      CTest()
11      {
12         // 인스턴스가 생성되면 멤버 데이터를 '자동으로' 초기화한다.
13         m_nData = 10;
14      }
15
16      // 멤버 데이터 선언
17      int m_nData;
18
19      // 멤버 함수 선언 및 정의
20      void PrintData(void)
21      {
22         // 멤버 데이터에 접근하고 값을 출력한다.
23         cout << m_nData << endl;
24      }
25   };
26
27   // 사용자 코드
28   int _tmain(int argc, _TCHAR* argv[])
29   {
30      CTest t;
31      t.PrintData();
32
33      return 0;
34   }
```

생성자 호출

실행결과

10

10~14번 행의 CTest() 함수는 CTest 클래스의 생성자 함수입니다. 이 함수는 '사용자가 객체를 선언하면 자동으로 호출'됩니다. 그리고 30번 행의 CTest t;를 통해 CTest 클래스의 m_nData 멤버를 10으로 초기화하는 코드를 실행합니다. 생성자 함수의 역할이 멤버 변수를 초기화하는 일이기 때문이죠. 따라서 사용자 코드에 별도로 초기화 코드를 기술하지 않더라도 생성자 함수에서 규정한 값으로 멤버가 자동으로 초기화됩니다.

그럼 MemberInit1.cpp 예제를 다음처럼 수정해보겠습니다. 생성자 함수의 역할을 좀 더 이해하기 쉽게 만든 것입니다.

[03/MemberInit2/MemberInit2.cpp] 생성자 함수의 역할

```
01  #include "stdafx.h"
02  #include <iostream>
03  using namespace std;
04
05  // 제작자 코드
06  class CTest
07  {
08  public:
09     // CTest 클래스의 '생성자 함수' 선언 및 정의
10     CTest()
11     {
12        // 인스턴스가 생성되면 멤버 데이터를 '자동'으로 초기화한다.
13        cout << "CTest() : 생성자 함수" << endl;
14        m_nData = 10;
15     }
16
17     // 멤버 데이터 선언
18     int m_nData;
19
20     // 멤버 함수 선언 및 정의
21     void PrintData(void)
22     {
23        // 멤버 데이터에 접근하고 값을 출력한다.
24        cout << m_nData << endl;
25     }
26  };
27
28  // 사용자 코드
```

```
29  int _tmain(int argc, _TCHAR* argv[])
30  {
31      cout << "_tmain() 함수 시작" << endl;
32
33      CTest t;
34      t.PrintData();
35
36      cout << "_tmain() 함수 끝" << endl;
37
38      return 0;
39  }
```

실행 결과는 다음과 같습니다.

실행결과

```
_tmain() 함수 시작
CTest() : 생성자 함수
10
_tmain() 함수 끝
```

_tmain() 함수 실행이 시작된 후 CTest 객체를 선언했으므로 CTest 클래스의 생성자 함수가 호출됩니다. PrintData() 멤버 함수가 10을 출력한 이유도 생성자가 m_nData 멤버를 10으로 초기화했기 때문입니다.

위 예제에서 알 수 있듯이 클래스의 멤버 변수 선언 방법은 구조체와 크게 다르지 않습니다.

```
class CTest
{
public:
  ......
  int m_nData;
  ......
};
```

멤버 함수는 클래스 내부에 선언하고 정의할 수 있다는 점을 제외하면 기존 C 함수 작성 방법과 크게 다르지 않습니다.

```
class CTest
{
public:
  ......
  void PrintData(void)
  {
    cout << m_nData << endl;
  }
  .......
};
```

만일 MemberInit1.cpp 예제에서 멤버 함수 선언과 정의를 분리하고 싶다면 MemberInit3.cpp
예제처럼 코드를 작성하면 됩니다. 잘 살펴보면 클래스 선언 내부에는 함수 원형만 두고 나머지 몸
체는 클래스 선언 외부에 별도로 정의하는 것을 알 수 있습니다(실행 결과는 MemberInit1.cpp와
같으므로 생략합니다).

[03/MemberInit3/MemberInit3.cpp] 멤버 함수 선언과 정의를 분리

```
01  #include "stdafx.h"
02  #include <iostream>
03  using namespace std;
04
05  // 제작자 코드
06  class CTest
07  {
08  public:
09    // CTest 클래스의 '생성자 함수' 선언 및 정의
10    CTest()
11    {
12      // 인스턴스가 생성되면 멤버 데이터를 '자동'으로 초기화한다.
13      m_nData = 10;
14    }
15    // 멤버 데이터 선언
16    int m_nData;
17
18    // 멤버 함수 선언. 정의는 분리했다!
19    void PrintData(void);
20  };
```

```
21
22   // 외부에 분리된 멤버 함수 정의
23   void CTest::PrintData(void)
24   {
25     // 멤버 데이터에 접근하고 값을 출력한다.
26     cout << m_nData << endl;
27   }
28
29   // 사용자 코드
30   int _tmain(int argc, _TCHAR* argv[])
31   {
32     CTest t;
33     t.PrintData();
34
35     return 0;
36   }
```

23~27번 행은 CTest 클래스의 멤버 함수인 PrintData() 함수의 정의입니다. 함수 이름 앞에 소속 클래스 이름과 ::을 기술한다는 것만 빼면 일반적인 함수 정의와 같습니다. 노파심에 다시 강조하는 것은 26번 행에 보이는 **m_nData 변수가 CTest 클래스의 멤버 변수인 int m_nData**라는 점입니다. 참고로 모든 멤버 함수는 기본적으로 지역 변수, 멤버 변수, 전역 변수 순으로 식별자를 검색합니다.

그리고 생성자 함수의 멤버 변수를 초기화하는 방법은 생성자 함수 내부에 단순 대입 연산자 등을 이용해서 값을 할당하는 것 말고도 있습니다. MemberInit1.cpp 예제를 변형한 MemberInit4. cpp 예제와 같이 '생성자 초기화 목록'을 활용해도 같은 결과를 얻을 수 있습니다.

[03/MemberInit4/MemberInit4.cpp] 생성자 초기화 목록을 이용한 멤버 변수 초기화

```
01   #include "stdafx.h"
02   #include <iostream>
03   using namespace std;
04
05   // 제작자 코드
06   class CTest
07   {
08   public:
09     // 생성자 초기화 목록을 이용한 멤버 초기화
```

```
10    CTest()
11      : m_nData1(10), m_nData2(20)
12    { }
13
14    // 두 개의 멤버 데이터 선언
15    int m_nData1;
16    int m_nData2;
17
18    // 멤버 함수 선언 및 정의
19    void PrintData(void)
20    {
21      // 두 개의 멤버 데이터에 접근하고 값을 출력한다.
22      cout << m_nData1 << endl;
23      cout << m_nData2 << endl;
24    }
25  };
26
27  // 사용자 코드
28  int _tmain(int argc, _TCHAR* argv[])
29  {
30    CTest t;
31    t.PrintData();
32
33    return 0;
34  }
```

실행결과

```
10
20
```

생성자 초기화 목록은 11번 행처럼 함수 원형 부분과 몸체를 이루는 블록 범위 사이에 위치합니다. 초기화 목록을 이용하려면 반드시 함수 원형 다음에 콜론(:)을 기술해야 합니다. 그리고 '멤버 변수 (초깃값)' 형식으로 기술합니다. 만일 초기화하려는 멤버 변수가 여러 개면 쉼표를 찍고 이어서 작성 하면 됩니다. 참고로 멤버 변수가 참조자 형식이면 반드시 초기화 목록을 이용해 초기화해야 합니다.

또한 MemberInit4.cpp 예제에서 생성자에 일일이 값을 기술하는 것이 귀찮다면 다음처럼 C++11 스타일로 멤버 변수를 초기화하면 됩니다(실행 결과는 MemberInit4.cpp 예제와 같습니다).

```
[03/MemberInit5/MemberInit5.cpp] C++11의 멤버 변수 초기화

01  #include "stdafx.h"
02  #include <iostream>
03  using namespace std;
04
05  // 제작자 코드
06  class CTest
07  {
08  public:
09      // 생성자 초기화 목록을 이용한 멤버 초기화
10      CTest() { }
11
12      // C++11부터 선언과 동시에 멤버 변수를 초기화할 수 있다!
13      int m_nData1 = 10;
14      int m_nData2 = 20;
15
16      void PrintData(void)
17      {
18          cout << m_nData1 << endl;
19          cout << m_nData2 << endl;
20      }
21  };
22
23  // 사용자 코드
24  int _tmain(int argc, _TCHAR* argv[])
25  {
26      CTest t;
27      t.PrintData();
28
29      return 0;
30  }
```

C++11 표준에는 좋은 문법들이 많습니다. 그중에서도 생성자를 이용하지 않고 멤버 변수를 초기화할 수 있는 이 문법은 매우 편리합니다. 무엇보다 직관적이기도 합니다. 물론 몇몇 주의할 것들이 있지만 이 방법을 사용하는 것이 좋습니다.

지금까지 클래스의 멤버 변수를 선언하고 초기화하는 방법들을 알아봤습니다. 변수를 적절히 초기화하는 일은 매우 중요합니다. 그것을 사용자에게 맡겨도 좋겠지만 사용자가 별도로 값을 지정하지 않는다면 제작자가 적절한 값을 작성할 수 있게 해줌으로써 버그를 차단할 수 있습니다. 무엇보다 사용자는 매우 편리하게 객체를 사용할 수 있습니다.

3.2.2 접근 제어 지시자

접근 제어 지시자는 구조체가 클래스로 탈바꿈하도록 돕는 문법입니다. 그리고 이 접근 제어 지시자는 제작자가 사용자가 이용할 수 있는 코드를 제한하는 용도로 활용됩니다. 그런데 근본적인 의문이 하나 생기는군요.

"도대체 왜 사용자가 이용할 수 있는 코드를 제한해야 하는 것인가요?"

사용자는 클래스의 구조를 제작자보다 상대적으로 잘 모르기 때문입니다. 비유를 들자면 클래스를 아이폰에 빗대어 설명할 수 있습니다.

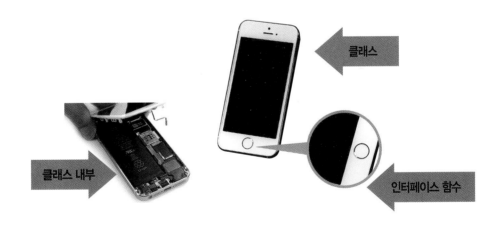

애플의 아이폰 담당 엔지니어(클래스 제작자)라면 당연히 아이폰 내부(클래스)에 대해 잘 알 것입니다. 구조나 기술적 원리도 사용자(클래스 사용자)보다 훨씬 더 잘 알 수밖에 없죠. 그러나 사용자는 그렇지 않습니다. 사용자는 버튼과 화면 등 제품을 사용하는 데 필요한 기능(인터페이스)을 언제든지 이용할 수 있습니다. 이러한 기능을 조작해서 사용자는 아이폰(클래스)을 제어할 수 있습니다.

그런데 사용자가 잘못 사용할 수도 있습니다. 가령 버튼을 한 시간 이상 누르고 있는다(불필요한 클래스의 코드 사용)면 비정상적인 행위를 인식하고 차단(접근 제어 지시자를 통해 사용자가 이용할 수 있는 코드를 제한)하는 것은 전적으로 제조사(클래스 제작자)의 몫입니다.

혹은 배터리 교체를 시도하려 분해(제작자가 만든 클래스를 직접 수정)할 수도 있습니다. 보통은 분해하기도 어렵게 막아둡니다(접근 제어 지시자 활용). 그런데 제품을 분해할 경우 애플은 자사 홈페이지에서도 언급하고 있듯이 보증 수리를 해주지 않습니다. 왜냐하면 제조자의 과실이 아닌 사용자의 의도적 과실까지 책임질 필요가 없다고 판단하기 때문입니다.

지금까지 설명한 것처럼 클래스의 접근 제어 지시자는 제작자와 사용자를 구분하는 매우 중요한 문법입니다. 애플이 아이폰의 배터리에 사용자가 접근할 수 없도록 차단하는 것처럼 **제작자 스스로 자신이 만든 클래스의 특정 요소에 사용자가 접근할 수 없게 하려면 접근 제어 지시자를 활용**해야 합니다. 다음 그림처럼 라디오 볼륨의 최소 · 최대 크기를 제한한 것은 전형적인 제작자의 사용자 접근 제어 사례라 할 수 있습니다.

이것 저것 더 많은 내용들을 늘어놓고 싶은 마음이 앞서지만 모두 설명하려면 '상속'에 대해서도 알아야 하기 때문에 일단 다음 표를 통해 접근 제어 지시자들을 요약해보겠습니다.

지시자	설명
public	멤버에 관한 모든 외부 접근이 허용됩니다.
protected	멤버에 관한 모든 외부 접근이 차단됩니다. 단, 상속 관계에 있는 파생 클래스에서의 접근은 허용됩니다.
private	외부 접근뿐만 아니라 파생 클래스로부터의 접근까지 모두 차단됩니다. 클래스를 선언할 때 별도로 접근 제어 지시자를 기술하지 않으면 private으로 간주합니다.

세 가지 접근 제어 지시자 중에서 private은 기본 지시자입니다. 즉, **별도로 언급하지 않는다면 기본적으로 private이 적용**되고 멤버 접근 연산자를 통한 사용자의 직접 접근은 모두 차단됩니다. "모르는 게 약이다"라는 속담처럼 굳이 사용자가 몰라도 되는 내부는 철저히 감추려는 의도로 볼 수 있습니다.

AccessCtrl.cpp 예제는 사용자 코드에서 객체 내부 멤버로의 임의 접근이 있을 때 이를 차단하는 전형적인 예입니다. 이와 같은 통제 장치를 이용하면 멤버 변수를 사용자가 조작해 임의로 값이 달라지는 일을 막을 수 있습니다.

[03/AccessCtrl/AccessCtrl.cpp] 객체 내부 멤버 변수의 임의 접근 차단

```
01  #include "stdafx.h"
02  #include <iostream>
03  using namespace std;
04
05  // 제작자 코드
06  class CMyData
07  {
08    // 기본 접근 제어 지시자는 'private'이다.
09    int m_nData;
10
11  public:
12    int GetData(void) { return m_nData; }
13    void SetData(int nParam) { m_nData = nParam; }
14  };
15
16  // 사용자 코드
17  int _tmain(int argc, _TCHAR* argv[])
18  {
19    CMyData data;
```

```
20      data.SetData(10);
21      cout ≪ data.GetData() ≪ endl;
22
23      return 0;
24  }
```

실행결과

```
10
```

CMyData 클래스의 m_nData에 대한 접근 제어 지시자는 private입니다. 따라서 사용자 코드에서 멤버 접근 연산자를 이용해 멤버 변수에 임의 접근할 수 없습니다. 이 말은 즉, 다음과 같은 코드는 허용되지 않는다는 것입니다.

```
17    int _tmain(int argc, _TCHAR* argv[])
18    {
19      CMyData data;
20      data.m_nData = 10;
21      cout ≪ data.m_nData ≪ endl;
22
23      return 0;
24    }
```

실행결과

```
error C2248: 'CMyData::m_nData' : private 멤버('CMyData' 클래스에서 선언)에 액세스할
수 없습니다.
'CMyData::m_nData' 선언을 참조하십시오.
'CMyData' 선언을 참조하십시오.
```

그렇다면 이렇게 사용자의 임의 접근을 차단해서 제작자가 얻는 이득은 무엇일까요? 정답은 '사용자가 값의 변화를 통제할 수 있다'는 것입니다. 예제에서는 GetData()/SetData() 메서드를 이용해 m_nData의 값을 변경할 수 있도록 허용했는데, 이 두 함수는 사용자가 m_nData의 값을 읽거나 쓸 수 있는 유일한 통로입니다. 따라서 제작자는 SetData() 함수를 이용하지 않고 m_nData의 값이 변경됐을 가능성은 없다고 생각할 수 있는데, 이는 매우 당연합니다. 마치 TV 볼륨을 제어 버튼

이나 리모컨을 이용하지 않고 다른 방법으로 변경할 수 없는 것과 같습니다. 또한 다음 그림처럼 볼륨을 무제한으로 높일 수 있게 설정하면 스피커에 손상이 갈 수 있으니 반드시 **사용자가 최대 설정 크기를 넘길 수 없도록 차단**하는 것과 같습니다.

다음 코드도 살펴보겠습니다.

```
11   public:
12       int GetData(void) { retun m_nData; }
13       void SetData(int nParam) { m_nData = nParam; }
```

멤버 함수의 경우에는 private 멤버에 접근하는 것이 자유롭습니다. 바꿔 말하면 접근 제어 지시자의 영향을 받지 않습니다. 현관 자물쇠가 외부인의 출입을 차단하기 위한 용도지 가족 중 누군가가 화장실에 가는 것을 차단하기 위한 용도가 아닌 것과 같은 경우죠.

생성자도 접근 제어 지시자의 영향을 받습니다. 초보자의 경우 가끔 다음과 같은 실수를 하기도 합니다(물론 나중에 실력이 좋아지면 객체의 생성을 통제할 의도로 이렇게 코드를 작성하기도 합니다).

```
05   // 제작자 코드
06   class CMyData
07   {
08       // 기본 접근 제어 지시자는 'private'이다.
09       CMyData() { };
10       int m_nData;
```

```
11
12   public:
13     int GetData(void) { return m_nData; }
14     void SetData(int nParam) { m_nData = nParam; }
15   };
16
17   // 사용자 코드
18   int _tmain(int argc, _TCHAR* argv[])
19   {
20     CMyData data;
21
22     return 0;
23   }
```

실행결과

```
error C2248: 'CMyData::CMyData' : private 멤버('CMyData' 클래스에서 선언)에 액세스할
수 없습니다.
```

접근 제어 지시자를 기술하지 않는다면 기본 설정은 private입니다. 따라서 생성자 함수도 private
이 됩니다. 어쩌면 몇몇 분들은 이 오류를 경험했을지도 모르겠군요. 아무튼 생성자를 private으로
선언한다면 사용자 코드에서 단지 객체를 선언하는 것으로도 컴파일 오류가 발생합니다. 객체의 생
성을 제어할 목적으로 일부러 private으로 선언하는 경우도 있지만 아직은 이 주제까지 자세히 알
필요는 없습니다. 나중에 설계를 논할 수준이 됐을 때 자세히 알고 넘어가면 됩니다.

3.3 생성자와 소멸자

'생성자Constructor'와 '소멸자Destructor'는 클래스 객체가 생성 및 소멸될 때 '자동으로' 호출되는 함수입니
다. 이 두 함수의 가장 큰 특징은 함수임에도 불구하고 '반환 형식이 없다'는 것과 함수 이름이 클래
스 이름과 같다는 점입니다. 다만 소멸자의 이름 앞에는 ~가 붙습니다. 둘의 차이점은 생성자는 다
중 정의할 수 있고 소멸자는 그럴 수 없다는 것입니다.

```
클래스이름();
~클래스이름();
```

그리고 지금처럼 매개변수가 하나도 없는 생성자를 '디폴트 생성자^{Default constructor}'라고 합니다. 디폴트 생성자의 특징은 **클래스 제작자가 디폴트 생성자와 소멸자를 기술하지 않아도 컴파일러가 알아서 만들어 넣는다는 점**입니다. 단, 아무런 코드도 추가되지는 않습니다. 아무튼 '생성자와 소멸자가 없는 클래스는 없다'고 생각하면 됩니다.

[03/Constructor1/Constructor1.cpp] 생성자와 소멸자

```cpp
01  #include "stdafx.h"
02  #include <iostream>
03  using namespace std;
04
05  class CTest
06  {
07  public:
08    CTest()
09    {
10      cout << "CTest::CTest()" << endl;
11    }
12
13    ~CTest()
14    {
15      cout << "~CTest::CTest()" << endl;
16    }
17  };
18
19  int _tmain(int argc, _TCHAR* argv[])
20  {
21    cout << "Begin" << endl;
22    CTest a;
23    cout << "End" << endl;
24
25    return 0;
26  }
```

```
Begin
CTest::CTest()
End
~CTest::CTest()
```

22번 행에서 CTest 클래스의 인스턴스인 a를 선언했습니다. 여기서 중요한 점은 a가 선언된 시점이 객체가 생성되는 시점이라는 것과 a가 _tmain() 함수에 속한 지역 변수라는 것입니다. 지역 변수는 특성상 **선언된 블록 범위가 끝나면 자동으로 소멸**합니다. 따라서 _tmain() 함수의 실행이 끝나면 a는 소멸합니다. 아마 실행 결과를 잘못 예측했다면 대부분 End가 출력되기 전에 소멸자가 호출될 것으로 예측한 경우가 아닐까 생각합니다. 실수하기 딱 좋은 문제인만큼 잘 기억해두기 바랍니다.

그럼 Constructor.cpp 예제를 다음과 같이 수정하면 결과는 어떻게 될까요?

```
19  CTest a;
20
21  int _tmain(int argc, _TCHAR* argv[])
22  {
23    cout << "Begin" << endl;
24    cout << "End" << endl;
25
26    return 0;
27  }
```

```
CTest::CTest()
Begin
End
~CTest::CTest()
```

CTest 클래스의 인스턴스인 a를 전역 변수로 선언했습니다. 그랬더니 정말 흥미로운 결과가 나왔습니다. 왜 흥미롭냐구요? 질문 하나 하겠습니다. C에서 여러분이 늘 듣던 말이 있을 겁니다.

"C로 작성한 프로그램에서 가장 먼서 호출되는 함수는 main() 함수다."

자, 그런데 어떻습니까? 이제는 그 명제를 수정해야겠다는 생각이 드나요? 혹시 그렇지 않다면 꼭 수정하기 바랍니다. C++에서는 **전역 변수로 선언한 클래스의 생성자가 main() 함수보다 먼저 호출**됩니다. 정말이지 시험에 내고 싶은 생각이 팍팍 드는군요! 그리고 잘 생각해보면 앞서 수정하기 전 예제에서도 _tmain() 함수가 끝난 후에 소멸자가 호출됐음을 확인할 수 있습니다.

중요한 문제인 만큼 제대로 확인할 필요가 있습니다. 만일 Contstructor.cpp 예제에서 _tmain() 함수를 다음과 같이 수정한다면 결과는 어떻게 달라질까요?

```
19  int _tmain(int argc, _TCHAR* argv[])
20  {
21    cout << "Begin" << endl;
22    CTest a;
23    cout << "Before b" << endl;
24    CTest b;
25    cout << "End" << endl;
26
27    return 0;
28  }
```

실행결과

```
Begin
CTest::CTest()
Before b
CTest::CTest()
End
~CTest::CTest()
~CTest::CTest()
```

그렇습니다. _tmain() 함수의 마지막 구문이 실행된 후 내부에 선언된 지역 변수들이 소멸됩니다. 이제 중요한 내용들을 배웠으니 정리를 해보겠습니다.

- main() 함수가 호출되기 전에 생성자가 호출될 수 있다.
- 생성자는 다중 정의할 수 있다.
- 소멸자는 다중 정의할 수 없다.
- main() 함수가 끝난 후에 소멸자가 호출될 수 있다.
- 생성자와 소멸자는 생략할 수 있으나 생략할 경우 컴파일러가 만들어 넣는다.

객체가 소멸하는 순간에는 다양성이 없기 때문에 소멸자는 다중 정의되지 않습니다. 그러니까 한 가지 버전만 있다고 생각하면 됩니다. 그러나 생성자는 다릅니다. 다중 정의할 수 있고 동시에 여러 개가 존재할 수 있습니다. 그리고 **새로운 생성자를 만들면서 디폴트 생성자를 생략할 수 있습니다.**

[03/Constructor2/Constructor2.cpp] 디폴트 생성자의 생략

```
01  #include "stdafx.h"
02  #include <iostream>
03  using namespace std;
04
05  class CTest
06  {
07      int m_nData;
08
09  public:
10      // 생성자의 매개변수로 전달된 값으로 멤버 변수를 초기화한다.
11      CTest(int nParam) : m_nData(nParam)
12      {
13          cout << "CTest::CTest()" << endl;
14      }
15
16      ~CTest()
17      {
18          // 생성할 때 매개변수로 받은 값을 출력한다.
19          cout << "~CTest::CTest() " << m_nData << endl;
20      }
21  };
22
23  int _tmain(int argc, _TCHAR* argv[])
24  {
25      cout << "Begin" << endl;
26      CTest a(1);
27      cout << "Before b" << endl;
28      CTest b(2);
29      cout << "End" << endl;
30
31      return 0;
32  }
```

생성자 호출

```
Begin
CTest::CTest()
Before b
CTest::CTest()
End
~CTest::CTest() 2
~CTest::CTest() 1
```

CTest 클래스 객체를 선언한 26, 28번 행 코드는 모두 객체가 선언될 때의 초깃값이라 할 수 있는 int 자료형 값을 받았습니다. 그리고 디폴트 생성자는 생략했으므로 디폴트 값 생성은 허용되지 않습니다. 즉, 다음과 같이 코드를 작성하면 오류가 발생합니다.

```
CTest a;    // (X)
```

3.3.1 동적 객체의 생성과 소멸

클래스의 인스턴스는 선언해서 생성할 수 있습니다. 더불어 new 연산을 통해 동적으로 생성할 수도 있습니다. 그리고 동적으로 생성된 객체는 delete 연산자로 삭제해야 합니다. 이와 같이 동적 객체 생성 및 소멸을 시도할 경우 객체가 생성 및 소멸하는 시점을 코드에서 명확히 알 수 있습니다. new와 delete 연산자는 각각 생성자와 소멸자를 호출하기 때문입니다.

[03/ClassNew/ClassNew.cpp] new와 delete 연산자 사용

```
01  #include "stdafx.h"
02  #include <iostream>
03  using namespace std;
04
05  class CTest
06  {
07    int m_nData;
08
09  public:
10    CTest()
```

```
11    {
12        cout << "CTest::CTest()" << endl;
13    }
14
15    ~CTest()
16    {
17        cout << "~CTest::CTest()" << endl;
18    }
19 };
20
21 int _tmain(int argc, _TCHAR* argv[])
22 {
23    cout << "Begin" << endl;
24
25    // new 연산자를 이용해 동적으로 객체를 생성한다.
26    CTest *pData = new CTest;
27    cout << "Test" << endl;
28
29    // delete 연산자를 이용해 객체를 삭제한다.
30    delete pData;
31    cout << "End" << endl;
32
33    return 0;
34 }
```

실행결과

```
Begin
CTest::CTest()
Test
~CTest::CTest()
End
```

실행 결과를 보면 _tmain() 함수의 사실상 마지막 코드(31번 행)가 실행되기 전에 인스턴스가 소멸됐음을 알 수 있습니다. 만일 동적으로 생성하지 않고 지역 변수로 선언했다면 End가 출력된 후에 소멸자가 호출됐을 것입니다.

객체를 동적으로 생성할 때 한 가지 주의할 점은 '**배열로 생성한 객체들은 반드시 배열로 삭제**'해야 한다는 점입니다. ClassNew.cpp 예제의 _tmain() 함수를 다음과 같이 수정하고 결과를 확인해보겠습니다.

```
21  int _tmain(int argc, _TCHAR* argv[])
22  {
23    cout << "Begin" << endl;
24
25    // 배열로 new 연산을 수행할 수 있다.
26    CTest *pData = new CTest[3];
27
28    // 배열로 생성한 것은 반드시 배열로 삭제한다!
29    delete [] pData;
30    cout << "End" << endl;
31
32    return 0;
33  }
```

실행결과

```
Begin
CTest::CTest()
CTest::CTest()
CTest::CTest()
~CTest::CTest()
~CTest::CTest()
~CTest::CTest()
End
```

객체를 배열로 생성했으니 배열로 삭제하는 것이 당연합니다. 결과에서도 세 개를 생성했고 세 개 모두 소멸했음을 확인할 수 있습니다. 그러나 만일 다음 코드처럼 **배열로 생성한 객체를 배열로 삭제하지 않는다면 첫 번째 요소 하나만 소멸**하고 나머지는 그대로 메모리에 남습니다.

```
28    // 배열로 생성한 것은 반드시 배열로 삭제한다!
29    delete pData;
```

```
Begin
CTest::CTest()
CTest::CTest()
CTest::CTest()
~CTest::CTest()
```

매우 주의해야 할 사항입니다. 왜냐하면 생각보다 이런 실수가 자주 발생하기 때문입니다. 심지어 수년간의 프로그래밍 경험이 있는 사람들조차 이 문제로 메모리 릭[leak 3] 버그를 만듭니다. 한 가지 다행스러운 것은 클래스가 아니라 char나 int 같은 기본 자료형의 배열은 배열로 삭제하지 않는다고 하더라도 오류가 발생하지는 않습니다.

3.3.2 참조 형식 멤버 초기화

클래스의 멤버 변수는 참조 형식으로 선언할 수 있습니다. 그런데 **참조자는 반드시 선언과 동시에 초기화해야 합니다.** 그러므로 반드시 '생성자 초기화 목록'을 이용해 초기화해야 합니다.

[03/RefSample/RefSample.cpp] 참조자 선언을 위한 생성자 초기화 목록 이용

```
01  #include "stdafx.h"
02  #include <iostream>
03  using namespace std;
04
05  // 제작자 코드
06  class CRefTest
07  {
08  public:
09      // 참조형 멤버는 반드시 생성자 초기화 목록을 이용해 초기화한다.
10      CRefTest(int &rParam) : m_nData(rParam) { };
11      int GetData(void) { return m_nData; }
12
13  private:
14      // 참조형 멤버는 객체가 생성될 때 반드시 초기화해야 한다.
15      int &m_nData;
16  };
17
```

---

[3] 메모리 누수라고도 합니다.

```
18  // 사용자 코드
19  int _tmain(int argc, _TCHAR* argv[])
20  {
21    int a = 10;
22    CRefTest t(a);
23
24    cout << t.GetData() << endl;
25
26    // 참조 원본인 a의 값이 수정되었다.
27    a = 20;
28    cout << t.GetData() << endl;
29
30    return 0;
31  }
```

실행결과

```
10
20
```

이미 참조자에 대해 배웠으므로 자세한 설명은 생략하고 주의 사항만 언급하겠습니다. 먼저 초기화 목록을 이용하지 않고 다음과 같이 초기화하려는 시도에 대해 생각해보겠습니다.

```
10    CRefTest(int &rParam) { m_nData = rParam; };
```

안타깝지만 여기서 =는 단순 대입 연산자입니다. 따라서 위 코드는 선언 및 정의가 아니고 이미 선언된 인스턴스를 이용해서 연산하는 것에 불과합니다. 그나마 다행인 것은 위 코드처럼 작성하면 컴파일 오류가 발생하므로 프로그램이 만들어질 수 없다는 겁니다.

그러나 생성자를 다음 코드처럼 작성했다가는 이해하기 힘든 상황을 만나게 됩니다.

```
10    CRefTest(int rParam) : m_nData(rParam) { };
```

```
11932738
11932738
```

정확히는 알 수 없으나 쓰레기 값으로 보이는 결과가 출력되는 것을 볼 수 있는데, 이는 참조자가 가리키는 원본이 이미 삭제됐기 때문입니다. 즉, 생성자의 매개변수를 참조 형식이 아니라 int rParam이라고 작성했기 때문입니다. **함수의 매개변수는 함수 내부의 자동 변수**와 같으므로 함수가 반환될 때 매개변수는 소멸됩니다. 따라서 m_nData(rParam)라는 코드는 결국 사라질 대상에 대한 참조자가 초기화되는 결과를 초래합니다.

앞서 배웠듯이 참조자의 내부를 뜯어보면 포인터와 똑같습니다. 다만 가리키는 대상을 반드시 규정해야 하고 중간에 원본 대상을 바꿀 수 없다는 정도가 다르다는 사실을 기억하기 바랍니다.

3.3.3 생성자 다중 정의

생성자도 함수이므로 당연히 다중 정의할 수 있습니다. ConstructorOver1.cpp 예제는 생성자 다중 정의의 가장 보편적인 예입니다. 생성자를 다중 정의할 경우 제작자가 해야 할 일은 많아집니다. 하지만 그만큼 사용자 코드는 더 간단하고 편리해질 수 있습니다.

[03/ConstructorOver1/ConstructorOver1.cpp] 생성자 다중 정의

```
01 #include "stdafx.h"
02 #include <iostream>
03 using namespace std;
04
05 class CMyData
06 {
07 public:
08     // 디폴트 생성자는 없다.
09     // 매개변수가 int 하나인 생성자 함수 선언 및 정의
10     CMyData(int nParam) : m_nData(nParam) { };
11
12     // 매개변수가 int 자료형 두 개인 생성자 함수 다중 정의
13     CMyData(int x, int y) : m_nData(x + y) { };
14
```

```
15    int GetData(void) { return m_nData; }
16
17 private:
18    int m_nData;
19 };
20
21 int _tmain(int argc, _TCHAR* argv[])
22 {
23    CMyData a(10);
24    CMyData b(3, 4);
25
26    cout << a.GetData() << endl;
27    cout << b.GetData() << endl;
28
29    return 0;
30 }
```

실행결과

```
10
7
```

24번 행 CMyData b(3, 4) 덕분에 호출되는 생성자는 CMyData(int, int) 형식이 됩니다. 앞서 다중 정의에서 배웠던 것처럼 어떤 생성자를 호출할지는 컴파일러가 매개변수를 보고 알아서 결정 합니다.

생성자가 다중 정의될 경우 사용자는 편하겠지만 제작자는 동일한 멤버를 초기화하는 코드를 여러 번 기술해야 하는 번거로움이 있습니다. 문제는 이 번거로움이 귀찮은 일 정도로 끝나면 다행인데 골치 아픈 버그를 만들어내는 원인이 될 수도 있다는 사실입니다. 그래서 과거에는 별도의 초기화 멤버 함수를 만들고 이를 호출하는 형태를 취하는 경우가 많았습니다.

하지만 이제는 그럴 필요가 없습니다. C++11 표준부터는 **'생성자 위임'**이 지원되기 때문입니다. 이 생성자 위임을 이용하면 생성자 초기화 목록에서 다른 생성자를 추가로 부를 수 있습니다.

```
01  #include "stdafx.h"
02  #include <iostream>
03  using namespace std;
04
05  class CMyPoint
06  {
07  public:
08    CMyPoint(int x)
09    {
10      cout << "CMyPoint(int)" << endl;
11      // x 값이 100이 넘는지 검사하고 넘으면 100으로 맞춘다.
12      if(x > 100)
13        x = 100;
14
15      m_x = 100;
16    }
17
18    CMyPoint(int x, int y)
19      // x 값을 검사하는 코드는 이미 존재하므로 재사용한다.
20      : CMyPoint(x)
21    {
22      cout << "CMyPoint(int, int)" << endl;
23
24      // y 값이 200이 넘는지 검사하고 넘으면 200으로 맞춘다.
25      if(y > 200)
26        y = 200;
27
28      m_y = 200;
29    }
30
31    void Print()
32    {
33      cout << "X:" << m_x << endl;
34      cout << "Y:" << m_y << endl;
35    }
36
37  private:
38    int m_x = 0;
39    int m_y = 0;
```

호출!

```
40  };
41
42  int _tmain(int argc, _TCHAR* argv[])
43  {
44      // 매개변수가 하나인 생성자만 호출한다.
45      CMyPoint ptBegin(110);
46      ptBegin.Print();
47
48      // 이번에는 두 생성자 모두 호출한다.
49      CMyPoint ptEnd(50, 250);
50      ptEnd.Print();
51
52      return 0;
53  }
```

실행결과

```
CMyPoint(int)
X:100
Y:0
CMyPoint(int)
CMyPoint(int, int)
X:100
Y:200
```

8~16번 행에 정의된 CMyPoint(int) 생성자는 내부에서 매개변수로 전달된 값을 강제로 100으로 조정하는 코드가 있습니다. 생성자가 여러 번 다중 정의되면 같은 코드가 계속 반복될 수 있습니다. 이때 복사와 붙여넣기로 코드를 여러 번 만들어 넣는 것이 그리 어려운 일은 아니지만 향후 유지보수 관점에서 보면 결코 좋은 선택이라고 생각하기 어렵습니다.

그래서 18번 행의 CMyPoint(int, int) 생성자는 **초기화 목록에서 CMyPoint(int) 생성자가 추가로 호출될 수 있도록 위임**(20번 행)했습니다. 이렇게 함으로써 같은 일을 하는 코드가 여러 번 반복해서 나타날 필요가 없어졌습니다. 역시 적극적으로 활용하기를 권합니다.

☆ **변환 생성자**

매개변수가 한 개뿐인 생성자를 '**변환 생성자**(Conversion constructor)'라고 부르기도 합니다. 자세한 개념
은 '4.2.1 변환 생성자'를 참고합니다. 주의해야 할 매우 중요한 주제가 있으므로 별도로 설명한 것이니 꼭 참
고하기 바랍니다.

3.3.4 명시적 디폴트 생성자

함수 원형 선언에 대해서는 이제 잘 알게 되었을 겁니다. 그중 원형 선언을 별도로 할 경우 선언과
정의가 분리된다고 설명했던 것을 다시 떠올려보기 바랍니다. 같은 논리가 클래스에도 적용됩니다.
그래서 멤버 함수의 선언과 정의를 별도로 분리할 수 있습니다.

그런데 **default** 예약어를 사용하면 별도로 정의하지 않더라도 선언과 정의를 한 번에 끝낼 수 있습
니다. 일단 코드를 보면서 설명하겠습니다. ExpDefaultConstructor.cpp 예제는 디폴트 생성자
의 정의를 클래스 외부로 분리한 예입니다.

**[03/ExpDefaultConstructor/ExpDefaultConstructor.cpp] 디폴트 생성자의 정의를
클래스 외부로 분리**

```
01   #include "stdafx.h"
02   #include <iostream>
03   using namespace std;
04
05   class CTest
06   {
07   public:
08      // 디폴트 생성자 선언
09      CTest(void);
10      int m_nData = 5;
11   };
12
13   // 클래스 외부에서 디폴트 생성자 정의
14   CTest::CTest(void) { }
15
16   int _tmain(int argc, _TCHAR* argv[])
```

```
17  {
18      CTest a;
19      cout << a.m_nData << endl;
20
21      return 0;
22  }
```

실행결과

```
5
```

예제를 실행하면 화면에 5를 출력하는 간단한 코드입니다. 아무튼 14번 행에 디폴트 생성자에 대한 정의를 포함시킬 수 있습니다. 내부에 코드가 하나도 없기 때문에 9번 행에서 생성자를 선언할 때 CTest(void) {}라고 한 것과 같습니다. 하지만 이 경우는 클래스 선언 내부에 생성자의 정의까지 포함되는 것이므로 선언과 정의를 명백히 분리해야 할 경우에는 이런 식으로 코드를 작성할 수가 없습니다.

따라서 다음과 같이 선언하면 별도로 정의를 기술하지 않고도 선언과 정의가 완벽하게 분리됩니다.

```
05  class CTest
06  {
07  public:
08      // 디폴트 생성자 선언 및 정의!
09      CTest(void) = default;
10      int m_nData = 5;
11  };
```

지금 당장은 이런 문법이 존재한다는 것만 잘 기억해두기 바랍니다. 이와 같은 문법이 절실히 필요한 순간은 나중에 배울 '템플릿'을 이용해 프로그래밍할 때입니다.

더불어 알아둘 것이 있습니다. 생성자 다중 정의를 통해 새로운 생성자를 기술하고 디폴트 생성자를 기술하지 않는다면 디폴트 생성자는 사라진 것이라 할 수 있습니다. 그런데 그것이 드러내놓고 "나 사라졌어요~!"라고 말하는 것이 아니다 보니 가끔 혼란스러울 때가 있습니다. 그럴 땐 다음과 같이 코드를 작성해서 사라졌다는 것을 알려주면 좋습니다.

```
09    CTest(void) = delete;
```

만일 이와 같이 디폴트 생성자를 삭제해놓고 CTest a; 같은 코드를 실행하면, 즉 디폴트 생성자가 호출되는 경우의 코드를 사용자가 작성한다면 다음과 같은 오류 메시지가 나타납니다.

error C2280: 'CTest::CTest(void)': **삭제된 함수**를 참조하려고 합니다.

C++의 오랜 문제점 중 하나가 기존에 있던 불필요한 함수를 없애기 어렵다는 점입니다. 시간이 흐르고 상황이 달라지면 그에 맞게 프로그램 코드도 변해야 합니다. 우리는 보통 이를 '업데이트' 혹은 '유지보수'라고 부릅니다. 그런데 C++에는 새로운 것을 추가하는 방법만 있을 뿐 불필요한 함수를 삭제하는 것이 없었습니다. 그래서 낡은 코드가 새로운 코드와 뒤섞이면서 골치 아픈 논리적 오류들을 발생시키는 경우가 많았습니다.

그런 의미에서 C++11에 멤버 함수 삭제 기능이 추가된 것은 너무나 반가운 일입니다. 그러나 아직 우리는 불필요한 함수의 삭제를 말하기에 이른 감이 있습니다. 그러니 지금은 default, delete 예약어가 다른 형태로 사용되는 경우가 존재한다는 사실만 잘 기억해둡시다.

3.4 메서드

'메서드Method'의 사전적 의미는 '방법'입니다. 무엇인가를 해내는 바로 그 '방법'말입니다. 그런데 클래스의 멤버 함수를 메서드라고도 합니다. 어떤 의미로 보면 메서드라는 말이 훨씬 더 맞다는 생각이 들기도 합니다. 왜냐하면 실제로 멤버 함수라는 것은 '클래스가 제공하는 기능을 실행하는 방법'인 경우가 많기 때문입니다. 예를 들어보겠습니다.

"사람 객체는 말이야. '달리기'라는 기능이 있어. 그래서

```
사람 철수;
철수.달리기();
```

라고 기술할 수 있어."

"자동차는 '방향'이라는 멤버 변수를 가졌는데, 이 값을 '핸들'이라는 메서드로 제어할 수 있어. 그러므로

```
자동차 붕붕이;
붕붕이.핸들(왼쪽, 10도);
```

라고 할 수 있지."

자, 이제 '메서드'라는 것이 어떤 의미인지 대충 감이 잡히나요?

그리고 자동차의 핸들은 운전자와 자동차를 이어주는 전형적인 인터페이스입니다. 다음 그림처럼 휴대폰의 각종 버튼들이나 터치 스크린도 인터페이스죠. 따라서 멤버 함수는 상황에 따라 '인터페이스 함수'라고도 합니다.

개념을 설명했으니 이젠 좀 더 구체적인 것들을 배워봅시다. 일단 멤버 함수의 원형은 다음과 같습니다.

```
static 반환자료형 클래스이름::함수이름(매개변수) const;
```

static과 const 예약어는 생략할 수 있습니다. 참고로 static이면 '정적 멤버 함수'라고 하고, const면 '상수형' 혹은 '상수화된' 멤버 함수라고 합니다. 물론 '멤버 함수'라는 말 대신 '메서드'로 바꿔 불러도 상관없습니다. 그런 의미에서 이제부터는 '멤버 함수'라는 말 대신 '메서드' 혹은 '인터페이스 함수'라고 구별해서 말하겠습니다.

다음 표는 '메서드의 종류와 특징'을 정리한 것입니다. 아직 배우지 않은 '가상 함수' 관련 내용도 나오는데, 정리 차원에서 함께 다룬 것뿐입니다(가상 함수에 대한 자세한 이론은 '상속'을 배운 후로 미루겠습니다).

종류	일반	상수화	정적	가상
관련 예약어	–	const	Static	virtual
this 포인터 접근	가능	가능	**불가능**	가능
일반 멤버 읽기	가능	가능	가능(제한적)	가능
일반 멤버 쓰기	가능	**불가능**	가능(제한적)	가능
적정 멤버 읽기	가능	가능	가능	가능
정적 멤버 쓰기	가능	**불가능**	가능	가능
특징	가장 보편적인 메서드	멤버 쓰기 방지가 목적	C의 전역 함수와 유사	상속 관계에서 의미가 큼

정적 메서드의 경우 일반 멤버에 제한적으로 접근할 수 있다고 설명했는데, 이는 this 포인터에 접근할 수 없기 때문입니다. 자세한 것은 this 포인터를 배운 후로 미룹니다. 그리고 const는 virtual, static 등과 조합될 수 있습니다.

3.4.1 this 포인터

this 포인터는 '제작자'가 **작성 중인 클래스의 실제 인스턴스에 대한 주소를 가리키는 포인터**입니다. 설명이 좀 어렵죠? 설명하는 강사도, 듣는 학생도 상당히 골치 아픈 요소 중 하나가 바로 this 포인터입니다. 자, 그렇다면 이렇게 생각해보면 어떨까요?

"this 포인터는 휴대폰 시리얼 번호다."

무슨 소리냐고요? 모든 휴대폰은 고유한 식별 번호를 갖습니다. 보통 시리얼 번호라고 하지요. 이 번호는 사람의 주민등록번호와 같습니다. 즉, 동일한 모델의 아이폰이라 하더라도 시리얼 번호는 달라집니다.

문제는 이 '시리얼 번호'라는 것이 제품을 설계하고 제작하는 과정이 아니라 '생산 단계'에서 결정된다는 것입니다! 즉, 현재 설계 중인 제품의 시리얼 번호는 '미래'에 결정됩니다. 그런데 제작자는 아직 결정되지 않은 시리얼 번호를 이용해야 하는 프로그램 코드를 작성해야 할 수도 있습니다. 이때 현재 시점에서 미래의 시리얼 번호에 접근하는 방법이 바로 this 포인터입니다.

이해를 돕기 위해 '3.1 객체지향 프로그래밍 개요'의 HelloOOP3.c 예제에서 소개했던 코드를 다시 살펴보겠습니다.

```
16   // 사용자의 코드
17   int main(void)
18   {
19     USERDATA user = {20, "철수", PrintData};
20     // printf("%d, %s\n", user.nAge, user.szName);      // 1단계
21     // PrintData(&user);                                // 2단계
22     user.Print(&user);                                 // 3단계
23
24     return 0;
25   }
```

여기서 주목할 부분은 **user.Print(&user);** 입니다. 객체가 실제로 선언되는 시기는 클래스가 만들어지고 사용되는 미래의 일입니다. 그러므로 구체적인 인스턴스의 주소를 지금은 알 수 없기 때문에 나중에 객체가 선언된 후 인스턴스의 주소를 넘겨주도록 되어 있습니다.

하지만 C++에서는 그 주소가 눈에 보이지 않을 뿐 실제로는 **user.Print(&user);** 처럼 존재하고 있습니다. 그리고 이렇게 **첫 번째 매개변수로 전달된 인스턴스의 주소는 이름이 this인 포인터 변수(지역 변수)** 에 저장됩니다.

```
[03/ThisPointer/ThisPointer.cpp] this 포인터 사용

01   #include "stdafx.h"
02   #include <iostream>
03   using namespace std;
04
05   class CMyData
06   {
07   public:
08     CMyData(int nParam) : m_nData(nParam) { };
09     void PrintData()
10     {
```

```
11        // m_nData의 값을 출력한다.
12        cout << m_nData << endl;
13
14        // CMyData 클래스의 멤버인 m_nData의 값을 출력한다.
15        cout << CMyData::m_nData << endl;
16
17        // 메서드를 호출한 인스턴스의 m_nData 멤버 값을 출력한다.
18        cout << this->m_nData << endl;
19
20        // 메서드를 호출한 인스턴스의 CMyData 클래스 멤버 m_nData를 출력한다.
21        cout << this->CMyData::m_nData << endl;
22    }
23
24  private:
25    int m_nData;
26  };
27
28  int _tmain(int argc, _TCHAR* argv[])
29  {
30    CMyData a(5), b(10);
31    a.PrintData();
32    b.PrintData();
33
34    return 0;
35  }
```

&a, &b는 보이지 않지만 실제로는 전달된다.

실행결과

```
5
5
5
5
10
10
10
10
```

12번 행의 cout << m_nData << endl;는 지금까지 살펴봤던 흔히 볼 수 있는 코드입니다. 문제는 PrintData() 메서드에서 멤버 변수인 m_nData에 접근하는 것인데 12번 행처럼 단순히 변수

이름만 작성해도 상관은 없습니다. 하지만 정확하게 작성해야 할 필요성이 있다면 21번 행과 같이 **cout << this->CMyData::m_nData << endl;**라고 작성하는 것이 좋습니다.

21번 행처럼 작성했을 때의 장점은 범위 지정 연산자를 통해 m_nData의 소속을 정확히 명시할 수 있고, 무엇보다 this 포인터를 통해 접근할 수 있다는 것입니다. 우리가 단순히 m_nData라고만 쓰더라도 실제로 컴파일될 때는 this->m_nData로 컴파일됩니다. 정확한 이해를 위해 다음 코드를 자세히 봅시다.

```
05   class CMyData
06   {
07   public:
08     CMyData(int nParam) : m_nData(nParam) { };
09     void PrintData(CMyData *pData)
10     {
11       CMyData *this = pData;
12
13       // m_nData의 값을 출력한다.
14       cout << m_nData << endl;
15
16       // CMyData 클래스의 멤버인 m_nData의 값을 출력한다.
17       cout << CMyData::m_nData << endl;
18
19       // 메서드를 호출한 인스턴스의 m_nData 멤버 값을 출력한다.
20       cout << this->m_nData << endl;
21
22       // 메서드를 호출한 인스턴스의 CMyData 클래스 멤버 m_nData를 출력한다.
23       cout << this->CMyData::m_nData << endl;
24     }
25   };
26
27   int _tmain(int argc, _TCHAR* argv[])
28   {
29     CMyData a(5);
30     a.PrintData(&a);
31
32     return 0;
33   }
```

여기서 밑줄 친 코드들은 실제로 코드를 작성할 때는 생략하므로 눈에 보이지 않는 것들입니다. 이 C 스타일 코드처럼 표현한다면 이해하는 데 도움이 될 것이므로 일부러 만든 것이지요. 그러므로 실제 이렇게 코드를 작성하면 문법에 어긋난다는 사실도 기억해두세요. 이것으로 this 포인터의 실체를 이해하는 데 도움이 되면 좋겠습니다.

그런데 다음 사항은 반드시 주의해야 합니다. 만일 호출자 함수(사용자 코드 쪽)에서 인스턴스의 주소를 넘겨줄 수 있도록 허용한다면 다음처럼 문제가 발생하는 코드를 작성하게 됩니다.

```
a.PrintData(&b);
b.PrintData(&a);
```

무엇이 문제인지 찾았나요? 아마도 이 코드는 다음과 같이 작성하려다가 실수를 한 것이 아닌가 예상됩니다.

```
a.PrintData(&a);
b.PrintData(&b);
```

사용자가 처음부터 실수를 일으키지 않도록 하는 구조가 좋은 구조입니다. 그런데 어쩌면 너무나 당연한, 그래서 **달라질 것이 없는 코드라도 변경될 수 있다는 점을 간과하면 의도하지 않은 실수가 발생**하기 마련입니다. 오류의 수준도 보통 '아픈 것은 영희인데 입원은 철수가 하는 꼴'처럼 어처구니없는 경우가 많습니다. 그래서 이를 원천적으로 차단하기 위해 this 포인터가 탄생한 것입니다.

3.4.2 실습 과제 1: 프로젝트 생성 및 초기 코드 작성

기본적인 것들은 배웠으니 이제부터는 '실습 과제'를 통해 실전 모드로 전환합니다. '실전'이라는 거창한 말까지 붙인 이유는 문법도 문법이지만 배운 것을 활용하면서 Visual Studio를 다루는 세세한 부분까지 몽땅 소개할 것이기 때문입니다. 이 과정에서 자연스럽게 다양한 문법의 필요성을 직접 경험할 수 있습니다. 참고로 실습 과제는 필자가 오프라인 수업에서 실제 사용하는 교육 내용을 고스란히 옮긴 것이기도 합니다.

따라서 '실습 과제'는 그냥 넘겨도 되는 것이 절대 아닙니다. 경우에 따라서는 문법 소개까지 모두 실습 과제에 넣었으니 꼭 살펴보기 바랍니다.

우리가 만들려는 클래스의 이름은 CMyString입니다. 이 클래스는 문자열을 설정하면 내부적으로 필요한 메모리를 자동으로 동적 할당하고 문자열을 저장합니다. 물론 해제도 자동으로 합니다. 따라서 사용자는 메모리를 직접 다루는 코드를 작성하지 않아도 됩니다. 그럼 구체적으로 실습을 시작하겠습니다.

---

step 1

1.2절을 참고해서 프로젝트를 생성합니다. 우선 Visual Studio를 실행하고 [파일] → [새로 만들기] → [프로젝트](Ctrl + Shift + N)를 선택합니다. '새 프로젝트' 창이 열리면 [설치됨]을 선택한 후 [템플릿] → [Visual C++] → [Win32]를 선택합니다. 그리고 [Win32 콘솔 응용 프로그램]을 선택하고 [이름] 항목에 'StringCtrlSample'을 입력한 후 〈확인〉을 클릭합니다. StringCtrlSample이라는 프로젝트가 생성됩니다.

'Win32 응용 프로그램 마법사 시작' 창에서 〈다음〉을 클릭합니다. 이어지는 '응용 프로그램 설정' 창에서는 [응용 프로그램 종류]에서 '콘솔 응용 프로그램'을, [추가 옵션]에서 '미리 컴파일된 헤더'와 'SDL (Security Development Lifecycle) 검사'를 선택한 후 〈마침〉을 클릭합니다.

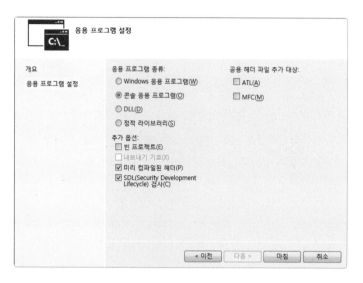

이제 CMyString이라는 클래스를 새로 추가해보겠습니다. 새로운 프로젝트 창이 열리면 먼저 다음 그림처럼 순서대로 [보기] → [클래스 뷰](Ctrl + Shift + C)를 선택합니다.

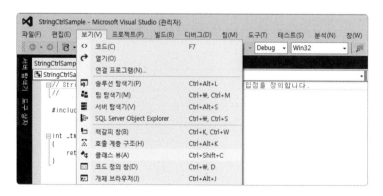

'클래스 뷰' 창이 나타나면 [StringCtrlSample] 항목을 마우스 오른쪽 버튼으로 클릭한 후 바로 가기 메뉴에서 [추가] → [클래스]를 선택합니다.

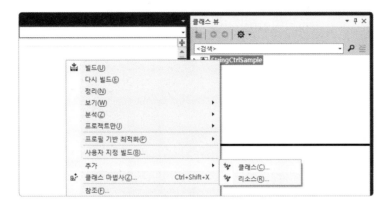

'클래스 추가' 창이 나타나면 왼쪽에 [Visual C++] 항목이 선택되어 있는지, 오른쪽에 [C++ 클래스]가 선택되어 있는지 확인한 후 오른쪽 아래에 있는 〈추가〉를 클릭합니다.

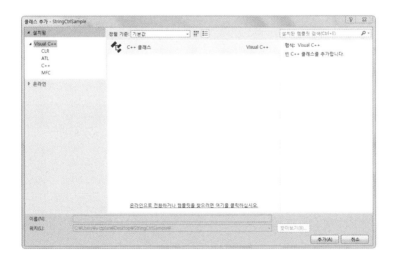

step 6

'일반 C++ 클래스 마법사 시작' 창이 나타납니다. [클래스 이름]에 'CMyString'이라고 입력하면 [.h 파일], [.cpp 파일] 항목의 이름은 자동으로 결정됩니다. 첫 글자인 'C'는 빠지고 나머지를 그대로 사용하는 것이 기본인데 이미 같은 이름을 가진 파일이 존재한다면 일련번호처럼 숫자가 붙습니다. 입력이 끝나면 〈마침〉을 클릭합니다

여기서 잠깐

☆ 클래스의 선언과 정의 분리

Visual Studio를 이용해 클래스를 추가하면 기본적으로 선언과 정의가 각각 .h 파일과 .cpp 파일로 분리되어 생성됩니다.

---

step 7

MyString.h, MyString.cpp 파일과 소스 코드가 생성된 것을 확인할 수 있습니다.

[03/Practice1/StringCtrlSample/MyString.h]

```
01  #pragma
02
03  Class CMyString
04  {
05  public:
06    CMyString();
07    ~CMyString();
08  };
```

```
[03/Practice1/StringCtrlSample/MyString.cpp]

01  #include "stdafx.h"
02  #include "MyString.h"
03
04  CMyString::CMyString()
05  {
06  }
07
08  CMyString::~CMyString()
09  {
10  }
```

step 8

이제 'MyString.cpp' 탭을 클릭해 코드의 내용을 확인한 후 '클래스 뷰' 창에 있는 [StringCtrlSample] 항목을 더블 클릭해 아래 항목을 엽니다. 그리고 [CMyString] 항목을 더블 클릭해 'MyString.h'를 선택하고 내용을 확인합니다.

step 9

이제 char* m_pszData라는 멤버 변수를 추가합니다. '클래스 뷰' 창에 있는 [StringCtrlSample] 항목을 더블 클릭해 아래 항목을 엽니다. 그리고 [CMyString] 항목을 마우스 오른쪽 버튼으로 클릭한 후 바로 가기 메뉴에서 [추가] → [변수 추가]를 선택합니다.

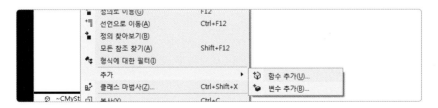

'멤버 변수 추가 마법사 시작' 창이 나타나면 [액세스] 항목은 'private'를 선택합니다. [변수 형식] 항목은 'char*'을, [변수 이름] 항목은 'm_pszData'를 직접 입력합니다. [주석(// 표시 필요 없음)]에는 '문자열을 저장하기 위해 동적 할당한 메모리를 가리키는 포인터'라고 입력한 후 〈마침〉을 클릭합니다.

'MyString.h' 탭과 'MyString.cpp' 탭을 각각 클릭한 후 다음과 같이 코드가 추가되었는지 확인합니다. m_pszData라는 멤버 변수가 추가 · 선언되었는지 확인하는 것입니다.

[03/Practice1/StringCtrlSample/MyString.h]

```
01  #pragma once
02
03  class CMyString
04  {
05  public:
06      CMyString();
07      ~CMyString();
08
```

```
09   private:
10      // 문자열을 저장하기 위해 동적 할당한 메모리를 가리키는 포인터
11      char* m_pszData;
12   };
```

[03/Practice1/StringCtrlSample/MyString.cpp]

```
01   #include "stdafx.h"
02   #include "MyString.h"
03
04   CMyString::CMyString()
05      : m_pszData(NULL)
06   {
07   }
08
09   CMyString::~CMyString()
10   {
11   }
```

여기서 잠깐

☼ Visual Studio의 도구 활용과 직접 코딩

[Step 3]~[Step 11]의 과정은 Visual Studio라는 개발 도구의 기능을 이용해서 새로운 클래스와 멤버 변수를 추가하는 과정으로 기억해두면 좋습니다. 물론 기존의 방식대로 직접 각 파일에 코드를 작성해도 상관없습니다. 어떤 방법을 선택하든 그것은 전적으로 프로그래머의 몫입니다.

step 12

이번에는 [Step 9]~[Step 10]과 다음 그림을 참고해 CMyString 클래스에 int m_nLength라는 멤버 변수를 추가하고 결과를 확인해보겠습니다. [액세스] 항목의 접근 제어 지시자를 'private'으로, [변수 형식] 항목은 'int'로, [변수 이름] 항목은 'm_nLength'로, [주석(// 표시 필요 없음)] 항목은 '저장된 문자열의 길이'를 입력합니다.

[03/Practice1/StringCtrlSample/MyString.h]

```cpp
01  #pragma once
02
03  class CMyString
04  {
05  public:
06    CMyString();
07    ~CMyString();
08
09  private:
10    // 문자열을 저장하기 위해 동적 할당한 메모리를 가리키는 포인터
11    char* m_pszData;
12
13    // 저장된 문자열의 길이
14    int m_nLength;
15  };
```

[03/Practice1/StringCtrlSample/MyString.cpp]

```
CMyString::CMyString()
  : m_pszData(NULL)
  , m_nLength(0)
{
}
```

코드를 추가한 후 [빌드] → [솔루션 빌드](Ctrl + Shift + B)를 선택해 프로젝트를 빌드하고 오류가 있다면 수정합니다.

step 13

이번에는 함수를 추가합니다. '클래스 뷰' 창에서 [CMyString] 항목을 마우스 오른쪽 버튼으로 클릭하고 [추가] → [함수 추가]를 선택합니다. 그리고 아래 그림을 참고해 int SetString(const char *pszParam)라는 멤버 함수를 추가합니다.

매개변수를 추가할 때 [반환 형식] 항목은 'int'를, [매개 변수 형식] 항목은 'const char*'라고 직접 입력하고, [액세스] 항목은 'public', [함수 이름] 항목은 'SetString'이라고 입력합니다. [매개 변수 이름] 항목에는 'pszParam', [.cpp 파일] 항목은 'MyString.cpp'라고 입력한 다음 〈추가〉를 클릭합니다.

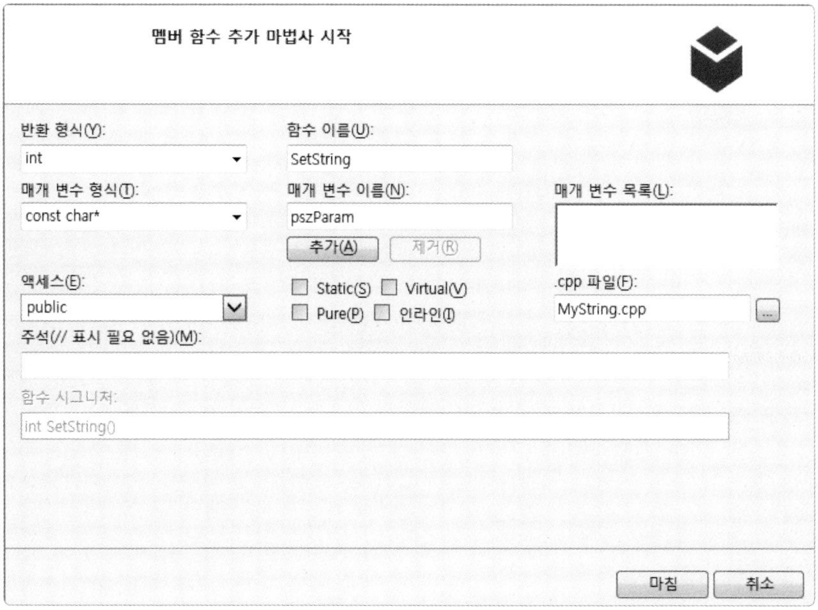

여기서 주의할 점은 〈추가〉를 클릭했을 때 [매개 변수 목록] 항목에 'const char* pszParam'이라는 항목이 보여야 한다는 것입니다. 확인이 모두 끝나면 〈마침〉을 클릭합니다.

그러면 다음과 같은 코드를 확인할 수 있습니다.

[03/Practice1/StringCtrlSample/MyString.h]

```
09  private:
10      // 문자열을 저장하기 위해 동적 할당한 메모리를 가리키는 포인터
11      char* m_pszData;
12
13      // 저장된 문자열의 길이
14      int m_nLength;
15
16  public:
17      int SetString(const char* pszParam);
18  };
```

[03/Practice1/StringCtrlSample/MyString.cpp]

```
14 int CMyString::SetString(const char* pszParam)
15 {
16    return 0;
17 }
```

step 14

[Step 13]과 아래 그림 및 표를 참고해 const char* GetString()와 void Release()라는 멤버 함수를
CMyString 클래스에 추가합니다. 이때 [매개 변수 이름] 항목에 아무것도 입력하지 않으므로 [매개 변수 목
록] 항목 역시 비워져 있다는 것에 주의하세요.

const char* GetString() 멤버 함수의 설정은 다음과 같습니다.

항목	설정
반환 형식	const char*
함수 이름	GetString
매개 변수 형식	int
매개 변수 이름	없음
액세스	public
매개 변수 목록	없음
.cpp 파일	MyString.cpp

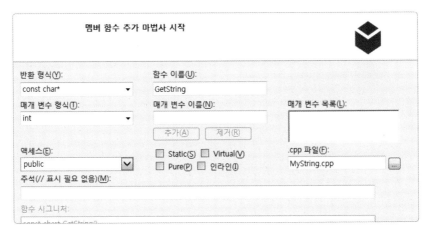

void Release() 멤버 함수의 설정은 다음과 같습니다.

항목	설정
반환 형식	void
함수 이름	Release
매개 변수 형식	int
매개 변수 이름	없음
액세스	public
매개 변수 목록	없음
.cpp 파일	MyString.cpp

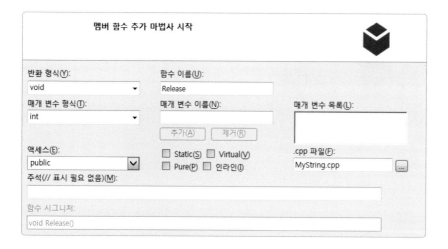

[03/Practice1/StringCtrlSample/MyString.h] 두 개의 멤버 함수 추가 확인

```
16  public:
17    int SetString(const char* pszParam);
18    const char* GetString();
19    void Release();
```

[03/Practice1/StringCtrlSample/MyString.cpp]

```
19  const char* CMyString::GetString()
20  {
21    return NULL;
22  }
23
24
25  void CMyString::Release()
26  {
27  }
```

step 15

이제 실습 과제의 원활한 진행을 위해 입출력 라이브러리와 std 네임스페이스를 추가할 차례입니다. '솔루션 탐색기' 창(설정을 바꾸지 않았다면 '클래스 뷰' 탭 옆에 위치)을 선택하고 [헤더 파일] → [stdafx.h] 파일을 선택합니다. 그리고 다음과 같이 코드를 추가합니다.

[03/Practice1/StringCtrlSample/stdafx.h]

```
16  #include <iostream>
17  using namespace std;
```

☼ **stdafx.h 파일에 iostream 헤더와 네임스페이스를 추가하는 이유**

stdafx.h 파일은 I장에서 설명한 것처럼 Visual Studio가 제공하는, 미리 컴파일된 헤더입니다. 여기에 추가로 헤더를 포함시키면 프로젝트에 속한 모든 cpp 파일에서 추가한 헤더를 인식하므로 편리합니다. 그런 이유로 입출력 라이브러리와 네임스페이스를 추가하는 것입니다.

step 16

'클래스 뷰' 창에서 [전역 함수 및 변수] 항목을 선택하고 아래 리스트에서 '_tmain(ini argc, _TCHAR* argv[ ])' 항목을 더블 클릭해 StringCtrlSample.cpp 파일을 엽니다. 이어서 아래 코드를 작성하고 빌드합니다. [Step 15]까지 작성한 코드는 모두 '제작자 코드'였지만 이번 단계에서 작성하는 코드는 '사용자 코드'입니다.

[03/Practice1/StringCtrlSample/StringCtrlSample.cpp]

```
01  // StringCtrlSample.cpp : 콘솔 응용 프로그램에 대한 진입점을 정의합니다.
02  //
03
04  #include "stdafx.h"
05  #include "MyString.h"
06
07  int _tmain(int argc, _TCHAR* argv[])
08  {
09    CMyString strData;
10    strData.SetString("Hello");
11    cout << strData.GetString() << endl;
12
13    return 0;
14  }
```

여기까지 잘 따라왔는지 모르겠습니다. [Step 16]까지 모두 끝내고 빌드했을 때 일단 컴파일 오류는 없어야 합니다. 하지만 [디버깅하지 않고 시작]을 선택해 프로그램을 실행하면 그저 커서만 깜박거릴 것입니다. 이유는 11번 행의 strData.GetString( ) 함수가 NULL을 반환하기 때문입니다. 이제 문제를 내겠습니다.

step 17

[Step 16]에서 작성한 사용자 코드가 정상적으로 작동할 수 있도록 CMyString 클래스의 모든 메서드들을 정의합니다. 단, 다음과 같은 사항을 고려합니다.

SetString( ) 메서드를 정의할 때 주의 사항

- 매개변수로 전달된 문자열의 길이를 측정하고 m_nLength에 저장합니다.
- 매개변수로 전달된 문자열이 저장될 수 있는 메모리를 동적 할당합니다(new 연산자를 이용할 것).
- 동적 할당한 메모리에 문자열을 저장(m_pszData)합니다.
- 매개변수가 NULL이거나 문자열의 길이가 0인 경우를 고려해야 합니다.
- 여기서 동적 할당한 메모리는 언제 어디서 해제하는지 생각하고 대응합니다.
- 사용자가 다음 예와 같이 이 함수를 2회 호출하는 경우를 생각하고 대응합니다.

```
a.SetString("Hello");
a.SetString("World");
```

GetString( ) 메서드 정의

```
const char* CMyString::GetString(void)
{
  return m_pszData;
}
```

Release( ) 메서드를 정의할 때 주의 사항

- m_pszData라는 멤버 변수가 가리키는 메모리를 해제합니다(delete 연산자를 이용할 것).
- 사용자 코드에서 접근이 허용된 메서드들은 무엇이든 호출할 수 있으며 그 순서는 임의로 달라질 수 있습니다. 가령 Release( ) 메서드를 호출한 직후 SetString( ) 함수를 호출할 수 있는 것이죠. 이 같은 상황을 고려하면서 코드를 작성합니다.

⚠ 정답은 174페이지에서 확인합니다.

내용이 조금 복잡하죠? 처음이라 더 복잡하게 느껴질 수 있습니다. 너무 복잡해서, 소위 '멘붕'이 온다고 하더라도 일단 도전해보기 바랍니다. 이 책은 단순히 C++ 문법만 소개하는 데 그치지 않기 때문입니다. 그러나 너무 어려워서 엄두조차 나지 않는다면 그냥 필자의 답안을 보고 코드만 이해한후 다음 장으로 넘어가세요. 아직은 그래도 괜찮습니다.

그리고 앞으로는 실습 과제에서 멤버 함수나 변수를 추가하는 방법을 구체적으로 설명하지 않으므로 만일 기억이 나지 않는다면 이번 실습 과제의 단계를 다시 참고해 추가하도록 하세요. 앞으로 특별한 이유가 없다면 모든 중복 설명은 생략합니다.

3.4.3 상수형 메서드

상수형 메서드 혹은 상수화된 메서드는 멤버 변수에 읽기 접근은 가능하지만 쓰기는 허용되지 않는
메서드를 말합니다. 여기서 '쓰기'란 각종 대입 연산자나 단항 연산자 등을 사용하는 것을 말합니다.
선언 방법은 간단합니다. 함수 원형 뒤에 형한정어인 const 예약어만 붙이면 됩니다.

[03/ConstMethod1/ConstMethod1.cpp] const 예약어로 선언한 상수형 메서드

```
01  #include "stdafx.h"
02  #include <iostream>
03  using namespace std;
04
05  class CTest
06  {
07  public:
08    CTest(int nParam) : m_nData(nParam) { };
09    ~CTest() { }
10
11    // 상수형 메서드로 선언 및 정의했다.
12    int GetData() const
13    {
14      // 멤버 변수의 값을 읽을 수는 있지만 쓸 수는 없다.
15      return m_nData;
16    }
17
18    int SetData(int nParam) { m_nData = nParam; }
19
20  private:
21    int m_nData = 0;
22  };
23
24  int _tmain(int argc, _TCHAR* argv[])
25  {
26    CTest a(10);
27    cout << a.GetData() << endl;
28
29    return 0;
30  }
```

```
10
```

CTest 클래스의 GetData( ) 함수가 상수형 메서드로 선언 및 정의됐습니다. 따라서 m_nData 같은 멤버 변수의 값을 변경하거나 변화를 일으킬 가능성이 없습니다. 심지어 상수화된 메서드가 아니라면 멤버 함수라 하더라도 호출할 수 없습니다. 따라서 다음과 같은 코드는 허용되지 않습니다.

```
11   // 상수형 메서드로 선언 및 정의했다.
12   int GetData() const
13   {
14      SetData(20);
15
16      // 멤버 변수의 값을 읽을 수는 있지만 쓸 수는 없다.
17      return m_nData;
18   }
```

실행하면 다음과 같은 오류 메시지가 나타납니다.

```
error C2662: 'int CTest::SetData(int)' : 'this' 포인터를 'const CTest'에서 'CTest
&'(으)로 변환할 수 없습니다.
```

오류 메시지가 좀 재밌습니다. "상수화된 메서드에서는 상수화된 메서드만 호출할 수 있어요!"라고 해준다면 얼마나 좋을까요? 그런데 느닷없이 this 포인터를 들먹입니다. 그래서 오류 메시지만 보고는 문제점을 인식하기 어렵습니다.

그러나 이를 통해 상수형 메서드의 내부 특징을 하나 알 수 있습니다. 그것은 상수화하는 방법이 **'this 포인터를 상수형 포인터로 변경하는 것'**이라는 사실입니다. 코드로 말하면 this 포인터의 형식이 **CTest *this;**가 아니라 **const CTest *this;**라는 것입니다. 그러므로 다음과 같이 대입 연산자를 사용할 수도 없습니다.

```
11    // 상수형 메서드로 선언 및 정의했다.
12    int GetData() const
13    {
14      m_nData = 20;
15
16      // 멤버 변수의 값을 읽을 수는 있지만 쓸 수는 없다.
17      return m_nData;
18    }
```

실행하면 다음과 같은 오류 메시지가 나타납니다.

실행결과

error C3490: 'm_nData'은(는) const 개체를 통해 액세스되고 있으므로 수정할 수 없습니다.

복잡해 보이지만 요약하면 정말 간단합니다.

> **"상수형 메서드는 절대로(혹은 문법적으로) 멤버 변수의 값을 쓸 수 없고, 상수형 메서드가 아닌 멤버는 호출할 수 없다."**

C/C++에서 형한정어 const란 마치 계단의 '난간'과도 같습니다. 만일 건물의 모든 계단에 난간이 없다고 상상해볼까요? 굉장히 불안정하게 걷다가 자칫 위험할 수 있습니다. 이럴 때 난간은 붙들고 의지할 수도 있을 뿐만 아니라 난간 밖으로 떨어지지 않도록 우리를 보호해줍니다. 마찬가지로 const 예약어는 멤버의 값을 쓸 수 없도록 하거나 상수형 메서드가 아닌 멤버를 호출할 수 없게 함으로써 상수형 메서드를 안정적으로 사용할 수 있게 하는 일종의 조력자가 되는 것이죠. 할 수만 있다면 '최선을 다해' const를 사용하기 바랍니다.

그리고 늘 '사용자 코드'와 '미래'를 생각하기 바랍니다. C++처럼 '상속' 개념이 존재하는 모든 객체지향 프로그래밍 언어에 적용되는 개념입니다. 지금의 나는 지금 작성한 코드 전부를 너무 잘 알기 때문에 const 예약어 같은 안진 장치가 필요 없을지도 모릅니다.

하지만 다음과 같은 경우라면 어떨까요?

> **"6개월이 지난 후 당신은 당신이 작성한 코드를 모두 기억할 수 있을까요?"**

> **"만일 1년 후 당신이 아니라 다른 사람이 당신의 코드를 수정해야 한다면 어떨까요?"**

다시 난간을 생각해보죠. 지금은 젊고 건강하기 때문에 난간 없는 계단이 문제가 되지 않을 수 있습니다. 하지만 어린 아이나 노인이라면 난간 없이 계단을 오르내리는 일이 불가능할 수 있습니다. 코드도 마찬가지입니다. 신입 사원이나 상대적으로 기억력이 떨어지게 되는 1~2년 후의 나는 코드를 정확하게 이해하는 일이 불가능할 수 있습니다. 그래서 단언할 수 있습니다.

"정말 실력 있는 C++ 프로그래머는 const를 제대로 사용할 줄 안다."

"소스 코드에서 const 예약어의 개수만 세어봐도 작성자의 수준을 가늠할 수 있다."

라고 말이죠.

너무 거창한가요? 하지만 절대로 과장이 아닙니다. C++에서 const란 '안전 장치'이자 '배려'입니다. 잊지 말기 바랍니다.

3.4.4 실습 과제 2: 멤버 함수 상수화

'실습 과제 1'에서 만든 StringCtrlSample 프로젝트를 열고 MyString.h와 MyString.cpp 파일에서 CMyString 클래스의 메서드 중에서 상수화할 수 있는 메서드를 찾아 상수형 메서드로 변경합니다. 그래서 StringCtrlSample.cpp 파일을 다음과 같이 수정했을 때 오류 없이 정상적으로 작동해야 합니다.

⚠ 정답은 177페이지에서 확인합니다.

```
[03/Practice2/StringCtrlSample/StringCtrlSample.cpp]

01   #include "stdafx.h"
02   #include "MyString.h"
03
04   void TestFunc(const CMyString &param)
05   {
06     cout << param.GetString() << endl;
07   }
08
09   int _tmain(int argc, _TCHAR* argv[])
10   {
11     CMyString strData;
12     strData.SetString("Hello");
13     TestFunc(strData);
```

```
14
15    return 0;
16  }
```

3.4.5 상수형 메서드의 예외 사항

앞서 형한정어인 const 예약어를 계단에 설치한 난간에 비유했습니다. 그런데 살다 보면 별 희한한 일을 겪게 되듯이 '미래' 어느 시점에 '난간을 제거'해야 할 수도 있습니다. "아니, 좋다고 한참 떠들 때는 언제고 '제거'라니?"라고 말할지도 모르겠습니다. 아직 경우를 정확히 특정하기는 어려우나 '상속'을 배우고 정말 미래의 어느 시점에 과거의 코드와 역행하는 일을 해야 하는 경우가 발생할 수도 있습니다.

아마도 이런 순간을 위해 만들어진 것이 아닐까 싶은데, 그것은 바로 **mutable** 예약어와 C++ 전용 형변환 연산자인 **const_cast< >**입니다. 이 둘 모두 상수화된 대상에서 const 예약어가 지정된 멤버를 뽑아 값을 쓰거나 호출할 수 있습니다.

[03/ConstMethod2/ConstMethod2.cpp] mutable 예약어

```
01  #include "stdafx.h"
02  #include <iostream>
03  using namespace std;
04
05  class CTest
06  {
07  public:
08    CTest(int nParam) : m_nData(nParam) { };
09    ~CTest() { }
10
11    // 상수형 메서드로 선언 및 정의했다.
12    int GetData() const
13    {
14      // 상수형 메서드라도 mutable 멤버 변수에는 값을 쓸 수 있다.
15      m_nData = 20;
16      return m_nData;
17    }
18
```

```
19    int SetData(int nParam) { m_nData = nParam; }
20
21  private:
22    mutable int m_nData = 0;
23  }
24
25  int _tmain(int argc, _TCHAR* argv[])
26  {
27    CTest a(10);
28    cout << a.GetData() << endl;
29
30    return 0;
31  }
```

실행결과

```
20
```

GetData() 메서드가 상수형 메서드임에도 15번 행처럼 멤버 변수에 값을 쓸 수 있습니다. 왜냐하면 22번 행에서 m_nData를 mutable 예약어로 선언했기 때문입니다. **mutable로 선언한 멤버 변수의 값은 상수형 메서드에서도 쓰기가 허용**됩니다.

또한 상수형 참조인 경우 참조자를 통해 참조 원본에 접근하더라도 읽기만 허용될 뿐 쓰기는 불가능합니다. 그러나 가끔은 억지로라도 쓰기를 해야 하는 경우가 있는데 이럴 때 const_cast< >를 사용합니다. 물론 남발하는 것은 절대로 바람직하지 않습니다.

[03/ConstCastSample/ConstCastSample.cpp] const_cast< >를 사용한 상수형 참조 변경

```
01  #include "stdafx.h"
02  #include <iostream>
03  using namespace std;
04
05   void TestFunc(const int &nParam)
06   {
07     // 상수형 참조였으나 일반 참조로 형변환했다.
08     int &nNewParam = const_cast<int &>(nParam);
09
```

```
10    // 따라서 l-value가 될 수 있다.
11    nNewParam = 20;
12  }
13
14  int _tmain(int argc, _TCHAR* argv[])
15  {
16    int nData = 10;
17
18    // 상수형 참조로 전달하지만 값이 변경된다.
19    TestFunc(nData);
20
21    // 변경된 값을 출력한다.
22    cout << nData << endl;
23
24    return 0;
25  }
```

실행결과

```
20
```

5번 행 TestFunc( ) 함수의 매개변수 형식은 const int &입니다. 그런데 이것을 8번 행에서 int &
로 변경했습니다. 이때 사용한 형변환 연산자는 const_cast이며 형태는 다음과 같습니다.

```
const_cast<새형식> (대상)
```

사용 방법이 어렵지는 않은데 반드시 대상을 괄호로 묶어야 합니다. 그렇지 않으면 다음과 같은 오
류 메시지가 나타납니다.

실행결과

```
error C2061: 구문 오류 : 식별자 'nParam'
error C2146: 구문 오류 : '('이(가) 'nParam' 식별자 앞에 없습니다.
```

꽤 당황스러운 오류 메시지입니다. 이 메시지만 봐서는 const_cast 연산자를 사용하다 발생했다는
사실을 알기 어렵기 때문입니다. 그러니 괄호를 생략하는 일은 절대로 해서는 안 됩니다. 노파심에

사족을 좀 달면 mutable이든 const_cast든 '어쩔 수 없는 (미래의) 어느 경우'를 위한 것이지 결코 현재를 위한 것이 아니라는 사실입니다. 그러니 난간을 제거하는 일과 같은 mutable이나 const_cast의 사용에는 신중에 신중을 기하기 바랍니다.

3.4.6 멤버 함수 다중 정의

메서드도 다중 정의할 수 있습니다. 다중 정의에 대해서는 이미 상세히 다뤘기 때문에 이런저런 이유들에 대한 설명은 생략하겠습니다. 특별히 클래스에 특화해서 생각해야 할 문제에 대해서만 다뤄볼 것인데 바로 다음 상황입니다.

```
[03/MemberNotOver/MemberNotOver.cpp] 서로 다른 자료형을 사용한 멤버 함수
01 #include "stdafx.h"
02 #include <iostream>
03 using namespace std;
04
05 void TestFunc(int nParam)
06 {
07   cout << nParam << endl;
08 }
09
10 int _tmain(int argc, _TCHAR* argv[])
11 {
12   TestFunc(10);
13   TestFunc(5.5);
14
15   return 0;
16 }
```

int와 double은 전혀 다른 자료형으로 다음과 같은 경고 메시지가 나타나긴 하지만 둘을 섞어서 사용하더라도 일단 컴파일은 가능합니다. 물론 실행도 됩니다. 다만 출력 창의 메시지를 보면 결과에 우려되는 점이 있습니다.

```
warning C4244: '인수' : 'double'에서 'int'(으)로 변환하면서 데이터가 손실될 수 있습니다.
콘솔 창
10
5
```

실수 5.5가 5로 변경되어 출력됩니다. 소수점 이하 정보가 잘렸기 때문인데, 이 외에도 부동소수점 표현 자체의 문제점도 있습니다. 무엇보다 double형은 64비트 자료형인 데 반해 int형은 32비트 자료형입니다. 메모리 크기까지 일치하지 않으니 정보가 잘리는 것은 너무나도 당연한 이야기입니다.

이러한 문제를 차단하고 대응하기 위한 여러 방법이 있을 수 있는데, C++에서는 적절한 다중 정의로 이 문제를 해결할 수 있습니다. 경우에 따라서는 아예 컴파일 오류가 발생하게 할 수도 있습니다. 일단 첫 번째 방법부터 살펴보겠습니다.

[03/MemberOver1/MemberOver1.cpp] 멤버 함수 다중 정의 1

```cpp
01  #include "stdafx.h"
02  #include <iostream>
03  using namespace std;
04
05  // 제작자 코드
06  class CMyData
07  {
08  public:
09      CMyData() : m_nData(0) { };
10
11      int GetData(void) { return m_nData; }
12      void SetData(int nParam) { m_nData = nParam; }
13
14      // 매개변수가 double 자료형인 경우로 다중 정의했다.
15      void SetData(double dParam) { m_nData = 0; }
16
17  private:
18      int m_nData;
19  };
20
21  // 사용자 코드
```

```
22   int _tmain(int argc, _TCHAR* argv[])
23   {
24     CMyData a;
25
26     // CMyData::SetData(int) 메서드가 호출된다.
27     a.SetData(10);
28     cout << a.GetData() << endl;
29
30     CMyData b;
31
32     // CMyData::SetData(double) 메서드가 호출된다.
33     b.SetData(5.5);
34     cout << b.GetData() << endl;
35
36     return 0;
37   }
```

실행결과

```
10
0
```

GetData() 메서드의 반환 형식은 int입니다. 무엇보다 CMyData 클래스는 정보를 저장할 목적의 멤버 변수를 하나 가지고 있는데 int 자료형인 m_nData입니다. 이것만 보더라도 CMyData는 처음부터 double 자료형을 지원할 생각이 없는 것으로 보입니다. 그런데 문제는 사용자가 SetData(int) 함수를 double 자료형 실인수로 호출할 수도 있다는 점입니다.

그래서 잘못된 사용을 방지하기 위해 의도적으로 SetData(double) 형식으로 다중 정의했습니다. 따라서 사용자가 실수로 SetData() 메서드를 호출할 때 double 자료형을 기술했다고 하더라도 SetData(int) 형식의 메서드가 호출될 수는 없습니다. 물론 이런 수준으로 대응하는 것도 좋겠지만 사용자로 하여금 명백히 컴파일 오류를 발생시켜주는 것이 더 나은 선택일 수도 있습니다. 그래서 더 나은 C++11 스타일의 두 번째 대안을 소개합니다. delete 예약어를 적용해 명시적으로 메서드를 삭제하는 것입니다.

```
01  #include "stdafx.h"
02  #include <iostream>
03  using namespace std;
04
05  // 제작자 코드
06  class CMyData
07  {
08  public:
09    CMyData() : m_nData(0) { };
10
11    int GetData(void) { return m_nData; }
12    void SetData(int nParam) { m_nData = nParam; }
13
14    // 실수로 double 자료형 실인수가 넘어오는 경우를 차단한다.
15    void SetData(double dParam) = delete;
16
17  private:
18    int m_nData;
19  };
20
21  // 사용자 코드
22  int _tmain(int argc, _TCHAR* argv[])
23  {
24    CMyData a;
25
26    // CMyData::SetData(int) 메서드가 호출된다.
27    a.SetData(10);
28    cout << a.GetData() << endl;
29
30    CMyData b;
31
32    // CMyData::SetData(double) 메서드가 호출된다.
33    b.SetData(5.5);
34    cout << b.GetData() << endl;
35
36    return 0;
37  }
```

```
error C2280: 'void CMyData::SetData(double)': 삭제된 함수를 참조하려고 합니다.
```

이렇게 해두면 사용자가 SetData(5.5);와 같은 코드를 사용했을 때 컴파일 오류가 발생합니다. 프로그래밍 경험이 조금이라도 쌓인다면 **어설프게 살아서 작동하는 코드가 더 심각한 문제를 만든다**는 사실을 알게 될 겁니다. 그런 의미에서 이와 같은 방법으로 오류 발생 가능성을 원천 봉쇄하는 일은 매우 바람직합니다.

3.5 정적 멤버

사용자 코드에서 특정 클래스의 메서드를 호출하고 싶다면 좋든 싫든 무조건 인스턴스를 선언하거나 new 연산으로 동적 인스턴스를 생성하고 멤버 접근 연산자를 통해 호출해야 합니다. 그런데 가끔은 이럴 필요가 전혀 없는 함수를 만들어야 할 때가 있는데, 이 경우 많은 사람이 전역 함수를 만들어서 해결하려는 경향이 있습니다.

하지만 이는 결코 좋은 선택이 아닙니다. 객체지향 프로그래밍에서 소속 객체가 없이 스스로 존재하는 전역 함수들은 좋은 설계를 역행하거나 불필요한 의존 관계를 만드는 원인이 될 수 있기 때문입니다. 그래서 나온 대안이 바로 '정적 멤버'입니다. 변수든 함수든 **'정적 멤버'는 사실상 전역 변수나 함수와 같습니다.** 단지 클래스의 멤버로 들어왔을 뿐입니다.

정적 멤버를 선언하려면 맨 앞에 static 예약어를 작성하면 됩니다. 그리고 **정적 멤버 함수는 인스턴스를 선언하지 않고 직접 호출**할 수 있습니다. 그러나 **this 포인터를 사용할 수 없으며 정적 변수는 반드시 선언과 정의를 분리**해야 합니다.

[03/StaticMember/StaticMember.cpp] static 예약어를 사용한 정적 멤버 선언 및 정의

```
01  #include "stdafx.h"
02  #include <iostream>
03  using namespace std;
04
05  class CTest
06  {
07  public:
```

```
08    CTest(int nParam) : m_nData(nParam) { m_nCount++; }
09    int GetData() { return m_nData; };
10    void ResetCount() { m_nCount = 0; };
11
12    // 정적 메서드 선언 및 정의
13    static int GetCount()
14    {
15      return m_nCount;
16    };
17
18  private:
19    int m_nData;
20
21    // 정적 멤버 변수 선언(정의는 아니다!)
22    static int m_nCount;
23  };
24
25  // CTest 클래스의 정적 멤버 변수 정의
26  int CTest::m_nCount = 0;
27
28  int _tmain(int argc, _TCHAR* argv[])
29  {
30    CTest a(5), b(10);
31
32    // 정적 멤버에 접근
33    cout << a.GetCount() << endl;
34    b.ResetCount();
35
36    // 정적 멤버에 접근. 인스턴스 없이도 접근 가능!
37    cout << CTest::GetCount() << endl;
38
39    return 0;
40  }
```

실행결과

```
2
0
```

이 예제는 정적 멤버 변수가 사용되는 가장 흔한 사례입니다. 물론 예제와 달리 전역 함수와 전역 변수로 구현해도 됩니다. 다시 강조하지만 객체지향 프로그래밍에서 전역 함수와 변수를 남발하면 객체지향 개념과 상관없는 코드로 변질될 가능성이 커집니다. 그러므로 적극적으로 정적 멤버를 활용하는 것이 바람직합니다.

그리고 33번, 37번 행처럼 정적 멤버 함수는 인스턴스 및 멤버 접근 연산자를 이용해 호출해도 되고 클래스 이름 및 범위 지정 연산자를 이용해 인스턴스 없이 직접 호출해도 됩니다.

1. 클래스 접근 제어 지시자 중에서 private이 의미하는 것은 무엇인지 답하세요.

2. 클래스 인스턴스가 생성될 때 자동으로 호출되는 함수는 무엇이며, 함수 원형의 가장 큰 외형상 특징은 무엇인지 답하세요.

3. 다음 코드에서 'm_nData(nParam)'이 속한 부분을 무엇이라 부르는지 답하세요.

```
......
CTest(int nParam)
  : m_nData(nParam)
{
  ......
}
```

4. 다음 코드에서 잘못된 점은 무엇이며 문법 오류를 피하려면 어떻게 수정해야 하는지 답하세요.

```
class CRefTest
{
public:
  CRefTest(int &rParam)
  {
    m_nData = rParam;
  }

  int GetData(void) { return m_nData; }

private:
  int &m_nData;
};
```

5. 메서드 함수 내부에서 실제 클래스 인스턴스의 주소를 가리키는 포인터는 무엇인지 답하세요.

6. 상수형 메서드에서 할 수 없는 일은 무엇인지 답하세요.

7. 정적 멤버에서는 '이것'을 사용할 수 없습니다. 이것은 무엇입니까?

실습 과제는 바로 이전 실습 과제를 참고해서 문제를 해결해나갑니다. 따라서 앞 실습 과제의 정답과 지나치게 중복되는 코드는 생략하고 정답을 수록했습니다. 전체 코드를 참고할 분은 각 실습 과제 정답 코드 위에 적혀 있는 예제 파일을 참고하기 바랍니다.

[03/Practice1/StringCtrlSample/MyString.h]

```
01  #pragma once
02
03  class CMyString
04  {
05  public:
06      CMyString();
07      ~CMyString();
08
09  private:
10      // 문자열을 저장하기 위해 동적 할당한 메모리를 가리키는 포인터
11      char* m_pszData;
12
13      // 저장된 문자열의 길이
14      int m_nLength;
15
16  public:
17      int SetString(const char* pszParam);
18      const char* GetString();
19      void Release();
20  };
```

[03/Practice1/StringCtrlSample/MyString.cpp]

```
01  #include "stdafx.h"
02  #include "MyString.h"
03
04  CMyString::CMyString()
05  : m_pszData(NULL)
06  , m_nLength(0)
07  {
08  }
```

```
09
10 CMyString::~CMyString()
11 {
12   // 객체가 소멸하기 전에 메모리를 해제한다.
13   Release();
14 }
15
16 int CMyString::SetString(const char* pszParam)
17 {
18   // 새로운 문자열 할당에 앞서 기존 정보를 해제한다.
19   Release();
20
21   // NULL을 인수로 함수를 호출했다는 것은 메모리를 해제하고
22   // NULL로 초기화하는 것으로 볼 수 있다.
23   if(pszParam == NULL)
24     return 0;
25
26   // 길이가 0인 문자열도 초기화로 인식하고 처리한다.
27   int nLength = strlen(pszParam);
28
29   if(nLength == 0)
30     return 0;
31
32   // 문자열의 끝인 NULL 문자를 고려해 메모리를 할당한다.
33   m_pszData = new char[nLength + 1];
34
35   // 새로 할당한 메모리에 문자열을 저장한다.
36   strcpy_s(m_pszData, sizeof(char)* (nLength + 1), pszParam);
37   m_nLength = nLength;
38
39   // 문자열의 길이를 반환한다.
40   return nLength;
41 }
42
43 const char* CMyString::GetString()
44 {
45   return m_pszData;
46 }
47
```

```
48  void CMyString::Release()
49  {
50    // 이 함수가 여러 번 호출될 경우를 고려해 주요 멤버를 초기화한다.
51    if(m_pszData != NULL)
52      delete[] m_pszData;
53
54    m_pszData = NULL;
55    m_nLength = 0;
56  }
```

실습 과제는 바로 이전 실습 과제를 참고해서 문제를 해결해나갑니다. 따라서 앞 실습 과제의 정답과 지나치게 중복되는 코드는 생략하고 정답을 수록했습니다. 전체 코드를 참고할 분은 각 실습 과제 정답 코드 위에 적혀 있는 예제 파일을 참고하기 바랍니다.

[03/Practice2/StringCtrlSample/MyString.h]

```
16  public:
17    int SetString(const char* pszParam);
18
19    // 멤버 읽기만 수행하므로 메서드를 상수화한다.
20    const char* GetString() const;
21
22    void Release();
23  };
```

[03/Practice2/StringCtrlSample/MyString.cpp]

```
43  const char* CMyString::GetString() const
44  {
45    return m_pszData;
46  }
47
48  void CMyString::Release()
49  {
50    // 이 함수가 여러 번 호출될 경우를 고려해 주요 멤버를 초기화한다.
51    if(m_pszData != NULL)
52      delete[] m_pszData;
53
54    m_pszData = NULL;
55    m_nLength = 0;
56  }
```

복사 생성자와 임시 객체

드디어 한 고비를 넘겨야 할 차례입니다. 어쩌다 그리 된 것인지는 모르겠으나 학교에서 수업하다 보면 '복사 생성자'에 대한 이론이 끝날 즈음에 '중간고사'를 치르게 됩니다. 이때, 필자가 힘주어 강조하는 것이 있습니다. 심지어 문제까지 알려줍니다. 100점 만점에 25점짜리 문제고 시험에 100% 출제했음을 알립니다. 왜 문제와 답을 알려주고 시험을 봤냐고요? 이유는 간단합니다. 그러면 좋든 싫든 무조건 공부할 것 아닙니까? 제가 원하는 것은 답을 틀리는 것도 아니고 중요한 원리를 놓치는 것도 아닙니다. 오히려 반대입니다. 너무 중요하니까 꼭 알아야 하는 것이라서 이렇게 알려주는 것입니다.

"제가 이토록 중요하다고 강조하는 바로 그것은 '복사 생성자와 깊은 복사(Deep copy)'입니다!"

4장에는 C++ 전체에서 가장 중요한 것 몇 가지 정도 고르라고 했을 때, 그중에 속할 수 있는 이론들이 대거 등장합니다. 그 중요성은 이루 말로 다하기 어려울 정도입니다. 정말 재미있는 사실은 C++로 실무 프로젝트 경험을 쌓은 분들 중에서도 여기서 소개하는 몇몇 이론들을 모르고 있는 경우가 있다는 것입니다. 세상에나!

자, 어떻습니까? 확실하게 알고 싶다는 욕구가 솟구쳐 오르지 않나요? 진정한 C++ 프로그래머로 성장하고 싶다면 절대 4장을 놓치지 마세요!

이 장의 핵심 개념

4장의 핵심 개념은 C++의 메모리 관리 방법이라고 할 수 있습니다. 아무리 컴퓨터 성능이 좋아져서 메모리 관리에 여유가 생겼더라도 여러분이 능력 있는 C++ 프로그래머가 되려면 메모리 관리 방법을 익히는 것은 필수입니다.

1. 복사 생성자: 객체의 복사본을 생성할 때 호출되는 생성자입니다.

2. 깊은 복사와 얕은 복사: 실제 값을 두 개로 만드는 깊은 복사와, 값은 하나이나 포인터만 두 개를 생성하는 얕은 복사의 차이를 배웁니다.

3. 임시 객체: 컴파일러가 임의로 생성했다가 바로 소멸시키는 객체입니다. 성능 향상을 위해 이를 다루려면 '식별자'를 부여해야 합니다.

4. 이동 시맨틱: 복사 생성자와 대입 연산자에 r-value 참조를 조합해서 새로운 생성 및 대입의 경우를 만든 것입니다. 임시 객체가 생성되었을 때 부하를 최소화하는 C++11의 새 문법입니다.

이 장의 학습 흐름

여기에서 우리가 다룰 것은 C++의 '개념'입니다.

4장

객체를 복사할 때 어떠한 방법을 사용하는지 살펴봅니다.

실제 값을 복사해서 다루는 방법에 두 가지 차이가 있음을 배웁니다.

여러분의 눈에는 보이지 않는 객체를 제어하는 방법을 배웁니다.

지금까지 배웠던 방법의 비효율적인 부분을 개선한
새로운 문법을 배웁니다

여러분은 C++ 특유의 메모리 관리에 눈을 뜨게 됩니다.

4.1 복사 생성자

'복사 생성자Copy constructor'는 말 그대로 객체의 복사본을 생성할 때 호출되는 생성자입니다. 클래스를 작성할 때 복사 생성자를 생략하면 디폴트 생성자처럼 컴파일러가 알아서 만들어 넣어줍니다. 그렇기 때문에 꼭 필요한 경우가 아니라면 굳이 정의할 필요는 없습니다. 하지만 반대로 복사 생성자를 적용하지 않으면 심각한 문제가 발생하는 경우도 있습니다.

여기서 그 '심각한 경우'라는 것은 **클래스 내부에서 메모리를 동적 할당 및 해제하고 이를 멤버 포인터 변수로 관리하고 있는 경우**입니다. 여기에 대해서는 할 말이 많습니다. 성능 문제도 있으니까요.

그러나 그 전에 일단 문법부터 알아야 합니다. 형태는 다음과 같습니다.

```
클래스이름(const 클래스이름 &rhs);
```

매개변수 이름을 'rhs'라고 했는데, 보통 이 이름을 많이 사용합니다. 이유는 Right Hand Side의 약자, 즉 r-value라고 보기 때문입니다. 그리고 상수형 참조라고 했는데 const 예약어는 생략할 수 있지만 특별한 이유가 없다면 붙이는 것이 원칙입니다. "복사를 했더니 원본이 손상되더라"는 어처구니없는 일이 발생하지 않아야 하기 때문입니다.

[04/CopyConstructor1/CopyConstructor1.cpp] 복사 생성자 선언 및 정의

```cpp
01  #include "stdafx.h"
02  #include <iostream>
03  using namespace std;
04
05  class CMyData
06  {
07  public:
08    CMyData() { cout << "CMyData()" << endl; }
09
10    // 복사 생성자 선언 및 정의
11    CMyData(const CMyData &rhs)
12    // : m_nData(rhs.m_nData)
13    {
14      this->m_nData = rhs.m_nData;
15      cout << "CMyData(const CMyData &)" << endl;
16    }
```

```
17
18    int GetData(void) const { return m_nData; }
19    void SetData(int nParam) { m_nData = nParam; }
20
21 private:
22    int m_nData = 0;
23 };
24
25 int _tmain(int argc, _TCHAR* argv[])
26 {
27    // 디폴트 생성자가 호출되는 경우
28    CMyData a;
29    a.SetData(10);
30
31    // 복사 생성자가 호출되는 경우
32    CMyData b(a);
33    cout << b.GetData() << endl;
34
35    return 0;
36 }
```

실행결과

```
CMyData()
CMyData(const CMyData &)
10
```

32번 행 **CMyData b(a);** 코드에 의해 복사 생성자가 호출됩니다. 여기서 **복사의 원본은 a**입니다. 따라서 b는 a를 원본으로 생성됩니다. 이 코드를 복사 생성자의 원형(**CMyData(const CMyData &rhs)**)과 더불어 설명하면 **a에 대한 참조는 rhs**가 되는 것입니다.

그리고 재밌는 코드는 14번 행의 **this->m_nData = rhs.m_nData;**입니다. 새로 생성되는 객체든 원본 객체든 두 가지 모두 m_nData를 멤버로 가지다 보니 복사본 생성의 순간에 이 둘이 한꺼번에 나타납니다. 그래서 이 두 가지를 구별하고 생성되는 객체를 명확히 표현하고자 l-value에 의도적으로 **this->m_nData**라고 표현하기도 합니다. 주석문으로 처리하긴 했지만 12번 행처럼 생성자 초기화 목록을 이용해도 좋습니다.

4.1.1 함수 호출과 복사 생성자

복사 생성자가 호출되는 경우는 명시적으로 객체의 복사본을 생성하는 방식으로 선언하는 경우와
CTest a; 혹은 CTest b(a); 함수 형태로 호출되는 경우가 있습니다.

```
CTest TestFunc1() { }

void TestFunc(CTest param) { }

void _tmain(int argc, _TCHAR* argv[])
{
  // 객체의 복사본으로 생성
  CTest a;

  // 함수 형태로 호출
  TestFunc(a);
}
```

그리고 함수 형태로 호출할 때는 **클래스가 매개변수로 사용되는 경우와 반환 형식으로 사용되는 경우**로
나누어집니다. 두 경우 모두 생각해야 할 것이 많습니다. 왜냐하면 '성능'과 직결되기 때문입니다. 특
히 반환 형식으로 사용되는 경우에는 **'이름 없는 임시 객체'**를 만들어내는, 꽤나 골치 아픈 문제가 발
생합니다. 이 문제는 '4.3.1 이름 없는 임시 객체'에서 상세히 다룰 것이므로 지금은 매개변수로 사
용되는 경우만 설명하겠습니다.

[04/FunctionAndClass/FunctionAndClass.cpp] 매개변수로 사용되는 복사 생성자

```
01  #include "stdafx.h"
02  #include <iostream>
03  using namespace std;
04
05  class CTestData
06  {
07  public:
08    CTestData(int nParam) : m_nData(nParam)
09    {
10      cout << "CTestData(int)" << endl;
11    }
```

```
12
13    CTestData(const CTestData &rhs) : m_nData(rhs.m_nData)
14    {
15       cout << "CTestData(const CTestData &)" << endl;
16    }
17
18    // 읽기 전용인 상수형 메서드
19    int GetData() const { return m_nData; }
20
21    // 멤버 변수에 쓰기를 시도하는 메서드
22    void SetData(int nParam) { m_nData = nParam; }
23
24 private:
25    int m_nData = 0;
26 };
27
28 // 매개변수가 CTestData 클래스 형식이므로 복사 생성자가 호출된다.
29 void TestFunc(CTestData param)
30 {
31    cout << "TestFunc()" << endl;
32
33    // 피호출자 함수에서 매개변수 인스턴스의 값을 변경한다.
34    param.SetData(20);
35 }
36
37 int _tmain(int argc, _TCHAR* argv[])
38 {
39    cout << "*****Begin*****" << endl;
40    CTestData a(10);
41    TestFunc(a);
42
43    // 함수 호출 후 a의 값을 출력한다.
44    cout << "a: " << a.GetData() << endl;
45
46    cout << "******End******" << endl;
47
48    return 0;
49 }
```

```
*****Begin*****
CTestData(int)
CTestData(const CTestData &)
TestFunc()
a: 10
******End******
```

CTestData 클래스는 int 자료형 매개변수 하나인 생성자와 복사 생성자가 있습니다. 클래스 자체에 특별한 요소는 없습니다. 즉, 제작자가 아니라 사용자 코드 쪽에서 생각해야 할 주제들이 많다는 의미입니다. 관점의 변화는 매우 중요하니 '사용자 코드'라는 상황을 기억하고 다음 설명을 읽어가기 바랍니다.

FunctionAndClass.cpp 예제에서 가장 중요한 부분은 바로 29번 행 void **TestFunc(CTestData param)**입니다. 이 코드 자체는 문법적으로 아무 문제가 없습니다. 하지만 이 함수를 호출하기 위해 _tmain() 함수에 TestFunc(a);라는 코드(41번 행)가 등장했습니다. 뭐가 문제냐고요? **쓸데없이 CTestData 객체가 두 개**라는 것입니다. 게다가 함수가 호출될 때 매개변수인 param은 호출자의 a를 원본으로 두고 **복사본이 생성**됩니다.

하나로 끝날 것을 두 개로 처리한 것도 잘못인데 복사 생성자까지 호출해야 하는 상황입니다. 따라서 TestFunc() 함수를 호출하는 일 자체가 부담입니다. 물론 그 **부담만큼 프로그램의 성능도 나빠집니다.** 그리고 이 문제는 CTestData 클래스 제작자 탓이 아니라 온전히 사용자 코드를 작성한 개발자 탓입니다.

한 객체로 할 수 있는 일은 반드시 하나로 끝내야 합니다. 그러므로 쓸데없이 두 개가 되는 경우는 시쳇말로 눈에 쌍심지 켜고 막아야 합니다! 문제는 어떻게 그렇게 하느냐입니다. 첫 번째 방법은 꽤나 극단적인 경우인데 복사 생성자가 사용자 코드에서 호출될 가능성을 원천적으로 차단해버리는 것입니다. **복사 생성자를 삭제**하는 방법으로 말이죠.

```
05  class CTestData
06  {
07  public:
08    CTestData(int nParam) : m_nData(nParam)
09    {
10      cout << "CTestData(int)" << endl;
```

```
11    }
12
13    // 복사 생성자를 아예 삭제함으로써 복사 생성을 막는다.
14    CTestData(const CTestData &rhs) = delete;
......
24   };
......
35   int _tmain(int argc, _TCHAR* argv[])
36   {
37      cout << "*****Begin*****" << endl;
38
39      // 사용자 코드에서 복사 생성이 불가능하다.
40      CTestData a(10);
41
42      TestFunc(a);
......
53   }
```

실행결과

```
error C2280: 'CTestData::CTestData(const CTestData &)': 삭제된 함수를 참조하려고 합니다.
```

복사 생성자를 삭제하면 오류 메시지에 보이는 것처럼 '삭제된 함수를 참조'하려 한다는 문구를 확인할 수 있습니다. 제작자의 이런 조치 덕분에 사용자 코드는 성능이 나빠지는 것을 문법적으로 차단할 수 있는 것입니다.

하지만 이것보다 우아한 두 번째 방법이 있습니다. **딱 한 글자**만 써 넣어서 해결하는 '아름다운' 방법이라 할 수 있는데, 바로 **'참조자'**를 이용하는 것입니다.

```
29   // 매개변수가 CTestData 클래스의 '참조' 형식이므로 객체가 생성되지 않는다!
30   void TestFunc(CTestData &param)
31   {
32      cout << "TestFunc()" << endl;
33
34      // 피호출자 함수에서 매개변수 인스턴스의 값을 변경한다.
35      param.SetData(20);
36   }
```

```
*****Begin*****
CTestData(int)
TestFunc()
a: 20
******End******
```

TestFunc() 함수의 원형을 void TestFunc(CTestData param)에서 void TestFunc(**CTestData &param**)로 변경했습니다.

정말 딱 '&' 한 글자를 넣었을 뿐인데 '비교 체험 극과 극' 수준으로 성능이 달라집니다. 시험에 내기 딱 좋지 않나요? 필자라면 "void TestFunc(CTestData param) 함수의 문제점이 무엇인지 서술하시오" 라는 문제를 꼭 낼 겁니다.

그런데 매개변수가 참조자가 되었을 때 한 가지 단점이 있습니다. 다음 코드처럼 사용자의 코드만 봐서는 '참조에 의한 호출[Call by reference]'인지 아닌지 도무지 알 수가 없다는 점입니다.

```
40   CTestData a(10);
41
42   TestFunc(a);
```

만일 TestFunc() 함수의 원형이 TestFunc(CTestData *);였다면 '사용자'는 반드시 다음과 같이 코드를 작성해야 했을 겁니다.

```
40   CTestData a(10);
41
42   TestFunc(&a);
```

이런 점에서 포인터는 가리키는 대상이 무엇인지 매우 명확해 보입니다. 그러나 참조자에 비해 단점 (예를 들어 댕글링 포인터 문제나 의존 관계 분석 불가로 인한 코드 최적화 실패 등)이 훨씬 더 많습니다. 그러므로 참조자로 대체할 수 있는 포인터는 무조건 대체하는 것이 좋습니다. 아무튼 사용자 쪽에서 '값에 의한 호출[Call by value]'인지 참조에 의한 호출인지 꼭 구별해서 알아야 하는 이유는 **함수의**

실인수로 기술한 변수가 함수 호출 때문에 값이 변경될 수 있기 때문입니다. 그러므로 함수의 매개변수 형식이 클래스 형식이라면 일단, 아니 무조건 **상수형 참조**로 선언해야 합니다. 물론 어쩔 수 없이 값을 변경해야 한다면 그럴 수 없겠지만 말입니다.

다음 코드를 살펴보면 더 명확히 이해할 수 있을 것입니다.

```
29   // 매개변수가 클래스에 대한 상수형 참조다!
30   void TestFunc(const CTestData &param)
31   {
32      cout << "TestFunc()" << endl;
33
34      // 피호출자 함수에서 매개변수 인스턴스의 값을 변경할 수 없다!
35      param.SetData(20);
36   }
```

실행결과

```
error C2662: 'void CTestData::SetData(int)' : 'this' 포인터를 'const CTestData'에서
'CTestData &'(으)로 변환할 수 없습니다.
```

매개변수가 상수형 참조이므로 함수 내부에서는 객체의 '상수형 메서드만' 호출할 수 있습니다. 물론 귀찮다고 const_cast를 사용하거나 아예 const를 함수 원형에서 떼어버릴 수도 있습니다. 하지만 그것은 절대 바람직하지 않습니다. 귀찮다고 난간을 없애는 것은 매우 어리석은 행동입니다.

4.1.2 깊은 복사와 얕은 복사

'깊은 복사$^{Deep\ copy}$'는 복사에 의해 실제로 두 개의 값이 생성되는 것이고 '얕은 복사$^{Shallow\ copy}$'는 대상이 되는 값은 여전히 하나뿐인데 접근 포인터만 둘로 늘어나는 것을 말합니다. 얕은 복사라는 것은 마치 드라마의 흔한 소재인 '삼각 관계' 같습니다. 아리따운 아가씨 한 사람을 놓고 두 남자가 결투를 벌이는 모습이랄까요? 다음 코드와 같습니다.

```
int _tmain(int argc, _TCHAR* argv[])
{
   // 그녀
   int nSourceData = 10;
```

```
    // 그들
    int *pA, *pB;

    // 한 여인만 바라보는 그'들'
    pA = &nSourceData;
    pB = &nSourceData;

    return 0;
}
```

나름 충실한(?) 주석문이 있으므로 설명은 생략하겠습니다. 일단 이 코드로 얕은 복사를 이해하기에 앞서 삼각 관계가 무엇인지 확인할 필요가 있습니다.

확인이 끝났다면 이제 본격적으로 '막장' 드라마를 찍어볼까요? 다음 BadShallowCopy.cpp 예제를 살펴보겠습니다.

[04/BadShallowCopy/BadShallowCopy.cpp] 얕은 복사의 문제점

```
01   #include "stdafx.h"
02   #include <iostream>
03   using namespace std;
04
05   int _tmain(int argc, _TCHAR* argv[])
06   {
07     // 그'들'
08     int *pA, *pB;
09
10     // 한 친구의 그녀 탄생
11     pA = new int;
12     *pA = 10;
13
14     // 자기 여자 친구 놔두고 친구의 친구를 마음에 담은 바보
15     pB = new int;
16     pB = pA;
17
18     // 그렇게 모두 잘 지내는 것처럼 보인다.
19     cout << *pA << endl;
20     cout << *pB << endl;
```

```
21
22      // 그럼 이건?
23      delete pA;
24      delete pB;
25
26      return 0;
27  }
```

실행결과

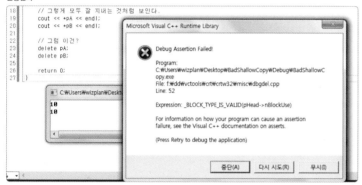

이 막장 드라마(?)의 하이라이트는 16번 행의 **pB = pA;**입니다. 그리고 우리는 이것을 '**얕은 복사**'라고 부릅니다. 이 코드를 실행하고 나면 메모리 구조는 다음 그림처럼 변경됩니다.

그렇기 때문에 24번 행에서 delete pB;를 실행하는 순간 오류가 발생합니다. 이미 해제된 메모리를 다시 한 번 더 해제하려는 꼴이 되기 때문입니다.

이 문제를 바로 잡으려면 방법은 하나뿐입니다. 각자 자신의 연인을 마음에 담으면 됩니다. 16번 행을 *pB = *pA;로 수정합니다. 그럼 메모리는 다음 그림과 같은 구조를 갖습니다.

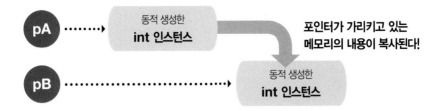

동적 생성한 int 인스턴스

pA

포인터가 가리키고 있는
메모리의 내용이 복사된다!

pB

동적 생성한 int 인스턴스

각각 다른 대상을 가리키게 되므로 메모리를 해제하는 과정에서 오류가 발생하지 않습니다. 물론 중간에 데이터가 엉키는 일도 생기지 않습니다.

그런데 포인터가 '변수'인 것이 문제가 되는 경우가 많습니다. 말 그대로 변하는 것이다 보니 가리키면 안 될 대상을 가리키는 논리적 오류가 발생할 수밖에 없습니다. 이제 CopyConstructor1.cpp 예제에서 복사 생성자의 선언 및 정의 부분을 제외한 CopyConstructor2.cpp 예제를 살펴보겠습니다.

[04/CopyConstructor2/CopyConstructor2.cpp] 포인터가 없는 복사 생성자 사용

```
01  #include "stdafx.h"
02  #include <iostream>
03  using namespace std;
04
05  class CMyData
06  {
07  public:
08    CMyData() { cout << "CMyData()" << endl; }
09
10    int GetData(void) const { return m_nData; }
11    void SetData(int nParam) { m_nData = nParam; }
12
13  private:
14    int m_nData = 0;
15  };
16
17  int _tmain(int argc, _TCHAR* argv[])
18  {
19    // 디폴트 생성자가 호출되는 경우
20    CMyData a;
21    a.SetData(10);
```

```
22
23     // 복사 생성자가 호출되는 경우
24     CMyData b(a);
25     cout << b.GetData() << endl;
26
27     return 0;
28 }
```

```
CMyData()
10
```

포인터를 사용하는 복사 생성자의 선언과 정의가 없으므로 24번 행에서 함수 형태로 호출된 복사
생성자는 아무런 문제 없이 실행되어 아래에 10이라는 결괏값을 출력했습니다.

하지만 다음과 같이 멤버 중에 포인터가 존재하고 클래스 스스로 메모리를 할당 및 해제한다면 얕은
복사로 인한 문제가 발생합니다.

[04/ShallowCopy1/ShallowCopy1.cpp] 포인터가 존재했을 때의 얕은 복사

```
01  #include "stdafx.h"
02  #include <iostream>
03  using namespace std;
04
05  class CMyData
06  {
07  public:
08    CMyData(int nParam)
09    {
10      m_pnData = new int;
11      *m_pnData = nParam;
12    }
13
14    int GetData()
15    {
16      if(m_pnData != NULL)
```

```
17        return *m_pnData;
18
19      return 0;
20    }
21
22  private:
23      // 포인터 멤버 데이터
24      int *m_pnData = nullptr;
25  };
26
27  int _tmain(int argc, _TCHAR* argv[])
28  {
29      CMyData a(10);
30      CMyData b(a);
31      cout << a.GetData() << endl;
32      cout << b.GetData() << endl;
33
34      return 0;
35  }
```

실행결과

```
10
10
```

이 예제를 실행하면 위 실행 결과처럼 10이 두 번 출력됩니다. 겉으로 봐서는 정상적으로 잘 작동하는 것처럼 보이지만 깊은 복사로 처리하지 않았기 때문에 심각한 오류가 발생합니다. 그런데 실행해도 아무런 오류가 나타나지 않는 것은 **메모리를 해제하지 않았기 때문**입니다. 실수를 연거푸 반복했는데 오히려 정상적으로 작동하는 어처구니 없는 상황이 연출되는 것입니다.

30번 행의 CMyData b(a); 코드가 실행되는 순간 깊은 복사를 수행할 별도의 복사 생성자가 없기 때문에 컴파일러가 만들어 넣은 복사 생성자가 작동합니다. 직접 코드를 볼 수는 없지만 그 코드는 이런 모습을 하고 있다고 생각하면 됩니다.

```
CMyData(const CMyData &rhs)
{
  m_pnData = rhs.m_pnData;
}
```

이 상태에서 제작자가 메모리 누수를 의식해 다음과 같이 소멸자를 만들어 넣어 메모리를 해제한다면 심각한 오류가 발생할 수 있습니다.

```
05  class CMyData
06  {
07  public:
08    CMyData(int nParam)
09    {
10      m_pnData = new int;
11      *m_pnData = nParam;
12    }
13
14    // 객체가 소멸하면 동적 할당한 메모리를 해제한다.
15    ~CMyData()
16    {
17      delete m_pnData;
18    }
19
20    int GetData()
21    {
22      if(m_pnData != NULL)
23        return *m_pnData;
24
25      return 0;
26    }
27
28  private:
29    // 포인터 멤버 데이터
30    int *m_pnData = nullptr;
31  };
```

〈중단〉을 클릭해서 프로그램 실행을 종료하고 [디버그] → [디버깅 시작](F5)을 선택해서 예제를 디버그 모드로 실행한 다음 오류 화면에서 〈다시 시도〉를 클릭합니다. 그리고 'ShallowCopy1. exe이(가) 중단점을 트리거했습니다'라는 메시지 창이 열리면 〈중단〉을 클릭합니다. 다음 그림과 같이 프로그램이 오류를 일으킨 위치를 확인할 수 있습니다(참고로 디버깅 상태를 강제로 종료하려면 [디버그] → [디버그 중지](Shift + F5)를 선택합니다. 그러면 편집 모드로 돌아옵니다).

```
14      // 객체가 소멸하면 동적 할당한 메모리를 해제한다.
15      ~CMyData( )
16      {
17          delete m_pnData;
18      }
```

원인은 이미 앞서 설명한 막장 드라마 코드(해제된 메모리를 다시 한 번 더 해제)와 같습니다. 그러므로 깊은 복사가 이루어지도록 코드를 수정해야 합니다.

다음 코드는 ShallowCopy1.cpp에 복사 생성자를 넣어 깊은 복사를 수행하도록 문제를 해결한 것입니다.

```
05  class CMyData
06  {
07  public:
08      CMyData(int nParam)
09      {
10          m_pnData = new int;
```

```
11      *m_pnData = nParam;
12    }
13
14    // 복사 생성자 선언 및 정의
15    CMyData(const CMyData &rhs)
16    {
17      cout << "CMyData(const CMyData &)" << endl;
18
19      // 메모리를 할당한다.
20      m_pnData = new int;
21
22      // 포인터가 가리키는 위치에 값을 복사한다.
23      *m_pnData = *rhs.m_pnData;
24    }
25
26    // 객체가 소멸하면 동적 할당한 메모리를 해제한다.
27    ~CMyData()
28    {
29      delete m_pnData;
30    }
31
32    int GetData()
33    {
34      if(m_pnData != NULL)
35        return *m_pnData;
36
37      return 0;
38    }
39
40  private:
41    // 포인터 멤버 데이터
42    int *m_pnData = nullptr;
43  };
```

```
CMydata(const CMyData &)
10
10
```

20번 행에서는 새로 메모리를 할당하고 23번 행에서는 단순히 포인터 변수의 주소를 같은 값으로 만드는 것이 아닌, 포인터가 가리키는 대상 메모리에 저장된 값을 가져와 다시 포인터가 가리키는 대상 메모리로 복사했습니다. 이러한 과정을 통해 깊은 복사를 수행한 것입니다.

앞서 '시험 문제'를 언급한 적이 있습니다. 중간고사에 꼭 출제하겠다고 말이죠. 여러분께 거듭 강조합니다. 복사 생성자와 깊은 복사에 대해서는 반드시 이해하고 다음으로 넘어가야 합니다. 그렇지 않으면 앞으로 다루는 대부분의 내용을 제대로 이해할 수 없을 것입니다.

4.1.3 대입 연산자

단순 대입 연산자는 오른쪽 항의 값을 왼쪽 항에 넣는 연산자입니다. 이 자체는 모를 리가 없을 테지만 이 **단순 대입 연산자가 구조체나 클래스에도 기본적으로 적용된다**는 점은 잊지 말아야 합니다. 다음은 바로 앞에서 다룬, 깊은 복사가 수행되도록 CMyData 클래스를 개선한 ShallowCopy1.cpp 예제에서 실행하는 '사용자 코드' 예제입니다.

```
45   int _tmain(int argc, _TCHAR* argv[])
46   {
47     CMyData a(10);
48     CMyData b(20);
49
50     // 단순 대입을 시도하면 모든 멤버의 값을 그대로 복사한다.
51     a = b;
52     cout << a.GetData() << endl;
53
54     return 0;
55   }
```

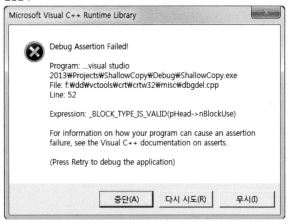

이 코드를 실행하면 이제는 낯익은 오류 화면을 만날 수 있습니다. 앞서 다룬 '깊은 복사'가 수행되지 않아서 발생한 그것과 동일합니다. 그렇다면 "이런 일이 벌어진 원인이 무엇인가?"가 중요한데 51번 행의 a = b; 코드 때문입니다. 단순 대입을 시도하면 기본적으로 얕은 복사가 수행되므로 발생하는 문제입니다.

이 문제를 해결하려면 단순 대입 연산자의 동작 방식을 수정해야 합니다. "아니, 그게 가능해?" 라고 반문할지도 모르겠지만 대답은 '네'입니다. C++는 연산자 다중 정의를 이용해서 이를 가능하게 합니다. 아직 연산자 다중 정의에 대해 본격적으로 다룰 상황은 아니지만 이 주제는 반드시 '깊은 복사'에서 함께 다루는 것이 맞기 때문에 일단 진행하겠습니다. 우선 문제를 해결하기 위한 코드는 다음과 같습니다.

```cpp
// 단순 대입 연산자 함수를 정의한다.
CMyData& operator=(const CMyData &rhs)
{
  *m_pnData = *rhs.m_pnData;

  // 객체 자신에 대한 참조를 반환한다.
  return *this;
}
```

매개변수는 단순 대입 연산자의 r-value에 대한 참조자입니다. 그리고 다시 *this를 반환합니다.

void를 반환해도 상관없지만 그랬다가는 **a = b = c;** 같은 형태의 코드가 정상 작동할 수 없습니다. 그리고 **a = a;** 같은 코드처럼 자신에게 대입하는 경우도 고려해야 합니다. 자세한 설명은 일단 뒤로 미루겠습니다.

CMyData& operator=(const CMyData &rhs)라는 함수 원형에서 operator=은 함수 이름입니다. operator+나 operator+= 같은 형태로 응용해 다양한 기본 연산자를 재정의할 수 있습니다. 이와 같이 연산자 다중 정의를 지원할 경우 사용자는 매우 편리합니다. 코드가 단순해지고 구조적으로도 간결해지기 때문입니다.

그리고 a = b; 같은 코드는 다음 코드처럼 변경할 수도 있습니다.

```
a.operator=(b);
```

둘 중 어떤 방식으로 클래스 객체를 활용하든 그것은 사용자 마음입니다. 그러나 당연히 **a = b;**와 같은 코드를 사용하는 것이 편리합니다.

지금까지 배운 것들을 모두 적용해 최종적으로 완성한 ShallowCopy1.cpp의 전체 코드가 ShallowCopy2.cpp 예제입니다. 참고하기 바랍니다.

[04/ShallowCopy2/ShallowCopy2.cpp] 올바르게 복사 생성자를 사용하는 예제

```
01  #include "stdafx.h"
02  #include <iostream>
03  using namespace std;
04
05  class CMyData
06  {
07  public:
08    CMyData(int nParam)
09    {
10      m_pnData = new int;
11      *m_pnData = nParam;
12    }
13
14    // 복사 생성자 선언 및 정의
15    CMyData(const CMyData &rhs)
16    {
```

```
17      cout ≪ "CMyData(const CMyData &)" ≪ endl;
18
19      // 메모리를 할당한다.
20      m_pnData = new int;
21
22      // 포인터가 가리키는 위치에 값을 복사한다.
23      *m_pnData = *rhs.m_pnData;
24   }
25
26   // 객체가 소멸하면 동적 할당한 메모리를 해제한다.
27   ~CMyData()
28   {
29     delete m_pnData;
30   }
31
32   // 단순 대입 연산자 함수를 정의한다.
33   CMyData& operator=(const CMyData &rhs)
34   {
35     *m_pnData = *rhs.m_pnData;
36
37     // 객체 자신에 대한 참조를 반환한다.
38     return *this;
39   }
40
41   int GetData()
42   {
43     if(m_pnData != NULL)
44       return *m_pnData;
45
46     return 0;
47   }
48
49 private:
50   // 포인터 멤버 데이터
51   int *m_pnData = nullptr;
52 };
53
54 int _tmain(int argc, _TCHAR* argv[])
55 {
56   CMyData a(10);
57   CMyData b(20);
```

```
58
59    // 단순 대입을 시도하면 모든 멤버의 값을 그대로 복사한다.
60    a = b;
61    cout << a.GetData() << endl;
62
63    return 0;
64  }
```

4.1.4 실습 과제 3: 복사 생성자와 대입 연산자

'실습 과제 1'과 '실습 과제 2'에서 다뤘던 StringCtrlSample 예제의 CMyString 클래스도 반드시 '깊은 복사'를 지원해야 합니다. 다음 사용자 코드가 정상적으로 작동할 수 있도록 CMyString 클래스 파일에 해당하는 MyString.h와 MyString.cpp에 복사 생성자 및 단순 대입 연산자를 만들어봅시다.

⚠ 정답은 228페이지에서 확인합니다.

[04/Practice3/StringCtrlSample/StringCtrlSample.cpp]

```
01  #include "stdafx.h"
02  #include "MyString.h"
03
04  int _tmain(int argc, _TCHAR* argv[])
05  {
06    CMyString strData, strTest;
07    strData.SetString("Hello");
08    strTest.SetString("World");
09
10    // 복사 생성
11    CMyString strNewData(strData);
12    cout << strNewData.GetString() << endl;
13
14    // 단순 대입 연산자 호출
15    strNewData = strTest;
16    cout << strNewData.GetString() << endl;
17
18    return 0;
19  }
```

4.2 묵시적 변환

'묵시적'이라는 말은 직접적으로는 아무런 언급이 없었지만—다들 잘 안다고 생각하기 때문에—어떤 의미를 표현했다고 판단하는 것입니다. 그러니까

"야, 이거 A로 바꾼다?"

가 아니라

"야, 이거 바꾼다?"

라든지, 친구들이 내 이름을 부를 때 성씨는 생략한 채

"야, 길동아~~"

라고 부르는 것과 같습니다.

서로 사전에 교감하고 정보를 공유함으로써 지속적인 언급을 피할 수 있습니다. 이를 통해 생산성을 높일 수도 있겠지요. 하지만 단점도 있습니다. 오해가 발생할 수 있다는 것입니다. 당장 제작자와 사용자 사이에 미리 정보를 공유하는 과정이 생략되거나 불충분할 경우, 사용자가 제작자의 의도와 상관없이 매우 비효율적인 코드를 작성할 수도 있습니다.

물론 이런 일이 발생하지 않도록 제작자는 각별히 신경을 써야 합니다. 더불어 사용자도 많이 노력해야 합니다. 제작자가 아무리 애를 써도 사용자가 효과적으로 사용하지 않으면 모든 일이 허사가 되기 때문입니다. 그렇다면 구체적으로 무엇이 문제이고 어떻게 대응해야 하는지 하나씩 살펴보겠습니다.

4.2.1 변환 생성자

지금까지는 디폴트 생성자를 생략하고 매개변수가 한 개인 생성자만 기술한 예제들이 많았습니다. 그런데 이 '매개변수가 한 개인 생성자'를 다른 말로 '변환 생성자^{Conversion constructor}'라고도 합니다. 문제는 이 **변환 생성자가 은근슬쩍 호출**되는 경우가 있다는 점입니다.

그리고 더 큰 문제는 **불필요한 임시 객체를 만들어냄으로써 프로그램의 효율을 갉아먹는 원인이 된다**는 사실입니다. 어떤 문제인지 차근차근 알아보도록 하겠습니다. 다음에 소개하는 ImTypeCast.cpp 예제를 살펴봅시다.

```
01  #include "stdafx.h"
02  #include <iostream>
03  using namespace std;
04
05  // 제작자 코드
06  class CTestData
07  {
08  public:
09    // 매개변수가 하나뿐인 생성자는 형변환이 가능하다.
10    CTestData(int nParam) : m_nData(nParam)
11    {
12      cout << "CTestData(int)" << endl;
13    }
14
15    CTestData(const CTestData &rhs) : m_nData(rhs.m_nData)
16    {
17      cout << "CTestData(const CTestData &)" << endl;
18    }
19
20    int GetData() const { return m_nData; }
21    void SetData(int nParam) { m_nData = nParam; }
22
23  private:
24    int m_nData = 0;
25  };
26
27  // 사용자 코드
28  // 매개변수가 클래스 형식이며 변환 생성이 가능하다.
29  void TestFunc(CTestData param)
30  {
31    cout << "TestFunc(): " << param.GetData() << endl;
32  }
33
34  int _tmain(int argc, _TCHAR* argv[])
35  {
36    // int 자료형에서 CTestData 형식으로 변환될 수 있다.
37    TestFunc(5);
38
39    return 0;
40  }
```

```
CTestData(int)
TestFunc(): 5
```

CTestData 클래스는 int 자료형에 대한 변환 생성자를 제공합니다. 따라서 함수의 매개변수 형식으로 CTestData 클래스가 사용된다면 호출자 코드의 형식이 CTestData가 아니라 int 자료형이 될 수 있습니다.

TestFunc() 함수의 매개변수는 CTestData 클래스 형식입니다. 그리고 CTestData 클래스는 int 자료형에 대한 변환 생성자(CTestData(int))를 제공합니다. 그렇기 때문에 37번 행에서 **TestFunc(5);** 라는 코드를 작성할 수 있는 것입니다.

CTestData와 int는 전혀 다른 형식이기 때문에 본래는 매개변수의 형식이 일치하지 않는다는 오류가 발생해야 맞습니다. 그런 CTestData가 int 자료형에 대한 변환 생성자를 제공한 덕분에 TestFunc() 함수의 매개변수인 param은 param(5)의 형태로 생성됩니다. 자, 여기까지 문제 없이 잘 따라왔나요?

그렇다면 ImTypeCast.cpp 예제의 CTestData 클래스에 다음과 같이 소멸자를 추가하고 TestFunc() 함수의 매개변수를 **CTestData param** 에서 **const CTestData &param** 으로 변경해 보겠습니다. 또한 _tmain() 함수에 메시지를 출력하기 위한 테스트 코드들을 추가하면 어떤 결과가 나올지도 생각해보겠습니다.

```
20   ~CTestData()
21   {
22      cout << "~CTestData()" << endl;
23   }
......
32   // 사용자 코드
33   // 매개변수가 클래스에 대한 참조 형식이며 묵시적으로 변환 생성된다.
34   void TestFunc(const CTestData &param)
35   {
36      cout << "TestFunc(): " << param.GetData() << endl;
37   }
38
39   int _tmain(int argc, _TCHAR* argv[])
```

```
40 {
41     cout << "*****Begin*****" << endl;
42
43     // 새로운 CTestData 객체를 생성하고 참조로 전달한다.
44     TestFunc(5);
45
46     // 함수가 반환되면서 임시 객체는 소멸한다.
47     cout << "******End******" << endl;
48
49     return 0;
50 }
```

실행결과

```
*****Begin*****
CTestData(int)
TestFunc(): 5
~CTestData()
******End******
```

무엇이 문제인지 벌써 눈치챘나요? 실행 결과를 살펴보면 **분명히 변환 생성자가 호출**됐음을 확인할 수 있습니다. 그런데 _tmain() 함수의 어디에도 **CTestData 클래스 객체를 선언했거나 동적으로 생성하는 코드는 보이지 않습니다!** 무엇보다 34번 행 TestFunc() 함수의 원형을 보면 매개변수는 CTestData 클래스의 참조 형식입니다. 따라서 호출자에는 반드시 CTestData 객체를 실인수로 기술해야 합니다. 즉, CTestData &param = 5;와 같은 코드는 허용되지 않기 때문에 문법적으로도 맞지 않아 보입니다. 그럼에도 예제는 아무 문제 없이 컴파일되며 심지어 실행해도 아무런 문제가 발견되지 않습니다. 그렇다면 눈에 보이지도 않는 저 객체는 대체 어떻게 생겨난 것일까요?

이유는 **컴파일러가 '알아서' 임시 객체를 생성한 후 이 임시 객체에 대한 참조가 TestFunc() 함수로 전달되도록 했기** 때문입니다. 즉, 제작자의 허락 없이 컴파일러가 자기 마음대로 객체를 생성해 버린 것입니다. 그리고 이 임시 객체는 TestFunc() 함수를 반환함과 동시에 소멸시켰습니다. 즉, **TestFunc(5);라는 코드가 실제로는 TestFunc(CTestData(5));라고 코딩한 것과 같아진 것입니다!**

클래스 형식을 매개변수로 사용할 거라면 무조건 참조 형식을 사용하라고 했던 것을 기억하나요? 이제는 거기에 하나 더 붙여서 **묵시적 변환 생성자를 지원하는 클래스인지 꼭 확인**해야 합니다. 그렇지 않으면 임시 객체가 사용자 코드의 작성자 몰래 생성된 후 사라지는 문제를 방치하는 꼴이 될 테니까요.

물론 꼭 필요해서 혹은 사용자의 편의성을 높여주려는 목적으로 효율을 신경 쓰지 않는다면 묵시적 변환 생성자를 사용한다고 해서 큰 문제가 되지는 않습니다. 하지만 내부적으로 메모리를 동적 할당하는 등 덩치가 제법 나가는 객체라면 **묵시적 변환 생성자가 사용자 모르게 호출될 가능성을 차단하는 것이 바람직**합니다. 다음 코드처럼 말입니다.

```
05  // 제작자 코드
06  class CTestData
07  {
08  public:
09      // 매개변수가 하나뿐인 생성자는 형변환이 가능하다.
10      // 하지만 묵시적으로는 불가능하도록 차단한다.
11      explicit CTestData(int nParam) : m_nData(nParam)
12      {
13          cout << "CTestData(int)" << endl;
14      }
......
39  int _tmain(int argc, _TCHAR* argv[])
40  {
......
44      TestFunc(5);  // 컴파일 오류가 발생한다!
......
50  }
```

실행결과

```
error C2664: 'void TestFunc(const CTestData &)' : 인수 1을(를) 'int'에서 'const
CTestData &'(으)로 변환할 수 없습니다.
```

변환 생성자 앞에 **explicit** 예약어를 확인할 수 있습니다. 이 예약어를 적용할 경우 사용자 코드에서 묵시적으로 변환이 일어나지 않게끔 하여 임시 객체가 생성되지 못하게 합니다. 즉, 사용자 코드에서 직접 변환 형식을 지정해야 한다는 이유로 컴파일 오류를 발생시킵니다. 따라서 TestFunc(5); 같은 코드는 허용되지 않습니다. 무조건 임시 객체가 생성된다는 사실이 명확히 드러나도록 TestFunc(CTestData(5)); 형태로 코드를 작성해야 합니다.

4.2.2 허용되는 변환

클래스가 변환 생성자를 제공하면 두 형식 사이에 호환성이 생깁니다. 가령 CTest라는 클래스에서 int 자료형에 대한 변환 생성자를 제공했다면 int 자료형이 CTest 형식으로 변할 수 있습니다. 그러나 이는 반쪽짜리 변환입니다. 왜냐하면 CTest 형식은 int 자료형으로 변환될 수 없기 때문입니다. 그러나 형변환 연산자(혹은 형변환자)를 만들어 넣으면 불가능한 변환이 가능해집니다.

[04/AutoTypecast/AutoTypecast.cpp] 형변환 연산자를 통한 자료형 변환

```
01  #include "stdafx.h"
02  #include <iostream>
03  using namespace std;
04
05  // 제작자 코드
06  class CTestData
07  {
08  public:
09    explicit CTestData(int nParam) : m_nData(nParam) { }
10
11    // CTestData 클래스는 int 자료형으로 변환될 수 있다!
12    operator int(void) { return m_nData; }
13
14    int GetData() const { return m_nData; }
15    void SetData(int nParam) { m_nData = nParam; }
16
17  private:
18    int m_nData = 0;
19  };
20
21  // 사용자 코드
22  int _tmain(int argc, _TCHAR* argv[])
23  {
24    CTestData a(10);
```

```
25      cout ≪ a.GetData() ≪ endl;
26
27      // CTestData 형식에서 int 자료형으로 변환될 수 있다.
28      cout ≪ a ≪ endl;
29      cout ≪ (int)a ≪ endl;
30      cout ≪ static_cast<int>(a) ≪ endl;
31
32      return 0;
33  }
```

실행결과

```
10
10
10
10
```

AutoTypeCast.cpp 예제를 실행하면 화면에 10이 네 번 출력됩니다. 그리고 12번 행에 **형변환 연산자**가 보이는데, 이 형변환 연산자 때문에 28번 행의 **cout << a << endl;** 코드를 실행해도 아무런 컴파일 오류가 발생하지 않은 것입니다. 본래 cout 객체는 CTestData 클래스 인스턴스를 화면에 출력할 수 없습니다. 하지만 **형변환 연산자 덕분에 int 자료형으로 변환되어 인식**될 수 있는 것입니다.

29번 행의 **(int)a** 같은 강제 형변환은 전형적인 C 스타일 변환인데, C++에서는 사용하지 않는 것이 좋습니다. a가 int 자료형으로 변환할 수 없는 객체라 하더라도 무조건 '강제' 변환을 성공시키기 때문입니다.

그 대신 30번 행의 **static_cast<int>(a)** 형변환이 C++에서 사용해야 할 형변환 연산입니다. 사용 방법은 앞서 배웠던 const_cast와 같습니다. 단, C의 형변환 연산자 대신 C++의 static_cast 형변환 연산자를 사용하면 어느 정도 제약이 따릅니다. 무슨 말이냐면 적절한 형변환 연산자를 제공하지 않으면 강제로 형식을 변환해주지는 않는다는 말입니다. 한 마디로 '형변환해도 되는 것들'로 제한한다는 겁니다. 사용자 관점에서는 불편해 보일지 모르겠지만 어처구니없는 실수를 막는 데는 큰 도움이 됩니다.

그러므로 C++에서는 C 스타일의 강제 형변환 연산자를 사용하지 말고 전용 형변환 연산자를 사용하는 것이 좋습니다. 참고로 C++의 형변환 연산자로는 다음과 같은 것들이 있습니다.

- const_cast
- dynamic_cast
- static_cast
- reinterpret_cast

형변환 연산자의 자세한 설명은 '7.4 상속과 형변환'에서 다룹니다. static_cast와 dynamic_cast를 제대로 활용하려면 상속에 대해서도 알아야 하기 때문입니다. 참고로 reinterpret_cast는 C의 강제 형변환 연산자와 매우 흡사합니다. 가급적 사용하지 않기를 바랍니다.

클래스의 **형변환 연산자에도 변환 생성자처럼 explicit 예약어를 적용**할 수 있습니다. AutoTypeCast. cpp 예제라면 다음과 같이 추가할 수 있습니다.

```
12    explicit operator int(void) { return m_nData; }
```

그런데 예제를 실행하면 컴파일 오류가 발생합니다.

실행결과

```
error C2678: 이항 '<<' : 왼쪽 피연산자로 'std::ostream' 형식을 사용하는 연산자가 없거나
허용되는 변환이 없습니다.
```

오류가 발생한 원인은 28번 행 cout << a << endl;의 a가 int 자료형으로 '묵시적으로' 변환될 수 없기 때문입니다. 따라서 30번 행과 같이 static_cast 연산자를 이용해 명시적으로 형변환을 컴파일러에게 알려야 합니다.

우리가 만들어내는 클래스에 묵시적인 형변환 연산자를 제공한다면 사용자는 그만큼 편합니다. 그러니 꼭 explicit 선언을 강제화할 이유는 없습니다. 판단은 전적으로 제작자의 몫입니다.

4.2.3 실습 과제 4: 허용되는 변환 적용하기

실습 과제 3에 이어서 StringCtrlSample 프로젝트의 CMyString 클래스 파일인 MyString.h와 MyString.cpp에 const char *에 대한 변환 생성자와 char *로의 형변환 연산자를 만들어 넣어 다음과 같은 사용자 코드가 문제 없이 작동하도록 만듭니다.

⚠ 정답은 230페이지에서 확인합니다.

[04/Practice04/StringCtrlSample/StringCtrlSample.cpp]

```cpp
01  #include "stdafx.h"
02  #include "MyString.h"
03
04  void TestFunc(const CMyString &strParam)
05  {
06      cout << strParam << endl;
07  }
08
09  int _tmain(int argc, _TCHAR* argv[])
10  {
11      CMyString strData("Hello");
12
13      ::TestFunc(strData);
14      ::TestFunc(CMyString("World"));
15
16      return 0;
17  }
```

4.3 임시 객체와 이동 시맨틱

변환 생성자가 묵시적으로 호출되는 것을 explicit 예약어로 막으려는 이유는 사용자 코드에서 보이지 않는 객체가 생성되고 소멸하는 것을 막기 위함입니다. 그런데 이보다 더 은밀한 임시 객체도 있습니다.

일단 이름이 없습니다. 그리고 대부분 생성 직후 곧바로 소멸하며 생성을 막을 수도 없습니다. 따라서 내부 연산이 최소화되도록 코드를 최대한 줄이는 방법으로 대응해야 합니다. 참고로 이런 일은 **'함수의 반환 형식이 클래스인 경우'**에 발생합니다.

4.3.1 이름 없는 임시 객체

이름 없는 임시 객체라는 것은 말 그대로 존재하는 인스턴스지만 '식별자'가 부여되지 않은 객체를 말합니다.

이름이 없는 것이야 그렇다 치겠는데 눈에 보이지 않는 형태의 코드가 존재하는 것을 인지하기란 조금 어렵긴 합니다.

TempObject.cpp 예제에서 CTestData 클래스는 TestFunc() 함수의 반환 형식으로 사용됐습니다. 그리고 _tmain() 함수에서 TestFunc() 함수를 호출하는데, 이 지점에서 '**이름 없는 임시 객체**'가 **_tmain() 함수에 순간적으로 생성되고 소멸**합니다. 이 사실을 염두에 두고 코드를 살펴봅시다.

코드를 살피는 과정에서는 미리 실행 결과를 확인하고 어떤 코드가 실행되면서 어떤 문자열을 출력한 것인지 상세하게 추적해볼 것입니다. 이를 위해 출력 결과에 '행 번호'를 부여했는데, 이 번호는 코드에 의해 출력된 것이 아니라 분석을 돕기 위해 단순히 일련번호를 붙인 것입니다.

[04/TempObject/TempObject.cpp] 이름 없는 임시 객체의 생성과 소멸

```
01  #include "stdafx.h"
02  #include <iostream>
03  using namespace std;
04
05  // 제작자 코드
06  class CTestData
07  {
08  public:
09    CTestData(int nParam, char *pszName) : m_nData(nParam), m_pszName(pszName)
10    {
11      cout << "CTestData(int): " << m_pszName << endl;
12    }
13
14    ~CTestData()
15    {
16      cout << "~CTestData(): " << m_pszName << endl;
17    }
18
19    CTestData(const CTestData &rhs) : m_nData(rhs.m_nData), m_pszName(rhs.m_pszName)
20    {
21      cout << "CTestData(const CTestData &): " << m_pszName << endl;
22    }
23
24    CTestData& operator=(const CTestData &rhs)
25    {
26      cout << "operator=" << endl;
```

```
27
28      // 값은 변경하지만 이름(m_pszName)은 그대로 둔다.
29      m_nData = rhs.m_nData;
30
31      return *this;
32    }
33
34    int GetData() const { return m_nData; }
35    void SetData(int nParam) { m_nData = nParam; }
36
37  private:
38    int m_nData = 0;
39
40    // 변수 이름을 저장하기 위한 멤버
41    char *m_pszName = nullptr;
42  };
43
44  // CTestData 객체를 반환하는 함수다.
45  CTestData TestFunc(int nParam)
46  {
47    // CTestData 클래스 인스턴스인 a는 지역 변수다.
48    // 따라서 함수가 반환되면 소멸한다.
49    CTestData a(nParam, "a");
50
51    return a;
52  }
53
54  int _tmain(int argc, _TCHAR* argv[])
55  {
56    CTestData b(5, "b");
57    cout << "*****Before*****" << endl;
58
59    // 함수가 반환되면서 임시 객체가 생성됐다가 대입 연산 후 즉시 소멸한다!
60    b = TestFunc(10);
61    cout << "*****After*****" << endl;
62    cout << b.GetData() << endl;
63
64    return 0;
65  }
```

```
01: CTestData(int): b
02: *****Before*****
03: CTestData(int): a
04: CTestData(const CTestData &): a
05: ~CTestData(): a
06: operator=
07: ~CTestData(): a
08: *****After*****
09: 10
10: ~CTestData(): b
```

상세한 분석을 위해 코드와 실행 결과를 비교하면서 볼 수 있도록 정리했습니다. 행 단위 코드와 결과를 서로 연결해 어떤 코드가 어떤 결과를 출력하는지 정확히 확인합니다.

코드 행	코드	결과 행	결과	비고
56	CTestData b(5, "b");	1	CTestData(int): b	
49	CTestData a(nParam, "a");	3	CTestData(int): a	
60	b = TestFunc(10);	4	CTestData(const CTestData &): a	이름 없는 임시 객체 복사 생성
51	return a;	5	~CTestData( ): a	TestFunc( ) 함수 반환, 이름 없는 임시 객체의 원본 객체 소멸
60	b = TestFunc(10);	6	operator=	
60	b = TestFunc(10);	7	~CTestData( ): a	이름 없는 임시 객체 소멸
62	cout << b.GetData( ) << endl;	9	10	

중요한 것은 **b = TestFunc(10);** 코드 단 한 줄입니다. 이 코드가 실행되는 동안 이름 없는 임시 객체가 생성되고 소멸합니다. 정확히는 TestFunc() 함수를 반환하면서 생성되고 대입 연산이 끝나면서 소멸합니다. 꼭 짚고 넘어갈 것은 '**이름 없는 임시 객체의 원본은 임시 객체의 복사 생성이 끝난 후**'라는 사실입니다.

그리고 cout ≪ **TestFunc(10).GetData()** ≪ endl;라고 코드를 작성하는 것이 가능합니다. 함수가 반환한 임시 객체(인스턴스)에 멤버 접근 연산을 실행하는 것입니다. 이 경우 임시 객체는 GetData() 메서드의 실행이 끝난 후에 소멸합니다. 비교적 자주 사용되는 코드이므로 이 참에 함께 알아두고 나중에 이런 코드를 보고 당황하는 일이 없기 바랍니다.

만일 함수가 반환한 값을 단순 대입 연산에 활용하지 않는다 하더라도 이름 없는 임시 객체는 생성되고 소멸합니다. TempObject.cpp 예제에서 다음처럼 _tmain() 함수를 수정한 후 실행 결과를 확인합니다.

```
54   int _tmain(int argc, _TCHAR* argv[])
55   {
56     cout ≪ "*****Before*****" ≪ endl;
57
58     // 코드에서는 전혀 드러나지 않는
59     // 이름 없는 임시 객체가 생성된 후 소멸한다!
60     TestFunc(10);
61     cout ≪ "*****After*****" ≪ endl;
62
63     return 0;
64   }
```

실행결과

```
*****Before*****
CTestData(int): a
CTestData(const CTestData &): a
~CTestData(): a
~CTestData(): a
*****After*****
```

60번 행 코드가 **b = TestFunc(10);**에서 **TestFunc(10);**로 변경된 점이 가장 큰 변화라 할 수 있습니다. 그런데 _tmain() 함수에서 반환된 클래스 인스턴스를 전혀 활용하지 않았음에도 임시 객체는 생성되고 소멸했습니다. 아쉽게도 그 수고로 얻는 소득은 아무것도 없습니다. 이런 불합리함을 없애고 싶다면 Release 모드로 컴파일하면 됩니다. 이름 없는 임시 객체는 아예 생성되지 않습니다.

☼ Visual Studio의 Release 모드 설정과 최적화 적용

메뉴의 [프로젝트] → [속성]을 선택해서 '프로젝트 속성 페이지' 창을 엽니다. 그리고 왼쪽 위 [구성] 항목에 있는 드롭 박스 메뉴에서 'Release'를 선택하면 Release 모드로 컴파일할 수 있습니다.

하지만 이름 없는 임시 객체에 '별명'을 부여하면 상황은 달라집니다. 참조 형식을 설명할 때 '별명'을 언급한 적이 있습니다. 그 설명을 기억해 아래처럼 다시 TempObject.cpp 예제의 _tmain() 함수를 수정하면 '본명은 없으나 별명은 존재하는 경우'라고 할 수 있습니다.

```
54  int _tmain(int argc, _TCHAR* argv[])
55  {
56     cout << "*****Before*****" << endl;
57
58     // 이름 없는 임시 객체는 _tmain() 함수가 반환된 후 소멸한다.
59     CTestData &rData = TestFunc(10);
60     cout << "*****After*****" << endl;
61
62     return 0;
63  }
```

실행결과

```
*****Before*****
CTestData(int): a
CTestData(const CTestData &): a
~CTestData(): a
*****After*****
~CTestData(): a
```

실행 결과를 보면 **이름 없는 임시 객체가 _tmain() 함수의 실행이 끝난 후에 소멸**한 것을 확인할 수 있습니다. 즉시 소멸하지 않고 _tmain() 함수 안의 코드 실행이 끝날 때까지 생명주기가 늘어난 이유는 _tmain() 함수에 선언된 rData 변수의 유효 범위 안으로 맞춰졌기 때문입니다.

별명이든 본명이든 식별자가 생겨난 만큼 이후 코드에서는 임시 객체에 지속해서 접근할 수 있습니다. 따라서 시작은 임시 객체였지만 결과적으로는 영구 객체화된 것입니다. 이름 없는 임시 객체를 다룰 때 가장 중요한 것은 첫 번째로 그 존재를 인식하는 것이고, 두 번째로는 생성 및 소멸 시기를 정확하게 인식하는 것입니다. 특히 소멸 시기를 인식하는 것이 중요합니다.

4.3.2 r-value 참조

r-value는 단순 대입 연산자의 오른쪽 항을 말합니다. 변수가 올 수도 있지만 3이나 4 같은 리터럴 상수가 올 수도 있습니다. 그래서 3에 4를 대입할 수 없듯이 변수가 아닌 대상에 참조를 선언하는 것은 본래 허용되지 않았습니다. 그러다가 C++11 표준이 정해지면서 r-value에 대한 참조자가 새롭게 제공됐습니다.

r-value 참조자는 기존 참조자와 달리 &가 두 번 붙습니다. int 자료형에 대한 참조는 int &가 됩니다. 하지만 int 자료형에 대한 r-value 참조 형식은 **int &&**입니다.

[04/RvalueRef1/RvalueRef1.cpp] r-value 참조의 사용 예 1

```
01  #include "stdafx.h"
02  #include <iostream>
03  using namespace std;
04
05  int _tmain(int argc, _TCHAR* argv[])
06  {
07      int&& data = 3 + 4;
08      cout << data << endl;
09      data++;
10      cout << data << endl;
11
12      return 0;
13  }
```

```
7
8
```

핵심은 7, 9번 행입니다. data는 int 자료형에 대한 r-value 참조자입니다. 초깃값이 3 + 4인데 이를 계산해 7로 결정합니다. 그러니까 **int &&data = 7;**과 다르지 않습니다. 그리고 변수가 아닌 상수에 대한 참조인데 9번 행처럼 단항 연산을 수행할 수 있습니다. 이쯤 되면

"아니, 그냥 int data라고 선언한 것과 int &&라고 선언한 것이 뭐가 달라?"

라는 생각을 할 수도 있을 겁니다. 네, 맞는 생각입니다. 조금 엉뚱하게 들릴지 모르겠지만 "함수 매개변수의 형식이 클래스면 무조건 참조 형식으로 선언하라"라는 말을 기억하나요? 그렇다면 클래스 형식은 아니지만 다음과 같은 코드를 사용할 수 있을지 생각해봅시다.

```
#include "stdafx.h"
#include <iostream>
using namespace std;

void TestFunc(int &rParam)
{
  cout << "TestFunc(int &)" << endl;
}

int _tmain(int argc, _TCHAR* argv[])
{
  TestFunc(3 + 4);

  return 0;
}
```

결론부터 말하면 불가능합니다. 이런 코드를 컴파일하면 다음과 같은 오류 메시지가 나타납니다.

```
error C2664: 'void TestFunc(int &)' : 인수 1을(를) 'int'에서 'int &'(으)로 변환할 수 없습니다.
```

하지만 TestFunc() 함수의 원형을 void TestFunc(int &&rParam)로 선언한다면 가능합니다. 우리가 이 지점에서 한 가지 명확히 해야 할 부분은 지금까지 설명하는 r-value라는 것이 **'연산에 따라 생성된 임시 객체'**라는 것입니다. 예를 들어 int 자료형 변수 x와 int 자료형 상수 3을 더한 결과는 int 자료형 상수가 되는데 이것도 r-value가 됩니다. r-value 참조는 정확히 이 경우를 위해 존재합니다.

[04/RvalueRef2/RvalueRef2.cpp] r-value 참조의 사용 예 2

```
01  #include "stdafx.h"
02  #include <iostream>
03  using namespace std;
04
05  void TestFunc(int &rParam)
06  {
07    cout << "TestFunc(int &)" << endl;
08  }
09
10  void TestFunc(int &&rParam)
11  {
12    cout << "TestFunc(int &&)" << endl;
13  }
14
15  int _tmain(int argc, _TCHAR* argv[])
16  {
17    // 3 + 4 연산 결과는 r-value이다. 절대로 l-value가 될 수 없다.
18    TestFunc(3 + 4);
19
20    return 0;
21  }
```

실행결과

```
TestFunc(int &&)
```

_tmain() 함수에서 TestFunc() 함수를 호출했는데 이때 매개변수가 3 + 4입니다. 따라서 대응 가능한 형식은 int나 int &&입니다. int &는 실인수를 변수로 작성했을 때이며 정리를 하면 다음과 같습니다.

매개변수 형식	실인수 예	비고
TestFunc(int)	int x = 3; TestFunc(x); TestFunc(3); TestFunc(3 + 4);	
TestFunc(int &)	int x = 3; TestFunc(x);	
TestFunc(int &&)	int x = 3; TestFunc(3); TestFunc(3 + 4); TestFunc(x + 4);	TestFunc(x)는 불가능!

그러므로 C++11에서는 함수의 매개변수를 int, int &, int && 중 어느 것으로 선택해야 할지 잘 생각해야 합니다. 물론 이 형식들을 여러 번 적용해 함수를 다중 정의할 수도 있습니다. 하지만 '모호성'이 발생할 수 있습니다. 다음 코드를 봅시다.

[04/RvalueRef3/RvalueRef3.cpp] 다중 정의의 모호성

```
01  #include "stdafx.h"
02  #include <iostream>
03  using namespace std;
04
05  // r-value 참조 형식
06  void TestFunc(int &&rParam)
07  {
08    cout << "TestFunc(int &&)" << endl;
09  }
10
11  // r-value 참조 형식과 호출자 코드가 같다.
12  void TestFunc(int nParam)
```

```
13  {
14      cout ≪ "TestFunc(int)" ≪ endl;
15  }
16
17  int _tmain(int argc, _TCHAR* argv[])
18  {
19      // 모호한 호출이다. int형과 int&&형 모두 가능하다!
20      TestFunc(3 + 4);
21
22      return 0;
23  }
```

실행결과

```
error C2668: 'TestFunc' : 오버로드된 함수에 대한 호출이 모호합니다.
```

20번 행의 **TestFunc(3 + 4);** 코드는 TestFunc(int)와 TestFunc(int &&)에 모두 적용될 수 있습니다. 이렇게 되면 컴파일러는 '호출이 모호'하다는 오류를 발생하므로 주의합시다.

지금까지의 예제들은 모두 int 같은 기본 자료형으로 구성했습니다. 하지만 r-value 참조가 꼭 필요한 순간은 기본 자료형이 아니라 '클래스에 적용될 때'입니다. 따라서 '5장 연산자 다중 정의'을 배운 후에야 진가를 알 수 있는데, 지금 설명하는 이유는 다음에 설명할 '이동 시맨틱' 때문입니다.

4.3.3 이동 시맨틱

C++11에 새로 추가된 '이동 시맨틱Move semantics'은 이동 생성자와 이동 대입 연산자로 구현됩니다. 소멸자는 종류가 하나뿐인데 생성자는 종류가 매우 많지요? 자, 조금만 더 힘냅시다. 이동 생성자가 마지막 생성자 종류입니다. 아무튼 이동 시맨틱이 생겨난 이유는 앞서 설명한 '이름 없는 임시 객체' 때문입니다.

임시 객체가 생기는 것은 막을 수가 없습니다. 적어도 아직까지는 그렇습니다. 그래서 임시 객체가 생성되더라도 부하가 최소화될 수 있도록 구조를 변경했습니다. 말이 좀 거창했는지는 모르겠지만 결론만 잘라서 말하면 **복사 생성자와 대입 연산자에 r-value 참조를 조합해서 새로운 생성 및 대입의 경우를 만들어낸 것입니다.**

MoveSemantics.cpp 예제의 CTestData 클래스는 복사 생성자 외에 이동 생성자를 제공합니다. 예제를 살필 때 가장 중요한 지점은 이동 생성자가 호출되는 시점입니다. 그리고 이름 없는 임시 객체가 생성, 소멸하는 과정입니다.

[04/MoveSemantics/MoveSemantics.cpp] 이동 생성자의 호출 시점

```cpp
01  #include "stdafx.h"
02  #include <iostream>
03  using namespace std;
04
05  // 제작자 코드
06  class CTestData
07  {
08  public:
09    CTestData() { cout << "CTestData()" << endl; }
10    ~CTestData() { cout << "~CTestData()" << endl; }
11
12    CTestData(const CTestData &rhs) : m_nData(rhs.m_nData)
13    {
14      cout << "CTestData(const CTestData &)" << endl;
15    }
16
17    // 이동 생성자
18    CTestData(CTestData &&rhs) : m_nData(rhs.m_nData)
19    {
20      cout << "CTestData(CTestData &&)" << endl;
21    }
22    CTestData& operator=(const CTestData &) = default;
23
24    int GetData() const { return m_nData; }
25    void SetData(int nParam) { m_nData = nParam; }
26
27  private:
28    int m_nData = 0;
29  };
30
31  CTestData TestFunc(int nParam)
32  {
33    cout << "**TestFunc(): Begin***" << endl;
```

```
34    CTestData a;
35    a.SetData(nParam);
36    cout << "**TestFunc(): End****" << endl;
37
38    return a;
39  }
40
41  int _tmain(int argc, _TCHAR* argv[])
42  {
43    CTestData b;
44    cout << "*Before*************" << endl;
45    b = TestFunc(20);
46    cout << "*After*************" << endl;
47    CTestData c(b);
48
49    return 0;
50  }
```

실행결과

```
01: CTestData()
02: *Before*************
03: **TestFunc(): Begin***
04: CTestData()
05: **TestFunc(): End****
06: CTestData(CTestData &&)
07: ~CTestData()
08: ~CTestData()
09: *After*************
10: CTestData(const CTestData &)
11: ~CTestData()
12: ~CTestData()
```

31번 행을 보면 TestFunc() 함수의 반환 형식은 CTestData 클래스입니다. 따라서 TestFunc() 함수를 호출한 쪽에서는 이름 없는 임시 객체가 생성되고 소멸합니다. 그러므로 44번 행 **b = TestFunc(20);** 코드가 실행되는 순간에 실행 결과 6번 행에 보이는 것처럼 이동 생성자 **CTestData(CTestData &&)** 가 호출됩니다.

즉, 임시 객체가 만들어질 때 복사 생성이 아닌 다른 방법으로 생성이 된 것입니다.

이것이 어떤 의미가 있는지 설명하려면 또다시 메모리 이야기를 해야 합니다. 앞서 우리는 깊은 복사와 얕은 복사를 배웠습니다. 그때는 얕은 복사가 문제가 되므로 깊은 복사로 해결하자는 내용이 핵심이었는데 이제는 정반대입니다. **어차피 사라질 객체이므로 깊은 복사를 수행하는 것이 아니라 얕은 복사를 수행함으로써 성능을 높이는 것입니다.**

다음은 복사 생성과 이동 생성, 깊은 복사와 얕은 복사의 관계를 나타내는 그림입니다.

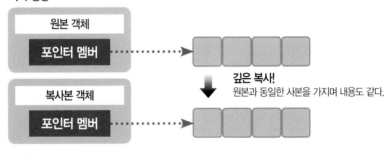

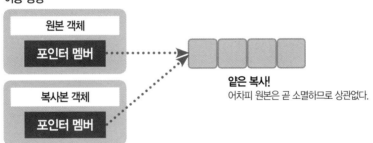

일반적인 복사 생성의 경우에는 두 배의 메모리 용량이 필요합니다. 게다가 메모리를 복사하는 연산을 반드시 실행해야 합니다. 그러나 이동 생성자를 이용해 메모리를 복사하지 않는다면 **사라질 객체로부터 알맹이는 빼내고 껍데기만 버리는 것**처럼 코드를 만들 수 있습니다. 이렇게 하면 메모리도 절반만 사용하는 데다 반복해서 메모리 복사를 할 필요가 없습니다. 물론 연산을 덜 한만큼 성능도 향상됩니다. 만일 우리가 작성한 클래스가 내부적으로 덩치 큰 영상 파일을 로드하고 인스턴스마다 메모리를 20~30MB 정도 사용하고 있다면 이동 생성자가 있고 없고에 따라 사용하는 메모리의 크기 및 연산 속도는 사람이 체감할 수 있을 정도로 달라질지도 모를 일입니다.

4.3.4 실습 과제 5: 이동 생성자 호출

그동안 우리가 실습 과제로 만들어 온 StringCtrlSample 프로젝트의 CMyString 클래스도 이동 생성자가 꼭 필요한 경우라 할 수 있습니다. 하지만 이번에는 필자가 직접 CMyString 클래스의 MyString.h와 MyString.cpp 파일에 이동 생성자를 추가하기로 하고 결과만 확인하겠습니다. 다음 코드입니다.

```
[04/Practice5/StringCtrlSample/MyString.h]

01  #pragma once
02
03  class CMyString
04  {
05  public:
06    CMyString();
07
08    //변환 생성자
09    explicit CMyString(const char *pszParam);
10
11    //복사 생성자
12    CMyString(const CMyString &rhs);
13
14    //이동 생성자
15    CMyString(CMyString &&rhs);
```

먼저 15번 행에서 이동 생성자를 선언합니다.

```
[04/Practice5/StringCtrlSample/MyString.cpp]

26    // 이동 생성자
27    CMyString::CMyString(CMyString &&rhs)
28    : m_pszData(NULL)
29    , m_nLength(0)
30    {
31      cout << "CMyString 이동 생성자 호출" << endl;
32
```

```
33      // 얕은 복사를 수행해도 상관없다. 어차피 원본이 곧 소멸되기 때문이다!
34      m_pszData = rhs.m_pszData;
35      m_nLength = rhs.m_nLength;
36
37      // 원본 임시 객체의 멤버들은 초기화한다. 절대로 해제하면 안 된다.
38      rhs.m_pszData = NULL;
39      rhs.m_nLength = 0;
40    }
```

34번 행에서 얕은 복사를 수행합니다. 그러나 문제가 되지는 않습니다. 38번 행에서 원본의 값을
변경해 NULL로 초기화하므로 두 포인터가 동시에 한 대상을 가리키는 일은 발생하지 않습니다. 그
리고 이동 생성자를 확인하기 위해 StringCtrlSample.cpp의 코드를 다음과 같이 수정하고 결과를
확인합니다.

[04/Practice5/StringCtrlSample/StringCtrlSample.cpp]

```
01 #include "stdafx.h"
02 #include "MyString.h"
03
04 CMyString TestFunc(void)
05 {
06   CMyString strTest("TestFunc() return");
07   cout << strTest << endl;
08
09   return strTest;
10 }
11
12 int _tmain(int argc, _TCHAR* argv[])
13 {
14   // 이름 없는 임시 객체가 만들어진다.
15   TestFunc();
16
17   return 0;
18 }
```

```
TestFunc() return
CMyString 이동 생성자 호출
```

실행 결과에 보이는 것처럼 **TestFunc()** **함수를 호출한** _tmain() **함수에서 이름 없는 임시 객체가 '이동** **생성자'에 의해 생성**됩니다. 이 코드에 포함된 CMyString 객체는 TestFunc() 함수에 보이는 6번 행의 strTest 메서드와 이름 없는 임시 객체 둘뿐입니다. 그러나 메모리를 두 배로 쓰지도 않았고 메모리를 복사하지도 않았습니다. 그러니 그냥 복사 생성자만 있을 때보다 훨씬 성능이 좋아졌다고 말할 수 있겠죠.

그리고 아직 이동 대입 연산자에 대해서는 다루지 않았는데 이는 '5.3.2 이동 대입 연산자'에서 상세히 다루겠습니다. 실습 과제 프로젝트인 StringCtrlSample에 적용하는 것도 그때 다룰 예정이니 학습에 참고하기 바랍니다.

지금까지 매우 어려운 주제들을 연거푸 다뤄 머리가 좀 아플 것입니다. 위로가 될지 모르겠는데 지금까지의 설명을 한 번에 이해했다면－천재까지는 아니더라도－프로그래밍을 정말 잘하는 데다 머리도 좋은 사람입니다. 강의실에서 이 부류에 속하는 학생은 10% 이하입니다. 저의 주관적 통계로는 약 30~40% 정도는 이른바 '멘붕' 상태가 됩니다.

앞으로도 4장의 내용을 최소 다섯 번 이상은 다시 봐야 할 것입니다. 그러니 이해가 되지 않는다고 자책하거나 여기서 포기하는 일은 없기를 꼭 당부하고 싶습니다. 무책임하게 저자라는 사람이 "지금은 시간이 더 필요하다"라는 말을 할 수밖에 없어 안타까울 뿐입니다. 하지만 이해해줄 것으로 믿고 넘어가겠습니다.

1. 함수의 매개변수가 기본 형식이 아니라 클래스라면 매개변수 형식은 어떻게 정하는 것이 바람직한지 이유를 답하세요.

2. 복사 생성자 및 단순 대입 연산자를 반드시 정의해야 하는 클래스는 어떤 클래스인지 답하세요.

3. 만일 다음과 같은 코드에서 컴파일 오류가 없었다면 CTestData 클래스는 잠재적인 문제를 가진 것으로 볼 수 있습니다. 그 문제는 무엇이고 어떻게 막을 수 있는지 답하세요.

```
void TestFunc(const CTestData &param)
{
    ......
}

int _tmain(int argc, _TCHAR* argv[])
{
    TestFunc(5);

    return 0;
}
```

4. 이동 시맨틱이 등장한 가장 큰 원인은 무엇으로 볼 수 있는지 답하세요.

실습 과제는 바로 이전 실습 과제를 참고해서 문제를 해결해나갑니다. 따라서 앞 실습 과제의 정답과 지나치게 중복되는 코드는 생략하고 정답을 수록했습니다. 전체 코드를 참고할 분은 각 실습 과제 정답 코드 위에 적혀 있는 예제 파일을 참고하기 바랍니다.

[04/Practice3/StringCtrlSample/MyString.h]

```
03  class CMyString
04  {
05  public:
06      CMyString();
07
08      //복사 생성자
09      CMyString(const CMyString &rhs);
......
20  public:
21      int SetString(const char* pszParam);
22
23      //멤버 읽기만 수행하므로 메서드를 상수화한다.
24      const char* GetString() const;
25
26      void Release();
27      CMyString& operator=(const CMyString &rhs);
28  };
```

[04/Practice3/StringCtrlSample/MyString.cpp]

```
10  //복사 생성자
11  CMyString::CMyString(const CMyString &rhs)
12  : m_pszData(NULL)
13  , m_nLength(0)
14  {
15      this->SetString(rhs.GetString());
16  }
......
66  CMyString& CMyString::operator=(const CMyString &rhs)
67  {
```

```
68    // 자기 자신에 대한 대입이면 아무것도 하지 않는다.
69    if(this != &rhs)
70      this->SetString(rhs.GetString());
71
72    return *this;
73  }
```

실습 과제는 바로 이전 실습 과제를 참고해서 문제를 해결해나갑니다. 따라서 앞 실습 과제의 정답과 지나치게 중복되는 코드는 생략하고 정답을 수록했습니다. 전체 코드를 참고할 분은 각 실습 과제 정답 코드 위에 적혀 있는 예제 파일을 참고하기 바랍니다.

[04/Practice4/StringCtrlSample/MyString.h]

```
03  class CMyString
04  {
05  public:
06    CMyString();
07
08    // 변환 생성자
09    explicit CMyString(const char *pszParam);
10
11    // 복사 생성자
12    CMyString(const CMyString &rhs);
......
23  public:
......
32    operator char*() const
33    {
34      return m_pszData;
35    }
36  };
```

[04/Practice4/StringCtrlSample/MyString.cpp]

```
10  // 변환 생성자
11  CMyString::CMyString(const char *pszParam)
12  : m_pszData(NULL)
13  , m_nLength(0)
14  {
15    SetString(pszParam);
16  }
17
18  // 복사 생성자
```

```
19   CMyString::CMyString(const CMyString &rhs)
20   : m_pszData(NULL)
21   , m_nLength(0)
22   {
23     this->SetString(rhs.GetString());
24   }
25
26   CMyString::~CMyString()
27   {
28     // 객체가 소멸하기 전에 메모리를 해제한다.
29     Release();
30   }
```

연산자 다중 정의

C++는 연산자 함수를 제공합니다. 조금 논란이 있는 문법이지요. 이것 때문에 더 편해질 수도 있지만 반대로 논리적 오류에 빠져 허우적거릴 수도 있습니다. 보통 '허우적거리는' 분들은 4장을 제대로 마스터하지 못 했기 때문인 경우가 많습니다.

최근 C++ 개발의 특징 중 하나는 '일반화'입니다. C처럼 특정 플랫폼에 종속적인 코드를 만들어내기보다는 JAVA나 C#처럼 추상성이 높고 생산성이 높로 환경을 만들고자 하는 경향이 두드러집니다. 참고로 C++는 템플릿이라는 문법으로 추상성을 대폭 높일 수 있습니다. 그리고 5장에서 설명하는 연산자 다중 정의는 템플릿을 향한 초석이라 할 수 있습니다.

이 장의 핵심 개념

5장에서는 연산자 함수의 사용 방법을 자세히 살펴봅니다. "기존에 사용하던 연산자와 무슨 차이가 있나요?"라고 물어볼 수 있을 텐데 많이 다릅니다. 함수 형태로 연산자를 사용하므로 주요 연산 형태를 함수로 만든 다음 필요하면 다중 정의할 수 있기 때문입니다.

1. 연산자 함수: 연산자를 이용하듯 호출할 수 있는 메서드입니다. 훨씬 더 간결한 방법으로 코드를 작성할 수 있게 해줍니다.

2. 연산자 다중 정의: 필요에 따라 연산자 함수를 다중 정의하는 것을 말합니다. 코드의 확장성을 높일 수 있습니다.

이 장의 학습 흐름

여기에서 우리가 살펴볼 것은 C++의 연산자 사용 방법입니다.

5장

연산자와 연산자 함수의 차이를 확인합니다.

연산자 함수의 다중 정의가 어떤 의미인지를 살펴봅니다.

각 연산자에서 연산자 함수의 정의 및 선언, 연산자 다중 정의가 어떻게 구현되는지 살펴봅니다.

여러분은 연산자를 자유자재로 다루는 방법을 익히게 됩니다.

5.1 연산자 함수란?

'연산자 함수'는 연산자를 이용하듯 호출할 수 있는 메서드입니다. 우리가 클래스를 만들 때 지원 가능한 연산자들을 만들어서 넣어주면 사용자는 훨씬 더 간결한 방법으로 코드를 작성할 수 있습니다. 또한 코드의 확장성도 높아집니다.

반면에 단점도 있습니다. 연산자 함수는 절대로 오류가 발생하면 안 됩니다. 함수는 반환 값을 보고 문제를 확인할 수 있지만 연산자는 결과를 확인하는 일이 없습니다. 가령 3 + 4라는 연산이 실패할 가능성을 생각한다거나 7이 되지 않는 경우를 고려하지 않는다는 것입니다. 또한 사용자 코드를 너무 간결하게 작성할 수 있도록 해준 덕분에 사용자 코드 쪽의 문제점을 찾기가 훨씬 더 어려울 수 있습니다. 그러나 어쨌든 유용한 장점 덕분에 널리 사용된다는 사실을 부정할 수는 없습니다.

그리고 명심 또 명심할 것 중 하나는 **"절대로 논리 연산자들을 다중 정의해서는 안 된다"**는 사실입니다. 다중 정의할 수 없는 것은 아니지만 만일 그랬다가는 심각한 논리적 오류를 사용자에게 떠넘기는 꼴이 될 수 있기 때문입니다.

5.2 산술 연산자

int 같은 기본 자료형이라면 산술 연산은 자연스럽습니다. 예를 들어 int 자료형 변수 x에 대해 **x + 3** 같은 연산을 실행하는 것은 자연스럽습니다. 하지만 우리가 만든 클래스인 CMyData의 인스턴스인 data에 **data + 3** 같은 연산을 실행하면 아예 오류로 인식됩니다.

하지만 잘 생각해보면 숫자가 아닌 것들에 대해서도 얼마든지 '덧셈'을 할 수 있습니다. 가령, 산이 그려진 그림과 왼쪽 구석에 해만 그려진 두 그림을 '덧셈'하면 어떤 결과가 나올까요? 다음 그림과 같은 결과가 나오겠지요.

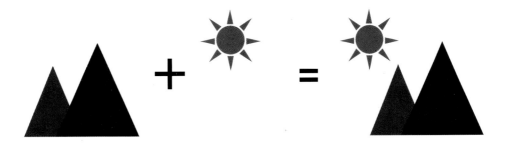

물론 이미지에 따라 다르고 사람마다 '더한다'는 의미를 어떻게 정의하는가에 따라 결과는 천차만별일 것입니다. 여기서 중요한 것은 더해진 결과가 아니라 '무엇이라도 덧셈할 수 있다'는 것입니다. 연산자 다중 정의가 빛을 발하는 것도 바로 이 이유입니다.

다음에 설명할 OperOverArithmetic.cpp 예제는 일반적인 연산자 다중 정의 예와 '이동 생성자'가 호출되는 시점을 설명합니다. 우선 CMyData 클래스가 제공하는 연산자는 다음과 같습니다.

- operator int ()
- CMyData operator+ (const CMyData &rhs)
- CMyData& operator= (const CMyData &rhs)

순서대로 형변환 연산자, 덧셈 연산자, 단순 대입 연산자입니다. 특히 이 중에서 덧셈 연산자의 경우 CMyData 형식을 반환하므로 이동 생성자가 호출된다는 사실을 꼭 기억하기 바랍니다. 물론 단순 대입 연산자의 경우에도 이동 시맨틱이 존재하지만 당장은 덧셈에 의한 이름 없는 임시 객체 생성이 더 중요합니다.

[05/OperOverArithmetic/OperOverArithmetic.cpp] 연산자 다중 정의와 이동 생성자 호출 시점

```
01  #include "stdafx.h"
02  #include <iostream>
03  using namespace std;
04
05  class CMyData
06  {
07  public:
08    // 변환 생성자
09    CMyData(int nParam) : m_nData(nParam) {
10      cout << "CMyData(int)" << endl;
11    }
12
13    // 복사 생성자
14    CMyData(const CMyData &rhs) : m_nData(rhs.m_nData)
15    {
16      cout << "CMyData(const CMyData &)" << endl;
17    }
18
```

```
19   // 이동 생성자
20   CMyData(const CMyData &&rhs) : m_nData(rhs.m_nData)
21   {
22     cout << "CMyData(const CMyData &&)" << endl;
23   }
24
25   // 형변환
26   operator int() { return m_nData; }
27
28   // +
29   CMyData operator+(const CMyData &rhs)
30   {
31     cout << "operator+" << endl;
32     CMyData result(0);
33     result.m_nData = this->m_nData + rhs.m_nData;
34
35     return result;
36   }
37
38   // =
39   CMyData& operator=(const CMyData &rhs)
40   {
41     cout << "operator=" << endl;
42     m_nData = rhs.m_nData;
43
44     return *this;
45   }
46
47 private:
48   int m_nData = 0;
49 };
50
51 int _tmain(int argc, _TCHAR* argv[])
52 {
53   cout << "*****Begin*****" << endl;
54   CMyData a(0), b(3), c(4);
55
56   // b + c 연산을 실행하면 이름 없는 임시 객체가 만들어지며
57   // a에 대입하는 것은 이 임시 객체다.
```

```
58    a = b + c;
59    cout ≪ a ≪ endl;
60    cout ≪ "******End******" ≪ endl;
61
62    return 0;
63  }
```

실행결과

```
01: *****Begin*****
02: CMyData(int)
03: CMyData(int)
04: CMyData(int)
05: operator+
06: CMyData(int)
07: CMyData(const CMyData &&)
08: operator=
09: 7
10: ******End******
```

이 예제에서 가장 중요한 단 한 줄의 코드는 바로 58번 행 **a = b + c;** 코드입니다. 이 속에 필자가 하고 싶은 이야기가 모두 들어있습니다. 그리고 실행 결과의 5~8번 행도 모두 58번 행 때문에 생성된 것입니다.

매우 간단할 것 같은 58번 행을 다르게 작성하면 다음 코드와 같습니다.

```
a = b.operator+(c);
a.operator=(b.operator+(c));
```

겉으로는 간단한 두 산술 연산을 실행하는 것처럼 보이지만 그것은 어디까지나 사용자 코드에서만 그런 것입니다. 내부적으로는 두 메서드를 호출하는 비교적 복잡한 코드가 실행되고 있는 것이지요. 특히 **b + c**는 이름 없는 임시 객체를 만들어내는데, 이 과정에서 이동 생성자가 호출됩니다. 결국 **a**에 단순 대입되는 것은 임시 객체이며, 이 임시 객체는 대입 연산 직후 소멸합니다.

이미 이해했겠지만 노파심에 명확히 하자면 **b + c**가 실행되면 **CMyData operator+(const CMyData &rhs)**라는 연산자 함수가 호출됩니다. 그러므로 이 덧셈 연산자의 매개변수로 전달되는 것은 c에 대한 참조(rhs)입니다. 그리고 추가로 알아야 할 사항은 반환 형식이 CMyData& 형식이 되지 못하고 그냥 CMyData 형식이 된다는 점입니다.

함수의 매개변수가 클래스인 경우에는 무조건 참조로 받는 것이 맞습니다. 하지만 반환 형식은 대입 연산자 같은 몇몇을 제외하고는 임시 객체를 의도적으로 이용할 수밖에 없습니다. 예를 들어 x는 3, y는 4라고 가정하고 x + y 연산을 실행하더라도 두 변수의 값은 절대 달라지지 않습니다. 간단한 기본 형식이라면 연산의 중간 결괏값을 CPU의 레지스터가 담겠지만 클래스 인스턴스는 그럴 수가 없습니다. 중간 결과도 좋든 싫든 메모리에 담아야 합니다. 그러므로 기본 형식과 비교했을 때 클래스 형식은 좋은 성능을 발휘할 수 없습니다.

그리고 'a = 임시 객체'라는 코드가 실행되면 당연히 **CMyData& operator=(const CMyData &rhs)**라는 연산자 함수가 호출됩니다. 따라서 매개변수 rhs는 임시 객체의 참조가 됩니다. 그리고 대입 연산자 함수가 ***this**를 반환하고 반환 형식은 CMyData 클래스의 참조이므로 결국 **a**에 대한 참조가 반환된다는 사실을 알 수 있습니다.

-, *, / 같은 산술 연산자들을 다중 정의하는 방법은 + 연산자와 크게 다르지 않으므로 별도로 언급하지는 않겠습니다. 다만 추가로 알아야 할 것은 **연산자 함수도 다중 정의할 수 있다**는 사실입니다. 만일 CMyData +int 형식을 지원하고 싶다면 다음과 같은 연산자 함수를 만들어 넣으면 됩니다.

```
CMyData operator+(int nParam);
```

int 자료형 외에 다른 형식을 더 지원하고 싶다면 그만큼 다양한 형식(클래스 포함)에 맞는 연산자 함수를 만들어 넣으면 됩니다. 제작자가 다양한 형식의 덧셈 연산자 함수를 제공한다면 당연히 사용자는 편해집니다.

자, 이제 진실(?)을 알아야 할 때가 된 것 같습니다. 사실 우리가 매번 사용해왔던 **cout 객체**는 **ostream 클래스의 인스턴스**입니다. **전역 변수** 형태로 존재하고 네임스페이스 std 소속입니다. 이 **ostream 클래스는 C++의 다양한 기본 자료형에 <<, >>라는 연산자 함수**를 제공합니다. 그래서 그 동안 우리가 입·출력을 좀 더 쉽게 할 수 있었던 것입니다.

5.2.1 실습 과제 6: 문자열 덧셈

실습 과제 5의 정답 프로젝트를 기반으로 실습 과제 6을 진행하겠습니다.

step 1

우선 CMyString 클래스의 MyString.h와 MyString.cpp 파일에 다음과 같이 public 접근 제어 지시자를 적용한 GetLength() 메서드를 추가합니다(여기에서는 멤버 변수 추가 마법사를 이용하지 않습니다).

[05/Practice6/StringCtrlSample/MyString.h]

```
26  public:
......
40    int GetLength() const;
```

[05/Practice6/StringCtrlSample/MyString.cpp]

```
099  int CMyString::GetLength() const
100  {
101    return m_nLength;
102  }
```

이어서 Append() 메서드를 추가합니다. 역시 멤버 변수 추가 마법사를 이용할 경우에는 다음 코드를 참고합니다.

[05/Practice6/StringCtrlSample/MyString.h]

```
24  public:
......
41    int Append(const char * pszParam);
```

```cpp
104  int CMyString::Append(const char * pszParam)
105  {
106    // 매개변수 유효성 검사
107    if(pszParam == NULL)
108      return 0;
109
110    int nLenParam = strlen(pszParam);
111
112    if(nLenParam == 0)
113      return 0;
114
115    // 세트된 문자열이 없다면 새로 문자열을 할당한 것과 동일하게 처리함
116    if(m_pszData == NULL)
117    {
118      SetString(pszParam);
119
120      return m_nLength;
121    }
122
123    // 현재 문자열의 길이 백업
124    int nLenCur = m_nLength;
125
126    // 두 문자열을 합쳐서 저장할 수 있는 메모리를 새로 할당함
127    char *pszResult = new char[nLenCur + nLenParam + 1];
128
129    // 문자열 조합
130    strcpy_s(pszResult, sizeof(char) * (nLenCur + 1), m_pszData);
131    strcpy_s(pszResult + (sizeof(char) * nLenCur),
132      sizeof(char) * (nLenParam + 1), pszParam);
133
134    // 기존 문자열 삭제 및 멤버 정보 갱신
135    Release();
136    m_pszData = pszResult;
137    m_nLength = nLenCur + nLenParam;
138
139    return m_nLength;
140  }
```

step 2

이번에는 CMyString 클래스의 MyString.h와 MyString.cpp 파일에 다음과 같이 CMyString operator+(const CMyString &rhs), CMyString& operator+=(const CMyString &rhs)라는 연산자 함수를 추가합니다.

```
[05/Practice6/StringCtrlSample/MyString.h]

26  public:
......
42    CMyString operator+(const CMyString &rhs);
43    CMyString& operator+=(const CMyString &rhs);
```

```
[05/Practice6/StringCtrlSample/MyString.cpp]

142  CMyString CMyString::operator+(const CMyString &rhs)
143  {
144  }
145
146  CMyString& CMyString::operator+=(const CMyString &rhs)
147  {
158  }
```

step 3

다음과 같이 _tmain() 함수를 작성하고 [빌드] → [솔루션 빌드](Ctrl + Shift + B)를 선택해서 오류가 발생하지 않는지 확인하고 오류를 수정합니다.

```
[05/Practice6/StringCtrlSample/StringCtrlSample.cpp]

01  #include "stdafx.h"
02  #include "MyString.h"
03
04  int _tmain(int argc, _TCHAR* argv[])
05  {
06    CMyString strLeft("Hello"), strRight("World"), strResult;
```

```
07    strResult = strLeft + strRight;
08    cout ≪ strResult ≪ endl;
09
10    cout ≪ strLeft ≪ endl;
11    strLeft += CMyString("World");
12    cout ≪ strLeft ≪ endl;
13
14    return 0;
15 }
```

step 4

[Step 2]의 MyString.cpp 파일에 추가한 CMyString CMyString::operator+(const CMyString &rhs),
CMyString& CMyString::operator+=(const CMyString &rhs) 연산자 함수의 코드를 완성한 후 빌드
하고 실행하여 다음과 같은 결과가 나오는지 확인합니다.

⚠ 정답은 263페이지에서 확인합니다.

실행결과

```
CMyString 이동 생성자 호출
HelloWorld
Hello
HelloWorld
```

5.3 대입 연산자

단순 대입 연산자 함수는 깊은 복사를 배울 때 이미 경험한 바 있습니다. 그러므로 사용자의 편의 외에 왜 이 대입 연산자를 다중 정의해야 하는지는 생략하겠습니다. 그런데 우리가 기술적인 측면에서 몇 가지 배우지 못한 것들이 있습니다. 일단 예제부터 살펴봅시다.

[05/OperOverAssign/OperOverAssign.cpp] 대입 연산자 다중 정의

```cpp
01  #include "stdafx.h"
02  #include <iostream>
03  using namespace std;
04
05  // 제작자 코드
06  class CMyData
07  {
08  public:
09    explicit CMyData(int nParam)
10    {
11      m_pnData = new int(nParam);
12    }
13
14    ~CMyData() { delete m_pnData; }
15
16    operator int() { return *m_pnData; }
17
18    // 단순 대입 연산자 다중 정의
19    void operator=(const CMyData &rhs)
20    {
21      // 본래 가리키던 메모리를 삭제하고
22      delete m_pnData;
23
24      // 새로 할당한 메모리에 값을 저장한다.
25      m_pnData = new int(*rhs.m_pnData);
26    }
27
28  private:
29    int *m_pnData = nullptr;
30  };
```

```
31
32  // 사용자 코드
33  int _tmain(int argc, _TCHAR* argv[])
34  {
35      CMyData a(0), b(5);
36      a = b;
37      cout << a << endl;
38
39      return 0;
40  }
```

실행결과

```
5
```

25번 행의 **m_pnData = new int(*rhs.m_pnData);**는 다음과 같이 두 줄로 변경할 수 있습니다.

```
M_pnData = new int;
*m_pnData = *rhs.m_pnData;
```

그 외에는 특이한 점이 없어 보입니다. 하지만 _tmain() 함수의 코드를 다음과 같이 변경하면 심각한 논리적 오류를 경험할 수 있습니다.

```
32  // 사용자 코드
33  int _tmain(int argc, _TCHAR* argv[])
34  {
35      CMyData a(0), b(5);
36
37      // 정상적인 코드라고 하기는 어려우나 문법적으로는 문제가 없다!
38      a = a;
39      cout << a << endl;
40
41      return 0;
42  }
```

-842150451

내가 나 자신에게 단순 대입 연산을 실행하는 것이 보편적이거나 적절한 것은 아닙니다. 하지만 문법적으로 문제가 있는 코드도 아닙니다. 따라서 사용자가 38번 행 같은 코드를 만든다 하더라도 정상적으로 작동하도록 제작해야 합니다.

실행 결과를 보면 프로그램이 아예 죽어버린 것은 아니지만 쓰레기 값을 출력했음을 알 수 있습니다. a = a;라는 코드가 조금 비정상적이더라도 적어도 0이 출력되어야 맞습니다. 그런데 그렇게 되지 못한 결정적인 이유는 operator=()에서 데이터를 복사하기도 전에 원본을 삭제(**delete m_pnData;**)했기 때문입니다.

이런 이유들 때문에 보통 단순 대입 연산자 내부는 내가 나 자신에게 단순 대입 연산을 실행하는 경우가 있을 때 아무런 처리를 하지 않는 방법으로 대응합니다.

```
18    // 단순 대입 연산자 다중 정의
19    void operator=(const CMyData &rhs)
20    {
21        // r-value가 자신이면 대입을 수행하지 않는다.
22        if(this == &rhs)
23          return;
24
25        delete m_pnData;
26        m_pnData = new int(*rhs.m_pnData);
27    }
```

그리고 대입 연산자의 반환 형식이 void가 되더라도 **a = b;**와 같은 연산은 문제가 없습니다. 하지만 **a = b = c;** 같은 연산은 바로 문제가 발생합니다.

```
32    // 사용자 코드
33    int _tmain(int argc, _TCHAR* argv[])
34    {
35        CMyData a(0), b(5), c(10);
36
37        // 정상적인 단순 대입 연산이다.
```

```
38      a = b = c;
39      cout << a << endl;
40
41      return 0;
42  }
```

error C2679: 이항 '=' : 오른쪽 피연산자로 'void' 형식을 사용하는 연산자가 없거나 허용되는 변환이 없습니다.

void를 l-value의 형식으로 취할 수 없을 뿐만 아니라 존재하지도 않는 것을 대입한다는 것 자체가 논리적으로 맞지 않기 때문입니다. 그래서 다음 코드처럼 보통 대입 연산자 함수의 반환 형식을 참조자로 설정해서 문제를 해결해야 합니다.

```
18      // 단순 대입 연산자 다중 정의
19      CMyData& operator=(const CMyData &rhs)
20      {
21        // r-value가 자신이면 대입을 수행하지 않는다.
22        if(this == &rhs)
23          return *this;
24
25        delete m_pnData;
26        m_pnData = new int(*rhs.m_pnData);
27
28        return *this;
29      }
```

끝으로 m_pnData 멤버 변수를 NULL이 아니라 **nullptr**로 초기화했는데, 이 nullptr은 C++11에서 새로 등장한 예약어이며 이름 그대로 'NULL 포인터'를 의미합니다. 또한 nullptr은 기존에 존재하는 NULL을 대체하기 위한 것인데, NULL은 엄밀히 말해 int 자료형 0과 같다고도 볼 수 있기 때문입니다.

하지만 nullptr은 같은 0이라 하더라도 그것은 단지 값일 뿐 명백히 '포인터'라는 의미를 포함합니다. 그러므로 앞으로 포인터를 초기화할 때는 nullptr을 이용하는 것이 좋습니다.

5.3.1 복합 대입 연산자

단순 대입 연산자를 이해했다면 복합 대입 연산자는 어려울 것이 없습니다. 그리고 실습 과제 6에서 CMyString 클래스에 이미 적용해봤습니다. OperOverAssignComplex 예제는 앞서 다룬 OperOverAssign.cpp 예제에 += 연산자 함수를 추가한 예입니다. CMyData 클래스가 포인터를 사용하다 보니 생각할 문제가 좀 있습니다.

```
[05/OperOverAssignComplex/OperOverAssignComplex.cpp] += 연산자 함수 추가

28    CMyData& operator+=(const CMyData &rhs)
29    {
30        // 현재 값 처리
31        int *pnNewData = new int(*m_pnData);
32
33        // 누적할 값 처리
34        *pnNewData += *rhs.m_pnData;
35
36        // 기존 데이터를 삭제하고 새 메모리로 대체
37        delete m_pnData;
38        m_pnData = pnNewData;
39
40        return *this;
41    }
```

실습 과제 6의 CMyString 클래스에 추가한 Append() 메서드와 동일한 문제입니다. 아무튼 += 연산자를 제공할 경우 다음 코드와 같은 사용자 코드를 작성할 수 있습니다.

```
48    int _tmain(int argc, _TCHAR* argv[])
49    {
50        CMyData a(0), b(5), c(10);
51        a += b;
52        a += c;
53        cout << a << endl;
54
55        return 0;
56    }
```

15

변수 a의 값은 누적됩니다. 따라서 실행 결과는 15입니다.

5.3.2 이동 대입 연산자

연산에 의한 임시 결과는 두 종류가 있습니다. 첫 번째로는 a + b 같은 연산에 의한 것이고 두 번째로는 함수 호출에 의한 것입니다. 가령, TestFunc()라는 함수가 int 자료형을 반환한다면 호출자 함수에서 그 반환값을 사용하든 그렇지 않든 일단 int 자료형 값이 호출자에게 전달됩니다.

앞서 '이름 없는 임시 객체'를 다루면서 자세한 내용들은 모두 다뤘으므로 생략합니다. 아무튼 임시 객체 때문에 이동 생성자가 생겨났듯이 또 임시 객체 때문에 대입 연산자와 별개로 이동 대입 연산자도 생겨났습니다.

[05/OperOverAssignMove/OperOverAssignMove.cpp]

```
01  #include "stdafx.h"
02  #include <iostream>
03  using namespace std;
04
05
06  // 제작자 코드
07  class CMyData
08  {
09  public:
10    explicit CMyData(int nParam)
11    {
12      cout << "CMyData(int)" << endl;
13      m_pnData = new int(nParam);
14    }
15
16    CMyData(const CMyData &rhs)
17    {
18      cout << "CMyData(const CMyData &)" << endl;
```

```cpp
19       m_pnData = new int(*rhs.m_pnData);
20    }
21
22    ~CMyData() { delete m_pnData; }
23
24    operator int() { return *m_pnData; }
25
26    // 덧셈 연산자 다중 정의
27    CMyData operator+(const CMyData &rhs)
28    {
29        // 호출자 함수에서 이름 없는 임시 객체가 생성된다.
30        return CMyData(*m_pnData + *rhs.m_pnData);
31    }
32
33    // 단순 대입 연산자 다중 정의
34    CMyData& operator=(const CMyData &rhs)
35    {
36      cout << "operator=" << endl;
37      if(this == &rhs)
38        return *this;
39
40      delete m_pnData;
41      m_pnData = new int(*rhs.m_pnData);
42
43      return *this;
44    }
45
46    // 이동 대입 연산자 다중 정의
47    CMyData& operator=(CMyData &&rhs)
48    {
49      cout << "operator=(Move)" << endl;
50
51      // 얕은 복사를 수행하고 원본은 NULL로 초기화한다.
52      m_pnData = rhs.m_pnData;
53      rhs.m_pnData = NULL;
54
55      return *this;
56    }
57
```

```
58  private:
59     int *m_pnData = nullptr;
60  };
61
62  // 사용자 코드
63  int _tmain(int argc, _TCHAR* argv[])
64  {
65     CMyData a(0), b(3), c(4);
66     cout << "*****Before*****" << endl;
67
68     // 이동 대입 연산자가 실행된다!
69     a = b + c;
70     cout << "*****After*****" << endl;
71     cout << a << endl;
72     a = b;
73     cout << a << endl;
74
75     return 0;
76  }
```

실행결과

```
CMyData(int)
CMyData(int)
CMyData(int)
*****Before*****
CMyData(int)
operator=(Move)
*****After*****
7
operator=
3
```

이 예제에서 적극적으로 비교할 부분은 _tmain() 함수의 69번 행 **a = b + c;** 와 72번 행 **a = b;**입니다. CMyData 클래스 인스턴스인 b와 c를 더하면 당연히 CMyData::operator+() 함수가 호출됩니다. 그리고 부산물로 임시 객체가 탄생합니다. 그런데 이 **임시 객체를 r-value로 삼아 곧바로 단**

순 대입 연산을 실행한다면 이때는 이동 대입 연산자가 **호출**됩니다. 이동 대입 연산자를 다중 정의하지 않는다면 일반 대입 연산자 함수가 호출될 것입니다. 하지만 존재한다면 컴파일러가 이동 대입 연산자를 호출해줍니다.

이동 생성자와 마찬가지로 이동 대입 연산자도 곧 사라질 임시 객체와 직접적인 관련이 있습니다. 34~44번 행의 일반 대입 연산자 함수는 깊은 복사를 수행하지만 47~56번 행에 보이는 이동 대입 연산자는 '얕은 복사'를 수행합니다. 마치 알맹이만 쏙 빼내듯 말이죠.

복습 차원에서 다시 말하면 이동 시맨틱은 이동 생성자와 이동 대입 연산자로 구현됩니다. 이 두 가지 모두 곧 사라질 임시 객체와 관련된 것입니다. 언제 어느 조건에서 호출되는지 정확히 알고 사용하는 것이 가장 중요합니다.

5.4 배열 연산자

배열 연산자도 다중 정의할 수 있습니다. 사실 C에서 포인터 변수를 배열 연산으로 다루는 일은 흔합니다. 그래서 처음 C를 배울 때는 배열과 포인터를 혼용하는 경우가 많습니다. 그러나 내부를 뜯어놓고 보면 결국 모두 포인터임을 알 수 있지요.

그러나 "배열과 포인터 둘 중 어느 것이 더 편한가요?"라고 물으면 배열이라는 답이 훨씬 많습니다. 여러 이유가 있겠지만 그것이 중요하지는 않은 것 같습니다. 다만 한 가지는 확실해 보입니다. 포인터라고 하면 뭔가 복잡해 보이지만 배열은 상대적으로 쉽게 보인다는 사실 말입니다.

그렇다면 포인터와 배열을 하나로 합쳐주면 어떨까요? 포인터 및 메모리 동적 할당을 수행하면서도 사용자에게 배열을 다루는 것처럼 편리함을 제공한다면 성능 향상이나 기능 확장이라는 두 마리 토끼를 잡을 수 있지 않을까요? 곧 설명하게 될 OperOverArray.cpp 예제의 CintArray 클래스는 사용자가 int 배열을 사용하는 것과 동일한 경험을 제공합니다. 그러나 내면에는 메모리를 직접 관리하는 코드가 들어갑니다.

그리고 배열 연산자 함수의 매개변수는 int 자료형 변수 하나뿐인데, 이것은 배열의 인덱스로 활용됩니다. 그리고 '상수형 참조를 통한 접근'을 포함해서 두 가지 형태로 정의할 수 있습니다.

```
int& operator[] (int nIndex);
int operator[] (int nIndex) const;
```

첫 번째 선언에서 int&를 반환하는데 이는 l-value로 사용되는 경우를 고려해야 하기 때문입니다. 일반적인 경우에서는 배열 연산이 l-value가 되든 r-value가 되든 이 첫 번째 배열 연산자 함수가 사용됩니다. 하지만 상수형 메서드인 두 번째 선언은 **상수형 참조를 통해서만 호출**할 수 있고 오로지 r-value로만 사용됩니다.

```
[05/OperOverArray/OperOverArray.cpp] 배열 연산자

01  #include "stdafx.h"
02  #include <iostream>
03  using namespace std;
04
05  // 제작자 코드
06  class CIntArray
07  {
08  public:
09    CIntArray(int nSize)
10    {
11      // 전달된 개수만큼 int 자료를 담을 수 있는 메모리를 확보한다.
12      m_pnData = new int[nSize];
13      memset(m_pnData, 0, sizeof(int) * nSize);
14    }
15
16    ~CIntArray() { delete m_pnData; }
17
18    // 상수형 참조인 경우의 배열 연산자
19    int operator[](int nIndex) const
20    {
21      cout << "operator[] const" << endl;
22      return m_pnData[nIndex];
23    }
24
25    // 일반적인 배열 연산자
26    int& operator[](int nIndex)
27    {
28      cout << "operator[]" << endl;
29      return m_pnData[nIndex];
30    }
31
```

```
32  private:
33      // 배열 메모리
34      int *m_pnData;
35
36      // 배열 요소의 개수
37      int m_nSize;
38  };
39
40  // 사용자 코드
41  void TestFunc(const CIntArray &arParam)
42  {
43      cout << "TestFunc()" << endl;
44
45      // 상수형 참조이므로 'operator[](int nIndex) const'를 호출한다.
46      cout << arParam[3] << endl;
47  }
48
49  int _tmain(int argc, _TCHAR* argv[])
50  {
51      CIntArray arr(5);
52      for(int i = 0; i < 5; ++i)
53          arr[i] = i * 10;
54
55      TestFunc(arr);
56
57      return 0;
58  }
```

실행결과

```
operator[]
operator[]
operator[]
operator[]
operator[]
TestFunc()
operator[] const
30
```

51번 행에서 요소의 개수가 5개인 배열 객체를 선언 및 정의했습니다. 이로써 arr은 int[5]인 배열과 동일한 특성을 갖습니다. 그리고 53번 행에서 **arr[i] = i * 10;**을 실행하는데, 여기서 수행하는 배열 연산자 함수는 26번 행의 **int& operator[ ] (int nIndex)**입니다. 반환 형식이 참조자이므로 l-value가 될 수 있습니다.

하지만 TestFunc( ) 함수에서는 **int& operator[ ] (int nIndex)**가 아니라 **int operator[ ] (int nIndex) const**가 적용됩니다. 왜냐하면 TestFunc( ) 함수의 매개변수 형식이 상수형 참조인 **const CIntArray &arParam**이기 때문입니다.

여기서 한 가지만 더 언급하자면 두 배열 연산자 함수 모두 '경계 검사'를 하지 않고 있습니다. 그러므로 요소의 개수가 5인 배열에 대해서 −1이나 5 이상의 인덱스를 부여한다면 분명 오류가 발생할 것입니다. 특히 배열의 경계를 벗어나 메모리 입·출력을 수행하면서 발생하는 각종 오류들은 C나 C++로 작성된 프로그램들의 근본적인 문제입니다.

이 문제를 해결하는 한 가지 기법을 소개하면 다음과 같습니다. 예를 들어 요소의 개수가 5인데 인덱스가 5 이상인 경우라면 거기에 맞추어 메모리를 늘리는 것입니다. 물론 메모리라는 것이 무한정 늘어나는 것은 아니니 잘 생각하고 적용해야 합니다. 또한 이 방법이 프로그램의 효율을 떨어뜨리는 원인(잦은 메모리 할당 및 해제)이 될 수도 있다는 점을 절대 간과해서는 안 됩니다.

5.4.1 실습 과제 7: 문자열은 배열이다

우리의 CMyString 클래스에도 배열 연산자가 꼭 필요합니다. 본디 '문자열'이라는 것이 배열이기 때문이죠. 자, 다음과 같은 사용자 코드 및 실행 결과를 확인할 수 있도록 CMyString 클래스에 두 가지 배열 연산자 함수를 추가합니다.

⚠ 정답은 266페이지에서 확인합니다.

[05/Practice7/StringCtrlSample/StringCtrlSample.cpp]

```
01  #include "stdafx.h"
02  #include "MyString.h"
03
04  void TestFunc(const CMyString &strParam)
05  {
06      cout << strParam[0] << endl;
```

```
07     cout ≪ strParam[strParam.GetLength() - 1] ≪ endl;
08  }
09
10  int _tmain(int argc, _TCHAR* argv[])
11  {
12     CMyString strParam("HelloWorld");
13     cout ≪ strParam ≪ endl;
14     TestFunc(strParam);
15
16     return 0;
17  }
```

실행결과

```
HelloWorld
H
d
```

만일 operator[ ] 연산자 함수를 직접 입력하지 않고 Visual Studio의 마법사 기능을 이용해 추가할 경우 두 번째 배열 연산자 함수 추가를 허용하지 않을 수 있습니다. 같은 이름의 함수가 이미 존재하기 때문인데, 이 경우에는 직접 손으로 MyString.h와 MyString.cpp 파일에 각각 선언과 정의를 입력하면 됩니다.

그리고 '배열의 경계 검사'는 아직 고려하지 않지만 도전해보겠다면 시도해봐도 좋습니다.

5.5 관계 연산자

상등 및 부등 연산자와 비교 연산자를 합쳐 관계 연산자라 합니다. 그런데 이 연산자들의 연산 결과로 생성되는 값의 형식이 무엇인지 알고 있나요? C를 배운 사람임에도 모르는 경우가 많아 확인해보려 합니다. 정답은 int 자료형입니다. 참이면 1, 거짓이면 0입니다. 그러므로 상등 및 부등 관계 연산자 함수의 원형은 다음과 같습니다.

```
int 클래스이름::operator==(const 클래스이름 &);
int 클래스이름::operator!=(const 클래스이름 &);
```

앞서 만든 OperOverArray.cpp 예제의 CIntArray 클래스에 ==와 != 연산자를 정의해 넣는다면 배열 단위의 비교 기능을 구현할 수도 있습니다. 그런데 사실 '배열 단위 비교'의 가장 흔한 예는 바로 '문자열'입니다. 두 문자열이 같은지, 다른지 비교해야 하는 경우는 정말이지 엄청나게 많습니다. 그래서 별도로 예제를 만들기보다는 CMyString 클래스를 통해 확인하겠습니다.

5.5.1 실습 과제 8: 문자열과 관계 연산자

'실습 과제 8'은 CMyString 클래스에 ==와 !=라는 관계 연산자 함수를 만드는 일입니다. 하지만 지금까지와는 다르게 단순히 단계별로 따라서 진행하고 넘어갈 생각입니다. 그러니 문제를 푸는 과정처럼 여러분이 직접 프로그램을 개발할 필요는 없습니다. '실습 과제 7' 정답에 이어 코딩합니다.

step 1
StringCtrlSample 프로젝트 CMyString 클래스의 MyString.h와 MyString.cpp 파일에 **int CMyString::operator==(const CMyString &rhs)** 메서드를 추가하고 코드를 작성합니다.

[05/Practice8/StringCtrlSample/MyString.h]

```
26  public:
......
46    int operator==(const CMyString &rhs);
```

[05/Practice8/StringCtrlSample/MyString.cpp]

```
167  int CMyString::operator==(const CMyString &rhs)
168  {
169    if(m_pszData != NULL && rhs.m_pszData != NULL)
170      if(strcmp(m_pszData, rhs.m_pszData) == 0)
171        return 1;
172
173    return 0;
174  }
```

step2

이번에는 CMyString 클래스의 MyString.h와 MyString.cpp 파일에 **int CMyString::operator!=(const CMyString &rhs)** 메서드를 추가하고 코드를 작성합니다.

[05/Practice8/StringCtrlSample/MyString.h]

```
26  public:
......
47    int operator!=(const CMyString &rhs);
```

[05/Practice8/StringCtrlSample/MyString.cpp]

```
176  int CMyString::operator!=(const CMyString &rhs)
177  {
178    if(m_pszData != NULL && rhs.m_pszData != NULL)
179      if(strcmp(m_pszData, rhs.m_pszData) == 0)
180        return 0;
181
182    return 1;
183  }
```

step3

_tmain() 함수를 다음과 같이 작성한 후 실행하고 결과를 확인합니다.

[05/Practice8/StringCtrlSample/StringCtrlSample.cpp]

```
01  #include "stdafx.h"
02  #include "MyString.h"
03
04  int _tmain(int argc, _TCHAR* argv[])
05  {
06    CMyString strLeft("Test"), strRight("String");
07
08    if(strLeft == strRight)
09      cout << "Same" << endl;
10
```

```
11    else
12      cout << "Different" << endl;
13
14    strLeft = CMyString("String");
15
16    if(strLeft != strRight)
17      cout << "Different" << endl;
18
19    else
20      cout << "Same" << endl;
21
22    return 0;
23  }
```

```
Different
Same
```

5.6 단항 증감 연산자

단항 증감 연산자는 for문에서 반복자(혹은 카운터)로 사용되는 변수에서 흔히 볼 수 있습니다. 단항 증가 연산자는 ++이고 감소 연산자는 −−입니다. 그리고 이 연산자가 피연산자의 왼쪽에 붙으면 '전위식'이고 오른쪽에 붙으면 '후위식'이 됩니다. 단항 증감 연산자를 구현할 때 가장 주의해야 할 부분이 바로 이 전위식과 후위식입니다.

만일 매개변수 없이 **int operator++()**라고 추가하면 이는 '전위식'에 해당합니다. 하지만 int 자료형 인수를 하나 받도록 **int operator++(int)**라고 하면 '후위식'이 됩니다. 전위식이냐 후위식이냐에 따라 여산자 우선순위가 극과 극으로 달라지는 만큼 주의가 필요합니다.

[05/OperOverIncrement/OperOverIncrement.cpp] 단항 증가 연산자 예

```
01  #include "stdafx.h"
02  #include <iostream>
```

```cpp
03  using namespace std;
04
05  class CMyData
06  {
07    public:
08      CMyData(int nParam) : m_nData(nParam) { }
09
10      // 형변환
11      operator int() { return m_nData; }
12
13      // 전위 증가 연산자
14      int operator++()
15      {
16        cout << "operator++()" << endl;
17        return ++m_nData;
18      }
19
20      // 후위 증가 연산자
21      int operator++(int)
22      {
23        cout << "operator++(int)" << endl;
24        int nData = m_nData;
25        m_nData++;
26
27        return nData;
28      }
29
30    private:
31      int m_nData = 0;
32  };
33
34  int _tmain(int argc, _TCHAR* argv[])
35  {
36    CMyData a(10);
37
38    // 전위 증가 연산자를 호출한다.
39    cout << ++a << endl;
40
41    // 후위 증가 연산자를 호출한다.
```

```
42    cout ≪ a++ ≪ endl;
43    cout ≪ a ≪ endl;
44
45    return 0;
46  }
```

실행결과

```
operator++()
11
operator++(int)
11
12
```

14~18번 행은 전위식 단항 증가 연산자 함수입니다. 특별할 만한 내용이 전혀 없습니다. 내부적으로 증가시켜야 할 멤버 변수를 증가시켜 반환했습니다.

그러나 후위식 증가 연산자를 기술한 21~28번 행은 조금 다릅니다. 여기서 핵심은 24, 27번 행입니다. 멤버 변수의 값을 증가시키기 전에 먼저 백업(**int nData = m_nData;**)하고 이어서 증가 연산을 실행합니다. 마지막에는 (증가된 값이 아니라) 앞서 백업한 값을 반환(**return nData;**)함으로써 결과적으로 후위식에 의한 단항 증가를 구현했습니다.

이제 5장에서 소개하려던 모든 내용을 설명했습니다. 원래 분류상으로는 이어서 '함수 호출 연산자' 및 '람다식'을 다루는 것이 맞겠지만 나중으로 미루겠습니다. 일단 함수 호출 연산자 자체를 모르는 경우도 많은 데다 무엇보다 '콜백Call back' 구조를 알지 못하면 함수 객체나 람다식을 설명하기가 어렵기 때문입니다. 만일 먼저 확인하고 싶다면 12장을 읽어보기 바랍니다.

이제 C++를 이용한 객체지향 프로그래밍을 제법 배운 것입니다. 아이가 처음 걸음마를 배우고 스스로 걷기까지는 수없이 많이 넘어져야 합니다. 그러나 어떤 아기도 포기하지 않지요? 지금 여러분이 포기하지 않고 여기까지 온 것처럼 말입니다. 일단 축하합니다! 지금 여러분은 걸음마를 넘어 약간 달리는 중입니다. 그러니까 이젠 시야를 넓혀 주변을 살펴야 합니다. '나'만 언급하는 것이 아니라 주변의 나와 다른 '너'를 살피고 '우리'라는 **관계**를 논할 시간이 왔기 때문입니다.

1. 대입 연산자 오버로딩 시 주의해야 할 점(두 가지)은 무엇인지, 그리고 이유를 답하세요.

2. 각종 대입 연산자들의 적절한 반환 형식은 무엇입니까?

3. 후위식 단항 증가 연산자를 작성하려고 합니다. 적절한 함수 원형을 예로 들어보세요.

실습 과제는 바로 이전 실습 과제를 참고해서 문제를 해결해나갑니다. 따라서 앞 실습 과제의 정답 과 지나치게 중복되는 코드는 생략하고 정답을 수록했습니다. 전체 코드를 참고할 분은 각 실습 과 제 정답 코드 위에 적혀 있는 예제 파일을 참고하기 바랍니다.

[05/Practice6/StringCtrlSample/MyString.h]

```
26  public:
27    int SetString(const char* pszParam);
28
29    // 멤버 읽기만 수행하므로 메서드를 상수화한다.
30    const char* GetString() const;
31
32    void Release();
33    CMyString& operator=(const CMyString &rhs);
34
35    operator char*() const
36    {
37      return m_pszData;
38    }
39
40    int GetLength() const;
41    int Append(const char * pszParam);
42    CMyString operator+(const CMyString &rhs);
43    CMyString& operator+=(const CMyString &rhs);
44  };
```

[05/Practice6/StringCtrlSample/MyString.cpp]

```
099  int CMyString::GetLength() const
100  {
101    return m_nLength;
102  }
103
104  int CMyString::Append(const char * pszParam)
105  {
106    // 매개변수 유효성 검사
107    if(pszParam == NULL)
```

```
108       return 0;
109
110    int nLenParam = strlen(pszParam);
111
112    if(nLenParam == 0)
113       return 0;
114
115    // 세트된 문자열이 없다면 새로 문자열을 할당한 것과 동일하게 처리
116    if(m_pszData == NULL)
117    {
118       SetString(pszParam);
119
120       return m_nLength;
121    }
122
123    // 현재 문자열의 길이 백업
124    int nLenCur = m_nLength;
125
126    // 두 문자열을 합쳐서 저장할 수 있는 메모리를 새로 할당
127    char *pszResult = new char[nLenCur + nLenParam + 1];
128
129    // 문자열 조합
130    strcpy_s(pszResult, sizeof(char) * (nLenCur + 1), m_pszData);
131    strcpy_s(pszResult + (sizeof(char) * nLenCur),
132       sizeof(char) * (nLenParam + 1), pszParam);
133
134    // 기존 문자열 삭제 및 멤버 정보 갱신
135    Release();
136    m_pszData = pszResult;
137    m_nLength = nLenCur + nLenParam;
138
139    return m_nLength;
140 }
141
142 CMyString CMyString::operator+(const CMyString &rhs)
143 {
144    CMyString strResult(m_pszData);
145    strResult.Append(rhs.GetString());
146
```

```
147    return strResult;
148  }
149
150  CMyString& CMyString::operator+=(const CMyString &rhs)
151  {
152    Append(rhs.GetString());
153
154    return *this;
155  }
```

실습 과제는 바로 이전 실습 과제를 참고해서 문제를 해결해나갑니다. 따라서 앞 실습 과제의 정답과 지나치게 중복되는 코드는 생략하고 정답을 수록했습니다. 전체 코드를 참고할 분은 각 실습 과제 정답 코드 위에 적혀 있는 예제 파일을 참고하기 바랍니다.

[05/Practice7/StringCtrlSample/MyString.h]

```
26  private:
......
40    int GetLength() const;
41    int Append(const char * pszParam);
42    CMyString operator+(const CMyString &rhs);
43    CMyString& operator+=(const CMyString &rhs);
44    char& operator[](int nIndex);
45    char operator[](int nIndex) const;
46  };
```

[05/Practice7/StringCtrlSample/MyString.cpp]

```
142  CMyString CMyString::operator+(const CMyString &rhs)
143  {
144    CMyString strResult(m_pszData);
145    strResult.Append(rhs.GetString());
146
147    return strResult;
148  }
149
150  CMyString& CMyString::operator+=(const CMyString &rhs)
151  {
152    Append(rhs.GetString());
153
154    return *this;
155  }
156
157  char& CMyString::operator[](int nIndex)
158  {
159    return m_pszData[nIndex];
```

```
160  }
161
162  char CMyString::operator[](int nIndex) const
163  {
164    return m_pszData[nIndex];
165  }
```

객체의
관계 규정과 설계

"객체지향 프로그래밍에서 가장 중요한 요소는 무엇일까요?"라고 실무자들에게 질문하면 모르긴 해도 "단언컨데 '설계Design'입니다!"라고 대답할 것 같습니다.

C 같은 절차지향 언어는 머릿속의 생각만으로도 프로그래밍을 시작할 수 있습니다. 그리 좋은 코딩 습관이라 보기는 어렵지만 어쨌든 생각과 동시에 프로그래밍을 진행할 수 있습니다. 그리고 코드 흐름 상의 오류가 발견되면 흐름 자체를 우회하거나 되돌리는 방식으로 문제를 회피할 수 있습니다. 하지만 객체지향 프로그래밍은 다릅니다. 만일 프로그램 하나를 이루는 객체가 세 가지라면 적어도 세 개의 흐름이 한 프로그램 내부에 공존하는 것으로 생각할 수 있습니다.

문제는 "그중 하나라도 변경될 경우 나머지 둘에게 어떤 영향이 미치는가?"입니다. 다른 말로 표현하면 '관계'입니다. 길을 가다 우연히 마주치는 사람과 나의 관계는 그 깊이가 매우 얕습니다. 설령 그 사람이 아파 보인다 하더라도 외면할 수도 있습니다. 하지만 우연히 마주친 사람이 남이 아니라 가족이라면 절대 외면할 수 없습니다. 심지어 그 가족 때문에 내가 가진 것을 포기해야 하거나 내 인생진로 자체를 수정해야 할 수도 있습니다.

객체지향 프로그래밍이 어려운 것은 바로 이런 점 때문입니다. 모든 객체들이 잘 만들어진 톱니바퀴들처럼 아귀가 딱딱 맞아 잘 돌아가면 톱니바퀴 하나로는 절대로 해낼 수 없는 일들을 할 수 있습니다. 하지만 그중 하나라도 잘못되면 전체에 영향이 미치는 문제가 발생합니다. 이런 이유로 객체지향 프로그래밍에서는 '설계'라는 말을 중요시합니다. 그리고 설계를 이루는 핵심은 바로 '관계 규정'입니다.

이제 한 단계 도약할 때입니다. 5장까지는 한 객체에 대해서만 다뤘지만 이제부터는 '관계'를 말하기 위해 적어도 두 개 이상의 객체를 다뤄야 합니다. 그러니 흐름도 두 가지가 될 것이고 두 객체 간의 관계가 만들어낼 또 다른 흐름도 발생하겠지요. 조금 복잡한 이야기가 될 수도 있지만 반드시 이해하고 넘어가야 할 이론입니다.

상속 기본

객체지향 프로그래밍이 절차지향 프로그래밍과 비교했을 때 우월한 점은 코드의 재사용 및 성장입니다. **코드를 재사용할 때 가장 바보 같은 방법 중 하나가 바로** Ctrl+C & Ctrl+V, **즉 "복사하기 붙여 넣기"입니다!** 같은 문제를 코드 여기저기에 빠른 속도로 전파시킬 뿐만 아니라 유지보수를 어렵게 만드는 1등 공신이지요. 하지만 C++에서는 문법에서 코드를 가져오는 방법을 제공합니다. 바로 '상속'이죠. 그리고 다시 고쳐 생각해보면 상속은 코드를 가져오는 것에서 끝나지 않고 계승·발전시키기 위한 문법으로도 생각할 수 있습니다. 그것도 꽤 안전한 방법으로 말이죠.

물론 반대로 상속 때문에 다양한 오류와 문제들이 발생할 수도 있습니다. 당연히 조심해서 코드를 작성하는 것이 중요하겠죠. 그러기 위해서는 **문제가 발생할 일이 없도록 구조화하는 것이 중요**합니다. 일정 수준의 불편을 감수하더라도 문제가 발생할 가능성을 원천봉쇄할 수 있다면 이는 분명히 좋은 코드일 것입니다.

객체지향 프로그래밍을 배우는 사람들 입장에서는 상속 전과 후가 확연히 다르다는 것을 느낄 수 있는데, 이는 상속이 등장한 순간부터

> "지금까지 배운 문법이 상속과 합쳐지면 어떤 장점이 있지? 혹은 어떤 문제가 발생하지?"

에 대해 고민해야 하기 때문입니다. 그럼 이제 상속의 세계에 푹 빠져볼까요?

이 장의 핵심 개념

6장의 핵심 개념은 상속입니다. 객체지향 프로그래밍 개념의 또 다른 핵심이기도 하고 앞으로 여러분이 가장 즐겨 사용해야 할 개념이기도 합니다. 100행의 코드를 20행으로 줄일 수도 있는 것이 바로 상속입니다.

1. 상속: 객체 단위 코드를 재사용하는 방법이며, 재사용이란 기능적 확장이나 개선을 의미합니다. 훨씬 더 간결한 방법으로 코드를 작성하게 합니다.

2. 재정의: 기존의 선언 및 정의된 코드를 유지하면서도 새롭게 바꾸는 방법입니다. 즉, 코드를 자유롭게 대체하는 것입니다.

3. 메서드 재정의: 어떤 클래스에 있는 메서드를 자유롭게 재정의해서 사용하는 방법입니다.

이 장의 학습 흐름

이번 장에서 우리가 다룰 것은 C++의 상속 사용법입니다.

6장

상속의 개념이 무엇인지를 정확하게 이해합니다.

상속을 통한 매서드의 재정의 방법을 직접 작성하고 살펴봅니다.

상속의 경우 생성자와 소멸자가 어떻게 사용되는지를 정확하게 이해합니다.

여러분은 이제 '상속 프로그래머'입니다.

6.1 상속이란?

'상속Inheritance'은 객체 단위 코드를 '재사용'하는 방법이며, '재사용'이란 기능적 확장이나 개선을 의미합니다. 무엇보다 C++ 클래스가 C의 구조체와 구별되는 근거입니다. 그리고 상속을 이해하는 데 가장 중요한 것은 바로 '관계'입니다.

그동안 우리는 단 하나의 클래스만 놓고 생각했습니다. 물론 제작자와 사용자를 구별하고 두 관점을 고려했지만 제작이나 사용의 대상은 오로지 단 하나의 클래스였다는 사실이 달라진 적은 없습니다. 그런데 이제부터는 그 대상 클래스가 하나에서 둘 이상으로 늘어나야 하며, 그 **두 클래스 사이의 '관계'를 고려해 프로그램을 작성**해야 합니다.

'나'를 넘어 '우리'를 말하려면 철부지 아이처럼 코드를 작성해선 안 되겠죠. **'배려'를 밑바탕에 두고** 모든 일을 시작해야 합니다. 그리고 새로운 시점을 고려해야 합니다.

한 클래스의 제작자가 현재의 제작자와 과거 혹은 미래의 제작자 관점으로 나뉩니다. 지금 당장 이러한 관점을 잘 이해할 수 있다면 실력 좋은 초보자입니다. 과거의 코드들을 이해하고 지금의 코드를 만들 수 있으려면 적어도 경력자라야 합니다. 하지만 **정말 실력 있는 객체지향 개발자는 과거를 근거로 미래를 생각해 현재 코드를 작성**할 수 있습니다.

6.1.1 기본 문법

새로운 클래스를 선언할 때 특정 클래스를 상속받으려면 다음과 같이 코드를 작성합니다.

```
class 파생클래스이름 : 접근제어지시자 부모클래스이름
```

실제 코드 구조는 다음과 같습니다.

```
// 기본 클래스 혹은 부모 클래스
class CMyData
{
};
....
// 파생 클래스 혹은 자식 클래스
class CMyDataEx : public CMyData
{
};
```

이와 같이 코드를 작성하면 CMyDataEx 클래스는 CMyData 클래스를 상속받아 생성된 파생 클래스가 됩니다. 반대로 CMyData 클래스는 CMyDataEx 클래스의 기본 클래스 혹은 부모 클래스가 됩니다.

마치 우리 부모님과 나의 관계처럼 상속 관계는 상하 관계가 됩니다. 이것을 세련되게 전문 용어로 표현하면 'is-a' 관계나 'has-a' 관계로 설명할 수 있습니다. 하지만 이런 이야기들은 나중으로 미루겠습니다.

지금 당장은 InheritSample.cpp를 이해하는 데 집중해야 합니다. 앞으로 알게 될 거라고 가정해야 하는 것들을 설명한 예제이며 그 가정들을 나열하면 다음과 같습니다. 단, public 접근 제어 지시자를 통한 상속임을 전제로 합니다.

- 파생 클래스의 인스턴스가 생성될 때 기본 클래스의 생성자도 호출됩니다.
- 파생 클래스는 기본 클래스의 멤버에 접근할 수 있습니다. 단, private 접근 제어 지시자로 선언된 클래스 멤버에는 접근할 수 없습니다.
- 사용자 코드에서는 파생 클래스의 인스턴스를 통해 기본 클래스 메서드를 호출할 수 있습니다.

[06/InheritSample/InheritSample.cpp] 상속 클래스 기본

```
01  #include "stdafx.h"
02  #include <iostream>
03  using namespace std;
04
05  // 제작자 - 초기 개발자
06  class CMyData
07  {
08    public:  // 누구나 접근 가능
09      CMyData() { cout << "CMyData()" << endl; }
10      int GetData() { return m_nData; }
11      void SetData(int nParam) { m_nData = nParam; }
12
13    protected:  // 파생 클래스만 접근 가능
14      void PrintData() { cout << "CMyData::PrintData()" << endl; }
15
16    private:  // 누구도 접근 불가능
```

```
17        int m_nData = 0;
18  };
19
20  // 제작자 - 후기 개발자
21  class CMyDataEx : public CMyData
22  {
23    public:
24      CMyDataEx() { cout << "CMyDataEx()" << endl; }
25      void TestFunc()
26      {
27        // 기본 형식 멤버에 접근
28        PrintData();
29        SetData(5);
30        cout << CMyData::GetData() << endl;
31      }
32  };
33
34  // 사용자
35  int _tmain(int argc, _TCHAR* argv[])
36  {
37    CMyDataEx data;
38
39    // 기본 클래스(CMyData) 멤버에 접근
40    data.SetData(10);
41    cout << data.GetData() << endl;
42
43    // 파생 클래스(CMyDataEx) 멤버에 접근
44    data.TestFunc();
45
46    return 0;
47  }
```

실행결과

```
CMyData()
CMyDataEx()
10
CMyData::PrintData()
5
```

37번 행에서 CMyDataEx data;라고 CMyDataEx 클래스 인스턴스를 선언했으므로 당연히 CMyDataEx 클래스의 생성자가 호출됩니다. 그런데 실행 결과를 보면 CMyData 클래스의 생성자가 호출된 것으로 보입니다. 나중에 자세히 이야기하겠지만 이는 잘못된 생각입니다.

다음 그림은 생성자 호출 순서를 나타냅니다!

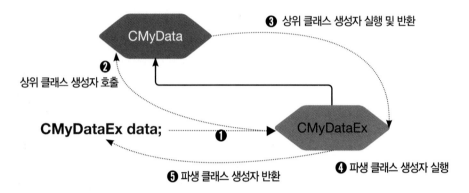

상속 관계에서 **파생 클래스의 생성자는 먼저 호출되지만 실행은 나중**에 됩니다. 그러니까 먼저 호출되는 것은 CMyDataEx 클래스의 생성자이지만 자신을 실행하기에 앞서 기본 클래스의 생성자인 CMyData()를 호출합니다. CMyData 클래스는 기본 클래스가 없는 '최상위 클래스'이므로 호출 즉시 실행됩니다. 이어서 CMyData() 생성자를 반환하면 CMyDataEx() 생성자가 실행됩니다. 착각하기 쉬우니 주의해야 합니다.

40번 행 data.SetData(10);을 통해 **파생 클래스의 인스턴스로 기본 클래스의 메서드를 호출**했습니다. 사용자 코드에서는 '접근이 허용'됐다면 파생 형식을 통해 모든 기본 클래스 멤버에 접근할 수 있습니다. 41번 행에서 CMyData::GetData()에 접근할 수 있는 것도 같은 원리입니다.

하지만 16, 17번 행을 살펴보면 상황이 좀 다릅니다.

```
16    private:  // 누구도 접근 불가능
17       int m_nData = 0;
```

private으로 선언된 멤버는 사용자 코드에서 접근이 차단되는 것은 물론이고 **CMyDataEx 클래스의 멤버인 CMyDataEx::TestFunc()에서조차도 접근할 수 없습니다.**

44번 행에서는 CMyDataEx 클래스의 메서드인 TestFunc()에 접근하는데, 이는 우리가 지금까지 배워온 것들만으로도 충분히 이해할 수 있습니다.

그런데 재밌는 것은 이 TestFunc() 메서드 내부에서 기본 클래스의 멤버 함수에 접근하고 있다는 것입니다.

```
25      void TestFunc()
26      {
27        // 기본 형식 멤버에 접근
28        PrintData();
29        SetData(5);
30        cout << CMyData::GetData() << endl;
31      }
```

28, 29번 행은 각각 **CMyData::PrintData()**와 **CMyData::SetData(5)**라고 대체할 수 있습니다. 그런데 단지 생략했을 뿐입니다. '2.5 식별자 검색 순서'의 내용을 기억하나요? 상속을 배우기 시작했으므로 혹시 기억이 가물가물하다면 꼭 다시 복습하기 바랍니다.

CMyData 클래스의 PrintData() 메서드는 protected라는 예약어로 선언되었습니다. 그러므로 CMyDataEx::TestFunc() 같은 파생 클래스의 메서드에서 접근이 허용됩니다. 하지만 _tmain() 함수 같은 사용자 코드에서는 접근할 수 없습니다. 만일 _tmain() 안에서 46번 행 return 0; 전에 cout << CMyData::PrintData() << endl;과 같은 코드로 접근을 시도하면 다음과 같은 오류 메시지가 나타납니다.

실행결과

```
error C2248: 'CMyData::PrintData' : protected 멤버('CMyData' 클래스에서 선언)에 액
세스할 수 없습니다.
```

6.1.2 실습 과제 9: 문자열 검색 기능 추가하기

우리는 그동안 CMyString 클래스를 정성스럽게 만들어 왔습니다. 개발이 여기서 끝나는 것은 아니지만 상속 때문에 일단락하고 넘어가야 할 것 같습니다. 그래서 지금부터 몇 가지 사실을 가정하고 실습 과제를 진행하겠습니다.

이번부터 진행하는 실습 과제는 지금까지와는 달리 결론보다 과정이 중요합니다. 여기서 결론이란 코드의 내용도 내용이지만 '위치'를 말하는 것입니다.

똑같은 결과를 얻기 위해 시도할 수 있는 방법이 다양하기 때문에 어느 '위치'에 코드를 넣을지 결정하는 것이 중요한 포인트입니다.

그래서 과정을 설명할 목적으로 몇몇 인물을 등장시키려 합니다. 비록 소설은 아니지만 등장 인물과 역할이 있으며 각각의 입장이 모두 다릅니다.

- 철수: 최소 CMyString 클래스를 개발한 최초 제작자
- 영희: 철수가 퇴사하고 그의 업무를 이어 받은 후임 개발자(제작자)
- 길동: CMyString 클래스를 활용하는 사용자 코드 작성자

인물 사이의 관계도는 다음과 같습니다. 인물 중에서 가장 중요한 사람은 '영희'입니다. 아마도 영희의 입장을 실무에서 경험할 가능성이 가장 높기 때문입니다.

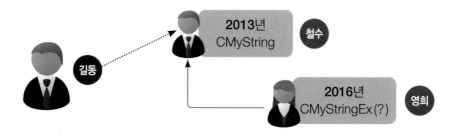

다음의 가정을 잘 읽어보기 바랍니다.

가정 1

지금까지 우리가 작성한 CMyString 클래스는 2013년의 철수가 개발한 것이고, 3년이 흘러 2016년에 후임자 영희는 철수가 만든 CMyString 클래스를 유지보수해야 할 의무를 부여받은 제작자가 됐다고 가정합니다.

가정 2

2016년 현재, CMyString 클래스 사용자인 길동이가 영희에게 '문자열 검색 기능'을 제공해달라고 요청했으며, 이에 대해 영희는 Find( ) 메서드를 제공하기로 약속했다고 가정합니다. Find( ) 메서드의 원형은 다음과 같습니다.

```
int Find(const char *pszParam);
```

- 반환값: 문자열을 찾았을 경우의 인덱스. 만일 찾지 못하면 −1을 반환
- 매개변수 pszParam: 검색할 문자열

이런 가정 아래 여러분이 영희의 입장이라면 다음 중 어떤 결정을 내릴지 생각해봅시다.

1. 철수가 만든 CMyString 클래스를 분석하고 새로운 기능을 만들어 넣는다.

2. CMyString 클래스의 파생 클래스를 만들고 파생 클래스에 새로운 기능을 만들어 넣는다.

3. 전혀 다른 새로운 제3의 클래스나 전역 함수로 기능을 구현하고 길동이에게 제공한다.

4. GetString( ) 메서드를 이용해 포인터에 접근할 수 있으므로 길동이가 구현한다.

네 가지 방법 모두 일리가 있습니다. 그러나 3, 4번의 경우는 구현을 누가 하는지만 다를 뿐 사실상
같은 결론이라 할 수 있습니다. 사실 CMyString 클래스 정도의 코드라면 첫 번째 방법이 좋습니다.
무엇보다 사용자인 길동이 입장에서 보면 영희로부터 새로 고쳐진 MyString.h와 MyString.cpp
파일만 받아서 '덮어쓰고' 새 기능(Find( ) 메서드)을 사용하면 그만이기 때문입니다. 게다가 기존
에 자신이 만든 코드와의 호환성 문제도 고민할 필요가 없습니다.

하지만 **영희 입장에서는 자신이 작성하지 않은 코드를 분석해야 하고 자신이 추가하는 기능 때문에 기존 코
드에 영향이 가지는 않는지 살피고 검증**해야 합니다. 만일의 경우 자신이 만들어 넣은 것을 고스란히
들어내야 할지도 모릅니다. 물론 시간을 되돌리기 위해서는 '백업해둔' 옛 코드로 돌아가는 것이 가
장 빠른 선택이긴 합니다.

2번 방법을 사용할 경우 **영희는 기존 CMyString 클래스의 소스 코드를 수정하지 않아도 됩니다.** 물론
분석은 해야겠지만 직접 수정할 것은 아니기 때문에 직접 수정하는 것보다는 훨씬 수월합니다. 길동
이 입장에서는 기존 CMyString 클래스 대신 새로운 파생 클래스를 사용해야 한다는 부담이 있습니
다. 하지만 **앞으로 계속 새로운 기능을 영희가 추가해야 하므로 아예 새로 만드는 편이 장기적으로 더 나아
보이기도 합니다.**

아무튼 네 가지 중 어떤 것을 선택하더라도 그것이 "맞다" 혹은 "틀렸다"라고 단정해서 말할 수는 없
습니다. 각자 장단점이 있기 때문입니다. 물론 네 번째 방법은 여러 모로 아쉬움이 있긴 합니다. 그
래서 일단은 파생 클래스를 만드는 두 번째 방법을 선택하기로 결정합니다.

그럼 본격적으로 시작해보겠습니다. 문자열을 검색하는 기능이 추가될 CMyStringEx 클래스를 실
습 과제 8의 결과 프로젝트에 이어서 추가합니다.

step 1

StringCtrlSample 프로젝트에서 '실습 과제 1'의 [Step 4]~[Step 6]을 참고해 CMyStringEx 클래스를 추가합니다.

[클래스 이름] 항목에는 'CMyStringEx', [기본 클래스] 항목에는 'CMyString'을 입력한 후 [.h 파일] 항목에 'MyStringEx.h', [.cpp 파일] 항목에 'MyStringEx.cpp', [액세스] 항목에 'public'이 입력되었는지 각각 확인합니다.

step 2

CMyStringEx 클래스의 MyStringEx.h, MyStringEx.cpp 파일에 int CMyStringEx::Find(const char * pszParam)라는 메서드를 추가합니다. 메서드를 추가하면 다음과 같은 코드가 있는지 확인합니다(메서드 정의는 아직 작성하지 않은 단계입니다).

```
[06/Practice9/StringCtrlSample/MyStringEx.h]

07  public:
......
10    int Find(const char * pszParam);
```

[06/Practice9/StringCtrlSample/MyStringEx.cpp]

```
12  int CMyStringEx::Find(const char * pszParam)
13  {
14    return 0;
15  }
```

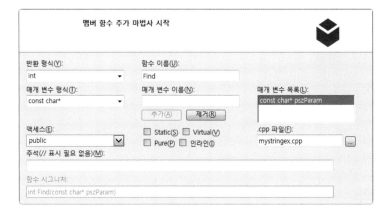

step 3

StringCtrlSample.cpp 파일을 열고 다음과 같이 코드를 작성한 후 빌드합니다. 이때 빌드 오류가 발생하지 않아야 합니다.

[06/Practice9/StringCtrlSample/StringCtrlSample.cpp]

```
01  #include "stdafx.h"
02  #include "MyStringEx.h"  // CMyStringEx 클래스 헤더
03
04  int _tmain(int argc, _TCHAR* argv[])
05  {
06    CMyStringEx strTest;
07    strTest.SetString("I am a boy.");
08    cout << strTest << endl;
09
10    int nIndex = strTest.Find("am");
11    cout << "Index: " << nIndex << endl;
```

```
 12
 13    return 0;
 14  }
```

step 4

다음과 같은 실행 결과가 나올 수 있도록 MyStringEx.h, MyStringEx.cpp 파일에 CMyStringEx::Find()
메서드의 정의를 작성합니다. 참고로 문자열 검색은 strstr() 함수를 이용해도 상관없습니다.

⚠ 정답은 302페이지에서 확인합니다.

실행결과
```
I am a boy.
Index: 2
```

6.2 메서드 재정의

메서드 재정의에서 '재정의'의 영어 원문은 오버라이드^{Override}인데, 사전적 의미에는 '무시하다'라는
정의가 포함됩니다. 우리말로 의역해 '재정의'가 된 것인데, **메서드를 재정의하면 기존의 것이 '무시'되
기 때문입니다.**

만일 파생 클래스에서 기본 클래스의 메서드를 재정의하면 기존의 것은 무시되고 새로 정의된 것이
기존 것을 대체합니다. 여기서 '대체한다'라는 말이 기존 것을 아예 없애버리는 것을 의미하지는 않
습니다. 기존 클래스의 메서드와 새로 정의된 메서드가 공존하지만 사용자가 별다른 언급을 하지 않
으면 새 메서드가 기존 메서드를 대체하는 정도입니다.

6.2.1 기본 문법 및 특징

MethodOver.cpp 예제에서 CMyData는 CMyDataEx의 기본 클래스입니다. GetData(),
SetData() 등의 메서드가 있는데, 파생 클래스인 CMyDataEx 클래스에서 SetData() 함수를 '재
정의'한 것입니다. 이를 통해 사용자 코드가 어떻게 작동하는지 잘 살펴봅시다.

```cpp
01  #include "stdafx.h"
02  #include <iostream>
03  using namespace std;
04
05  // 초기 제작자
06  class CMyData
07  {
08  public:
09    int GetData() { return m_nData; }
10
11    void SetData(int nParam) { m_nData = nParam; }
12
13  private:
14    int m_nData = 0;
15  };
16
17  // 후기 제작자
18  class CMyDataEx : public CMyData
19  {
20  public:
21    // 파생 클래스에서 기본 클래스의 메서드를 재정의했다.
22    void SetData(int nParam)
23    {
24      // 입력 데이터의 값을 보정하는 새로운 기능을 추가한다.
25      if(nParam < 0)
26        CMyData::SetData(0);
27
28      if(nParam > 10)
29        CMyData::SetData(10);
30    }
31  };
32
33  // 사용자 코드
34  int _tmain(int argc, _TCHAR* argv[])
35  {
36    // 구형에는 값을 보정하는 기능이 없다.
37    CMyData a;
38    a.SetData(-10);
```

```
39    cout << a.GetData() << endl;
40
41    // 신형에는 값을 보정하는 기능이 있다.
42    CMyDataEx b;
43    b.SetData(15);
44    cout << b.GetData() << endl;
45
46    return 0;
47  }
```

실행결과

```
-10
10
```

CMyData 클래스의 SetData() 함수는 멤버 변수인 m_nData에 값을 대입하는 기능만 제공하고 값의 범위를 검사하는 등의 부가적 기능은 제공하지 않습니다. 이는 초기에는 부가적 기능이 필요 없을 수 있으므로 '후기 제작자'를 가정한 것입니다.

하지만 시간이 지나고 m_nData의 값을 0~10으로 제한해야 할 필요성이 생긴 것 같습니다. 그래서 '후기 제작자'는 기존의 코드와 자신의 코드를 적절히 섞어 확장시키는 시도를 했고, 그 시도는 '재정의'로 완성됩니다. 22~30번 행의 CMyDataEx::SetData() 메서드는 매개변수로 전달된 값의 범위를 확인하고 강제로 0~10으로 조정합니다.

그리고 26, 29번 행 코드에 흥미로운 부분이 있습니다.

```
25    if(nParam < 0)
26      CMyData::SetData(0);
27
28    if(nParam > 10)
29      CMyData::SetData(10);
```

만일 이 두 행을 그냥 SetData(0);, SetData(10);으로 바꿔버리면 **'재귀 호출'**이 발생합니다. 즉, CMyDataEx::SetData()를 호출합니다. 만일 **파생 형식에서 기본 형식의 동일한 메서드를 호출하려면 반드시 이와 같이 소속 클래스를 명시해야 합니다.**

다음 그림은 위 설명처럼 '사용자 코드'가 '재정의'된 새로운 메서드를 통해 과거의 코드(기존 메서드)와 만나는 것을 보여줍니다.

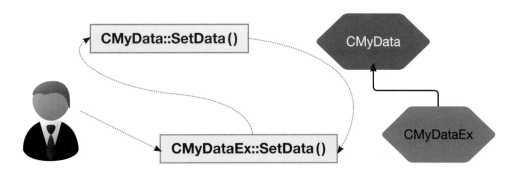

CMyDataEx::SetData() 내부에서 다시 CMyData::SetData()를 호출한다는 것은 '두 코드를 섞는다'는 의미입니다. 즉, **재정의한 이유가 기존 코드를 제거하기 위해서라기보다는 기존 메서드와 새 메서드를 한데 묶어 작동하게 하려는 의도**로 이해할 수 있다는 말입니다. 이는 상속과 재정의의 가장 보편적인 목적이기도 합니다.

42~43번 행의 사용자 코드에서는 파생 형식인 CMyDataEx 클래스 인스턴스를 선언하고 멤버 접근 연산자를 통해 SetData() 함수를 호출했습니다.

```
42    CMyDataEx b;
43    b.SetData(15);
```

여기서 실행되는 SetData() 함수는 CMyDataEx::SetData() 함수입니다. SetData() 함수를 사용하는 방법이 기존 CMyData 클래스와 다르지 않지만 새로운 기능이 적용됩니다. 하지만 다음과 같이 호출하면 CMyData 클래스의 SetData() 함수를 호출할 수 있습니다.

```
CMyDataEx b;
b.CMyData::SetData(15);
```

이와 같은 것을 '명시적 호출'이라 합니다. 반대로 소속을 지정하지 않는 경우는 '묵시적 호출'이라 합니다. 아무튼 이처럼 명시적 호출을 시도하면 파생 형식 인스턴스를 통한다 하더라도 직접 상위 기본 클래스의 메서드를 호출할 수 있습니다. 단, 파생 클래스가 public 접근 제어 지시자로 선언된 기본 클래스를 상속했을 경우에만 그렇습니다. 만일 protected 접근 제어 지시자로 선언된 클래스를 상속하면 사용자 코드에서 상위 클래스 메서드를 명시적으로 호출할 수 없습니다.

여기서 잠깐

☆ **파생 클래스에서의 기본 클래스 멤버 변수**

기본 클래스의 멤버 변수를 파생 클래스에서 똑같이 만들어 넣을 수 있습니다. 결과적으로 멤버 데이터를 재정의한 셈입니다. 이는 문법적으로는 가능하지만 결코 바람직하지는 않습니다. 과거에 코드를 제대로 분석하지 않아서 생긴 실수인 경우에나 있을 일입니다.

6.2.2 참조 형식과 실 형식

앞서 다룬 MethodOver1.cpp 예제 _tmain() 함수의 코드를 다음과 같이 변경하면 어떤 결과가 나올지 생각해봅시다. 참고로 이 코드에 문법 오류는 없습니다.

[06/MethodOver2/MethodOver2.cpp] 메서드 재정의로 원본 형식을 참조

```
34   int _tmain(int argc, _TCHAR* argv[])
35   {
36       CMyDataEx a;
37       CMyData &rData = a;
38       rData.SetData(15);
39       cout << rData.GetData() << endl;
40
41       return 0;
42   }
```

37번 행에서 CMyData & 형식인 rData를 선언 및 정의했는데 원본이 CMyData 클래스가 아니라 CMyDataEx 클래스라는 것을 기억해야 합니다. 물론 CMyDataEx는 CMyData 클래스의 파생 형식입니다. 그리고 **파생 형식을 기본 형식으로 참조하는 것은 매우 자연스러운 일입니다.**

가령 기본 형식이 '사람'이고 사람의 파생 형식 중 하나가 '학생'이라고 합시다. 이 경우 '학생을 사람이라고 부르는 것'은 전혀 어색하지도 않고 잘못된 표현도 아닙니다. 거듭 강조하지만 37번 행의

CMyData &rData = a;는 매우 정상적인 것입니다. 그리고 참조의 원본인 a는 '실제 형식(이하 실형식)'이고 rData는 '참조 형식'입니다.

문제는 38번 행 **rData.SetData(15);**처럼 실 형식과 참조 형식이 서로 다른 경우 묵시적인 호출로 어떤 메서드가 호출되는가입니다. 정답은 '참조 형식'입니다. 그러므로 프로그램을 실행하면 15를 출력합니다.

그리고 참조 형식에는 참조자만 있는 것이 아니라 포인터도 있습니다. 따라서 다음과 같은 코드도 사용할 수 있습니다.

```
34   int _tmain(int argc, _TCHAR* argv[])
35   {
36      CMyData *pData = new CMyDataEx;
37      pData->SetData(5);
38      delete pData;
39
40      return 0;
41   }
```

역시 37번 행에서 SetData() 메서드를 묵시적 호출했는데 **참조 형식이 CMyData입니다. 따라서 동적 생성된 실 형식이 CMyDataEx임에도 CMyData::SetData()가 호출**됩니다. 이 경우 아무런 실행 결과가 나타나지 않습니다.

그리고 이 예제는 잠재적으로 메모리 누수 오류가 있습니다. 왜냐하면 38번 행에서 **delete 연산을 실행하더라도 CMyDataEx 클래스의 소멸자는 호출되지 않기 때문**입니다. 이 문제는 지금 당장 다루지 않고 '7.1.3 소멸자 가상화'에서 다루겠습니다.

6.2.3 실습 과제 10: 문자열 필터의 구현

시간이 또 흘러서 김동이가 2016년 현재를 살고 있는 영희에게 "이번에는 특정 문자열이 포함된 경우를 걸러내는 기능을 만들어주세요"라고 말했다고 가정해보겠습니다. 가령 CMyString 클래스에 문자열을 담을 때 '욕설'이 포함된 경우 이를 차단하는 기능이라 하겠습니다. 그런데 문자열을 담는 메서드는 CMyString::SetString()이고 이 메서드는 2013년에 철수가 만든 것입니다. 이제 영희는 문자열을 필터링하기 위해 좋든 싫든 철수의 코드를 수정해야 할까요? 그렇지 않습니다. 자신이 만든 CMyStringEx 클래스에서 SetString() 메서드를 '재정의'하면 됩니다.

실습에 앞서 실습 과제 9가 적용된 프로젝트는 따로 백업해두고 실습 과제 9의 결과가 적용된 프로젝트를 **엽니다. 나중에 있을 다른 실습 과제는 다시 실습 과제 9가 완료된 지점에서 시작해야 하기 때문입니다.**

그리고 실습 과제 9의 [Step 2]를 참고해 CMyStringEx 클래스의 MyStringEx.h와 MyStringEx.cpp 파일에 SetString() 메서드를 재정의한 후 다음과 같은 사용자 코드 및 실행 결과를 확인할 수 있도록 메서드를 정의합니다.

⚠ 정답은 304페이지에서 확인합니다.

[06/Practice10/StringCtrlSample/StringCtrlSample.cpp]

```
01   #include "stdafx.h"
02   #include "MyStringEx.h"
03
04   int _tmain(int argc, _TCHAR* argv[])
05   {
06     CMyStringEx strTest;
07
08     // 문자열이 필터링되어 대체되는 경우
09     strTest.SetString("멍멍이아들");
10     cout << strTest << endl;
11
12     // 필터링되지 않는 경우
13     strTest.SetString("Hello");
14     cout << strTest << endl;
15
16     return 0;
17   }
```

실행결과

```
착한 사람
Hello
```

6.3 상속에서의 생성자와 소멸자

상속을 통해 클래스는 점점 덩치가 커집니다. A가 B의 기본 클래스고 B가 C의 기본 클래스인 상속 관계(왼쪽 그림)일 때 클래스의 크기를 그림으로 표현하면 다음과 같습니다. 클래스의 덩치가 점점 커집니다.

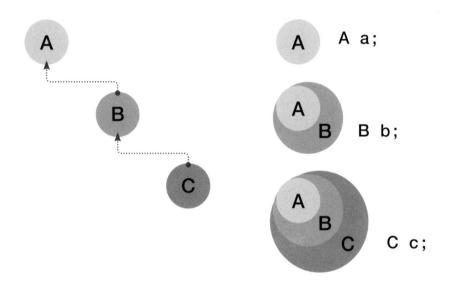

그리고 마지막 파생 형식인 C 클래스의 인스턴스를 선언하면 C 클래스의 생성자만 호출되는 것이 아니라 B와 A의 생성자도 호출됩니다.

소멸자도 마찬가지입니다. C 클래스 인스턴스가 소멸하면 A, B, C 클래스의 소멸자가 모두 호출됩니다. 문제는 '순서'입니다. 호출 순서도 중요하지만 '실행 순서'가 더 중요합니다. 그래서 일단 정리부터 해두려 합니다. A는 B의 기본이고 B는 C의 기본 클래스인 상속 관계라고 가정했을 때 생성자와 소멸자 관계는 다음과 같이 정리할 수 있습니다.

- C 클래스 인스턴스를 선언하면 생성자 호출 순서는 C, B, A다.
- 하지만 가장 먼저 실행되는 생성자는 C가 아니라 A다.
- C 클래스의 인스턴스가 소멸하면 C 클래스의 소멸자가 가장 먼저 호출되고 실행된다.
- 이 모두를 정리하면 **"생성자는 호출과 실행 순서가 역순이고 소멸자는 같다"**가 된다.

6.3.1 호출 순서

InheriAndConstructor.cpp 예제는 상속 관계인 CMyDataA, CMyDataB, CMyDataC 세 클래스의 생성자와 소멸자 호출 순서를 확인할 수 있는 예제입니다. CMyDataA는 기본 클래스가 없는 최상위 클래스고 CMyDataC는 마지막 파생 클래스입니다. 이 프로그램을 실행하면 어떤 결과가 나올지 미리 생각해봅시다.

[06/InheritAndConstructor1/InheritAndConstructor1.cpp] 상속 관계의 생성자와 소멸자의 호출 순서

```
01  #include "stdafx.h"
02  #include <iostream>
03  using namespace std;
04
05  class CMyDataA
06  {
07  public:
08    CMyDataA() {
09      cout << "CMyDataA()" << endl;
10    }
11
12    ~CMyDataA() {
13      cout << "~CMyDataA()" << endl;
14    }
15  };
16
17  class CMyDataB : public CMyDataA
18  {
19  public:
20    CMyDataB() {
21      cout << "CMyDataB()" << endl;
22    }
23
24    ~CMyDataB() {
25      cout << "~CMyDataB()" << endl;
26    }
27  };
28
```

```
29  class CMyDataC : public CMyDataB
30  {
31  public:
32    CMyDataC() {
33      cout << "CMyDataC()" << endl;
34    }
35
36    ~CMyDataC() {
37      cout << "~CMyDataC()" << endl;
38    }
39  };
40
41  int _tmain(int argc, _TCHAR* argv[])
42  {
43    cout << "*****Begin*****" << endl;
44    CMyDataC data;
45    cout << "******End******" << endl;
46
47    return 0;
48  }
```

실행결과

```
*****Begin*****
CMyDataA()
CMyDataB()
CMyDataC()
******End******
~CMyDataC()
~CMyDataB()
~CMyDataA()
```

일단 생성자는 CMyDataA, CMyDataB, CMyDataC의 순서로 실행됩니다. 하지만 다시 강조
해 말하지만 **생성자의 실행 순서는 호출 순서와 정반대**입니다. 이를 확인하기 위해서 다음 그림과 같이
CMyDataA 클래스의 생성자(9번 행) 위치에 [디버그] → [중단점 설정/해제]([F9])를 선택해 브
레이크 포인트(중단점)를 설정한 후 [디버그] → [디버깅 시작]([F5])을 선택해 디버그 모드로 프로
그램을 실행합니다.

```
 5  class CMyDataA
 6  {
 7  public:
 8      CMyDataA() {
 9          cout << "CMyDataA()" << endl;
10      }
11
12      ~CMyDataA() {
13          cout << "~CMyDataA()" << endl;
14      }
15  };
```

44번 행에서 마지막 파생 형식인 CMyDataC 클래스의 인스턴스 data를 선언했기 때문에 객체 생성 과정에서 CMyDataA()의 생성자도 호출됩니다. 그러므로 9번 행의 브레이크 포인트가 적중하면 *****Begin*****이라는 결과만 출력한 채 멈추게 됩니다. 또한 브레이크 포인트가 적중한 상태에서 Ctrl + Alt + C를 눌러 '**호출 스택**'을 살펴보면 다음과 같은 결과를 볼 수 있습니다.

wmain() 함수(_tmain() 함수의 실제 이름)가 CMyDataC()를, CMyDataC()가 CMyDataB()를, CMyDataB가 최종적으로 CMyDataA()를 호출했다는 사실을 알 수 있습니다.

다음 그림은 세 클래스의 상속 구조 및 호출과 실행 순서를 나타낸 것입니다. 그림에서 알 수 있듯이 **재귀 호출은 아니지만 비슷한 구조**로 이해하면 됩니다.

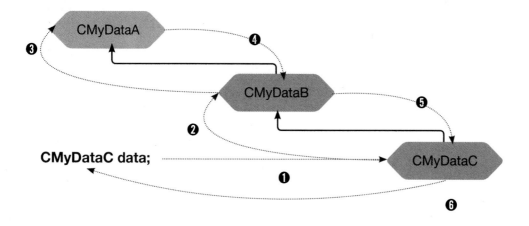

여기서 다시 [디버그] → [프로시저 단위 실행]((F10))을 선택해 행 단위로 코드를 실행해보면 CMyDataA()가 반환된 후 CMyDataB()가 '실행'된다는 사실을 확인할 수 있습니다. 이 과정에서 우리가 알아야 할 가장 중요한 사실은 **파생 클래스의 생성자가 먼저 호출되고 이어서 상위로 올라가듯 호출**된다는 것입니다. 즉, 실행 순서야 어떻건 **파생 클래스 생성자가 기본 클래스의 생성자를 '선택'하고 호출**한다는 것이죠.

만일 생성자가 여러 형태로 다중 정의된 경우라도 **파생 클래스에서 상위 클래스 생성자는 하나만 '선택'**할 수 있습니다. 그리고 별도로 생성자를 선택하지 않으면 디폴트 생성자가 선택됩니다. 파생 클래스가 먼저 호출되기 때문에 이와 같은 구조가 가능한 것입니다.

소멸자의 경우에도 13번 행에 브레이크 포인트를 실행해보면 다음과 같은 화면을 볼 수 있습니다.

생성자를 확인할 때처럼 한 행씩 [디버그] → [프로시저 단위 실행]((F10)) 기능으로 확인해보면 실행 순서와 호출 순서가 '같다'는 사실을 알 수 있습니다. 그림에서는 ~CMyDataA()가 호출된 것을 알 수 있는데, 앞서 ~CMyDataB()와 ~CMyDataC()는 이미 호출과 실행이 완료된 상태입니다. 다만 반환하지 않고 상위 클래스의 소멸자를 부른 것뿐입니다.

지금까지 설명한 것들을 잘 기억해둔다면 몇몇 골치 아픈 문법을 사용하는 일을 자동으로 해결할 수 있습니다. 당연하게 받아들여지기 때문입니다. 자, 그런 의미에서 코드를 하나 살펴보겠습니다. 앞서 작성한 InheritAndConstructor.cpp 예제를 조금 변형한 것으로, 상속 관계에서 우연히 발생할 수 있는 심각한 논리적 오류입니다.

```
05   class CMyDataA
06   {
07   public:
08     CMyDataA() {
09       cout << "CMyDataA()" << endl;
10       m_pszData = new char[32];
11     }
12
13     ~CMyDataA() {
14       cout << "~CMyDataA()" << endl;
15       delete m_pszData;
16     }
17
18   protected:
19     char *m_pszData;
20   };
.......
34   class CMyDataC : public CMyDataB
35   {
36   public:
37     CMyDataC() {
38       cout << "CMyDataC()" << endl;
39     }
40
41     ~CMyDataC() {
42       cout << "~CMyDataC()" << endl;
43
44       // 파생 클래스에서 부모 클래스 멤버 메모리를 해제했다.
45       delete m_pszData;
46     }
47   };
```

이 코드의 가장 치명적인 문제는 **파생 클래스에서 부모 클래스의 멤버 변수에 접근했고 부모 클래스가 관리하는 포인터를 파생 클래스에서 손댄 것**입니다. 이래저래 부모님 것에 함부로 손을 댔다가는 불벼락을 맞는 것과 같은 경우입니다.

예제를 수정해 실행하면 CMyDataC 클래스의 인스턴스가 소멸하는 과정에서 심각한 오류가 발생합니다. 다음 그림은 앞에서 수정한 예제를 [디버그] → [디버그 시작]([F5])을 선택해 실행한 후 Visual Studio 디버거를 통해 치명적인 오류가 발생한 지점을 확인한 것입니다.

15번 행에서 delete 연산을 실행하다가 프로그램에 오류가 발생한 것인데, 이는 **파생 클래스인 CMyDataC 클래스의 소멸자에서 m_pszData가 가리키는 메모리를 이미 해제했기 때문**입니다. 소멸자는 먼저 호출된 것이 먼저 실행됩니다. 그러므로 파생 클래스의 소멸자가 기본 클래스의 소멸자보다 먼저 실행됩니다. 자, 여기서 우리가 얻는 교훈은 다음과 같습니다.

"파생 클래스는 부모 클래스의 멤버 변수에 직접 쓰기 연산하지 않는 것이 정답이다."

"파생 클래스 생성자에서 부모 클래스 멤버 변수를 초기화하지 않는다."

안타깝지만 이 두 가지는 문법적으로 가능합니다. 접근 제어 지시자가 protected나 public이고 public 상속이라면 말입니다. 지금 이 두 명제를 잘 기억하기 바랍니다. 어처구니 없는 초보자의 실수를 날려줄 마법의 주문이기 때문입니다. 이와 관련한 문제를 겪는 초보자들을 정말 많이 봤습니다. 그리고 그 실수의 결과는? 당연히 '야근'입니다.

또한 이 오류는 모든 상속 관계에 있는 클래스들을 나 혼자 다 만들었다 하더라도 헷갈리는 사항입니다. 그런데 심지어 제작자가 서로 다르고 1~2년 정도의 시간차까지 있다면? 즉, 우리가 실습 과제에서 가정했듯이 2013년의 철수와 2016년의 영희 관계와 유사하다고 생각해볼까요? 느낌이 오지않나요? 보통 초보자들은 2016년의 영희 입장이 될 가능성이 높습니다.

그러니 생성자와 소멸자를 통해 상위 클래스들의 멤버 변수에 절대로 임의 접근하지 말기 바랍니다. 특히 포인터라면 더욱 그렇습니다. **생성자와 소멸자는 객체 자신의 초기화 및 해제만 생각**하는 것이 맞습니다. 부모가 이래라 저래라 참견하는 순간, 일이 커지는 것은 불 보듯 뻔한 일일 테니까요.

6.3.2 생성자 선택

파생 클래스의 생성자는 자신이 호출된 후 기본 클래스의 생성자 중 어떤 것이 호출될 것인지 '선택' 할 수 있습니다. 여기서 '선택'이라는 것은 '생성자 초기화 목록'에 상위 클래스 생성자를 호출하듯이 기술하는 것을 말합니다. SelectConstructor.cpp 예제에서 이 생성자 초기화 목록을 잘 살펴보고 결과를 예측해봅시다.

[06/SelectConstructor/SelectConstructor.cpp] 생성자 초기화 목록에서 생성자 선택

```
01  #include "stdafx.h"
02  #include <iostream>
03  using namespace std;
04
05  class CMyData
06  {
07  public:
08    CMyData() { cout << "CMyData()" << endl; }
09    CMyData(int nParam) { cout << "CMyData(int)" << endl; }
10    CMyData(double dParam) { cout << "CMyData(double)" << endl; }
11  };
12
13  class CMyDataEx : public CMyData
14  {
15  public:
16    CMyDataEx() { cout << "CMyDataEx()" << endl; }
17
18    // 기본 클래스의 세 가지 생성자 중에서 int 변수를 갖는 생성자를 선택했다.
19    CMyDataEx(int nParam) : CMyData(nParam)
20    {
21      cout << "CMyDataEx(int)" << endl;
22    }
23
24    // 기본 클래스의 디폴트 생성자를 선택했다.
25    CMyDataEx(double dParam) : CMyData()
26    {
27      cout << "CMyDataEx(double)" << endl;
28    }
29  };
```

```
30
31  int _tmain(int argc, _TCHAR* argv[]) {
32    CMyDataEx a;
33    cout ≪ "*********" ≪ endl;
34    CMyDataEx b(5);
35    cout ≪ "*********" ≪ endl;
36    CMyDataEx c(3.3);
37
38    return 0;
39  }
```

실행결과

```
CMyData()
CMyDataEx()
*********
CMyData(int)
CMyDataEx(int)
*********
CMyData()
CMyDataEx(double)
```

파생 클래스인 CMyDataEx 클래스의 생성자는 다음 세 가지로 다중 정의되어 있습니다.

```
CMyDataEx();
CMyDataEx(int nParam);
CMyDataEx(double dParam);
```

이 셋 중에서 CMyDataEx(int)는 기본 클래스의 CMyData(int)를, CMyDataEx(double)은 CMyData()를 초기화 목록에서 선택했습니다. 그러므로 별다른 설명을 하지 않아도 이와 같은 실행 결과가 나오는 것이 당연하다는 사실을 알 수 있습니다. 혹시 이해할 수 없다면 '6.3.1 호출 순서'를 꼭 다시 읽어보기 바랍니다.

그리고 C++11 표준에서 **'생성자 상속'**이 등장했는데, 이는 파생 클래스를 만들 때 다중 정의된 상위 클래스의 생성자들을 그대로 가져오는 문법입니다. 다음 코드는 파생 클래스에서 기본 클래스의 다중 정의된 생성자들을 그대로 사용하고 있고 별다른 코드를 실행하지는 않습니다.

```
CMyDataEx() : CMyData()
......
CMyDataEx(int nParam) : CMyData(nParam)
......
CMyDataEx(double dParam) : CMyData(dParam)
```

위 코드는 아래 using CMyData::CMyData;라고 단 한 줄로 정리할 수 있습니다.

```
class CMyDataEx : public CMyData
{
public
  using CMyData::CMyData;
};
```

기존에 있던 다중 정의된 생성자들이 파생 형식에서 제공되지 않을 경우 사용자가 매우 불편해지므로 어쩔 수 없이 기본 클래스의 생성자들을 정의해야 할 때 위와 같은 코드는 매우 편리합니다. 우리가 진행하고 있는 실습 과제 프로젝트에서도 CMyStringEx 클래스는 const char*를 매개변수로 사용하지 않기 때문에 호환성에 문제가 있습니다.

아무튼 안타깝게도 **Visual C++ 2013은 생성자 상속을 지원하지 않습니다.**[4] using CMyData::CMyData; 와 같은 코드를 포함시키면 컴파일 오류가 발생합니다. 하지만 C++11 표준에 들어있는 문법이며 **gcc 4.8.1 이상에서는 문제 없이 컴파일해줍니다.** gcc를 설치해서 확인해보면 좋겠지만 간단한 코드라면 다음 그림처럼 Wandbox라는 웹 컴파일러(http://melpon.org/wandbox/)를 이용해 쉽게 확인할 수 있습니다.

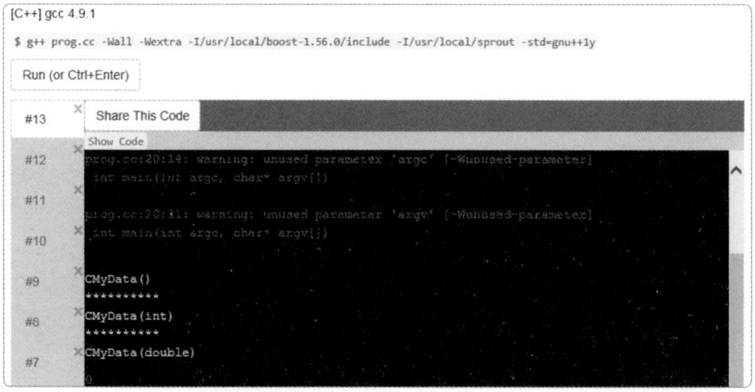

[4] Visual Studio 2015에서는 생성자 상속을 지원합니다.

실행 결과를 보면 기본 클래스의 생성자들이 모두 호출된 것을 알 수 있습니다(몇몇 경고들이 눈에 띄는데, 이는 main() 함수의 매개변수들이 사용되지 않아서 발생한 것들입니다). 그러니까 단지 using CMyData::CMyData;라고 써주는 것으로 다음과 같은 코드가 자동으로 만들어지는 셈입니다.

```
CMyDataEx(int nParam) : CMyData(nParam) {
CMyDataEx(double dParam) : CMyData(dParam) { }
```

윈도우 환경이 아닌 리눅스나 유닉스 환경에서 C++로 개발하는 분들은 이와 같은 사실을 잘 기억해두고 활용하기 바랍니다.

여기서 잠깐

☆ 웹 컴파일러 사이트

앞에서 소개한 Wandbox라는 사이트 외에도 codepad(http://codepad.org/)나 ideone.com(http://ideone.com) 등 C++ 웹 컴파일러 사이트가 더 있습니다. 필요한 경우 참고하면 좋습니다!

6.3.3 실습 과제 11: 파생 클래스 생성자 다중 정의

앞서 '실습 과제 10'을 진행하면서 파생 클래스인 CMyStringEx에 CMyString 클래스처럼 const char * 형식 하나를 매개변수로 받는 생성자를 다중 정의하지 않았습니다. 이제 CMyStringEx의 MyStringEx.h와 MyStringEx.cpp 파일에 다중 정의를 위해 다음과 같은 사용자 코드 및 실행 결과가 가능하도록 생성자를 추가합니다. 참고로 생성자만 추가하면 되고 operator+()까지 만들어 넣을 필요는 없습니다.

⚠ 정답은 306페이지에서 확인합니다.

[06/Practice11/StringCtrlSample/StringCtrlSample.cpp]

```
01  #include "stdafx.h"
02  #include "MyStringEx.h"
03
04  int _tmain(int argc, _TCHAR* argv[])
05  {
```

```
06    CMyStringEx strLeft("Hello"), strRight("World");
07    cout << strLeft + strRight << endl;
08
09    return 0;
10  }
```

실행결과

```
CMyString 이동 생성자 호출
HelloWorld
```

1. 파생 클래스에서 일반 메서드를 재정의했다고 가정하겠습니다. 만일, 파생 형식 인스턴스를 기본 형식에 대한 포인터로 포인팅하고 호출한다면 기본 형식과 파생 형식 중 어느 클래스의 메서드가 호출될까요?

2. A는 B의, B는 C의 기본 클래스일 때 C 클래스의 인스턴스를 선언한다고 가정하면 가장 먼저 '실행'되는 생성자는 어느 클래스의 생성자입니까?

실습 과제는 바로 이전 실습 과제를 참고해서 문제를 해결해나갑니다. 따라서 앞 실습 과제의 정답과 지나치게 중복되는 코드는 생략하고 정답을 수록했습니다. 전체 코드를 참고할 분은 각 실습 과제 정답 코드 위에 적혀 있는 예제 파일을 참고하기 바랍니다.

[06/Practice9/StringCtrlSample/MyStringEx.h]

```
01  #pragma once
02  #include "MyString.h"
03
04  class CMyStringEx
05  : public CMyString
06  {
07  public:
08    CMyStringEx();
09    ~CMyStringEx();
10    int Find(const char * pszParam);
11  };
```

[06/Practice9/StringCtrlSample/MyStringEx.cpp]

```
01  #include "stdafx.h"
02  #include "MyStringEx.h"
03
04  CMyStringEx::CMyStringEx()
05  {
06  }
07
08  CMyStringEx::~CMyStringEx()
09  {
10  }
11
12  int CMyStringEx::Find(const char * pszParam)
13  {
14    if(pszParam == NULL || GetString() == NULL)
15      return -1;
16
17    const char *pszResult = strstr(GetString(), pszParam);
```

```
18
19    if(pszResult != NULL)
20        return pszResult - GetString();
21
22    return -1;
23  }
```

실습 과제는 바로 이전 실습 과제를 참고해서 문제를 해결해나갑니다. 따라서 앞 실습 과제의 정답과 지나치게 중복되는 코드는 생략하고 정답을 수록했습니다. 전체 코드를 참고할 분은 각 실습 과제 정답 코드 위에 적혀 있는 예제 파일을 참고하기 바랍니다.

[06/Practice10/StringCtrlSample/MyStringEx.h]

```
01  #pragma once
02  #include "MyString.h"
03
04  class CMyStringEx
05  : public CMyString
06  {
07  public:
08    CMyStringEx();
09    ~CMyStringEx();
10    int Find(const char * pszParam);
11    int SetString(const char * pszParam);
12  };
```

[06/Practice10/StringCtrlSample/MyStringEx.cpp]

```
01  #include "stdafx.h"
02  #include "MyStringEx.h"
03
04  CMyStringEx::CMyStringEx()
05  {
06  }
07
08  CMyStringEx::~CMyStringEx()
09  {
10  }
11
12  int CMyStringEx::Find(const char * pszParam)
13  {
14    if(pszParam == NULL || GetString() == NULL)
15      return -1;
16
```

```
17    const char *pszResult = strstr(GetString(), pszParam);
18
19    if(pszResult != NULL)
20      return pszResult - GetString();
21
22    return -1;
23  }
24
25  int CMyStringEx::SetString(const char * pszParam)
26  {
27    int nResult;
28
29    if(strcmp(pszParam, "멍멍이아들") == 0)
30      nResult = CMyString::SetString("착한사람");
31
32    else
33      nResult = CMyString::SetString(pszParam);
34
35    return nResult;
36  }
```

실습 과제는 바로 이전 실습 과제를 참고해서 문제를 해결해나갑니다. 따라서 앞 실습 과제의 정답과 지나치게 중복되는 코드는 생략하고 정답을 수록했습니다. 전체 코드를 참고할 분은 각 실습 과제 정답 코드 위에 적혀 있는 예제 파일을 참고하기 바랍니다.

[06/Practice11/StringCtrlSample/MyStringEx.h]

```
01  #pragma once
02  #include "MyString.h"
03
04  class CMyStringEx
05  : public CMyString
06  {
07  public:
08    CMyStringEx();
09    CMyStringEx(const char * pszParam);
10    ~CMyStringEx();
11    int Find(const char * pszParam);
12    int SetString(const char * pszParam);
13  };
```

[06/Practice11/StringCtrlSample/MyStringEx.cpp]

```
01  #include "stdafx.h"
02  #include "MyStringEx.h"
03
04  CMyStringEx::CMyStringEx()
05  {
06  }
07
08  CMyStringEx::CMyStringEx(const char * pszParam)
09  : CMyString(pszParam)
10  {
11  }
12
13  CMyStringEx::~CMyStringEx()
14  {
15  }
......
```

상속 심화

'가상 함수'는 객체지향 프로그래밍의 꽃이라 할 만합니다. 포인터가 C의 꽃이라 불리는 것과 유사하다고나 할까요? 아무튼 앞서 말해온 '설계'의 가장 핵심적인 역할을 담당하는 문법은 바로 상속과 가상 함수입니다. 그런데 문법 자체가 그리 어려운 것은 아니지만

"왜 가상 함수를 사용해야 하지?"

라는 원칙적인 질문에 스스로 답을 할 수 있기까지는 시간이 필요합니다. 나아가 적절한 활용까지 생각한다면 인내의 시간이 필요한 것이 사실입니다. 하지만 이번 장을 읽고 나면 이런 인내의 시간을 많이 줄이게 될 것입니다.

그리고 지금까지는 강조하지 않았지만 이번 장부터는 '디버깅'에 대해서 신경을 써야 합니다. C나 C++ 모두 메모리를 직접 관리할 수 있기 때문에 사소한 실수가 심각한 결과를 초래할 수 있으므로 C++는 C에 비해 디버깅이 어려울 수 있습니다.

특히 C++ 특유의 복잡한 문법이나 생성자나 소멸자처럼 컴파일러가 만들어내는 흐름이 (시스템 프로그래밍에서 배울 수 있는) '멀티스레드'와 조합될 경우 정말 해결하기 어려운 문제가 발생할 수 있습니다. 그러므로 C++에서는 C 수준 이상의 디버깅 능력이 필요합니다. 이번 장부터는 이러한 디버깅도 제대로 이해할 수 있도록 여러분을 안내해줄 것입니다.

이 장의 핵심 개념

7장의 핵심 개념도 6장에 이어서 상속입니다. 이번에는 특히 '가상화'라는 개념에 주목해야 합니다. 말 그대로 실제 존재하는 것이 아니므로 왜 필요한지 잘 모를 수 있지만 상속과 함께 코드의 효율을 높여주는 중요한 역할을 합니다.

1. 가상 함수: virtual 예약어를 앞에 붙여서 선언한 메서드를 말합니다. 부모 형식과 관계 없이 파생(자식) 형식에서 메서드를 다시 재정의할 수 있습니다.

2. 가상 클래스: 가상 함수를 가진 클래스를 말합니다. 가상 클래스의 소멸자는 virtual 예약어 선언이 없더라도 자동으로 가상화됩니다.

3. 다중 상속: 한 클래스가 두 개 이상의 클래스를 동시에 상속받는 경우를 말합니다. 잘 사용한다면 아주 쉽게 몇몇 코드들을 한데 섞어 전혀 새로운 개체를 정의할 수도 있습니다.

이 장의 학습 흐름

여기에서 우리가 다룰 것은 C++의 '상속' 개념입니다.

7장

가상 함수와 상속의 차이점이 무엇인지를 정확하게 이해합니다.

가상 클래스를 통한 메서드의 재정의 방법을 살펴봅니다.

상속 관계에서 형변환이 이루어지는 과정을 살펴봅니다.

다중 상속의 개념과 새로운 개체 정의 방법을 정확하게 이해합니다.

여러분은 이제 상속 '마스터'입니다.

7.1 가상 함수

'가상 함수^{Virtual function}'는 **virtual** 예약어를 앞에 붙여서 선언한 메서드를 말합니다. 따라서 가상 함수라는 말은 메서드라는 말을 내포하며, 이 가상 함수는 기본적으로 '자기 부정'을 전제로 작동합니다. 달리 말해 파생 형식에서 메서드를 재정의하면 과거의 정의가 완전히 무시^{Override}된다는 특징이 있습니다.

7.1.1 기본 문법

가상 함수를 선언하는 형태는 다음과 같습니다.

```
virtual 반환형식 메서드이름
```

예를 들어 VirtualFunciton.cpp 예제에서 CMyData 클래스의 가상 함수인 PrintData() 메서드는 다음과 같이 선언합니다.

```
virtual void PrintData();
```

반대로 TestFunc() 메서드는 일반 함수고 내부에서 가상 함수인 PrintData() 함수를 호출합니다. 그리고 파생 형식인 CMyDataEx 클래스는 PrintData() 가상 함수를 재정의합니다.

[07/VirtualFunction/VirtualFunction.cpp] 가상 함수 정의

```
01  #include "stdafx.h"
02  #include <iostream>
03  using namespace std;
04
05  class CMyData
06  {
07  public:
08    // 가상 함수로 선언 및 정의했다.
09    virtual void PrintData()
10    {
11      cout << "CMyData: " << m_nData << endl;
```

```
12    }
13
14    void TestFunc() ◄------------------------------
15    {
16       cout ≪ "***TestFunc()***" ≪ endl;
17
18       // 실 형식의 함수가 호출된다!
19       PrintData();
20       cout ≪ "***************" ≪ endl;
21    }
22
23 protected:
24    int m_nData = 10;
25 };
26
27 class CMyDataEx : public CMyData
28 {
29 public:
30    // 기본 클래스의 가상 함수 멤버를 재정의했다.
31    // 따라서 기존 정의는 무시된다.
32    virtual void PrintData() ◄-----------------
33    {
34       cout ≪ "CMyDataEx: " ≪ m_nData * 2 ≪ endl;
35    }
36 };
37
38 int _tmain(int argc, _TCHAR* argv[])
39 {
40    CMyDataEx a;
41    a.PrintData();
42
43    CMyData &b = a;
44
45    // 참조 형식에 상관없이 실 형식의 함수가 호출된다.
46    b.PrintData();
47
48    // 늘 마지막에 재정의된 함수가 호출된다!
49    a.TestFunc();
50
```

```
51      return 0;
52    }
```

실행결과

```
CMyDataEx: 20
CMyDataEx: 20
***TestFunc()***
CMyDataEx: 20
***************
```

9번 행에서 CMyData::PrintData() 함수를 가상 함수로 선언했는데, 이 함수는 내부 멤버 데이터인 m_nData의 값을 출력합니다. 그리고 32번 행에서 이 PrintData() 함수를 재정의했습니다. 여기까지는 기존의 일반 메서드를 재정의한 것과 크게 다르지 않기 때문에 40, 41번 행 코드가 실행되면 **CMyDataEx 클래스의 PrintData() 메서드가 호출**된 것입니다.

그런데 43, 46번 행에서 재밌는 코드가 등장하는데, 특히 46번 행은 문제의 핵심입니다. 실 형식은 CMyDataEx이며 참조 형식은 기본 클래스인 CMyData에 속한 참조자 b가 선언됐습니다. 그리고 b를 통해 PrintData()를 호출했습니다.

일반 메서드의 경우 실 형식은 중요하지 않고 참조 형식이 무엇인지에 따라 어떤 메서드가 호출되는지 결정이 났지만 가상 함수는 다릅니다. **가상 함수는 일반 메서드와 달리 참조 형식이 무엇이든 실 형식의 메서드를 호출합니다!** 정말이지 너무너무 중요한 내용입니다. 자세한 이해나 내부 구조는 한참 나중에 알게 되더라도 지금 당장은 이렇게 외웁시다.

"일반 메서드는 참조 형식을 따르고, 가상 함수는 실 형식을 따른다!"

자, 짧은 문장이니 쉽게 외울 수 있을 겁니다. 그러니 이제 '더' 중요한 코드를 만나봅시다. 바로 19번 행 코드(**PrintData();**)입니다.

```
14      void TestFunc()
15      {
16          cout << "***TestFunc()***" << endl;
17
18          // 실 형식의 함수가 호출된다!
```

```
19      PrintData();
20      cout << "***************" << endl;
21   }
```

TestFunc( ) 함수는 기본 클래스인 CMyData의 멤버입니다. 그러므로 19번 행에 보이는 PrintData( )는 기본적으로 CMyData 클래스의 PrintData( ) 함수를 말하는 것입니다. 그런데 문제는 PrintData( ) 함수가 '가상 함수'라는 사실입니다. 이렇게 되면 지금 19번 행에서 호출하는 PrintData( ) 함수는 '미래'에 재정의된 함수일 수 있습니다.

만일 파생 형식에서 PrintData( ) 가상 함수를 재정의한다면 현재의 19번 행 코드로 '미래'의 함수를 호출하는 것입니다. 지금 혹시 필기 중인가요? 그렇다면 여기에 별표를 한 100개쯤 그려두기 바랍니다. 이게 시험에 나오지 않을 가능성은 0%고, 이를 모른다는 것은 객체지향 프로그래머가 되겠다는 의지가 전혀 없음을 뜻합니다.

"미래를 호출한다!" 정말 멋지지 않나요? 다음 그림은 재정의된 미래의 함수를 호출하는 구조를 나타낸 것입니다.

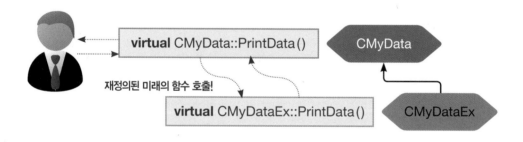

상속에서는 늘 과거, 현재, 미래를 생각해야 한다고 강조해 왔습니다. 지금 이 예제에서 CMyData 클래스는 2013년에 만들어진 것이고, CMyDataEx 클래스는 2016년에 만들어져서 PrintData( ) 함수가 재정의된 것이라면 19번 행의 코드는 2013년의 코드로 2016년에 만들어진 함수를 호출하는 셈입니다. 그래서 또 명심해야 합니다.

"가상 함수는 호출하는 것이 아니라 호출되는 것이다!"

라는 사실을 말이죠. 만일 CMyDataEx 클래스를 2016년의 영희가 재정의했다고 생각해봅시다. 그런데 정작 영희 자신은 자신이 만든 함수를 직접 호출하지도 않는 데다 호출 시점을 자신이 결정하지도 않습니다. 2013년에 만들어진 코드가 제어권을 갖고 때가 되면 호출하는 구조입니다! 이 말에 대한 좀 더 자세한 예가 필요한데 마침 딱 좋은 것이 있습니다. 바로 다음에 소개할 '실습 과제 12'입니다.

7.1.2 실습 과제 12: 문자열 필터의 또 다른 구현 방법

이번 실습 과제는 지금까지와는 달리 앞서 과제에 이어가는 것이 아니라 '실습 과제 9' 프로젝트에 이어서 진행합니다. 즉, SetString() 함수를 이용해 문자열 필터를 구현하기 직전으로 돌아가는 것입니다. 이번에도 단계별로 따라서 실습하기만 하면 됩니다. 별도로 무엇인가를 여러분이 구현하지는 않아도 됩니다.

step 1

실습 과제 9의 결과가 적용된 StringCtrlSample 프로젝트를 열고 CMyString 클래스의 MyString.h와 MyString.cpp 파일에 void OnSetString(char *pszData, int nLength); 메서드를 추가합니다. 단, '매개 변수 이름' 아래에 있는 선택 항목에서 'Virtual'을 선택해 가상 함수로 추가합니다. 멤버 변수 추가 마법사를 이용할 경우는 다음 그림을 참고합니다.

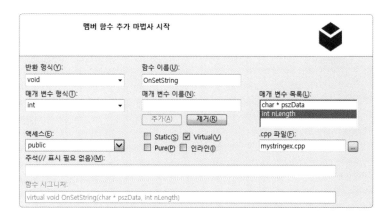

그리고 다음과 같이 함수가 잘 만들어졌다는 사실만 확인합니다. 반드시 선언(MyString.h)과 정의 (MyString.cpp) 파일을 모두 확인합니다.

```
26  public:
......
48    virtual void OnSetString(char * pszData, int nLength);
```

```
185   void CMyString::OnSetString(char * pszData, int nLength)
186   {
187     // 아무런 코드도 추가하지 않는다.
188   }
```

step 2

CMyString 클래스의 SetString() 함수가 결과를 반환하기 바로 전에 OnSetString() 가상 함수를 호출하도록 MyString.cpp 파일에 다음 코드를 추가합니다.

```
48   int CMyString::SetString(const char* pszParam)
49   {
50     // 새로운 문자열 할당에 앞서 기존 정보를 해제한다.
51     Release();
52
53     // NULL을 인수로 함수를 호출했다는 것은 메모리를 해제하고
54     // NULL로 초기화하는 것으로 볼 수 있다.
55     if(pszParam == NULL)
56       return 0;
57
58     // 길이가 0인 문자열도 초기화로 인식하고 처리한다.
59     int nLength = strlen(pszParam);
60     if(nLength == 0)
61       return 0;
62
63     // 문자열의 끝인 NULL 문자를 고려해 메모리를 할당한다.
64     m_pszData = new char[nLength + 1];
```

```
65
66    // 새로 할당한 메모리에 문자열을 저장한다.
67    strcpy_s(m_pszData, sizeof(char)* (nLength + 1), pszParam);
68    m_nLength = nLength;
69
70    //  미래를 호출한다!
71    OnSetString(m_pszData, m_nLength);
72
73    // 문자열의 길이를 반환한다.
74    return nLength;
75  }
```

여기서 잠깐

☆ CMyString에서 정의한 OnSetString 메서드의 의미

여기까지는 2013년 철수의 코드입니다. 지금 철수 본인은 문자열이 세트되는 시점에 추가 작업을 시도할 이유가 전혀 없습니다. 하지만 미래의 개발자가 자신의 코드에 개입할 수 있도록 길(virtual OnSetString( ))을 열어준 것입니다.

step 3

2016년 영희의 코드를 작성합니다. CMyStringEx 클래스의 MyStringEx.h와 MyStringEx.cpp에 CMyString 클래스의 OnSetString( ) 함수를 재정의하고 다음과 같이 코드를 추가합니다.

[07/Practice12/StringCtrlSample/MyStringEx.h]

```
07  public:
......
12    void OnSetString(char * pszData, int nLength);
```

[07/Practice12/StringCtrlSample/MyStringEx.cpp]

```
25  void CMyStringEx::OnSetString(char * pszData, int nLength)
26  {
27    if(strcmp(pszData, "멍멍이아들") == 0)
```

```
28      strcpy_s(pszData, sizeof(char)* (nLength + 1), "*착한아들*");
29  }
```

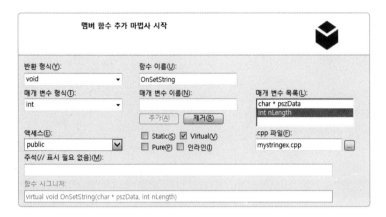

---

step 4

사용자(길동) 코드인 StringCtrlSample.cpp를 다음과 같이 수정하고 실행 결과를 확인합니다.

[07/Practice12/StringCtrlSample/StringCtrlSample.cpp]

```
01  #include "stdafx.h"
02  #include "MyStringEx.h"
03
04  int _tmain(int argc, _TCHAR* argv[]){
05      CMyStringEx strTest;
06      strTest.SetString("멍멍이아들");
07      cout ≪ strTest ≪ endl;
08
09      return 0;
10  }
```

실행결과

착한아들

여기서 잠깐

✿ CMyString에서 정의한 OnSetString 메서드의 의미

영희가 만들어 넣은 OnSetString( ) 가상 함수는 재정의 함수이며 철수의 코드를 완전히 대체합니다. 무엇보다 영희의 OnSetString( ) 함수는 2013년에 철수가 만든 SetString( ) 함수에 의해 호출됐다는 사실을 잊지 말기 바랍니다.

C++로 프로그램을 개발할 때 모든 것을 새롭게 다 만드는 것이 아니라 외부 라이브러리나 그 집합체라 할 수 있는 '프레임워크Framework'를 가져다 사용하는 경우가 많습니다. 이 경우 주의해야 할 것은 **'가상 함수를 대하는 태도'**입니다. 늘 무엇인가를 몽땅 다 내 손으로 만들어내는 것에 익숙한 사람들은 '재정의'를 이용한 구현을 잘 이해하지 못 합니다.

이는 실습 과제 12처럼 **"특정 가상 함수를 재정의했을 때 해당 함수가 적절한 시기에 '자동으로' 호출된다는 사실을 미리 알고 거기에 맞게 코드를 작성하기가 어렵다"**라는 말입니다. 2016년 영희의 입장에서 보면 이 말이 무슨 말인지 이해할 수 있을 것입니다. 자, 이 사실을 감안해 앞으로 여러분이 프레임워크를 사용할 때 혹은 배울 때 주의해야 할 것 중 하나는 **어떤 클래스가 어떤 가상 함수를 가졌고 언제 호출되는지 정확히 알아야 한다**는 사실입니다.

그리고 언젠가 여러분이 제작자 입장에서 코드를 설계해야 하는 때가 온다면 특정 가상 함수가 미래에 재정의되는 것을 막아야 할 수도 있습니다. 그럴 경우 아래처럼 자신이 재정의한 가상 함수 뒤에 **final** 예약어를 붙여줍니다.

```
virtual void PrintData() final;
```

이렇게 해두면 컴파일 오류가 발생하기 때문에 파생 클래스에서 해당 함수를 재정의할 수 없습니다.

7.1.3 소멸자 가상화

CMyData 클래스가 CMyDataEx 클래스의 기본 형식이라면 CMyData에 대한 포인터나 참조자로 CMyDataEx 클래스 인스턴스를 참조할 수 있습니다. 물론 이렇게 되면 참조 형식과 실 형식이 달라지는데, 이미 몇 번 경험해서 잘 알고 있을 것입니다.

```
CMyData *pData = new CMyDataEx;
```

참고로 위 코드처럼 상위 클래스로 하위 파생 클래스를 참조할 때 상위 클래스 형식을 '추상 자료형Abstract Data Type'이라고 합니다. '사람'의 파생 형식이라 할 수 있는 '학생'을 '사람'이라 지칭하고 대우하는 것이 매우 적절한 방법인 것처럼 추상 자료형은 상속 관계일 때 파생 클래스를 지칭하는 적절한 방법 중 하나입니다.

그런데 이 추상 자료형을 이용해 동적 생성한 객체를 참조할 경우 심각한 메모리 누수 오류가 발생할 수 있습니다. 사실 꼭 메모리가 아니더라도 잠재적인 문제가 발생하는데, 원인은 파생 형식의 소멸자가 호출되지 않아서입니다.

[07/VirtualDestructor/VirtualDestructor.cpp] 소멸자 가상화

```
01  #include "stdafx.h"
02  #include <iostream>
03  using namespace std;
04
05  // 제작자 코드
06  class CMyData
07  {
08  public:
09    CMyData() { m_pszData = new char[32]; }
10    ~CMyData()
11    {
12      cout << "~CMyData()" << endl;
13      delete m_pszData;
14    }
15
16  private:
17    char *m_pszData;
```

```
18     };
19
20     class CMyDataEx : public CMyData
21     {
22     public:
23         CMyDataEx() { m_pnData = new int; }
24         ~CMyDataEx()
25         {
26             cout << "~CMyDataEx()" << endl;
27             delete m_pnData;
28         }
29
30     private:
31         int *m_pnData;
32     };
33
34     // 사용자 코드
35     int _tmain(int argc, _TCHAR* argv[])
36     {
37         CMyData *pData = new CMyDataEx;
38
39         // 참조 형식에 맞는 소멸자가 호출된다.
40         delete pData;
41
42         return 0;
43     }
```

```
~CMyData()
```

37번 행에서 동적 생성한 CMyDataEx 인스턴스를 기본 형식인 CMyData에 대한 포인터로 참조했는데, 이것은 전혀 문제가 되지 않습니다. 하지만 40번 행처럼 **delete 연산을 실행할 경우 참조 형식의 소멸자만 호출되고 실 형식의 소멸자가 호출되지 않는 심각한 내부적 문제가 발생**합니다.

이 문제를 해결하는 가장 쉬운 방법은 '**소멸자를 가상화**'하는 것입니다. 다음 코드처럼 기본 클래스의 소멸자를 가상 함수로 선언하면 됩니다.

```
10    // 소멸자를 가상 함수로 선언
11    virtual ~CMyData()
12    {
13      cout << "~CMyData()" << endl;
14      delete m_pszData;
15    }
```

아무튼 이와 같이 소멸자를 가상화하고 실행 결과를 확인하면 파생 클래스의 소멸자까지 제대로 호출된 것을 확인할 수 있습니다.

실행결과

```
~CMyDataEx()
~CMyData()
```

만일 소멸자를 가상화하지 않은 상태에서 사용자 코드 작성자가 추상 자료형을 운영하고 객체를 동적 할당 및 해제한다면 문제가 발생합니다. 물론 이 '문제'라는 모든 현상은 사용자가 겪게 되지만 해결은 제작자가 해야 합니다. 정말이지 큰 실수하기 딱 좋은 문제가 아닐 수 없습니다.

여기서 잠깐

☆ **상속 관계에서의 가상 함수**

참고로 한 번 가상 함수면 영원히 가상 함수입니다. 기본 형식이 가상 클래스면 파생 클래스인 CMyDataEx 클래스의 소멸자는 가상 함수로 선언하지 않더라도, 즉 virtual 예약어 선언이 없더라도 자동으로 가상화됩니다.

7.2 가상 함수 테이블(vtable)

가상 함수 테이블은 영어로는 'Virtual function table'입니다. 줄여서 vtable이라고 부르기도 하는데, 여기서 테이블이란 '배열'을 말합니다. 그러니까 **vtable이라는 것은 '함수 포인터 배열'**이라고 볼 수 있습니다. 따라서 함수 포인터를 모른다면 지금부터 설명할 내용들을 제대로 이해할 수 없습니다. 그러므로 혹시 **함수 포인터를 아예 모른다면 다음 절로 건너뛰어도 상관없습니다.**

그럼 시작하겠습니다. vTableSample.cpp 예제의 최상위 기본 클래스는 CMyData입니다. 이 클래스는 소멸자, TestFunc1(), TestFunc2() 이렇게 세 개 멤버를 가상 함수로 가지고 있습니다. 그리고 파생 형식인 CMyDataEx는 이 셋을 모두 재정의했습니다. 실습을 위해 이 예제를 꼭 만들어야 합니다.

[07/vTableSample/vTableSample.cpp] vtable 구현

```
01  #include "stdafx.h"
02  #include <iostream>
03  using namespace std;
04
05  class CMyData
06  {
07  public:
08    CMyData()
09    {
10      cout << "CMyData()" << endl;
11    }
12
13    virtual ~CMyData() { }
14    virtual void TestFunc1() { }
15    virtual void TestFunc2() { }
16  };
17
18  class CMyDataEx : public CMyData
19  {
20  public:
21    CMyDataEx()
22    {
23      cout << "CMyDataEx()" << endl;
```

```
24      }
25
26      virtual ~CMyDataEx() { }
27      virtual void TestFunc1() { }
28      virtual void TestFunc2()
29      {
30        cout << "TestFunc2()" << endl;
31      }
32    };
33
34    int _tmain(int argc, _TCHAR* argv[])
35    {
36      CMyData *pData = new CMyDataEx;
37      pData->TestFunc2();
38      delete pData;
39
40      return 0;
41    }
```

실행결과

```
CMyData()
CMyDataEx()
TestFunc2()
```

실행 결과 및 코드는 지금까지 보던 것입니다. 36번 행에서 추상 자료형으로 파생 클래스 인스턴스를 참조하도록 선언 및 정의했습니다. 그리고 37번 행에서 가상 함수인 TestFunc2() 메서드를 호출했는데, 가상 함수의 경우 참조 형식보다 실 형식이 우선하므로 CMyDataEx 클래스의 TestFunc2() 함수가 호출됩니다.

여기까지는 우리가 배운 내용들입니다. 이제는 하나하나 뜯어서 내부를 살피고 디버거를 이용해 코드의 흐름을 단계별로 추적해보겠습니다. 이 과정을 거치면 vtable의 실체를 명확히 알 수 있을 것입니다.

CMyData, CMyDataEx 클래스의 생성자에 [디버그] → [중단점 설정/해제]([F9])를 선택해 브레이크 포인트를 설정(10번 행, 23번 행)합니다.

[프로젝트] → [프로젝트이름 속성]을 선택해 프로젝트 속성 페이지 화면을 열고 [구성 속성] → [링커] → [고급] 카테고리를 선택하고 오른쪽의 [임의 기준 주소] 옵션을 다음과 같이 '아니요'로 변경합니다.

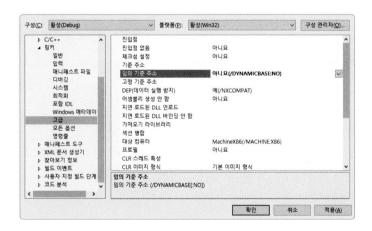

이 옵션은 Windows 운영체제가 제공하는 임의 기준 주소$^{Address\ Space\ Layout\ Randomization,\ ASLR}$ 기능을 적용하지 않기 위한 것입니다. ASLR에 대해 간단히 설명하자면 가상 메모리 상에 존재하는 각종 메모리(Stack, Heap, PE image)들의 시작 주소를 실행할 때마다 랜덤으로 변경하는 기능입니다. 이를 통해 메모리 해킹을 방지할 수 있습니다.

[디버그] → [디버깅 시작]([F5])을 선택해 디버그 모드로 프로그램을 실행합니다. 그리고 첫 번째 브레이크 포인트가 적중하면 다음과 같이 [디버그] → [창] → [지역]([Ctrl]+[Alt]+[V], [L])을 선택해 내용을 확인합니다.

this 포인터 아래 __**vfptr**이라는 지역 변수가 보입니다. 이 변수가 바로 'vtable 포인터'인데, 이 포인터를 따라가면 가상 함수로 선언된 멤버 함수들의 주소에 배열 형태로 접근할 수 있습니다. 이 __vfptr 값은 파생 형식 생성자가 호출되는 순간 파생 클래스에 맞춰 자동으로 변경됩니다.

step 4

[디버그] → [계속]([F5])을 선택해 다음 브레이크 포인트로 설정한 CMyDataEx 클래스의 생성자 함수로 이동하고 __vfptr 값이 달라졌음을 확인합니다.

[Step 3]에서 **0x0041dc78**이었던 __vfptr의 값이 **0x0041dc98**로 변경됐습니다. 따라서 가리키는 함수 포인터 배열도 달라집니다. Visual Studio 2013으로 컴파일하면 가상 함수를 멤버로 갖는 모든 클래스는 각자 자신만의 고유한 가상 함수 테이블을 갖습니다. 그리고 그 테이블을 __**vfptr** 포인터로 가리키는 것입니다.

그러니까 실제로 눈에 보이지는 않지만 내부적으로 다음과 같은 모습으로 코드가 만들어졌다고 생각하면 됩니다.

```
Class CMyData
{
public:
CMyData()
{
    __vfptr = CMyData의 vtable 주소;
}

virtual TestFunc() { }
```

```
    ....

protected:
  CMyData *__vfptr;
};

class CMyDataEx : public CMyData
{
public:
  CMyDataEx()
  {
    __vfptr = CMyDataEx의 vtable 주소;
  }
  virtual TestFunc() { }
};
```

만일 CMyDataEx 클래스의 인스턴스가 하나 선언되면 최초 CMyDataEx 클래스의 생성자가 호출될 것입니다. 하지만 실행은 하지 않고 상위 클래스 생성자를 호출합니다. 그러면 더 이상 부모 클래스가 없는 최상위 클래스인 CMyData의 생성자가 호출될 것이고 생성자가 실행될 것입니다. 따라서 다음 코드가 실행됩니다.

```
  __vfptr = CMyData의 vtable 주소;
```

__vfptr은 다음 그림과 같이 CMyData 클래스의 가상 함수 테이블(배열)을 가리키게 됩니다.

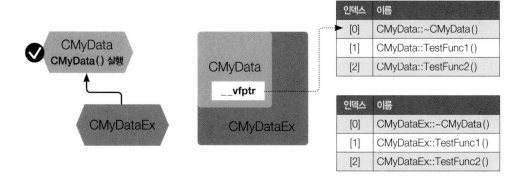

그러나 CMyData 클래스의 생성자를 반환하고 CMyDataEx 클래스의 생성자가 호출되면 다음과 같은 코드가 실행되면서 __vfptr을 덮어쓸 것입니다!

```
__vfptr = CMyDataEx의 vtable 주소;
```

즉, 다음 그림처럼 __vfptr은 CMyDataEx 클래스의 가상 함수 테이블(배열)을 가리키게 됩니다.

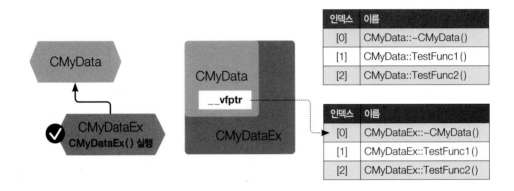

인덱스	이름
[0]	CMyData::~CMyData()
[1]	CMyData::TestFunc1()
[2]	CMyData::TestFunc2()

인덱스	이름
[0]	CMyDataEx::~CMyData()
[1]	CMyDataEx::TestFunc1()
[2]	CMyDataEx::TestFunc2()

따라서 __vfptr은 CMyData 클래스의 vtable을 가리키는 것이 아니라 CMyDataEx 클래스의 vtable을 가리키게 됩니다. 만일 사용자가 _tmain() 함수에 다음과 같이 코드를 작성한다면 실 형식의 가상 함수가 호출될 것입니다.

```
CMyData *pData = new CMyDataEx;
pData->TestFunc();
```

그런데 여기서 pData->TestFunc();를 다르게 표현하면 아래와 같습니다.

```
pData->__vfptr->TestFunc();
```

물론 이런 코드가 실제로 컴파일이 가능한 것은 아닙니다. 눈에 보이지 않는 것들을 모두 합쳐 재구성하고 구조를 설명하기 위한 것입니다. __vfptr은 늘 가장 마지막에 파생된 클래스의 vtable 값으로 덮어씌워지므로 접근 형식에 상관없이 실 형식의 함수가 호출될 수밖에 없습니다.

한 번 더 [디버그] → [계속]([F5])을 선택해 프로그램을 종료합니다.

내용이 조금 어렵죠? 그럼에도 불구하고 이해했다면 정말 칭찬 많이 해드리고 싶습니다. 어디 가서 "실력 없다"라는 소리는 듣지 않을 겁니다. 기왕 어려운 이론들을 다룬 김에 용어를 하나하나 정리해 볼까 합니다.

우리가 지금까지 배운 가상 함수는 이른바 '늦은 바인딩$^{Late\ binding}$'입니다. **'바인딩'이란 함수나 변수의 주소가 결정되는 것**을 말하는데, 이 주소가 컴파일 타임에 결정되면 '이른 바인딩$^{Early\ binding}$'이고 빌드한 프로그램이 실행되는 도중에 주소가 결정되면 '늦은 바인딩'입니다. 그래서 늦은 바인딩은 '동적 바인딩$^{Dynamic\ binding}$'이라고도 부릅니다.

다음 EarlyBinding.cpp 예제는 흔히 볼 수 있는 함수 호출이며 전형적인 이른 바인딩입니다. 별다른 실행 결과는 없고 피연산자를 확인하기 위해 만든 것입니다.

[07/EarlyBinding/EarlyBinding.cpp] 이른 바인딩

```
01  #include "stdafx.h"
02  #include <iostream>
03  using namespace std;
04
05  void TestFunc(int nParam) { }
06
07  int _tmain(int argc, _TCHAR* argv[])
08  {
09    TestFunc(10);
10
11    return 0;
12  }
```

_tmain() 함수가 TestFunc() 함수를 호출했는데, 함수 이름인 'TestFunc'는 상수이고 함수 호출 연산자의 피연산자입니다. 따라서 호출할 함수가 달라질 가능성은 없습니다. 그러므로 이른 바인딩은 기계어로 번역했을 때 그 주소가 명백히 드러납니다.

다음 그림은 TestFunc() 함수를 호출하는 9번 행에 [디버그] → [중단점 설정/해제]([F9])를 선택해 브레이크 포인트를 설정하고 [디버그] → [디버깅 시작]([F5])을 선택해 실행한 후 [디버그] → [창] → [디스어셈블리]([Ctrl]+[Alt]+[D])를 선택해 확인한 것입니다.

```
       TestFunc(10);
● 01234C0E  push      0Ah
  01234C10  call      TestFunc (01231500h)
  01234C15  add       esp,4
       return 0;
  01234C18  xor       eax,eax
  }
```

call 어셈블리 코드의 피연산자는 'TestFunc'라는 상수입니다. 즉, 머신 코드 수준에서 호출할 함수가 결정된 상태입니다.

이에 반해 늦은 바인딩은 call 어셈블리 코드의 피연산자가 변수가 됩니다. 다음 LateBinding.cpp 예제를 봅시다.

[07/LateBinding/LateBinding.cpp] 늦은 바인딩

```
01  #include "stdafx.h"
02  #include <iostream>
03  using namespace std;
04
05  void TestFunc1(int nParam) { }
06  void TestFunc2(int nParam) { }
07
08  int _tmain(int argc, _TCHAR* argv[])
09  {
10    int nInput = 0;
11    cin >> nInput;
12    void(*pfTest)(int) = NULL;
13
14    if(nInput > 10)
15      pfTest = TestFunc1;
16
17    else
18      pfTest = TestFunc2;
19
```

```
20    pfTest(10);
21
22    return 0;
23 }
```

20번 행에서 **pfTest(10);**을 실행하는데 pfTest는 함수 포인터 변수이고 이 변수의 값은 이 프로그램을 빌드하고 실행해서 사용자가 정수를 입력하기 전에는 어떤 함수가 호출될 것인지 확정지어 말할 수 없습니다. 따라서 좋든 싫든 함수 호출 연산자의 피연산자는 실제로 연산을 해봐야만 알 수 있습니다. 그렇기 때문에 이른 바인딩 예제처럼 20번 행에 브레이크 포인트를 설정한 후 다음 그림처럼 어셈블리 코드를 살펴보더라도 값이 확정돼 있지 않은 걸 확인할 수 있습니다.

```
    pfTest(10);
○ 003538F5  mov        esi,esp
  003538F7  push       0Ah
  003538F9  call       dword ptr [pfTest]
  003538FC  add        esp,4
  003538FF  cmp        esi,esp
  00353901  call       __RTC_CheckEsp (035134Dh)
    return 0;
  00353906  xor        eax,eax
}
```

call 어셈블리 코드의 피연산자가 상수가 아니라 포인터 변수이므로 변수에 저장된 주소의 함수가 호출될 것입니다.

지금까지 vtable을 비롯해 '이른/늦은 바인딩' 등 비교적 어려운 내용을 다뤘습니다. 난이도가 높아서 조금 걱정이 되는 것은 "C++를 하려면 이런 내용까지 모두 다 알아야 하는 거야?"라고 우려하고 포기하는 사람이 나오지는 않을까 하는 것입니다. 부탁드립니다. 절대 포기하지 말기 바랍니다. 이번 절은 다시 강조하지만 어렵다면 그냥 건너뛰어도 상관없습니다. 나중에 다시 보겠다고 미뤄도 전혀 문제가 되지 않습니다.

7.3 순수 가상 클래스

'순수 가상 클래스^{Pure virtual class}'는 '순수 가상 함수^{Pure virtual function}'를 멤버로 가진 클래스를 말합니다. 따라서 순수 가상 클래스를 이해하기 전에 순수 가상 함수부터 이해하는 것이 순서입니다.

순수 가상 함수는 선언은 지금 해두지만 정의는 미래에 하도록 미뤄둔 함수입니다. 그런 의미에서 다음 코드처럼 함수 선언 시 끝부분에 '= 0'이라는 표현이 붙습니다.

```
virtual int GetData() const = 0;
```

순수 가상 함수를 멤버로 가진 순수 가상 클래스의 가장 중요한 특징은 바로 "인스턴스를 직접 선언할 수 없다"라는 사실입니다. 그리고 **순수 가상 클래스의 파생 클래스는 반드시 기본 클래스의 순수 가상 함수를 재정의해야 합니다.** 그렇지 않으면 컴파일 오류가 발생합니다.

그럼 PureVirsualSample.cpp 예제를 살펴보겠습니다.

[07/PureVirtualSample/PureVirtualSample.cpp] 순수 가상 클래스 정의

```
01  #include "stdafx.h"
02  #include <iostream>
03  using namespace std;
04
05  // 최초 설계자 코드
06  class CMyInterface
07  {
08  public:
09    CMyInterface()
10    {
11      cout << "CMyInterface()" << endl;
12    }
13
14    // 선언만 있고 정의는 없는 순수 가상 함수
15    virtual int GetData() const = 0;
16    virtual void SetData(int nParam) = 0;
17  };
18
19  // 후기 개발자 코드
20  class CMyData : public CMyInterface
```

```
21  {
22  public:
23    CMyData() { cout << "CMyData()" << endl; }
24
25    // 순수 가상 함수는 파생 클래스에서 '반드시' 정의해야 한다.
26    virtual int GetData() const { return m_nData; }
27    virtual void SetData(int nParam) { m_nData = nParam; }
28
29  private:
30    int m_nData = 0;
31  };
32
33  // 사용자 코드
34  int _tmain(int argc, _TCHAR* argv[])
35  {
36    // 순수 가상 클래스는 인스턴스를 선언 및 정의할 수 없다.
37    // CMyInterface a;
38    CMyData a;
39    a.SetData(5);
40    cout << a.GetData() << endl;
41
42    return 0;
43  }
```

```
CMyInterface()
CMyData()
5
```

CMyInterface 클래스는 순수 가상 함수이므로 인스턴스를 선언하거나 동적으로 생성할 수 없습니다. 또한 CMyData는 CMyInterface 클래스의 파생 클래스이므로 CMyInterface에서 순수 가상 함수로 선언한 멤버를 반드시 재정의해야 합니다. 그래서 26~27번 행에서 GetData(), SetData() 함수를 재정의했습니다.

39번 행에서 CMyData의 SetData() 함수를 호출합니다. 물론 이때 호출하는 SetData()는 명백히 CMyData 클래스의 SetData()입니다. 접근 형식도 실 형식도 모두 CMyData이므로 의심할

여지가 없습니다. 만일 추상 자료형으로 CMyData 클래스의 인스턴스를 참조한다 하더라도 가상 함수이므로 실 형식을 따르기 때문에 **어떤 경우라도 늘 CMyData 클래스의 함수가 호출**됩니다.

내용 자체는 그리 어려울 것이 없습니다. 관련 이론은 외우고 넘겨도 그만이지만 근본적인 의문이 하나 남습니다. "도대체 이런 것을 왜 사용해야 하는 것일까?" 이 물음에 대한 모범 답안은 '7.3.2 추상 자료형의 사용 예'에서 확인할 수 있습니다.

7.3.1 인터페이스 상속

'인터페이스Interface'는 서로 다른 두 객체가 서로 맞닿아 상호작용할 수 있는 통로나 방법입니다. 예를 들어 가장 대표적인 범용 인터페이스로는 USB가 있습니다. 많은 컴퓨터들이 외부 기기와 연결하는 방법으로 이 USB 인터페이스를 제공합니다. 컴퓨터에 연결하려는 수많은 장치도 하나같이 USB 인터페이스를 제공합니다.

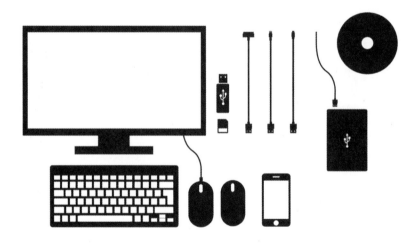

자, 그렇다면 왜 모두 USB일까요? 쉽게 생각하면 USB가 좋은 것이니 적극 활용하는 것이겠지만 조금 다르게 생각하면 대부분의 장치가 USB 인터페이스를 지원하기 때문입니다. 자기 혼자만 독단적으로 존재한다면 굳이 외부 인터페이스 같은 것이 필요하지는 않겠죠. 그러나 **다른 장치(객체)들과 상호작용할 생각이라면 가장 많이 사용되는 보편적 인터페이스를 선택**함으로써 어디든 쉽게 연결해서 사용할 수 있도록 설계하는 것이 좋습니다.

이 논리는 C++ 같은 객체지향 프로그래밍에 고스란히 적용되며 InterfaceSample.cpp 예제는 초기 제작자, 후기 제작자, 사용자 관점에서 인터페이스 개념이 녹아 있는 코드입니다.

[07/InterfaceSample/InterfaceSample.cpp] 인터페이스

```cpp
01  #include "stdafx.h"
02  #include <iostream>
03  using namespace std;
04
05  // 초기 제작자의 코드
06  class CMyObject
07  {
08  public:
09    CMyObject() { }
10    virtual ~CMyObject() { }
11
12    // 모든 파생 클래스는 이 메서드를 가졌다고 가정할 수 있다.
13    virtual int GetDeviceID() = 0;
14
15  protected:
16    int m_nDeviceID;
17  };
18
19  // 초기 제작자가 만든 함수
20  void PrintID(CMyObject *pObj)
21  {
22    // 실제로 어떤 것일지는 모르지만 그래도 ID는 출력할 수 있다!
23    cout << "Device ID: " << pObj-> GetDeviceID() << endl;
24  }
25
26  // 후기 제작자의 코드
27  class CMyTV : public CMyObject
28  {
29  public:
30    CMyTV(int nID) { m_nDeviceID = nID; }
31    virtual int GetDeviceID()
32    {
33      cout << "CMyTV::GetDeviceID()" << endl;
34      return m_nDeviceID;
```

```
35      }
36   };
37
38   class CMyPhone : public CMyObject
39   {
40   public:
41      CMyPhone(int nID) { m_nDeviceID = nID; }
42      virtual int GetDeviceID()
43      {
44         cout ≪ "CMyPhone::GetDeviceID()" ≪ endl;
45         return m_nDeviceID;
46      }
47   };
48
49   // 사용자 코드
50   int _tmain(int argc, _TCHAR* argv[])
51   {
52      CMyTV a(5);
53      CMyPhone b(10);
54
55      // 실제 객체가 무엇이든 알아서 자신의 ID를 출력한다.
56      ::PrintID(&a);
57      ::PrintID(&b);
58
59      return 0;
60   }
```

실행결과

```
CMyTV::GetDeviceID()
Device ID: 5
CMyPhone::GetDeviceID()
Device ID: 10
```

TV든 전화기든 무엇이든 CMyObject의 파생 형식이라면 모두 다음 코드처럼 정의된 int GetDeviceID()라는 멤버 함수를 가졌다고 확신할 수 있습니다. 순수 가상 함수이기 때문입니다.

```
void PrintID(CMyObject *pObj)
{
....
   pObj->GetDeviceID();
}
```

초기 개발자는 처음부터 이 점을 의도적으로 이용해 실제 InterfaceSample.cpp 예제의 PrintID() 함수를 만든 것으로 볼 수 있습니다.

함수의 매개변수는 CMyObject 형식에 대한 포인터입니다. 따라서 CMyObject뿐만 아니라 CMyObject 클래스의 파생 형식은 모두 포인팅할 수 있습니다. 그렇기 때문에 56, 57번 행에서 ::PrintID(**&a**);, ::PrintID(**&b**);를 통해 CMyTV, CMyPhone 클래스 인스턴스의 주소를 인수로 넘길 수 있는 것입니다. 이렇게 하면 나중에 만들어진 CMyTV, CMyPhone 클래스는 과거에 만들어진 PrintID() 함수에 올라 타듯 확장될 수 있습니다. '어떤 클래스'라도 CMyObject를 상속받기만 한다면 PrintID()의 실인수가 될 수 있습니다. 물론 오류도 없습니다.

이 같은 일이 가능한 이유는 **가상 함수는 추상 자료형으로 참조하더라도 언제나 실 형식의 메서드가 호출**될 수 있기 때문입니다.

7.3.2 추상 자료형의 사용 예

추상 자료형이 사용되는 좋은 예들이 많습니다. 가령 "사용자가 입력한 모양을 그리자"라고 가정해 봅시다. 구현 자체가 어려울 것은 없는데 성능 상의 문제로 반드시 생각해봐야 할 중요한 문제가 있습니다.

"사용자가 입력할 수 있는 모양의 종류는 몇 가지인가요?"

"사용자가 입력한 모양을 화면에 출력할 때 어떤 모양인지에 따라 각각 다른 함수가 호출되도록 코드를 작성할 것인가요?"

"사용자가 입력한 모양이 무엇인지 판단하기 위해 switch-case문을 사용할 것인가요?"

질문에서 큰 문제점을 느끼지 못 하는 사람이 많을 것으로 예상됩니다. **빠른 연산이 필요한 순간에 switch-case문이나 다중 if문을 사용하는 것이 매우 비효율적**이라는 사실을 배운 적이 없을 수도 있기 때문입니다.

'빠른 연산이 필요한 순간'이 있는 반면 '비교적 여유로운 순간'도 있습니다. 당연한 이야기지만 여유로울 때 미리 연산해두면 빠르게 처리해야 할 때 매우 유리합니다. 마치 학창 시절에 책가방을 미리 저녁에 챙겨두는 것이랄까요? 프로그램에서 보통 여유로운 순간은 '사용자 입력' 순간입니다. 컴퓨터는 대단히 빠르게 연산할 수 있지만 이에 반해 사용자 입력은 매우 느리기 때문에 switch-case 문 같은 느린 연산은 사용자 입력 시점에 수행하는 것이 좋습니다.

AdtSample 예제는 '미리 책가방을 챙기는' 전형적인 예를 보인 것으로, 추상 자료형을 사용해 프로그램의 효율을 높이는 매우 중요한 예제입니다.

사용자로부터 나이를 입력받고 요금을 계산하는 프로그램인데 이 프로그램의 핵심은 입력 시 다중 if문으로 효율이 떨어지는 연산을 실행하여 요금을 계산하고 출력하는 부분은 다중 if문이나 switch-case문 없이 즉시 실행한다는 데 있습니다.

[07/AdtSample/AdtSample.cpp] 추상 자료형의 효율성

```
01  #include "stdafx.h"
02  #include <iostream>
03  using namespace std;
04
05  // 초기 제작자
06  #define DEFAULT_FARE 1000
07
08  class CPerson
09  {
10  public:
11    CPerson() { }
12    virtual ~CPerson() {
13      cout << "virtual ~CPerson()" << endl;
14    }
15
16    // 요금 계산 인터페이스(순수 가상 함수)
17    virtual void CalcFare() = 0;
18
19    virtual unsigned int GetFare() { return m_nFare; }
20
21  protected:
22    unsigned int m_nFare = 0;
23  };
```

```
24
25  // 초기 혹은 후기 제작자
26  class CBaby : public CPerson
27  {
28  public:
29    // 영유아(0~7세) 요금 계산
30    virtual void CalcFare() {
31      m_nFare = 0;  // 0%
32    }
33  };
34
35  class CChild : public CPerson
36  {
37  public:
38    // 어린이(8~13세) 요금 계산
39    virtual void CalcFare() {
40      m_nFare = DEFAULT_FARE * 50 / 100;  // 50%
41    }
42  };
43
44  class CTeen : public CPerson
45  {
46  public:
47    // 청소년(14~19세) 요금 계산
48    virtual void CalcFare() {
49      m_nFare = DEFAULT_FARE * 75 / 100;  // 75%
50    }
51  };
52
53  class CAdult : public CPerson
54  {
55  public:
56    // 성인(20세 이상) 요금 계산
57    virtual void CalcFare() {
58      m_nFare = DEFAULT_FARE;              // 100%
59    }
60  };
61
62  // 사용자 코드
```

```
63  int _tmain(int argc, _TCHAR* argv[])
64  {
65    CPerson* arList[3] = { 0 };
66    int nAge = 0;
67
68    // 1. 자료 입력: 사용자 입력에 따라서 생성할 객체 선택
69    for(auto &person : arList)
70    {
71      cout << "나이를 입력하세요: ";
72      cin >> nAge;
73      if(nAge < 8)
74        person = new CBaby;
75
76      else if(nAge < 14)
77        person = new CChild;
78
79      else if(nAge < 20)
80        person = new CTeen;
81
82      else
83        person = new CAdult;
84
85      // 생성한 객체에 맞는 요금이 자동으로 계산된다.
86      person->CalcFare();
87    }
88
89    // 2. 자료 출력: 계산한 요금을 활용하는 부분
90    for(auto person : arList)
91      cout << person->GetFare() <<"원" << endl;
92
93    // 3. 자료 삭제 및 종료
94    for(auto person : arList)
95      delete person;
96
97    return 0;
98  }
```

```
나이를 입력하세요: 5
나이를 입력하세요: 16
나이를 입력하세요: 25
0원
750원
1000원
virtual ~CPerson()
virtual ~CPerson()
virtual ~CPerson()
```

CPerson 클래스는 CalcFare()라는 순수 가상 함수를 가진 순수 가상 클래스입니다. CPerson 클래스는 다음 그림처럼 추상 자료형으로만 존재할 수 있습니다.

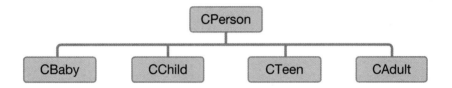

CPerson 클래스의 파생 클래스로는 CBaby, CChild, CTeen, CAdult 등이 있습니다. 당연히 모두 CalcFare() 함수를 재정의했으며 각자의 상황에 맞는 요금을 계산합니다. 여기까지는 성능과 어떤 상관이 있는지 드러나지는 않습니다. 정말 중요한 것들은 모두 '사용자 코드'에 들어있습니다.

69~87번 행은 사용자로부터 나이를 '입력'받고 나이의 범위를 다중 if문으로 분류해 적절한 객체를 생성합니다. 사용자 입력 시점이므로 상대적으로 여유롭습니다. 그래서 나이에 따른 분류 및 선택을 느리게 처리하더라도 크게 문제가 되지는 않습니다.

86번 행 코드는 또 다른 다중 if문이나 switch-case문 없이도 생성된 객체가 무엇인지에 맞추어 '알아서' 요금을 계산합니다. 왜냐하면 **CalcFare() 함수가 가상 함수이므로 사용자 입력에 따라 실제로 생성된 '실 형식'의 CalcFare() 함수가 호출**될 것이기 때문입니다! 따라서 이 단 한 줄의 코드가 덩치 큰 다중 if문이나 switch-case문을 대체합니다. **다중 if문이나 switch-case문의 구조적 문제점은 생각해야 할 경우의 수가 늘어나면 늘어날수록 성능이 떨어진다는 점입니다.**

하지만 지금과 같이 **추상 자료형을 이용하면** 경우의 수가 아무리 늘어난다 하더라도 다음 그림의 구조처럼 동작하므로 똑같은 부하 수준으로 모두 대응할 수 있습니다.

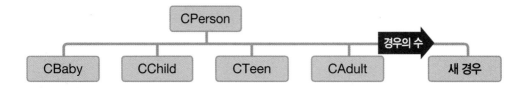

그래서 할 수 있다면 다중 if문이나 switch-case문은 'Lookup 배열' 혹은 지금 배운 추상 자료형을 이용한 방법으로 변경해야 합니다.

7.4 상속과 형변환

C++의 형변환 연산자는 네 가지입니다. C가 소위 '강제' 형변환 연산자 하나만 지원하는 것과 비교하면 매우 다양하다고 할 수 있습니다.

형변환 연산자	설명
const_cast<>	상수형 포인터에서 const를 제거합니다.
static_cast<>	컴파일 시 상향 혹은 하향 형변환합니다.
dynamic_cast<>	런타임 시 상향 혹은 하향 형변환합니다.
reinterpret_cast<>	C의 형변환 연산자와 흡사합니다.

간편하기로 따지면 강제 형변환 연산자 만한 것이 없습니다. 그러나 그 편리함만큼 버그도 늘어나기 십상이라는 것이 문제죠. 그래서 C++는 실수 가능성을 문법적으로 차단하기 위해 다양한 형변환 연산자를 제공합니다. 특히 상속을 고려하면 static_cast〈 〉와 dynamic_cast〈 〉를 제대로 이해해야 합니다.

이번 절에서는 이 두 가지 형변환 연산자를 살펴보겠습니다.

7.4.1 static_cast

상속 관계일 때 파생 형식을 기본 형식(부모 클래스의 형식)으로 포인팅할 수 있습니다. 다른 말로는 '추상 자료형'이라고도 할 수 있습니다. 이 경우 자연스럽게 '상향 형변환'이 묵시적으로 이루어진 셈입니다. 그러나 기본 형식 포인터가 가리키는 대상을 파생 형식 포인터로 형변환하는 '하향 형변환'은 상속 관계에서만 가능합니다.

CastSample1.cpp 예제의 CMyData는 CMyDataEx의 부모 클래스입니다. 이와 관련한 코드는 매우 단순하기 때문에 별도의 설명이 필요 없습니다. 중요한 코드는 모두 _tmain() 함수에 있습니다. 형변환은 제작자보다는 '사용자의 문제'이기 때문입니다.

[07/CastSample1/CastSample1.cpp] static_cast 사용 예

```cpp
01  #include "stdafx.h"
02  #include <iostream>
03  using namespace std;
04
05  class CMyData
06  {
07  public:
08    CMyData() { }
09    virtual ~CMyData() { }
10    void SetData(int nParam) { m_nData = nParam; }
11    int GetData() { return m_nData; }
12
13  private:
14    int m_nData = 0;
15  };
16
17  class CMyDataEx : public CMyData
18  {
19  public:
20    void SetData(int nParam)
21    {
22      if(nParam > 10)
23        nParam = 10;
24
25      CMyData::SetData(nParam);
26    }
27
28    void PrintData()
29    {
30      cout << "PrintData(): " << GetData() << endl;
```

```
31        }
32   };
33
34   int _tmain(int argc, _TCHAR* argv[])
35   {
36        // 파생 형식의 객체를 기본 형식으로 포인팅합니다.
37        CMyData *pData = new CMyDataEx;
38        CMyDataEx *pNewData = NULL;
39
40        // CMyData::SetData() 함수를 호출합니다.
41        // 따라서 10이 넘는지 검사하지 않습니다.
42        pData->SetData(15);
43
44        // 기본 형식에 대한 포인터나 가리키는 대상은 파생 형식입니다.
45        // 이 사실이 명확하므로 파생 형식에 대한 포인터로 형변환을 시도합니다.
46        pNewData = static_cast<CMyDataEx*>(pData);
47        pNewData -> PrintData();
48        delete pData;
49
50        return 0;
51   }
```

실행결과

```
PrintData(): 15
```

37번 행에서는 파생 형식인 CMyDataEx 클래스의 인스턴스를 기본 형식인 CMyData에 대한 포인터로 포인팅합니다. 따라서 42번 행에서 호출하는 SetData() 함수는 CMyData의 SetData() 함수가 됩니다. 가상 함수가 아니라면 실 형식이 아니라 참조 형식이 우선한다는 사실은 잊지 않았겠죠?

46번 행 **pNewData = static_cast<CMyDataEx*>(pData);** 구문은 "CMyData* 형식인 pData의 값을 CMyDataEx* 형식으로 변환한다"는 의미입니다. 형변환 연산자의 피연산자는 반드시 괄호로 묶어야 하고 문법적으로 적절한 상향 혹은 하향 형변환이 아니라면 컴파일 오류가 발생합니다. 여기서 소위 '적절한'의 범위에 들지 못 하는 코드의 예는 다음과 같습니다.

```
    int nData = 10;
    char *pszData = NULL;
    pszData = static_cast<char*> (&nData);
```

int *를 char*로 변환하는 것인데 C의 형변환 연산자(**pszData = (char*)&nData;**)라면 무조건 성공했을 변환입니다. 하지만 static_cast 연산자를 사용해 변환할 경우 다음과 같은 오류 메시지가 나타납니다.

실행결과

```
    error C2440: 'static_cast' : 'int *'에서 'char *'(으)로 변환할 수 없습니다.
```

static_cast 연산자를 사용한다 하더라도 잘못된 모든 변환이 다 차단되는 것은 아닙니다. 만일 37번 행 코드를 **CMyData *pData = new CMyData;**로 변경한다면 46번 행은 잘못된 코드라 할 수 있습니다. 그런데 막상 실행하면 당황스럽게도 아무런 오류 없이 잘 실행됩니다. 이유는 **CMyDataEx가 CMyData처럼 멤버 데이터를 갖지도 않았고 PrintData() 함수에서 CMyDataEx 클래스의 멤버 데이터에 접근하지도 않았기 때문**입니다. 만일 오류를 발생시키고 싶다면 다음과 같이 CastSample1.cpp 예제를 수정하고 실행하면 됩니다.

```
17   class CMyDataEx : public CMyData
18   {
19   public:
......
28     void PrintData()
29     {
30       cout << "PrintData(): " << GetData() << endl;
31       cout << "New data: " << m_nNewData << endl;
32     }
33
34     int m_nNewData = 10;
35   };
36
37   int _tmain(int argc, _TCHAR* argv[])
38   {
```

```
......
40    CMyData *pData = new CMyData;
......
49    pNewData = static_cast<CMyDataEx*>(pData);
50    pNewData->PrintData();
......
54  }
```

실행결과

```
PrintData(): 15
New data: -33686019
```

잘못된 형변환은 수많은 버그를 일으킬 만한 충분한 이유가 될 수 있으므로 최대한 조심해야 합니다. '자료형'은 '약속', 즉 문법이라는 '법'으로 규정한 약속입니다. 그것을 의도적으로 변경할 때는 충분한 이유가 있어야 합니다. 자, 그런 의미에서 한 가지 권합니다. **앞으로 C의 형변환 연산자는 아예 사용하지 않고 C++ 전용 형변환 연산자만 사용**합시다. 처음에는 조금 불편하겠지만 실력은 몰라보게 향상될 것입니다.

7.4.2 dynamic_cast

동적으로 생성된 어떤 객체가 있습니다. 그런데 그것을 가리키는 포인터가 기본 형식인 경우라면 구체적으로 어떤 객체에 대한 인스턴스인지 확인할 필요도 있을 것입니다. 이럴 때 사용하기 딱 좋은 것이 dynamic_cast입니다. 단, **dynamic_cast가 등장했다는 것은 좋지 못한 방향으로 흘러가고 있다는 증거**라는 사실은 기억해야 합니다.

[07/CastSample2/CastSample2.cpp] dynamic_cast 사용 예

```
01  #include "stdafx.h"
02  #include <iostream>
03  using namespace std;
04
05  class CShape
06  {
```

```
07  public:
08    CShape() { }
09    virtual ~CShape() { }
10    virtual void Draw() { cout << "CShape::Draw()" << endl; }
11  };
12
13  class CRectangle : public CShape
14  {
15  public:
16    virtual void Draw() { cout << "CRectangle::Draw()" << endl; }
17  };
18
19  class CCircle: public CShape
20  {
21  public:
22    virtual void Draw() { cout << "CCircle::Draw()" << endl; }
23  };
24
25  int _tmain(int argc, _TCHAR* argv[])
26  {
27    cout << "도형 변호를 입력하세요. [1:사각형, 2:원]: " << endl;
28    int nInput = 0;
29    cin >> nInput;
30
31    CShape *pShape = nullptr;
32    if(nInput == 1)
33      pShape = new CRectangle;
34
35    else if(nInput == 2)
36      pShape = new CCircle;
37
38    else
39      pShape = new CShape;
40
41    // 좋은 예
42    pShape->Draw();
43
44    // '매우' 나쁜 예
45    // 가상 함수를 활용한다면 이런 코드를 작성할 이유가 없다!
```

```
46      CRectangle *pRect = dynamic_cast<CRectangle*>(pShape);
47      if(pRect != NULL)
48          cout << "CRectangle::Draw()" << endl;
49
50      else
51      {
52          CCircle *pCricle = dynamic_cast<CCircle*>(pShape);
53          if(pCricle != NULL)
54              cout << "CCircle::Draw()" << endl;
55
56          else
57              cout << "CShape::Draw()" << endl;
58      }
59
60      return 0;
61  }
```

실행결과

```
도형 번호를 입력하세요. [1:사각형, 2:원]:
1
CRectangle::Draw()
CRectangle::Draw()
```

코드의 구조는 '7.3.2 추상 자료형의 사용 예'에서 본 AdtSample.cpp 예제와 흡사합니다. 특히 42 번 행까지 그렇다고 볼 수 있습니다. 문제는 '그 다음'입니다. 42번 행 한 줄로 끝날 일을 47~58번 행으로 만든 것입니다. 그리고 이때 사용된 형변환 연산자는 dynamic_cast입니다.

dynamic_cast 연산자는 형변환에 실패하면 NULL을 반환합니다. 따라서 47번, 53번 행처럼 NULL인지 아닌지 조사하는 방법으로 바른 변환인지 아닌지 확인할 수 있습니다. 참고로 이와 같은 자료형 확인 방법을 'RTTI$^{\text{Run-Time Type Information (or Identification)}}$'라고 합니다.

dynamic_cast가 **꼭 필요한 경우가 아니라면 절대로 dynamic_cast는 사용하지 말아야** 합니다. 성능을 떨어뜨리는 주범이며 코드를 복잡하게 잡아 늘리기도 하기 때문입니다. 그리고 C++에서 RTTI 를 수행하기 위한 방법으로 typeid 연산자도 있는데 성능이 나빠지기는 마찬가지입니다. switch-case문과 RTTI는 설계하기에 따라 가상 함수와 추상 자료형을 사용하는 방법으로 전환하는 경우가 많습니다. 그러므로 사용에 신중을 기하기를 거듭 당부합니다.

여기서 잠깐

☆ **reinterpret_cast 연산자의 특징**

reinterpret_cast는 C의 형변환 연산자와 거의 같습니다. 특히 어떤 경우라도 성공시키고 만다는 점만 놓고 생각하면 똑같다고도 할 수 있습니다. 그래서 static_cast 연산자로는 오류가 발생했던 다음 코드가 reinterpret–cast를 사용하면 실행됩니다.

```
int nData = 10;
char *pszData = NULL;
pszData = reinterpret_cast<char*>(&nData);
```

꼭 필요하다면 사용해야겠죠. 그럴 바에는 차라리 사용하기도 쉬운 C 스타일 형변환 연산자를 사용하는 것이 더 나을 수도 있습니다. 그래서 reinterpret_cast는 자주 보이지 않습니다.

7.5 상속과 연산자 다중 정의

파생 클래스에서는 기본 클래스가 가진 생성자를 그대로 지원하고 싶다면 일일이 맞추어 똑같이 정의해야 합니다. 단, gcc 4.9.1 이상이라면 앞서 '6.3.2 생성자 선택'에서 다룬 using 키워드 선언으로 한 번에 해결할 수 있습니다. 이와 유사한 문제가 연산자 함수에도 존재합니다.

일단 기본적으로 모든 연산자는 파생 형식에 자동으로 상속된다고 볼 수 있습니다. 하지만 단순 대입 연산자는 그렇지 않습니다. InheritOperOver.cpp 예제는 이와 같은 문제를 확인하려는 것입니다. 기본 클래스인 CMyData는 +, =, int 등의 형변환 연산자 등을 제공합니다. 하지만 파생 형식인 CMyDataEx 클래스는 아무런 연산자도 다중 정의하지 않았습니다.

[07/InheritOperOver/InheritOperOver.cpp] 파생 클래스의 연산자 다중 정의

```
01  #include "stdafx.h"
02  #include <iostream>
03  using namespace std;
04
05  class CMyData
06  {
07  public:
```

```
08    CMyData(int nParam) :m_nData(nParam) { }
09
10    CMyData operator+(const CMyData &rhs)
11    {
12      return CMyData(m_nData + rhs.m_nData);
13    }
14
15    CMyData& operator=(const CMyData &rhs)
16    {
17      m_nData = rhs.m_nData;
18
19      return *this;
20    }
21
22    operator int() { return m_nData; }
23
24  protected:
25    int m_nData = 0;
26  };
27
28  class CMyDataEx : public CMyData
29  {
30  public:
31    CMyDataEx(int nParam) : CMyData(nParam) { }
32  };
33
34  int _tmain(int argc, _TCHAR* argv[])
35  {
36    CMyData a(3), b(4);
37    cout << a + b << endl;
38
39    CMyDataEx c(3), d(4), e(0);
40
41    // CMyDataEx 클래스에 맞는 단순 대입 연산자가 없어서 컴파일 오류가 발생한다.
42    e = c + d;
43    cout << e << endl;
44
45    return 0;
46  }
```

```
error C2679: 이항 '=' : 오른쪽 피연산자로 'CMyData' 형식을 사용하는 연산자가 없거나 허용
되는 변환이 없습니다.
'CMyDataEx &CMyDataEx::operator=(const CMyDataEx &)'일 수 있습니다.
```

이 예제를 컴파일했을 때 오류가 발생하는 지점은 42번 행의 단순 대입 연산자입니다. c + d는 오류가 발생하지 않습니다.

그런데 문제는 이때 호출되는 연산자 함수가 CMyData **operator+**(const CMyData &rhs)이기 때문에 단순 대입의 r-value가 CMyData 형식입니다. 그런데 이것을 CMyDataEx에 대입하려니 오류가 발생하는 것입니다.

이 문제를 해결하려면 CMyDataEx 클래스의 public 접근 제어 지시자 안에 다음과 같이 CMyDataEx **operator+**(const CMyDataEx &rhs)라는 연산자 함수를 만들어 넣으면 됩니다. 물론 그 내부에서 할 일이라고는 기본 형식의 operator+()를 그대로 호출해주고 연산 결과가 저장된 CMyDataEx 객체를 반환하는 것입니다.

```
28  class CMyDataEx : public CMyData
29  {
30  public:
31    CMyDataEx(int nParam) : CMyData(nParam) { }
32    CMyDataEx operator+(const CMyDataEx &rhs)
33    {
34      return CMyDataEx(static_cast<int>(CMyData::operator+(rhs)));
35    }
36  };
```

만일 이와 같이 알맹이는 그대로 상위 클래스의 것을 사용하고 인터페이스만 맞춰줄 생각이라면 방금 위에서 설명한 코드 대신 다음과 같은 선언만 작성해도 쉽게 문제를 해결할 수 있습니다.

```
28  class CMyDataEx : public CMyData
29  {
30  public:
```

```
31      CMyDataEx(int nParam) : CMyData(nParam) { }
32
33      // 인터페이스를 맞춰주기 위한 연산자 다중 정의
34      using CMyData::operator+;
35      using CMyData::operator=;
36  };
```

실행결과

```
7
7
```

34~35번 행에서 using 키워드 선언을 통해 상위 클래스의 연산자 함수들을 그대로 차용한다고 선언했습니다. 그러므로 CMyDataEx 클래스는 자신만의 연산자를 따로 가진 것처럼 작동하기 때문에 e = c + d; 연산은 더 이상 오류가 발생하지 않습니다.

7.6 다중 상속

다중 상속은 한 클래스가 두 개 이상의 클래스를 동시에 상속받는 경우를 말합니다. 잘 사용하면 아주 쉽게 몇몇 코드들을 한데 섞어 전혀 새로운 개체를 정의할 수도 있습니다. 그러나 아쉽게도 거기까지입니다. 개발 시작 단계에는 쉬울지 모르지만 시간이 지날수록 심각한 구조적 결함에 시달릴 수 있습니다.

여기서 '구조적 결함'이라는 것은 설계 오류를 말하는 것으로, 쉽게 말해 산 정상에 오른 후 "미안한데, 이 산이 아닌가봐"라고 말하는 정도의 오류를 말합니다. 정말 눈물 나는 오류가 아닐 수 없지요. 오죽하면 JAVA에서는 다중 상속이 아예 없어졌고, C#에서는 특정한 경우 한 가지로 제한했습니다. 참고로 여기서 한 가지란 '인터페이스'를 말합니다.

여기에서 다중 상속을 다루긴 하지만 가급적 실무에서는 사용하지 않는 것이 좋습니다. C++ 역시 인터페이스를 다중 상속하는 것 외에 그 어떤 다중 상속도 좋은 결과를 내지 못 합니다. 당장 눈앞의 결과를 빨리 얻고자 다중 상속을 선택한다면 이는 볏짚을 이고 불길로 뛰어드는 꼴입니다. 그러므로 다중 상속의 문법을 가볍게 살피는 수준까지만 다룹니다.

7.6.1 다중 상속과 모호성

다중 상속에 대한 비유를 들자면 '페가수스'입니다. 멋진 백마가 날개까지 달았으니 더할 나위 없이 아름답겠죠. 그러나 안타깝게도 인간의 상상 속에나 존재하는 동물입니다. 새와 말을 합치더라도 그 결과가 어떻게 될지는 아무도 알 수 없습니다. 머리와 다리는 조그마한 '새'인데 몸뚱이만 '말'이면 어떻게 될까요?

방금 언급한 불확실성이 다중 상속의 현실입니다. 결론만 말해 '아름다웠다'라고 하는 개발자는 찾을 수 없습니다.

"아니, 그럼 문법에서 없애면 되는 것 아닌가요?"

물론 이렇게 말할 수도 있습니다. 네, 그것도 좋겠지요. 하지만 그것은 C++ 스타일이 아닙니다. C 나 C++는 다른 언어와 비교했을 때 개발자가 원하는 모습을 무엇이든 그려내기에 유리합니다. 이러한 장점을 제한하는 것은 옳은 일이 아닌 셈이죠. 대신 잘못됐을 때 대가를 치르기만 하면 됩니다. 그리고 아주 가끔은 좋은 결론이 나오기도 합니다. 혹은 어쩔 수 없이 그렇게 해결할 수밖에 없는 경우도 간혹 있을 수 있겠지요. 그러니 적어도 문법은 알고 있어야 합니다. 하나 더 다중 상속은 두 클래스의 좋은 점만 모아서 상속하는 것이 아니라 그 전부를 온전히 상속합니다. 나쁜 결함이나 버그도 말이죠.

아무튼 다중 상속을 사용하려면 다음처럼 기본 클래스를 기술하는 자리에 ','를 쓰고 기본 클래스들을 연이어 나열하면 됩니다.

```
class CMyPicture : public CMyImage, public CMyShape
```

다음은 다중 상속을 활용한 예입니다.

[07/MultiInherit1/MultiInherit1.cpp] 다중 상속

```
01  #include "stdafx.h"
02  #include <iostream>
03  using namespace std;
04
05  class CMyImage
06  {
```

```cpp
07  public:
08    CMyImage(int nHeight, int nWidth)
09      : m_nHeight(nHeight), m_nWidth(nWidth)
10    {
11      cout << "CMyImage(int, int)" << endl;
12    }
13
14    int GetHeight() const { return m_nHeight; }
15    int GetWidth() const { return m_nWidth; }
16
17  protected:
18    int m_nHeight;
19    int m_nWidth;
20  };
21
22  class CMyShape
23  {
24  public:
25    CMyShape(int nType) : m_nType(nType)
26    {
27      cout << "CMyShape(int)" << endl;
28    }
29
30    int GetType() const { return m_nType; }
31
32  protected:
33    int m_nType;
34  };
35
36  // 두 클래스를 모두 상속받는다.
37  class CMyPicture : public CMyImage, public CMyShape
38  {
39  public:
40    CMyPicture() : CMyImage(200, 120), CMyShape(1)
41    {
42      cout << "CMyPicture()" << endl;
43    }
44  };
45
```

```
46   int _tmain(int argc, _TCHAR* argv[])
47   {
48     CMyPicture a;
49     cout << "Width: " << a.GetWidth() << endl;
50     cout << "Height: " << a.GetHeight() << endl;
51     cout << "Type: " << a.GetType() << endl;
52
53     return 0;
54   }
```

실행결과

```
CMyImage(int, int)
CMyShape(int)
CMyPicture()
Width: 120
Height: 200
Type: 1
```

CMyPicture 클래스는 CMyImage와 CMyShape 클래스를 모두 상속받아 만들어진 클래스입니다. 따라서 두 부모 클래스의 메서드에 접근할 수 있습니다. 49, 50번 행처럼 CMyImage 클래스의 메서드도 호출할 수 있고 특성도 고스란히 이어받습니다. 물론 CMyShape 클래스의 메서드도 51번 행처럼 접근할 수 있습니다.

결과적으로 CMyPicture는 두 상위 클래스를 모두 흡수한 형태라고 볼 수 있습니다. 그런데 서로 다른 둘을 하나로 합치는 문제는 생각보다 어렵습니다. 대한민국 사회에서 '연애'는 두 사람이 좋으면 그만이지만 '결혼'은 집안 대 집안의 만남으로 인식하는 것과 비슷합니다. 간혹 종교가 서로 달라 문제가 되듯이 클래스에서도 유사한 문제가 발생합니다.

만일 MultiInherit1.cpp에서 CMyImage 클래스와 CMyShape 클래스 모두 원형이 완전히 일치하는 GetSize() 메서드를 가졌다고 생각해봅시다. 그리고 이 함수를 호출한다면 어떻게 될까요?

```
05   class CMyImage
06   {
......
16      int GetSize() const { return 0; }
......
21   };
22
23   class CMyShape
24   {
......
32      int GetSize() const { return 0; }
......
36   };
......
48   int _tmain(int argc, _TCHAR* argv[])
49   {
......
55      // GetSize() 메서드가 두 부모 클래스에 모두 존재한다.
56      a.GetSize();
57
58      return 0;
59   }
```

실행결과

```
error C2385: 'GetSize' 액세스가 모호합니다.
```

오류 메시지처럼 '모호'한 상황이 됩니다. GetSize()가 두 부모 클래스 모두에 있으니 둘 중 어느 것인지 결정해야 합니다. 물론 이 문제는 다음과 같이 사용자 코드를 수정함으로써 해결할 수 있습니다.

```
56      a.CMyImage::GetSize();
57      a.CMyShape::GetSize();
```

묵시적인 호출이 아니라 명시적인 호출로 말입니다. 하지만 간혹 족보가 엉켜버리면 정말 어이 없는 상황이 벌어지기도 합니다.

7.6.2 가상 상속

자, 이어서 '족보가 엉킨' 상황을 만나보겠습니다. 만일 앞서 살펴본 MultiInherit1.cpp 예제의 CMyImage, CMyShape 클래스가 모두 CMyObject 클래스의 파생 형식이라면 상속 관계는 다음 그림과 같습니다.

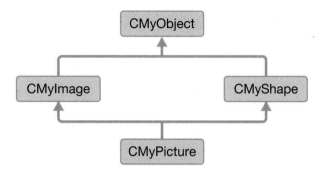

무슨 막장 드라마도 아니고, 신라나 이집트 왕족 족보도 아닌 것이 영 어색합니다. 그래도 다음에 소개하는 VirtualInherit.cpp 예제는 컴파일도 되고 실행도 잘 됩니다. 세상에나!

[07/VirtualInherit/VirtualInherit.cpp] 가상 상속 적용 전

```
01  #include "stdafx.h"
02  #include <iostream>
03  using namespace std;
04
05  class CMyObject
06  {
07  public:
08    CMyObject() { cout << "CMyObject()" << endl; }
09    virtual ~CMyObject() { }
10  };
11
12  class CMyImage : public CMyObject
13  {
14  public:
15    CMyImage() { cout << "CMyImage(int, int)" << endl; }
16  };
17
```

```
18   class CMyShape : public CMyObject
19   {
20   public:
21     CMyShape() { cout ≪ "CMyShape(int)" ≪ endl; }
22   };
23
24   class CMyPicture : public CMyImage, public CMyShape
25   {
26   public:
27     CMyPicture() { cout ≪ "CMyPicture()" ≪ endl; }
28   };
29
30   int _tmain(int argc, _TCHAR* argv[])
31   {
32     CMyPicture a;
33   }
```

실행결과

```
CMyObject()
CMyImage(int, int)
CMyObject()
CMyShape(int)
CMyPicture()
```

사용자 코드인 _tmain()함수에서 CMyPicture 인스턴스 a를 선언했는데 최상위 기본 클래스인 CMyObject의 생성자는 '두 번' 호출됩니다. 만일 CMyObject에 '심장'이라는 멤버가 있었다면 CMyPicture는 심장이 둘이 될 것입니다. 코드가 슬슬 엉키기 시작합니다.

아무튼 이와 같이 족보가 엉킨 것을 푸는 방법은 '가상 상속'을 적용하는 것입니다. 방법은 간단합니다. 상속 코드를 작성할 때 파생 형식 클래스에 virtual 예약어를 함께 선언해주면 끝납니다.

```
12  class CMyImage : virtual public CMyObject
......
18  class CMyShape : virtual public CMyObject
```

```
CMyObject()
CMyImage(int, int)
CMyShape(int)
CMyPicture()
```

이렇게 하면 심장이 둘이 되는 어처구니없는 상황은 피할 수 있습니다. '가상 상속'을 적용하면 상속
이 겹칠 때 하나가 무시됩니다. 어차피 같은 것이 둘이 되려다 하나만 생겨나는 것이므로 그 자체로
는 문제가 되지 않습니다.

그러나 여기서 끝이 아닙니다. 만일 CMyImage에서 CMyObject 클래스 멤버의 값을 변경했는
데 그것을 CMyShape에서 접근해 수정한다면 어떤 일이 벌어질까요? 혹시 CMyImage 클래스와
CMyShape 클래스를 만든 사람이 같은 사람이 아니라면 어떻게 상황을 조율할 수 있을까요? 아,
이 어지러운 상황은 언제 마무리될까요?

느낌이 오리라 생각합니다. 다중 상속은 사용하지 않는 것이 정신 건강에 좋습니다. 다중 상속을 사
용할 수 있는 경우는 이번을 끝으로 더 이상의 파생 클래스가 나올 가능성이 전혀 없는 경우로 한정
하는 것이 좋습니다. 물론 그나마도 권하고 싶지는 않습니다.

7.6.3 인터페이스 다중 상속

다중 상속이 유일하게 좋은 결과로 나타나는 경우는 '인터페이스 다중 상속'입니다. 인터페이스 다중
상속이란 알맹이는 하나인데 이 알맹이를 활용하는 방법이 여러 가지인 경우를 말합니다. 가령 컴퓨
터라는 장치는 한 대인데 이 컴퓨터가 USB, RS-232C 등 다양한 접속 방법(인터페이스)을 제공하
는 것과 같습니다.

다양한 인터페이스가 제공되면 사용자는 매우 편합니다. 보통 자주 사용하는 한 가지 인터페이스라
도 제공되기를 바랄 텐데, 여러 인터페이스를 모두 지원해준다면 어떤 장치라도 연결이 가능하기 때
문입니다. 다른 예로는 아이폰 충전기가 있군요. 플러그만 교체하면 여러 나라의 다양한 소켓을 지
원합니다. 따라서 사용자는 플러그만 바꾸면 어느 나라에서든 아이폰을 충전할 수 있습니다.

인터페이스 클래스는 말 그대로 '인터페이스'만 갖습니다. 그래서 보통 순수 가상 클래스로 선언하는
경우가 많습니다. 다음 대화를 살펴볼까요?

"아하, 그렇다면 파생 클래스 개발자는 다양한 인터페이스에 맞추어 모든 메서드를 다 정의해주어야 하나요?"

"네, 그렇습니다."

"그럼 제작자는 여러 인터페이스를 모두 지원하느라 코드를 많이 만들어야 할 텐데요?"

"네, 그렇습니다. 그런데 앞서 연산자 다중 정의도 그렇지 않았나요?"

"네, 그렇긴 하죠."

늘 '사용자'를 배려한 프로그램을 개발하라는 말을 기억하나요? 혹시 머릿속에서 가물가물하다면 이참에 다시 한번 상기하는 것도 좋겠습니다. 이제 인터페이스 상속을 위한 다음 코드를 살펴보겠습니다.

[07/MultiInheritinterface/MultiInheritinterface.cpp] 인터페이스 다중 상속

```cpp
01  #include "stdafx.h"
02
03  class CMyUSB
04  {
05  public:
06    virtual int GetUsbVersion() = 0;
07    virtual int GetTransferRate() = 0;
08  };
09
10  class CMySerial
11  {
12  public:
13    virtual int GetSignal() = 0;
14    virtual int GetRate() = 0;
15  };
16
17  class CMyDevice : public CMyUSB, public CMySerial
18  {
19  public:
20    // USB 인터페이스
21    virtual int GetUsbVersion() { return 0; }
22    virtual int GetTransferRate() { return 0; }
23
24    // 시리얼 인터페이스
```

```
25    virtual int GetSignal() { return 0; }
26    virtual int GetRate() { return 0; }
27  };
28
29  int _tmain(int argc, _TCHAR* argv[])
30  {
31    CMyDevice dev;
32
33    return 0;
34  }
```

CMyDevice 클래스는 CMyUSB, CMySerial 클래스를 모두 상속받았으며 두 부모 클래스가 선언한 순수 가상 함수들을 모두 재정의했습니다. 그러므로 **CMyDevice 클래스의 인스턴스는 두 클래스가 가진 인터페이스를 모두 제공**하는 셈입니다. 사용자는 이 인터페이스들을 활용해 좀 더 쉽게 자신의 환경에 맞는 방법으로 객체를 사용할 수 있을 것입니다. **이 경우가 다중 상속을 사용해도 좋을 유일한 상황**임을 잊지 말기 바랍니다.

1. 가상 함수를 사용하는 가장 큰 이유는 무엇인지 답하세요.

2. 소멸자를 반드시 가상화해야 하는 경우는 어떤 경우인지 답하세요.

3. 늦은 바인딩에 대해서 답하세요.

4. 순수 가상 함수를 멤버로 갖는 클래스는 순수 가상 클래스입니다. 이 순수 가상 클래스의 파생 클래스에서 반드시 해야 하는 일은 무엇입니까?

5. 다중 상속의 모호성을 회피하려 합니다. 어떤 방법을 이용해야 합니까?

수평적 관계와 집합 관계

인간 관계를 놓고 생각해보면 직장 상사와 부하, 부모와 자식 관계처럼 수직적인 관계도 있고 '친구'나 '동료'처럼 수평적인 관계도 있습니다. 정말 재미있는 것이 객체지향 프로그래밍도 이런 관계와 똑같이 닮았습니다. 그래서 이번에는 객체의 '수평적 관계'를 만들어내는 방법을 다룹니다.

그리고 여러 객체가 모여 새로운 객체를 이루는 '집합 관계'도 다룹니다. 여기에서 말하는 집합 관계에는 눈, 코, 입이 모여 얼굴을 이루는 것과 같은 관계와 학생, 강사, 교실 등과 같은 관계가 있습니다. 이 둘이 어떤 차이가 있는지 설계 관점에서 함께 고민해보도록 하겠습니다.

학습 목표

이 장의 핵심 개념

8장은 3부의 마지막 장입니다. 이번 장을 마치면 C++의 기본은 거의 다 배웠다고 생각해도 좋습니다. 지금까지 배웠던 클래스 사용법과는 좀 다른 friend 함수와 클래스 그리고 여러 클래스와 객체를 사용할 때 관계를 구조화하는 데 필요한 집합 관계를 다룹니다.

1. friend 함수 및 클래스: 클래스에서 선언하는 접근 제어 지시자의 영향을 받지 않도록 해줍니다. 기존 클래스와 클래스 상속 관계에 영향을 받지 않고 새로운 관계를 형성할 수 있습니다.

2. 집합 관계: friend 함수와 클래스 선언을 이용해서 각 요소를 의미에 따라 묶는 구조화를 의미합니다.

이 장의 학습 흐름

여기에서 우리가 다룰 것은 '클래스와 객체를 효율적으로 사용하는 방법'입니다.

───────────────────────────────── 8장 ─────

friend 함수와 클래스의 개념이 무엇인지를 정확하게 이해합니다.

composition 관계에 기반을 둔 구조화 방법을 살펴봅니다.

Aggregation 관계에 기반을 둔 구조화 방법을 살펴봅니다.

여러분은 이제 C++ 객체지향 프로그래머라고 말할 수 있습니다.

8.1 friend

friend 예약어는 함수나 클래스 선언 앞에 작성할 수 있습니다. 그리고 반드시 클래스 내부에서 friend 선언을 해야 합니다. 누가 누구의 친구가 되는 것인지 명확해야 하기 때문입니다.

```
friend class 클래스이름;
friend 함수원형선언;
```

friend로 선언한 함수나 클래스는 접근 제어 지시자의 영향을 받지 않습니다. TV 방송에나 나올 만한 특별한 이유가 없다면 대부분 우리집 화장실에 대한 외부인들에게는 private 혹은 protected 같은 접근 제어 지시자가 적용될 것입니다. 하지만 (우리 가족이 아님에도) 친구는 접근이 허용되겠지요?

8.1.1 friend 함수

FriendFunction.cpp 예제는 전역 함수(PrintData())를 friend 예약어로 선언한 예로, 이를 통해 private 멤버 변수인 m_nData에 멤버 접근 연산자를 이용한 **직접 접근이 허용**됩니다.

```
[08/FriendFunction/FriendFunction.cpp] friend 함수

01  #include "stdafx.h"
02  #include <iostream>
03  using namespace std;
04
05  class CMyData
06  {
07  public:
08     CMyData(int nParam) : m_nData(nParam) { }
09     int GetData() const { return m_nData; }
10     void SetData(int nParam) { m_nData = nParam; }
11
12     // friend 함수로 선언한다.
13     friend void PrintData(const CMyData &);
14
15  private:
```

```
16    int m_nData = 0;
17  };
18
19  void PrintData(const CMyData &rData)
20  {
21    // 프렌드 함수이므로 접근 제어 지시자의 영향을 받지 않고
22    // private 멤버에 직접 접근한다.
23    cout << "PrintData(): " << rData.m_nData << endl;
24  }
25
26  int _tmain(int argc, _TCHAR* argv[])
27  {
28    CMyData a(5);
29    PrintData(a);
30
31    return 0;
32  }
```

13번 행의 friend 예약어 선언으로 23번 행에서 **rData.m_nData**라는 코드를 사용할 수 있는 것입니다. PrintData() 함수는 전역 함수이므로 CMyData 클래스와는 무관합니다.

사실 이론이야 간단하니까 그냥 넘어갈 수 있겠으나 이런 의문이 생깁니다.

"지금까지 객체지향적인 프로그래밍을 위해 머리가 아프도록 접근을 제어하더니 이렇게 허무하다 싶게 그냥 열어주는 것은 뭔가요?"

네, 그렇습니다. C++ 문법의 특징이 '자유도'가 높다는 것입니다. 개발자가 의지를 가지고 객체를 꽉 틀어막을 수도 있고 화끈하게 몽땅 열어줄 수도 있습니다. 이것을 다른 말로 '독립성'과 '응집성'이라고 합니다. **서로 관련 없는 것들은 완전히 무관하게 설계하고 반대로 따로 떨어진 것이라 하더라도 관련이 깊다면 거의 한 덩어리에 준하도록 묶어주는 것이지요.**

friend 예약어 선언이 존재하는 것은 '응집성' 때문입니다. 한 덩어리로 만든 C 기반 프로그램을 C++로 변환할 때 특정 클래스가 다른 대상을 상대로 friend 예약어를 선언할 수 있습니다. 이유는 그 둘의 관계가 마치 '연예인'과 '매니저' 같기 때문입니다. 연예인은 연예인이고 매니저는 매니저입니다. 하지만 그 둘은 긴밀한 관계일 수밖에 없습니다. 그리고 물리적으로 하나가 될 수는 없습니다.

이럴 때 가장 적절한 선택은 '친구'가 되는 것입니다. 적어도 C++는 그렇게 말하고 있습니다(나중에 '11장 객체지향 주소록'에서 이 내용은 다시 설명합니다).

8.1.2 실습 과제 13: 전역 연산자 함수의 활용

이제 StringCtrlSample 프로젝트에 마지막 코드를 넣겠습니다. 현재 CMyString 클래스는 덧셈 연산자를 제공하므로 다음과 같은 코드를 작성할 수 있습니다.

```
CMyString a("Hello"), b("World"), c;
c = a + b;
```

하지만 다음과 같은 코드는 사용할 수 없습니다.

```
CMyString b("World"), c;
c = "Hello" + b;
```

덧셈의 주체가 CMyString이 아니라 const char *이기 때문입니다. const char *가 사용자 정의 클래스가 아니므로 덧셈 연산자를 만들어 넣을 수는 없습니다. 하지만 다음과 같이 전역 함수로 연산자를 다중 정의할 수는 있습니다.

```
CMyString operator+(const char *pszParam, const CMyString &strParam){
    return CMyString();
}
```

이 연산자를 지원하기 위해 다음 순서로 코드를 작성하고 실행 결과를 확인함으로써 프로젝트를 최종 완료합니다.

step 1

'실습 과제 12'까지 적용된 StringCtrlSample 프로젝트를 열고 클래스 뷰에서 CMyString 클래스 항목을 더블 클릭한 후 MyString.h 파일 아랫부분에 다음 코드를 추가합니다.

```
26  public:
......
46    int operator==(const CMyString & rhs);
47    int operator!=(const CMyString & rhs);
48    virtual void OnSetString(char * pszData, int nLength);
49    friend CMyString operator+(const char *pszParam, const CMyString &strParam);
```

step 2

MyString.cpp 파일에 다음과 같이 [Step 1]에서 friend 예약어를 선언한 함수를 파일 위쪽에 정의합니다.

[08/Practice13/StringCtrlSample/MyString.cpp]

```
001  #include "stdafx.h"
002  #include "MyString.h"
......
193  CMyString operator+(const char *pszParam, const CMyString &strParam)
194  {
195    CMyString strResult(pszParam);
196    strResult.Append(strParam.m_pszData);
197
198    return strResult;
199  }
```

step 3

다음과 같이 _tmain() 함수 코드를 작성하고 빌드한 후 결과를 확인합니다.

[08/Practice13/StringCtrlSample/StringCtrlSample.cpp]

```
01  #include "stdafx.h"
02  #include "MyStringEx.h"
03
04  int _tmain(int argc, _TCHAR* argv[]) {
05    CMyString b("World"), c;
```

```
06      c = "Hello" + b;
07      cout << c << endl;
08
09      return 0;
10  }
```

실행결과

```
CMyString 이동 생성자 호출
HelloWorld
```

모두 결과를 확인했나요? 그랬다면 정말 축하합니다. 이 책을 통틀어 가장 중요한 예제인 실습 과제를 끝냈습니다. 비록 정교한 설계가 적용된 멋진 코드라고는 할 수 없겠지만 결코 가볍지 않은 예제입니다. 여기까지 모두 실습했다는 점에 충분히 자부심을 가져도 됩니다.

8.1.3 friend 클래스

함수 외에 클래스도 friend 예약어를 선언할 수 있습니다. 이렇게 하면 friend로 선언한 클래스 통째로 접근 제어 지시자의 영향을 받지 않게 되므로 모든 메서드에 접근이 허용됩니다. 문제는 다음과 같습니다.

"이렇게 코드를 만들어야 할 경우란 대체 무엇인가요?"

수많은 경우가 있겠지만 (관리해야 할) 자료와 관리 방법입니다. 가장 대표적인 것으로는 구조체로 구현된 노드와 연결 리스트를 생각할 수 있습니다. FrindClass.cpp 예제는 이런 경우를 매우 단순한 구조로 나타낸 것입니다. CNode는 리스트로 관리될 노드이고 CMyList는 단일 연결 리스트를 구현한 클래스입니다.

[08/FriendClass/FriendClass.cpp] friend 예약어를 선언한 클래스

```
01  #include "stdafx.h"
02  #include <iostream>
03  using namespace std;
04
```

```
05  class CNode
06  {
07    // friend 클래스 선언
08    friend class CMyList;
09
10  public:
11    explicit CNode(const char *pszName)
12    {
13      strcpy_s(m_szName, sizeof(m_szName), pszName);
14    }
15
16  private:
17    // 단일 연결 리스트로 관리할 데이터
18    char m_szName[32];
19    CNode *pNext = nullptr;
20  };
21
22  class CMyList
23  {
24  public:
25    CMyList() : m_HeadNode("Dummy Head") { }
26    ~CMyList()
27    {
28      // 리스트에 담긴 데이터들을 모두 출력하고 삭제
29      CNode *pNode = m_HeadNode.pNext;
30      CNode *pDelete = nullptr;
31
32      while(pNode)
33      {
34        pDelete = pNode;
35        pNode = pNode->pNext;
36
37        cout << pDelete->m_szName << endl;
38        delete pDelete;
39      }
40
41      m_HeadNode.pNext = nullptr;
42    }
43
```

```
44    void AddNewNode(const char *pszName)
45    {
46      CNode *pNode = new CNode(pszName);
47
48      // 리스트에 새로운 노드를 추가
49      pNode->pNext = m_HeadNode.pNext;
50      m_HeadNode.pNext = pNode;
51    }
52
53  private:
54    CNode m_HeadNode;
55  };
56
57  // 사용자 코드
58  int _tmain(int argc, _TCHAR* argv[])
59  {
60    // 메모리 추가/삭제 코드가 등장하지 않는다.
61    CMyList list;
62    list.AddNewNode("길동");
63    list.AddNewNode("철수");
64    list.AddNewNode("영희");
65
66    return 0;
67  }
```

실행결과

```
영희
철수
길동
```

예제를 실행하면 노드가 소멸할 때 추가된 데이터들이 출력되어 나타납니다. 54번 행에 선언된 m_
HeadNode 멤버는 단일 연결 리스트의 첫 번째 노드인 더미 헤드 노드입니다. 단일 연결 리스트
기반의 주소록은 C를 배울 때 누구나 한 번쯤 경험해본 것이므로 연결 리스트에 대한 설명은 생략하
겠습니다.

8번 행에서는 CMyList 클래스를 CNode 클래스의 friend 클래스로 선언했습니다. 이 때문
에 CMyList는 CNode 클래스의 private 멤버들에 아무런 제약 없이 접근할 수 있습니다. 만일

friend 선언을 하지 않았다면 Get 혹은 SetXXX()메서드들을 추가해야 할 것이고 49~50번 행처럼 코드를 작성할 수도 없을 것입니다.

앞서 했던 비유를 기억하나요? 여기서 CNode는 관리가 필요한 연예인에 해당되고, CMyList 클래스는 연예인들을 관리하는 '소속사' 혹은 '매니저'로 생각할 수 있습니다.

8.2 집합 관계

클래스의 관계는 상속 관계도 있고 친구 관계도 있으며 매개변수나 반환 형식으로 사용되는 관계와 지금부터 다루려는 '집합 관계'도 있습니다. 집합 관계란 여럿이 모여 새로운 하나를 이루는 경우를 말하는 것인데 크게 두 가지가 있습니다. 첫 번째로는 Composition 관계이며 다음 그림과 같습니다.

Composition의 사전적 의미에는 '구성 요소들'이라는 의미도 있습니다. 쉽게 생각해서 자동차의 구성 요소에는 엔진, 핸들, 유리창, 변속기 등이 있는데, 여기서 Composition 관계의 중요한 특징은 자동차 인스턴스가 소멸(폐차)하면 **구성 요소들도 모두 '함께 소멸'한**다는 점입니다.

두 번째로는 Aggregation 관계이며 다음 그림과 같습니다.

사전적 의미가 '집합체'인 Aggregation 관계는 모니터, 본체, 키보드로 이루어진 컴퓨터에 비유할 수 있습니다. 만일 본체가 고장 나서 폐기(소멸)한다고 하더라도 모니터와 키보드는 다른 컴퓨터에 붙여서 사용할 수 있습니다. **모두 모여 하나의 시스템을 이루지만 각각 개별적으로 분리되어 독립적으로 활용할 수 있다는 것이죠.** 즉, Composition 관계와의 차이점은 인스턴스가 소멸되어도 구성 요소들은 소멸되지 않는다는 것입니다.

두 가지 관계를 다시 정리하면 **모여서 뗄 수 없는 한 덩어리를 이루는가 아니면 각자 독립적인 것들이 모여서 만들어진 분리 가능 집합체인가** 정도로 이해하면 됩니다.

8.2.1 Composition 관계

Composition 관계를 확인하는 CompositionSample.cpp 예제는 앞서 살펴본 FriendClass.cpp 예제에 코드를 추가해 만들었습니다.

[08/CompositionSample/CompositionSample.cpp] Composition 관계

```
001  #include "stdafx.h"
002  #include <iostream>
003  using namespace std;
004
005  // 자료구조 클래스
006  class CNode
007  {
008    // friend 클래스 선언
009    friend class CMyList;
010
011  public:
012    explicit CNode(const char *pszName)
013    {
014      strcpy_s(m_szName, sizeof(m_szName), pszName);
015    }
016
017  private:
018    // 단일 연결 리스트로 관리할 데이터
019    char m_szName[32];
020    CNode *pNext = nullptr;
021  };
```

```
022
023  class CMyList
024  {
025  public:
026    CMyList() : m_HeadNode("Dummy Head") { }
027    ~CMyList()
028    {
029      // 리스트에 담긴 데이터들을 모두 출력하고 삭제
030      CNode *pNode = m_HeadNode.pNext;
031      CNode *pDelete = nullptr;
032
033      while(pNode)
034      {
035        pDelete = pNode;
036        pNode = pNode->pNext;
037        delete pDelete;
038      }
039      m_HeadNode.pNext = nullptr;
040    }
041
042    // 리스트에 새로운 노드 추가
043    void AddNewNode(const char *pszName)
044    {
045      CNode *pNode = new CNode(pszName);
046
047      pNode->pNext = m_HeadNode.pNext;
048      m_HeadNode.pNext = pNode;
049    }
050
051    // 리스트의 모든 노드 값을 출력
052    void Print()
053    {
054      CNode *pNode = m_HeadNode.pNext;
055      while(pNode)
056      {
057        cout << pNode->m_szName << endl;
058        pNode = pNode->pNext;
059      }
060    }
```

```
061
062    private:
063       CNode m_HeadNode;
064    };
065
066    // UI 클래스
067    class CMyUI
068    {
069    public:
070       // 메뉴 출력 및 사용자 입력 확인
071       int PrintMenu()
072       {
073          system("cls");
074          cout << "[1]Add\t" << "[2]Print\t" << "[0]Exit\n:";
075          cout.flush();
076          int nInput = 0;
077          cin >> nInput;
078
079          return nInput;
080       }
081
082       // 지속적으로 메뉴를 출력하는 메인 이벤트 반복문
083       void Run()
084       {
085          char szName[32];
086          int nInput = 0;
087
088          while((nInput = PrintMenu()) > 0)
089          {
090             switch(nInput)
091             {
092             case 1:  // Add
093                cout << "이름: ";
094                cout.flush();
095                cin >> szName;
096                m_list.AddNewNode(szName);
097                break;
098
099             case 2:  // Print
```

```
100          m_list.Print();
101          break;
102
103      default:
104          break;
105      }
106    }
107  }
108
109  private:
110    // UI 클래스 내부에 자료구조가 포함된다.
111    CMyList m_list;
112  };
113
114  // 프로그램 시작
115  int _tmain(int argc, _TCHAR* argv[])
116  {
117    CMyUI ui;
118    ui.Run();
119
120    return 0;
121  }
```

실행결과

```
[1]Add   [2]Print   [0]Exit
:1
이름: 홍길동
```

CNode 클래스는 기존과 다르지 않습니다. 그러나 CMyList에는 리스트의 모든 노드 정보를 화면에 출력하는 Print() 메서드가 추가되었고 메뉴를 출력하고 사용자의 입력에 따라 기능을 수행하도록 돕는 CMyUI 클래스도 새롭게 추가되었습니다.

그런데 CMyUI 클래스는 CMyList 클래스의 인스턴스를 멤버 데이터로 가지고 있습니다. 따라서 CMyUI 클래스의 인스턴스가 생성되면 CMyList 클래스의 인스턴스도 같이 생겨납니다. 반대로 CMyUI 클래스 인스턴스가 소멸하면 CMyList 클래스의 인스턴스도 소멸합니다.

이런 경우 CMyUI 클래스와 CMyList 클래스의 관계는 전형적인 Composition 관계입니다. 눈과 코가 얼굴의 일부이듯이 리스트가 사용자 인터페이스의 일부가 된 것입니다.

일단 115~121번 행을 살펴봅시다. _tmain() 함수는 사용자 코드라 할 수 있는데, 어떤 느낌이 드나요? 너무나 간단하지 않나요? 레고 블록을 합쳐서 무엇인가를 만들어 놓은 것보다도 간단합니다. 객체지향 프로그래밍의 장점이 드러나는 부분이라 할 만합니다.

111번 행에서는 CMyUI의 멤버로 CMyList 클래스의 인스턴스가 선언되었습니다. 만일 포인터나 참조였다면 둘의 관계는 Composition이 아니라 Aggregation이 됩니다. 왜냐하면 CMyUI 클래스의 인스턴스가 소멸하더라도 CMyList 객체는 따로 떨어져 남을 수 있기 때문입니다.

83~107번 행의 CMyUI::Run() 메서드는 전형적인 '이벤트 반복문' 형태를 취하고 있습니다. 88번 행에서 사용자가 입력한 키보드 값을 확인하고 이 값이 무엇인가에 따라 적절한 기능이 작동합니다. 그리고 사용자가 0을 입력하기 전까지 이 기능은 반복됩니다.

8.2.2 Aggregation 관계

앞서 살펴본 CompositionSample.cpp 예제는 UI 클래스가 자료구조 객체를 구성 요소로 포함하고 있습니다. 이를 Aggregation 관계로 변경한 것이 AggregationSample.cpp 예제의 특징입니다. 그럼 예제를 살펴보겠습니다(실행 결과는 CompositionSample.cpp 예제와 같습니다).

```
[08/AggregationSample/AggregationSample.cpp] Aggregation 관계

067   // UI 클래스
068   class CMyUI
069   {
070   public:
071       // 참조 멤버는 반드시 초기화 목록을 이용해 초기화해야 한다.
072       CMyUI(CMyList &rList) : m_list(rList) { }
073
074       // 메뉴 출력 및 사용자 입력을 확인한다.
075       int PrintMenu()
......
112   private:
```

```
113    // UI 클래스 내부에 자료구조 객체에 대한 참조만 존재한다.
114    CMyList &m_list;
115  };
116
117  // 프로그램 시작
118  int _tmain(int argc, _TCHAR* argv[])
119  {
120    // 자료구조와 UI 객체를 별도로 선언하고 연결한다.
121    CMyList list;
122    CMyUI ui(list);
123    ui.Run();
124
125    return 0;
126  }
```

큰 틀에서 보면 CMyUI 클래스에 있는 CMyList 클래스의 인스턴스 멤버를 참조 형식으로 수정했습니다. 참조자는 반드시 선언과 동시에 초기화돼야 하므로 생성자에서 CMyList 클래스에 대한 참조를 받도록 수정했습니다.

122번 행을 보면 CMyUI 클래스의 인스턴스가 선언될 때 CMyList 클래스의 인스턴스가 참조로 전달되도록 했습니다. 내부적인 것들 이외에 기능적으로 달라지는 것은 아무것도 없습니다. 하지만 지금처럼 자료구조와 사용자 인터페이스는 Aggregation 관계가 되는 것이 Composition 관계가 되는 것보다 좋을 때가 많습니다.

이유를 장황하게 나열하는 것도 좋겠지만 이 책의 주제를 넘어서는 내용들이 많으므로 결론만 말하겠습니다. **프로그램의 제어 시스템, 사용자 인터페이스, 원본 데이터는 분리하는 것이 원칙입니다.** 지금까지 수많은 선배 개발자들이 다양한 문제들을 경험하고 내린 결론이랄까요? 머지 않아 설계에 대해 배울 때가 올텐데 그 전에 잘 설계되었다고 하는 라이브러리들을 만나보면 모두 지금 설명한 구조라는 사실을 알 수 있을 것입니다.

1. friend 함수가 가지는 특권은 무엇인지 답하세요.

2. A 클래스의 멤버로 B 클래스(포인터나 참조 제외)가 사용됐다면 이 두 클래스는 어떤 관계라 할 수 있나요?

템플릿과 예외 처리 그리고 이후에 알아야 할 것

이제 이 책도 종반에 접어들었습니다. 어쩌면 '객체지향 프로그래밍'을 이해한다는 목표는 어느 정도 달성한 상태라고 봐도 좋습니다. 그러나 최신 C++ 개발 트렌드를 따르려면 템플릿은 선택이 아니라 필수입니다. 생산성이 높고 유지보수성이 뛰어난 코드가 당연히 좋은 코드이기 때문입니다.

그리고 완성도 높은 프로그램을 만들려면 예외 처리가 중요합니다. 정상적인 상황, 즉 프로그램이 개발자가 예측했던 범위 안에서 실행될 때는 문제가 발생할 일이 없습니다. 하지만 그 범위를 벗어난 경우에는 어떻게 대응할지 고민하지 않는다면 프로그램의 안정성은 급속히 낮아질 것입니다.

마지막으로는 이 책을 읽고 난 후 무엇을 해야 하는가를 다룹니다. C++의 여정은 호빗의 여정보다 깁니다. 곱씹을수록 공식은 맛이 난다고 할까요? 부정적인 측면에서 생각하면 해도 해도 끝이 없는 것처럼 보일 수도 있습니다. 하지만 절대 그렇지 않습니다. 오히려 시간이 지날수록 감탄할 일이 더 늘어난답니다.

템플릿

템플릿은 어린 시절에 누구나 한번쯤 사용했을 '모양자'와 같습니다. 거기에는 온갖 종류의 도형들이 틀로 만들어져 있습니다. 그 틀을 활용하면 누구나 정말 반듯한 네모를 그릴 수도 있고 대칭이 명확한 별을 그릴 수도 있습니다. 심지어 유명 애니메이션 주인공을 그려주는 것도 있죠. 템플릿의 생산성이 뛰어난 이유도 이와 같습니다. 정말 완성도 높은 코드를 모양자로 찍어내듯 생성할 수 있기 때문입니다.

따라서 소스 코드의 완성도를 높인 상태에서 표준 템플릿 라이브러리(Standard Template Library, STL)처럼 확실하게 검증된 라이브러리를 사용한다면 완성도와 생산성, 두 마리 토끼를 한꺼번에 잡을 수 있습니다. 즉, 누군가가 템플릿으로 만들어주거나 만든 템플릿을 잘 활용할 수 있다면 나는 그저 선언하고 사용하는 것만으로도 설계 구조까지 통째로 가져다 재사용할 수 있습니다. 물론 가져다 사용하는 것 외에 잘 만들 줄도 알아야겠죠.

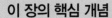
이 장의 핵심 개념

9장은 템플릿을 다룹니다. 여러분이 실무에서 프로그래밍할 때 평가하는 기준은 바로 이 템플릿을 얼마나 잘 만들고, 잘 분석하고, 필요한 표준 템플릿 라이브러리를 잘 찾아서 사용할 수 있는가에 달려 있습니다.

1. 클래스 템플릿: 클래스를 찍어내는 모양자라고 생각하면 됩니다. 함수 템플릿과 달리 인스턴스를 선언할 때 typename을 반드시 기술해야 합니다. 이 점은 중요하므로 꼭 기억하세요.

2. 템플릿 특수화: 특별한 형식이 있을 경우에 나머지 다른 형식들과 전혀 다른 코드를 적용하는 방법론을 말합니다.

3. 스마트 포인터: 동적으로 할당한 인스턴스를 '자동으로' 삭제해주는 편리한 포인터입니다. 단, 자동화라서 문제가 생기는 경우에는 주의해야 합니다.

이 장의 학습 흐름

여기에서 우리가 다룰 것은 '템플릿과 스마트 포인터'입니다.

9장

클래스 템플릿의 정체와 템플릿 안에서의 자료형 다루기를 이해합니다.

별도로 다뤄야 할 형식을 구분하는 템플릿 특수화를 살펴봅니다.

스마트 포인터가 골치 아픈 포인터 문제를 어떤 방식으로 해결해주는지 정확하게 이해합니다.

왜 템플릿과 스마트 포인터를 배워야 하는지 알게 됩니다.

9.1 클래스 템플릿

'클래스 템플릿'은 **클래스를 찍어내는 모양자**라고 생각하면 이해하기 쉽습니다. 그리고 이 모양자에서 구멍이 뚫려 있는 부분은 '자료형'입니다. 기본적인 이야기들은 앞서 '2.2.3 함수 템플릿'에서 언급한 것과 같습니다. 다만 그 범위가 함수에서 클래스 수준으로 확대된 것만 다릅니다.

클래스 템플릿은 다음과 같은 형태로 선언합니다.

```
template<typename T>
class 클래스이름{
    ......
}
```

함수 템플릿처럼 선언에 앞서 template 예약어와 typename 예약어를 적어 넣어야 합니다. 그러나 함수 템플릿과 달리 인스턴스를 선언할 때는 typename을 반드시 적어야 합니다.

[09/TemplateSample/TemplateSample.cpp] 클래스 템플릿

```
01  #include "stdafx.h"
02  #include <iostream>
03  using namespace std;
04
05  // 'T'는 자료형이 된다.
06  template<typename T>
07  class CMyData
08  {
09  public:
10    CMyData(T param) : m_Data(param) { }
11    T GetData() const { return m_Data; }
12
13    // 형식에 대한 변환자 제공
14    operator T() { return m_Data; }
15    void SetData(T param) { m_Data = param; }
16
17  private:
18    // T 형식의 멤버 변수 선언
19    T m_Data;
```

```
20    };
21
22    int _tmain(int argc, _TCHAR* argv[])
23    {
24        CMyData<int> a(5);
25        cout << a << endl;
26        CMyData<double> b(123.45);
27        cout << b << endl;
28
29        // 문자열을 저장하기 위해 메모리를 동적으로 할당하지는 않는다.
30        CMyData<char*> c("Hello");
31        cout << c << endl;
32
33        return 0;
34    }
```

실행결과

```
5
123.45
Hello
```

24, 26, 30번 행을 보면 클래스 템플릿으로 인스턴스를 선언할 때 각각에 맞는 자료형을 정의했습니다. 이렇게 하면 int, double, char*에 맞는 클래스를 컴파일러가 찍어냅니다. 참고로 **찍어서 만들어진 클래스를 '템플릿 클래스'**라고 합니다. 지금 예제에서는 한 가지 클래스 템플릿으로 다음 그림과 같은 세 가지의 템플릿 클래스를 생성합니다. 그러나 실제 코드로 드러나지는 않고 내부적으로만 생성됩니다.

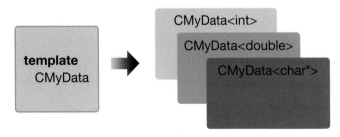

아무튼 생성된 세 템플릿 클래스는 모두 동일하게 변환 생성자, 형변환 연산자, SetData() 메서드를 가집니다. 당연한 이야기지만 이 과정에서 오타 같은 실수는 발생하지 않습니다.

이제 예제를 통해 어떻게 사용하는지 기본적인 문법은 알 수 있을 것입니다. 하지만 아직까지 뭔가 그리도 좋다는 것인지 현실적으로 느끼기는 어렵습니다. 그래서 TemplateArrary.cpp 예제를 준비했습니다. 이 예제는 클래스 템플릿으로 어떤 형식이든 배열로 관리할 수 있는 방법을 구현합니다.

템플릿에서 구조적으로 메모리를 자동 동적 할당 및 해제하며 복사 생성자와 이동 시맨틱을 지원하므로 성능도 좋습니다. 또한 개별 요소에 배열 연산자로 접근할 수 있으므로 배열과 동일한 사용자 경험을 제공합니다.

[09/TemplateArrary/TemplateArrary.cpp] 클래스 템플릿을 통한 배열 관리

```
001  #include "stdafx.h"
002  #include <iostream>
003  using namespace std;
004
005  template<typename T>
006  class CMyArray
007  {
008  public:
009    explicit CMyArray(int nSize) : m_nSize(nSize)
010    {
011      m_pData = new T[nSize];
012    }
013
014    ~CMyArray() { delete[] m_pData; }
015
016    // 복사 생성자
017    CMyArray(const CMyArray &rhs)
018    {
019      m_pData = new T[rhs.m_nSize];
020      memcpy(m_pData, rhs.m_pData, sizeof(T)* rhs.m_nSize);
021      m_nSize = rhs.m_nSize;
022    }
023
024    // 대입 연산자
```

```
025    CMyArray& operator=(const CMyArray &rhs)
026    {
027      if(this == &rhs)
028        return *this;
029
030      delete m_pData;
031      m_pData = new T[rhs.m_nSize];
032      memcpy(m_pData, rhs.m_pData, sizeof(T)* rhs.m_nSize);
033      m_nSize = rhs.m_nSize;
034
035      return *this;
036    }
037
038    // 이동 생성자
039    CMyArray(CMyArray &&rhs)
040    {
041      operator = (rhs);
042    }
043
044    // 이동 대입 연산자
045    CMyArray& operator=(const CMyArray &&rhs)
046    {
047      m_pData = rhs.m_pData;
048      m_nSize = rhs.m_nSize;
049      rhs.m_pData = nullptr;
050      rhs.m_nSize = 0;
051    }
052
053    // 배열 연산자
054    T& operator[](int nIndex)
055    {
056      if(nIndex < 0 || nIndex >= m_nSize)
057      {
058        cout << "ERROR: 배열의 경계를 벗어난 접근입니다." << endl;
059        exit(1);
060      }
061
062      return m_pData[nIndex];
063    }
```

```
064
065     // 상수화된 배열 연산자
066     T& operator[](int nIndex) const
067     {
068       return operator[](nIndex);
069     }
070
071     // 배열 요소의 개수를 반환
072     int GetSize() { return m_nSize; }
073
074   private:
075     T *m_pData = nullptr;
076     int m_nSize = 0;
077   };
078
079   int _tmain(int argc, _TCHAR* argv[])
080   {
081     // int 자료형 배열
082     CMyArray<int> arr(5);
083
084     arr[0] = 10;
085     arr[1] = 20;
086     arr[2] = 30;
087     arr[3] = 40;
088     arr[4] = 50;
089
090     for(int i = 0; i < 5; ++i)
091       cout << arr[i] << ' ';
092
093     cout << endl;
094
095     CMyArray<int> arr2(3);
096     arr2 = arr;
097     for(int i = 0; i < 5; ++i)
098       cout << arr2[i] << ' ';
099
100     cout << endl;
101
102     return 0;
```

```
103   }
```

```
10 20 30 40 50
10 20 30 40 50
```

82번 행에서 **CMyArray<int> arr(5);** 라고 선언했습니다. 따라서 int 자료형 값 다섯 개가 저장될 수 있는 메모리를 동적 할당하고 arr 인스턴스가 생성될 것입니다. 그리고 84~88번 행에서는 다음 그림처럼 단순 대입 연산자를 이용해 배열을 초기화합니다.

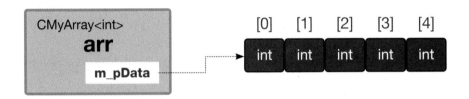

90~91번 행에서는 각 요소에 배열 연산자로 접근한 후 형변환 연산자를 적용함으로써 cout 객체로 출력할 수 있습니다.

95번 행에서는 82번 행처럼 또 다른 CMyArray 클래스 템플릿의 인스턴스를 선언하는데, 요소의 개수가 3입니다. 그럼에도 96번 행에서 **arr2 = arr;** 이라는 연산을 실행했는데, arr은 요소의 개수가 5이므로 오류가 발생할 수도 있습니다. 그러나 25~36번 행을 보면 메모리를 r-value에 맞춰 새로 생성하므로 문제가 발생하지 않는다는 사실을 알 수 있습니다.

배열을 사용할 때 가장 큰 문제는 배열의 경계를 넘기는 오버플로^{Overflow} 상황입니다. 적어도 대입 연산을 실행할 때는 이런 문제가 발생할 수 없습니다. 그러나 54, 66번 행의 배열 연산자 함수 내부는 메모리를 늘리지 않고 프로그램을 그냥 종료합니다. 원한다면 배열 연산자와 상수화된 배열 연산자 메서드(54~69행)를 수정해서 **arr[10] = 0;** 같은 코드가 실행되면 강제로 요소의 크기를 5에서 11로 조정하도록 코드를 만들 수도 있습니다. 한번 도전해보기 바랍니다.

클래스 템플릿의 가장 큰 장점은 typename에 기본 형식뿐만 아니라 클래스도 적용할 수 있다는 것입니다. 만일 TemplateArray.cpp 예제에 다음과 같이 CMyData 클래스를 추가하면 이 CMyData 클래스도 CMyArray 클래스 템플릿을 이용해 배열로 관리할 수 있습니다.

```
79  class CMyData
80  {
81  public:
82    CMyData() { }
83
84  private:
85    int m_nData = 0;
86  };
87
88  int _tmain(int argc, _TCHAR* argv[])
89  {
90    CMyArray<CMyData> a(5);
......
```

9.1.1 멤버 선언 및 정의

필요하다면 클래스 템플릿에서도 선언과 정의를 분리할 수 있으며 정적 멤버를 포함시키는 것도 가능합니다. 다만 정의가 분리되고 기술될 때마다 template〈typename 형식〉을 매번 선언해야 합니다.

[09/TemplateMember/TemplateMember.cpp] 멤버 선언과 정의 분리

```
01  #include "stdafx.h"
02  #include <iostream>
03  using namespace std;
04
05  template<typename T>
06  class CTest
07  {
08  public:
09    // 생성자 선언
10    CTest();
11    T TestFunc();
12
13  protected:
14    // 정적 멤버 데이터 선언
```

```
15      static T m_Data;
16    };
17
18    // 생성자 정의
19    template<typename T>
20    CTest<T>::CTest()
21    {
22    }
23
24    // 멤버 함수 정의
25    template<typename T>
26    T CTest<T>::TestFunc()
27    {
28      return m_Data;
29    }
30
31    // 정적 멤버 변수 정의
32    template<typename T>
33    T CTest<T>::m_Data = 15;
34
35    int _tmain(int argc, _TCHAR* argv[])
36    {
37      CTest<double> a;
38      cout << a.TestFunc() << endl;
39
40      return 0;
41    }
```

실행결과

15

예제를 실행하면 15를 출력합니다. TestFunc() 함수에서 정적 멤버인 m_Data의 값을 출력하는
데 33번 행에서 15로 정의했기 때문입니다. 즉, 멤버의 정의를 클래스 선언 밖으로 빼내면 다음처럼
반드시 클래스 이름에 이어 **〈형식〉**을 기술해야 한다는 점을 잊지 말기 바랍니다.

```
template<typename T>
클래스이름<T>::멤버함수이름()
{
}
```

이 외에는 일반 클래스에서의 분리 방법과 다르지 않습니다.

9.1.2 템플릿 매개변수

템플릿을 선언할 때 다음과 같이 형식을 여러 개 작성할 수도 있습니다.

```
Template<typename T, typename T2>
```

그런데 여러 형식 중 일부는 다음과 같이 형식을 구체적으로 작성해도 상관없습니다.

```
Template<typename T, int nSize>
```

경우에 따라서는 의도적으로 이렇게 할 필요가 있습니다. 앞서 배열을 클래스 템플릿으로 기술했는데 이 때는 생성자의 매개변수로 요소의 개수를 입력받았습니다. 하지만 TemplateParam.cpp 예제처럼 '템플릿 매개변수'를 활용한다면 조금 다른 형태로 코드를 작성할 수 있습니다.

[09/TemplateParam/TemplateParam.cpp] 함수처럼 선언해 사용하는 템플릿 매개변수

```
01   #include "stdafx.h"
02   #include <iostream>
03   using namespace std;
04
05   // 템플릿 매개변수를 함수처럼 선언한다.
06   template<typename T, int nSize>
07   class CMyArray
08   {
09   public:
10      // 이하 코드에 보이는 모든 nSize 변수는 템플릿 매개변수다.
11      CMyArray() { m_pData = new T[nSize]; }
```

```cpp
12      ~CMyArray() { delete[] m_pData; }
13
14      // 배열 연산자
15      T& operator[](int nIndex)
16      {
17          if(nIndex < 0 || nIndex >= nSize)
18          {
19              cout << "ERROR: 배열의 경계를 벗어난 접근입니다." << endl;
20              exit(1);
21          }
22
23          return m_pData[nIndex];
24      }
25
26      // 상수화된 배열 연산자
27      T& operator[](int nIndex) const { return operator[](nIndex); }
28
29      // 배열 요소의 개수를 반환
30      int GetSize() { return nSize; }
31
32  private:
33      T *m_pData = nullptr;
34  };
35
36  int _tmain(int argc, _TCHAR* argv[])
37  {
38      CMyArray<int, 3> arr;
39      arr[0] = 10;
40      arr[1] = 20;
41      arr[2] = 30;
42
43      for(int i = 0; i < 3; ++i)
44          cout << arr[i] << endl;
45
46      return 0;
47  }
```

```
10
20
30
```

6번 행에서 **template<typename T, int nSize>**라고 선언했으므로 38번 행에서는 CMyArray〈int, 3〉arr;라고 선언했습니다. 이렇게 함으로써 arr 요소의 개수는 3입니다. 여기서 재미있는 사실은 6번 행의 템플릿 매개변수는 클래스 템플릿 내부에서 모두 접근할 수 있다는 점입니다. 마치 멤버 변수처럼 말이죠.

생성자의 매개변수로 요소 개수를 입력받는 방법이나 지금 방법이나 크게 다르지 않습니다. 그리고 심지어 매개변수의 디폴트 값도 지정할 수 있습니다.

```cpp
05  // 템플릿 매개변수를 함수처럼 선언할 수 있고 디폴트 값을 지정할 수도 있다.
06  template<typename T = int, int nSize = 3>
07  class CMyArray
08  {
......
34  };
35
36  int _tmain(int argc, _TCHAR* argv[])
37  {
38    // CMyArray<int, 3> arr;
39    CMyArray< > arr;
40    ......
41  }
```

사용자 코드에서 구체적으로 실인수를 기술하지 않으면 당연히 디폴트 값이 적용됩니다. 어느 방법이든 본인의 상황에 맞는, 그리고 자신이 선호하는 방법을 사용하면 됩니다.

9.2 템플릿 특수화

템플릿을 사용하면 자료형에 관계 없이 프로그램을 만들 수 있습니다. 그러나 간혹 **특별한 형식이 있을 경우 나머지 다른 형식들과 전혀 다른 코드를 적용**해야 할 때가 있습니다. 가장 대표적인 예인 '포인터'는 일반적인 형식들과 달리 간접 지정 연산을 실행해야 하는 경우가 있습니다. 또한 문자열에 '덧셈'을 적용할 경우 일반 형식과 전혀 다른 코드를 작성해야 합니다.

9.2.1 함수 템플릿 특수화

TemplateFunction.cpp 예제는 함수 템플릿인 Add()를 두 가지 형태로 정의한 것입니다. 여기서 두 가지라는 것은 문자열을 더하는 경우와 나머지 모든 자료형을 위한 경우로 나눈 것입니다. 한마디로 문자열을 '특별히 분리해서' (특수화해서) 처리하는 것이라 하겠습니다.

[09/TemplateFunction/TemplateFunction.cpp] 문자열과 다른 자료형을 나눠서 정의한 함수 템플릿

```
01  #include "stdafx.h"
02  #include <memory>
03  #include <iostream>
04  using namespace std;
05
06  template<typename T>
07  T Add(T a, T b) { return a + b; }
08
09  // 두 개의 변수가 모두 char* 형식이면 이 함수로 대체된다.
10  template< >
11  char* Add(char *pszLeft, char *pszRight)
12  {
13    int nLenLeft = strlen(pszLeft);
14    int nLenRight = strlen(pszRight);
15    char *pszResult = new char[nLenLeft + nLenRight + 1];
16
17    // 새로 할당한 메모리에 문자열을 복사한다.
18    strcpy_s(pszResult, nLenLeft + 1, pszLeft);
19    strcpy_s(pszResult + nLenLeft, nLenRight + 1, pszRight);
20
21    return pszResult;
```

```
22  }
23
24  int _tmain(int argc, _TCHAR* argv[])
25  {
26      int nResult = Add<int>(3, 4);
27      cout << nResult << endl;
28
29      char *pszResult = Add<char*>("Hello", "World");
30      cout << pszResult << endl;
31      delete[] pszResult;
32
33      return 0;
34  }
```

실행결과

```
7
HelloWorld
```

26번 행에서 호출한 Add() 템플릿 함수는 6~7번 행 함수 템플릿으로 만들어지며, 29번 행에서 호출한 Add() 템플릿 함수는 10~22번 행 함수 템플릿으로 만들어집니다.

템플릿을 특수화할 때 10번 행에서 typename을 아무것도 기술하지 않았습니다. 하지만 다음 코드와 같이 기술하더라도 문제는 없습니다.

```
10  template<typename T>
11  char* Add(char *pszLeft, char *pszRight)
```

하지만 '특수화'라는 점을 표현하기 위해서도 보통 typename을 생략합니다. 앞서 이미 Add() 함수 템플릿 선언이 있었기 때문입니다.

그리고 마치 함수를 다중 정의하듯 함수 템플릿을 여러 번 정의하는 경우 컴파일러는 이를

"특정 형식은 개발자인 내가 직접 정의할 테니 별도로 생성하지 말라"

는 것으로 인식합니다. 다만 이와 같은 묵시적 의미가 전달되려면 7번 행처럼 두 매개변수와 반환 형식이 모두 같은 형식이라야 합니다. 만일 10~11번 행을 다음과 같이 수정했다고 가정합니다.

```
10   template< >
11   char* Add(const char *pszLeft, int pszRight)
```

컴파일러는 다음과 같은 오류 메시지를 보여줄 것입니다.

error C2912: 명시적 특수화. 'char *Add(const char *,int)'이(가) 함수 템플릿의 특수화가 아닙니다.

9.2.2 클래스 템플릿 특수화

클래스 템플릿도 함수 템플릿처럼 특정 형식을 특수화할 수 있습니다. 일단 기본적인 문법은 함수 템플릿과 같으며 다음 예제의 18번 행처럼 클래스 선언에서 〈 〉 안에 특수화 대상 자료형을 선언한 다는 점이 다릅니다.

[09/TemplateSpecial/TemplateSpecial.cpp] 클래스 템플릿 특수화

```
01   #include "stdafx.h"
02   #include <iostream>
03   using namespace std;
04
05   template<typename T>
06   class CMyData
07   {
08     CMyData(T param) : m_Data(param) { }
09
10     T GetData() const { return m_Data; }
11     void SetData(T param) { m_Data = param; }
12
13   private:
14     T m_Data;
```

```
15  };
16
17  template< >
18  class CMyData<char*>
19  {
20  public:
21    CMyData(char *pszParam)
22    {
23      int nLen = strlen(pszParam);
24      m_Data = new char[nLen + 1];
25    }
26
27    ~CMyData() { delete[] m_Data; }
28    char* GetData() const { return m_Data; }
29
30  private:
31    char *m_Data;
32  };
33
34  int _tmain(int argc, _TCHAR* argv[])
35  {
36    CMyData<char*> a("Hello");
37    cout << a.GetData() << endl;
38
39    return 0;
40  }
```

5번 행에서 CMyData 클래스 템플릿을 선언하고 17번 행에서 다시 char * 형식을 특수화했습니다. 6~15번 행에서 typename인 'T'는 총 4번 등장합니다. 그리고 이어서 등장한 char *에 대한 특수화 선언에서는 'T'가 있었던 모든 부분이 char *로 대체됐습니다.

9.3 클래스 템플릿과 상속

클래스 템플릿의 상속은 일반 클래스의 상속과 크게 다르지 않습니다. 다음 코드와 같이 template 선언 외에 달라지는 것은 기본 클래스를 선언한다는 정도입니다.

```
template<typename T>
class CMyDataEx : public CMyData<T>
```

TemplateInherit.cpp는 클래스 템플릿의 상속을 보여준 보편적 예제입니다. 크게 설명할 만한 내용이 없으므로 코드와 실행 결과만 살펴보겠습니다.

[09/TemplateInherit/TemplateInherit.cpp] 클래스 템플릿의 상속

```
01  #include "stdafx.h"
02  #include <iostream>
03  using namespace std;
04
05  template<typename T>
06  class CMyData
07  {
08  public:
09
10  protected:
11    T m_Data;
12  };
13
14  template<typename T>
15  class CMyDataEx : public CMyData<T>
16  {
17  public:
18    T GetData() const { return m_Data; }
19    void SetData(T param) { m_Data = param; }
20  };
21
22  int _tmain(int argc, _TCHAR* argv[])
23  {
24    CMyDataEx<int> a;
```

```
25    a.SetData(5);
26    cout << a.GetData() << endl;
27
28    return 0;
29 }
```

실행결과

```
5
```

9.4 스마트 포인터

스마트 포인터는 동적 할당한 인스턴스를 '자동'으로 삭제해주는 편리한 포인터입니다. 일단 이 말을 하게 되면

"와, 그럼 자동으로 다 알아서 해주는 건가요?"

라는 질문을 꼭 받게 됩니다. 일단 그렇다고 생각해도 좋습니다. 대답이 영 시원치 않은 이유는 자동으로 삭제해주기는 하는데 그렇다고 포인터 관리 문제가 모두 해결됐다고 할 수는 없기 때문입니다. 편리하긴 하지만 경우에 따라서는 오히려 더 해가 될 수도 있습니다. 자세한 내용은 차근차근 살펴보도록 하겠습니다.

스마트 포인터는 모두 템플릿으로 구현됐으며 다음의 네 종류가 있습니다.

스마트 포인터	설명
auto_ptr	동적 할당한 인스턴스를 '자동'으로 삭제합니다. 가장 오래 존재했던 스마트 포인터라고 할 수 있습니다.
shared_ptr	포인팅 횟수를 계수해서 0이 되면 대상을 삭제합니다.
unique_ptr	shared_ptr과 달리 한 대상을 오로지 한 포인터로만 포인팅합니다. 즉, 하나의 소유자만 허용합니다.
weak_ptr	하나 이상의 shared_ptr 인스턴스가 소유하는 개체에 접근할 수 있게 하지만 참조 수로 계산하지 않습니다. 사실 특수한 경우에만 사용하고 거의 사용하지 않습니다.

9.4.1 auto_ptr

앞에서 설명한 네 가지 스마트 포인터 모두 고유의 특징이 있는데 가장 오래된 구형은 **auto_ptr**입니다. 결론부터 말하면 이 구닥다리 스마트 포인터인 **auto_ptr은 사용하지 않는 것이 바람직합니다.** 이유는 배열을 지원하지 않을 뿐만 아니라 포인터의 고질적 문제라 할 수 있는 '얕은 복사' 문제 등이 해결되지 않았기 때문입니다. 일단 AutoPtrSample1.cpp 예제를 통해 사용 방법을 알아보겠습니다.

[09/AutoPtrSample1/AutoPtrSample1.cpp] auto_ptr 스마트 포인터 사용

```
01  #include "stdafx.h"
02  #include <memory>
03  #include <iostream>
04  using namespace std;
05
06  class CMyData
07  {
08  public:
09    CMyData() { cout << "CMyData()" << endl; }
10    ~CMyData() { cout << "~CMyData()" << endl; }
11  };
12
13  int _tmain(int argc, _TCHAR* argv[])
14  {
15    cout << "*****Begin*****" << endl;
16    {
17      // 속한 범위를 벗어나면 대상 객체는 자동으로 소멸한다.
18      auto_ptr<CMyData> ptrTest(new CMyData);
19    }
20
21    cout << "******End******" << endl;
22
23    return 0;
24  }
```

```
*****Begin*****
CMyData()
~CMyData()
******End******
```

18번 행에 선언한 auto_ptr 인스턴스 ptrTest는 CMyData 객체를 동적 생성하고 그 주소를 생성자의 인수로 받았습니다. 따라서 ptrTest 내부의 포인터 멤버가 동적 생성된 객체의 주소를 담고 있다가 **ptrTest가 소멸하면서 가리키는 대상을 삭제(delete)**합니다.

그리고 15~19번 행을 별도의 블록 범위로 묶었는데, 그 이유는 내부에서 선언된 ptrTest가 19번 행에서 소멸되도록 유도하기 위해서입니다. 실행 결과를 보면 *****Begin*****이 출력된 후 ******End****** 출력되기 전까지 CMyData 클래스의 생성자와 소멸자가 모두 호출된 것을 볼 수 있습니다.

지금까지의 결과만 보면 auto_ptr이 그렇게 나쁜 것 같지는 않지만 18번 행을 다음 코드처럼 배열로 동적 할당하면 문제가 발생합니다.

```
18   auto_ptr<CMyData> ptrTest(new CMyData[3]);
```

```
*****Begin*****
CMyData()
CMyData()
CMyData()
~CMyData()
```

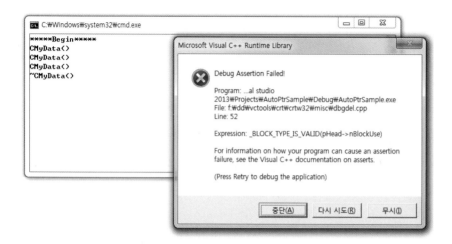

배열로 생성했다면 반드시 배열로 삭제해야 합니다. 그러나 실행 결과처럼 첫 번째 객체만 소멸하고 나머지는 소멸하지 않는데 이는 배열로 삭제하지 않았기 때문입니다. 그리고 이에 못지않게 문제가 되는 것은 다음 코드와 같이 소위 얕은 복사를 했을 경우입니다.

[09/AutoPtrSample2/AutoPtrSample2.cpp] 얕은 복사를 실행한 auto_ptr 예제

```
01  #include "stdafx.h"
02  #include <memory>
03  #include <iostream>
04  using namespace std;
05
06  class CMyData
07  {
08  public:
09    CMyData() { cout << "CMyData()" << endl; }
10    ~CMyData() { cout << "~CMyData()" << endl; }
11    void TestFunc() { cout << "CMyData::TestFunc()" << endl; }
12  };
13
14  int _tmain(int argc, _TCHAR* argv[])
15  {
16    auto_ptr<CMyData> ptrTest(new CMyData);
17    auto_ptr<CMyData> ptrNew;
18
```

```
19    cout ≪ "0x" ≪ ptrTest.get() ≪ endl;
20
21    // 포인터를 대입하면 원본 포인터는 NULL이 된다.
22    ptrNew = ptrTest;
23    cout ≪ "0x" ≪ ptrTest.get() ≪ endl;
24
25    // 따라서 이 코드를 실행할 수 없다.
26    ptrTest->TestFunc();
27
28    return 0;
29 }
```

실행결과

```
CMyData()
0x00364AA8
0x00000000
```

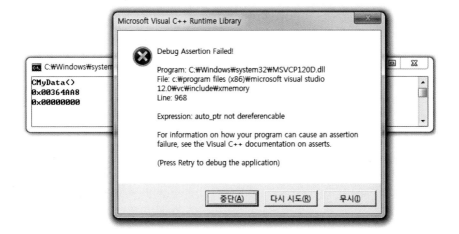

16번 행에서 ptrTest는 CMyData 클래스를 동적 생성하고 주소를 생성자의 인수로 받았습니다.
따라서 다음 그림처럼 동적 생성한 객체를 하나 가리킵니다.

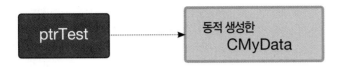

하지만 ptrNew는 가리키는 대상 없이 포인터만 선언했고 22번 행에서 **ptrNew = ptrTest;**라고 단순 대입 연산으로 값이 정의됩니다. 문제는 다음 그림처럼 r-value인 ptrTest는 자신이 가리키는 포인터의 값을 ptrNew 인스턴스에 복사해주고 자기 자신은 포인터를 NULL로 초기화한다는 점입니다.

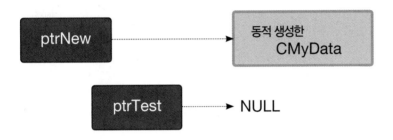

결국 **단순 대입 연산이 일반적인 경우처럼 '복사'가 아니라 (어떻게 보면) 어처구니없이 '이동'이 됩니다.** 26번 행에서 ptrTest로 대상 객체의 멤버에 접근했다고 오류가 발생한 것은 이 때문입니다. 이런 이유들 때문에 대안이 필요했고 그래서 탄생한 것이 지금부터 소개할 shared_ptr입니다.

9.4.2 shared_ptr

shared_ptr은 기존의 auto_ptr과는 달리 **포인팅 횟수를 계산해서 0이 되면 대상을 삭제합니다.** 만일 어떤 객체를 두 개의 shared_ptr 포인터로 포인팅하면 카운트 값은 2입니다. 이 중 한 포인터가 소멸하더라도 대상 객체는 소멸하지 않습니다. 아직 한 포인터가 더 남았기 때문입니다. 물론 카운트 값은 하나 감소한 1로 변경됩니다.

[09/SharedPtrSample/SharedPtrSample.cpp] 포인팅 횟수를 계산하는 Shared_ptr

```
01   #include "stdafx.h"
02
03   // shared_ptr 클래스를 사용하기 위함
```

```
04  #include <memory>
05
06  #include <iostream>
07  using namespace std;
08
09  class CTest
10  {
11  public:
12    CTest() { cout << "CTest()" << endl; }
13    ~CTest() { cout << "~CTest()" << endl; }
14    void TestFunc() { cout << "TestFunc()" << endl; }
15  };
16
17  int _tmain(int argc, _TCHAR* argv[])
18  {
19    cout << "*****Begin*****" << endl;
20    shared_ptr<CTest> ptr1(new CTest);
21
22    // 한 대상을 한 포인터로 포인팅한다.
23    cout << "Counter: " << ptr1.use_count() << endl;
24    {
25      shared_ptr<CTest> ptr2(ptr1);
26
27      // 한 대상을 두 포인터로 포인팅한다.
28      cout << "Counter: " << ptr1.use_count() << endl;
29      ptr2->TestFunc();
30    }
31
32    // 한 포인터가 소멸했으므로 포인팅 개수가 1 감소한다.
33    cout << "Counter: " << ptr1.use_count() << endl;
34    ptr1->TestFunc();
35    cout << "*****End*****" << endl;
36
37    // 결국 카운터가 0이 되면 대상 객체를 소멸시킨다.
38    return 0;
39  }
```

```
*****Begin*****
CTest()
Counter: 1
Counter: 2
TestFunc()
Counter: 1
TestFunc()
******End******
~CTest()
```

20번 행에서는 첫 번째 shared_ptr 인스턴스인 ptr1을 선언하고 23번 행에서는 use_count() 메서드를 호출해 포인터 개수를 출력합니다. 물론 이때 참조하는 포인터는 하나뿐입니다. 하지만 25번 행에서 두 번째 shared_ptr인 ptr2가 선언됩니다. 따라서 28번 행에서 포인터 개수를 출력하면 2를 출력합니다. 그러나 30번 행에 도달하고 ptr2가 자동 소멸하면 포인터 개수는 다시 한 개로 줄어듭니다. 그리고 ptr2가 소멸하더라도 아직 포인터 참조 개수가 1이므로 대상을 삭제하지 않습니다.

그렇기 때문에 34번 행에서 포인터를 참조하더라도 전혀 문제가 발생하지는 않습니다. 이어서 _tmain() 함수 실행이 끝나면 ptr1도 소멸할텐데 이렇게 되면 대상을 가리키는 포인터는 하나도 남지 않으므로 대상 객체를 삭제합니다.

25번 행 **shared_ptr<CTest> ptr2(ptr1);**는 다음 코드처럼 작성해도 실행 결과는 같습니다.

```
shared_ptr<CTest> ptr2;
ptr2 = ptr1;
```

이렇게 변경해도 포인터를 단순 대입할 경우 auto_ptr과 달리 l-value인 ptr1의 값이 NULL이 되지 않습니다.

그리고 shared_ptr은 auto_ptr과 달리 배열로 객체를 삭제할 수 있는 방법을 제공합니다. 그런데 여기서 '방법'이라는 것은 **배열로 대상을 삭제하는 함수**를 말하는데, 이 삭제 함수는 개발자 자신이 직접 작성하고 처음 shared_ptr을 만들 때 '등록'해주어야 합니다.

```
01  #include "stdafx.h"
02  #include <memory>
03  #include <iostream>
04  using namespace std;
05
06  class CTest
07  {
08  public:
09    CTest() { cout << "CTest()" << endl; }
10    ~CTest() { cout << "~CTest()" << endl; }
11    void TestFunc() { cout << "TestFunc()" << endl; }
12  };
13
14  void RemoveTest(CTest *pTest)
15  {
16    cout << "RemoveTest()" << endl;
17
18    // 대상을 배열로 삭제한다.
19    delete [] pTest;
20  }
21
22  int _tmain(int argc, _TCHAR* argv[])
23  {
24    cout << "*****Begin*****" << endl;
25
26    // 대상 객체를 소멸할 함수를 별도로 등록한다.
27    shared_ptr<CTest> ptr(new CTest[3], RemoveTest);
28    cout << "******End******" << endl;
29
30    return 0;
31  }
```

실행결과

```
*****Begin*****
CTest()
CTest()
```

```
CTest()
******End******
RemoveTest()
~CTest()
~CTest()
~CTest()
```

27번 행에서 ptr을 선언할 때 대상 객체를 배열로 동적 생성했으며, 삭제 함수인 RemoveTest()를 별도로 등록했습니다. 이 RemoveTest() 함수는 ptr이 소멸할 때 자동으로 호출되며 함수 내부에서 배열로 삭제하기 때문에 auto_ptr을 사용했을 때와 같은 문제는 발생하지 않습니다.

그리고 원한다면 reset() 메서드를 호출해 가리키는 대상을 즉시 삭제할 수 있습니다.

```
27   shared_ptr<CTest> ptr1(new CTest);
28   cout << "******End******" << endl;
29   ptr1.reset();
```

실행결과

```
******Begin******
CTest()
******End******
~CTest()
```

물론 reset() 메서드를 이용해 삭제했을 때도 대상에 대한 참조 포인터의 개수는 1 감소합니다.

지금까지 살펴본 것처럼 shared_ptr은 auto_ptr을 사실상 완전히 대체할 수 있습니다. 그러므로 거듭 강조하지만 auto_ptr은 사용하지 말고 shared_ptr을 사용하는 것이 바람직합니다.

9.4.3 unique_ptr

unique_ptr은 shared_ptr과 유사하다고 볼 수 있습니다. 하지만 shared_ptr과 달리 한 대상을
오로지 한 포인터로만 포인팅할 수 있습니다.

[09/UniquePtrSample/UniquePtrSample.cpp] 한 포인터로만 포인팅하는 unique_ptr

```
01  #include "stdafx.h"
02  #include <memory>
03  #include <iostream>
04  using namespace std;
05
06  class CTest
07  {
08  public:
09    CTest() { cout << "CTest()" << endl; }
10    ~CTest() { cout << "~CTest()" << endl; }
11    void TestFunc() { cout << "TestFunc()" << endl; }
12  };
13
14  int _tmain(int argc, _TCHAR* argv[])
15  {
16    unique_ptr<CTest> ptr1(new CTest);
17
18    // 아래 코드들은 실행하면 모두 컴파일 오류가 발생한다.
19    // unique_ptr<CTest> ptr2(ptr1);
20    // ptr2 = ptr1;
21
22    return 0;
23  }
```

실행결과

```
CTest()
~CTest()
```

19~20번 행 코드들은 주석 처리를 해제한 후 실행하면 모두 컴파일 오류가 발생합니다. unique_ptr은 하나의 대상에 오직 하나의 포인터만 존재할 수 있기 때문입니다. 즉, 애초에 여러 포인터가 동시에 하나의 대상을 가리키는 일이 없도록 차단합니다. 따라서 얕은 복사가 발생할 가능성을 아예 차단해버립니다.

앞서 배운 shared_ptr과 unique_ptr을 잘 조합해서 적절히 활용한다면 메모리 관리도 쉽게 할 수 있을 뿐만 아니라 실수할 가능성도 문법 차원에서 줄일 수 있습니다.

9.4.4 weak_ptr

weak_ptr은 shared_ptr이 가리키는 대상에 참조 형식으로 포인팅할 수 있습니다. 어떻게 보면 shared_ptr과 같아 보일 수도 있지만 단순히 참조만 할 수 있을 뿐, weak_ptr이 하나 늘거나 줄어든다고 해서 참조 카운터에 영향을 주지는 않습니다. 게다가 weak_ptr이 소멸하더라도 대상 객체를 삭제하지도 않습니다. 단지 포인팅만 할 뿐 대상 객체를 참조할 수도 없습니다. 만일 참조하려면 shared_ptr로 변환해야 하므로 거의 사용하지 않습니다.

1. 템플릿을 이용하면 자료형에 대한 다양성이 존재하는 코드를 만들 수 있습니다. 하지만 간혹 특정 형식만큼은 다른 규칙의 코드를 적용해야 할 수도 있습니다. 이런 경우에 사용할 수 있는 문법은 무엇인지 답하세요.

2. 스마트 포인터 중 auto_ptr의 문제점은 무엇인지 답하세요.

예외 처리

'예외'는 예상하고 대응하는 경우를 제외한 나머지 전체라고 할 수 있습니다. 가령 메모리가 제대로 할당된 경우가 아닌 경우가 예외일 수 있습니다. 사안의 경중이 있겠지만 대부분의 경우 예외가 발생하면 시도했던 모든 일들을 취소하고 그 전 상태로 되돌아가도록 프로그램을 작성합니다. 만일 심각한 경우라면 프로그램을 종료해야 할 수도 있습니다.

C++는 C와 달리 이러한 예외 상황을 다룰 수 있는 구조를 문법으로 제공합니다. 바로 try-catch문으로, 이 장에서 다루는 사실상 유일한 학습 목표라 할 수 있습니다. 그리고 예외를 처리하는 과정에서 스택을 본래 상태로 되돌리거나 객체가 생성 혹은 소멸하는 과정에서 발생하는 예외를 다루는 방법도 배웁니다. 고지가 멀지 않군요. 끝까지 최선을 다하도록 힘을 냅시다!

이 장의 핵심 개념

10장의 예외 처리는 굉장히 중요합니다. 이 책을 읽는 여러분, 필자, 앞으로 여러분이 프로그래머가 되어 상대할 사람도 모두 완벽하지는 않습니다. 실제 프로그래밍을 하다 보면 고려해야 할 여러 상황이 발생합니다. 예외 처리는 이러한 상황에 대처하는 방법이므로 꼭 정독하기 바랍니다. 실력 있는 프로그래머의 기준 하나가 바로 예외 처리를 얼마나 잘 하느냐입니다.

1. 예외 처리 기본: try, throw, catch문을 중심으로 예외 처리를 구성하는 방법입니다.

2. 스택 풀기: 스택 메모리에 불필요한 데이터가 쌓이지 않게 하려는 예외 처리 구조입니다.

3. 메모리 예외 처리: 객체가 생성 혹은 소멸하는 과정에서 발생하는 예외를 다루는 방법입니다.

이 장의 학습 흐름

여기에서 우리가 다룰 것은 '예외 처리'입니다.

─────────────────────────────── 10장 ───

예외 처리의 중요성과 기본 구조를 정확하게 이해합니다.

함수 실행에서 발생하는 상황에 대처하는 스택 풀기를 익힙니다.

객체 생성과 소멸에서 발생하는 상황에 대처하는 메모리
예외 처리 방법을 살펴봅니다.

지금까지 C++의 기본을 살펴보느라 정말 수고하셨습니다.

10.1 try, throw, catch문

예외 처리는 "어떤 일을 시도하다가 문제가 생기면 **다른 쪽에 집어던지고 받은 쪽은 수습**한다"라는 말로 설명할 수 있습니다. 프로그램이 작동되다 보면 늘 예외라는 것이 발생하기 마련입니다. 예외가 발생하면 프로그램을 끝내야 할 수도 있지만 경우에 따라서는 무언가를 시도하기 이전의 상태로 되돌리는 것으로 만족할 때도 있습니다.

'되돌리기'라는 대응이 얼마나 유용한지는 MS 워드를 비롯한 많은 편집기 소프트웨어들을 통해 알고 있으리라 생각합니다. C++에서는 함수 호출로 변경된 것들을 한 번에 되돌릴 수 있는 방법을 제공하는데, 이것이 '구조화된 예외 처리Structured Exception Handling'입니다.

하지만 안타깝게도 실행한 코드가 만들어낸 모든 변화를 되돌릴 수 있는 것은 아니고 함수 호출 때문에 증가한 스택을 본래 형태로 되돌리는 정도를 지원합니다. 그리고 예외 처리 루틴을 별도의 블록 범위에 묶어서 코드를 작성할 수 있습니다. 완전한 되돌리기가 아니라는 점에서 아쉬울 수 있지만 그래도 '유지보수' 측면에서 상당히 유용하며 구조적으로 안정적인 코드를 만들 수 있다는 장점 때문에 많이 사용합니다.

10.1.1 기본 활용 방법

try 블록 내부에서는 오류 없이 실행하고 싶은 구문들을 순서대로 기술합니다. 오류가 발생하면 throw문을 이용해 마치 goto문을 사용한 것처럼 catch문 블록으로 넘어갑니다.

```
try
{
  ......  // 작업 1
  if(error 발생)
    throw errorcode;
  ......  // 작업 2

  if(error 발생)
    throw errorcode;
  ......  // 작업 3

  if(error 발생)
    throw errorcode;
```

```
    }

catch(int nExp)
{
    ......
}
```

이때 throw문은 return문처럼 오류 코드 값을 기술할 수 있습니다. 그러면 catch문 블록에서 마치 함수의 매개변수처럼 값을 받을 수 있습니다. 자, 그런데 이런 의문이 생길 수도 있을 겁니다.

"일일이 if문으로 조사할 거라면 그냥 goto문을 사용하는 경우와 다른 점이 무엇인가요?"

제어 흐름만 놓고 보면 goto문처럼 보이기도 하지만 try문 블록 내부에서 호출하는 어떤 함수가 내부에서 예외를 발생시킨다면 해당 함수를 통해 곧바로 catch문 블록으로 넘어갈 수도 있습니다. 자세한 내용을 다루기에 앞서 일단 예외가 발생하는 상황을 살펴보겠습니다.

[10/ExceptSample1/ExceptSample1.cpp] 예외 상황 발생

```
01   #include "stdafx.h"
02   #include <iostream>
03   using namespace std;
04
05   int _tmain(int argc, _TCHAR* argv[])
06   {
07     int a = 100, b;
08     cout << "Input number: ";
09     cin >> b;
10
11     // 사용자가 입력한 수로 100을 나누고 출력한다.
12     cout << a / b << endl;
13
14     return 0;
15   }
```

```
Input number: 21
4
```

만일 어떤 숫자를 0으로 나눈다면 심각한 오류가 발생하고 프로그램은 비정상적인 실행으로 인해
종료될 것입니다. 무엇보다 지금의 코드 예처럼 사용자가 입력한 값을 검사하지 않은 채 나누기 연
산에 활용한다면 사용자가 어떤 값을 입력하든 프로그램은 심각한 오류를 일으킵니다. 그러므로 다
음 ExceptSample2.cpp 예제처럼 반드시 사용자 입력을 검증하고 처리할 수 없는 상황에 대응해
야 합니다.

[10/ExceptSample2/ExceptSample2.cpp] if문을 사용한 예외 처리

```
05   int _tmain(int argc, _TCHAR* argv[])
06   {
07     int a = 100, b;
08     cout << "Input number: ";
09     cin >> b;
10
11     if(b > 0)
12       cout << a / b << endl;
13
14     else
15       cout << "ERROR: 0으로 나눌 수 없습니다." << endl;
16
17     return 0;
18   }
```

실행결과 1

```
Input number: 21
4
```

```
Input number: 0
ERROR: 0으로 나눌 수 없습니다.
```

아마도 많은 분이 지금 본 코드처럼 예외 상황을 처리할 것입니다. 이런 처리가 잘못된 것은 아니지만 아쉬운 점이 있습니다. 만일 if-else문으로 세 가지 연산에 예외 처리 코드를 작성한다면 어떻게 될까요?

```
if(첫 번째 조건식)
   알맞은 처리;

else
   예외 처리 코드1;

if(두 번째 조건식)
   알맞은 처리;

else
   예외 처리 코드2;

if(세 번째 조건식)
   알맞은 처리;

else
   예외 처리 코드3;
```

예외 처리 코드가 세 번 등장하는데 **모두 따로 떨어져 존재**합니다. 그리고 정상적인 작동과 그렇지 않은 경우에 대응하는 코드가 뒤섞여서 코드가 복잡해 보일 수 있습니다. 하지만 ExceptSample3. cpp 예제처럼 구조화된 예외 처리를 적용하면 예외 처리 코드를 한데 묶어 '구조적으로' 간결한(코드가 짧아지는 것은 아닙니다) 코드를 만들 수 있습니다.

[10/ExceptSample3/ExceptSample3.cpp] try/catch문과 if문을 함께 사용한 예외 처리

```
05  int _tmain(int argc, _TCHAR* argv[])
06  {
```

```
07    int a = 100, b;
08    cout << "Input number: ";
09    cin >> b;
10
11    try
12    {
13      // 예외를 검사하고 '던진다'.
14      if(b == 0)
15        throw b; ◄- - - - - - - - - - - - - ┐
16                                            ¦
17      else                                  ¦
18        cout << a / b << endl;              ¦
19    }                                       ¦
20                                            ¦
21    catch(int nExp) - - - - - - - - - - - - ┘
22    {
23      // 예외를 받아 처리한다.
24      cout << "ERROR: " << nExp <<"으로 나눌 수 없습니다." << endl;
25    }
26
27    return 0;
28  }
```

실행결과 1

```
Input number: 21
4
```

실행결과 2

```
Input number: 0
ERROR: 0으로 나눌 수 없습니다.
```

실행결과 3

```
Input number: -1
-100
```

시도하려는 정상적인 연산은 18번 행 한 줄입니다. 이를 위해 14번 행에서 사용자가 입력한 값을 검증했습니다. 그리고 허용할 수 없는 값인 0이라면 15번 행에서 예외를 던지고 이를 21번 행에서 받습니다(catch).

21~25번 행은 catch문 블록이며 try문 블록 내부에서 실행한 각종 연산들의 예외 상황 코드가 집결됩니다. 만일 예외 처리할 경우가 여러 가지라면 catch문 블록 내부에서 다시 switch-case문이나 다중 if문을 이용해 상황을 분류하고 각각에 맞게 코드를 구성해야 합니다. 아니면 catch문 블록을 다중화하는 방법도 있습니다. 아무튼 이러면 코드가 길어지지만 구조는 오히려 더 간결해집니다. 무엇보다 실수를 근본적으로 줄일 수 있습니다.

혹시 "그런데 if문 하나로 끝날 코드를 모두 구조화된 예외 처리로 바꿔야 하나요"라고 묻는다면 "꼭 그렇지는 않다"라고 답하고 싶습니다. 구조화된 예외 처리는 어디까지나 선택입니다. 본인의 상황에 맞는 것을 선택하면 되므로 if-else문을 사용한 예외 처리는 몽땅 없애야 할 잘못된 코드라고 생각할 필요는 없습니다.

10.1.2 catch 다중화

try-catch문에서 catch문은 여러 개로 구현할 수 있는데 이를 'catch 다중화'라고 합니다. throw문으로 예외를 던질 때 값의 자료형이 int인 경우과 char인 경우를 각각 다른 catch문으로 만들 수 있습니다. 이렇게 하면 switch-case문이나 다중 if문에 의한 분류만으로 예외를 처리하지 않아도 되므로 편리합니다.

Multicatch.cpp 예제는 **int 자료형과 char 자료형에 대한 catch 다중화**를 보여주는 것입니다. 그리고 또 한 가지 중요 특징은 예외가 발생하는 지점은 사용자 정의 함수인데 이 함수를 호출한 _tmain() 함수에서 예외를 처리하도록 했다는 점입니다.

[10/Multicatch/Multicatch.cpp] int와 char 자료형의 catch 다중화

```
01  #include "stdafx.h"
02  #include <iostream>
03  using namespace std;
04
05  void ExceptTest1()
06  {
07    int nInput;
```

```
08    cout << "1~10 양의 정수를 입력하세요.: ";
09    cin >> nInput;
10
11    // 범위를 벗어난 숫자면 예외를 던진다.
12    if(nInput < 1 || nInput > 10)
13      throw nInput;
14  }
15
16  void ExceptTest2()
17  {
18    char ch;
19    cout << "Menu: [A]dd\t[D]elete\t[E]xit\n:";
20    cin >> ch;
21
22    // 없는 메뉴를 선택하면 예외를 던진다.
23    if(ch != 'A' && ch != 'D' && ch != 'E')
24      throw ch;
25  }
26
27  int _tmain(int argc, _TCHAR* argv[])
28  {
29    cout << "*****Begin*****" << endl;
30    try
31    {
32      // 정상적인 흐름이 한 블록 안에 모두 보인다.
33      ExceptTest1();
34      ExceptTest2();
35    }
36
37    // 예외 상황은 별도로 분류하고 상황에 따라 구별해서 볼 수 있다.
38    catch(int nExp)
39    {
40      cout << "ERROR:" << nExp << "은(는) 범위를 벗어난 숫자입니다." << endl;
41    }
42
43    catch(char ch)
44    {
45      cout << "ERROR: " << ch << " 알 수 없는 메뉴입니다." << endl;
46    }
```

```
47
48      cout ≪ "*****End*****" ≪ endl;
49
50      return 0;
51  }
```

```
*****Begin*****
1~10 양의 정수를 입력하세요.: 1
Menu: [A]dd      [D]elete          [E]xit
:E
*****End*****
```

```
*****Begin*****
1~10 양의 정수를 입력하세요.: 0
ERROR:0은(는) 범위를 벗어난 숫자입니다.
*****End*****
```

```
*****Begin*****
1~10 양의 정수를 입력하세요.: 1
Menu: [A]dd      [D]elete          [E]xit
:e
ERROR: e 알 수 없는 메뉴입니다.
*****End*****
```

예제를 실행하고 0을 입력하면 13번 행 throw문에 의해 프로그램의 흐름이 _tmain() 함수 영역인 38번 행으로 넘어갑니다. 이 경우 ExceptTest1() 함수가 반환됐음은 물론이고 반환값이 무엇인지 비교라도 한 것처럼 적절한 경우(catch)가 선택됩니다. 이러한 예외 처리 흐름을 그림으로 표현하면 다음과 같습니다.

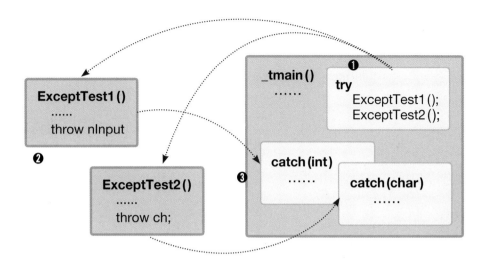

24번 행의 **throw ch;**가 실행된다면 43번 행의 **catch(char ch)**로 흐름이 이동됩니다. 그리고 int 자료형의 예외를 던지는 함수나 코드들은 모두 38번 행으로 이동할 것이므로 **catch(int nExp)** 블록 내부에서 다시 switch-case문이나 다중 if문으로 상황을 분류해야 합니다.

만일 구조화된 예외 처리를 하지 않았다면 다음과 같은 코드를 만들었을 것입니다.

```
27  int _tmain(int argc, _TCHAR* argv[])
28  {
29    cout << "*****Begin*****" << endl;
30
31    if(ExceptTest1() == -1) {
32      cout << "ERROR:" << nExp << "은(는) 범위를 벗어난 숫자입니다." << endl;
33    }
34
35    if(ExceptTest2() == -1) {
36      cout << "ERROR: " << ch << " 알 수 없는 메뉴입니다." << endl;
37    }
38
39    cout << "*****End*****" << endl;
40
41    return 0;
42  }
```

위 코드가 크게 잘못된 것은 결코 아니지만 깔끔한 코드가 아니라는 점은 다시 강조하고 싶습니다.
특히 문제 오류를 해결하는 과정에서 C++나 컴파일러가 제공하는 편의를 누릴 수가 없습니다.

그리고 다음 코드는 Multicatch.cpp 예제에서 try문 블록 안에 있던 ExceptTest1() 함수 호출
코드를 try문 블록 밖으로 빼낸 경우를 가정한 것입니다.

```
27  int _tmain(int argc, _TCHAR* argv[])
28  {
29     ExceptTest1();
30     try
31     {
32        // 정상적인 흐름이 한 블록 안에 모두 보인다.
33        ExceptTest2();
34     }
......
50  }
```

실행결과

1~10 양의 정수를 입력하세요.: 0

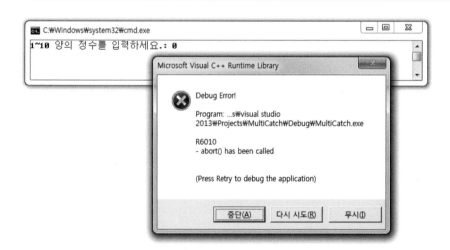

적절한 catch문이 없는 상태에서 ExceptTest1() 함수가 throw문을 실행하면 실행 결과처럼 프
로그램이 비정상 종료됩니다. 만일 이런 문제를 피하기 위해 어떤 형식이든 받아들이는 catch문 블
록을 만들고 싶다면 다음 코드와 같은 형식을 취하면 됩니다.

```
    try
    {
    }

    catch(...)
    {
    }
```

catch(...)는 마치 **switch-case문의 default 키워드**와 같은 역할을 한다고 볼 수 있습니다. catch문을 다중화한다면 **catch(...)**를 정의하는 것도 생각해볼 문제입니다.

그리고 catch문 블록 내부에서 다시 예외를 던지는 것도 가능합니다.

```
    try
    {
    }
    catch(...) {
      try
      {
      }
      catch(...)
      {
      }
    }
```

예외를 다루는 과정에서 또 다시 예외가 발생하는 경우를 대비하는 구조입니다. 이렇게까지 해야 하나 싶지만 의외로 이런 중첩된 예외 처리 코드는 사용할 일이 자주 생기는 편이니 "이런 것이 가능하구나"라는 정도는 기억해두기 바랍니다.

10.1.3 예외 클래스

catch문 블록을 구현할 때 형식에 따라 다중화가 가능하다는 사실을 배웠는데 이 '형식'에 사용자 정의 클래스도 포함됩니다. 즉, **catch(CMyException &exp)** 같은 코드를 사용할 수 있다는 말입니다. int나 char 자료형 값 하나로 예외 상황과 관련된 다양한 경우를 정의할 수는 있지만 구체적인 메시지라든가 추가적인 정보를 한 번에 담아낼 수는 없기 때문입니다.

ExceptClass.cpp 예제는 사용자 정의 클래스를 예외 클래스로 만들어 사용하는 방법을 보여주는 예제로, 예외 클래스 내부에 int 멤버와 구체적인 이유를 담기 위한 메시지 저장용 char 배열 멤버가 담겨있습니다.

```cpp
[10/ExceptClass/ExceptClass.cpp] 예외 클래스 사용

01  #include "stdafx.h"
02  #include <iostream>
03  using namespace std;
04
05  class CMyException
06  {
07  public:
08    // 예외 코드와 메시지를 입력받는다.
09    CMyException(int nCode, const char *pszMsg)
10    {
11      m_nErrorCode = nCode;
12      strcpy_s(m_szMsg, sizeof(m_szMsg), pszMsg);
13    }
14
15    int GetErrorCode() const { return m_nErrorCode; }
16    const char* GetMessage() const { return m_szMsg; }
17
18  private:
19    int m_nErrorCode;
20    char m_szMsg[128];
21  };
22
23  int _tmain(int argc, _TCHAR* argv[])
24  {
25    try
26    {
27      int nInput = 0;
28      cout << "양의 정수를 입력하세요.: ";
29      cin >> nInput;
30
31      if(nInput < 0)
32      {
33        CMyException exp(10, "양의 정수를 입력해야 합니다.");
```

```
34          throw exp;
35      }
36   }
37
38   catch(CMyException &exp)
39   {
40     cout << "ERROR CODE [" << exp.GetErrorCode() << "] "
41     << exp.GetMessage() << endl;
42   }
43
44   return 0;
45 }
```

실행결과

```
양의 정수를 입력하세요.: -1
ERROR CODE [10] 양의 정수를 입력해야 합니다.
```

34번 행에서 CMyException 클래스 인스턴스를 예외로 던지고 38번 행에서 받습니다(catch). 그리고 CMyException 클래스의 GetErrorCode(), GetMessage() 메서드를 차례로 호출해 예외 발생의 원인 정보를 출력합니다. 물론 이 정보들은 모두 33번 행에서 CMyException 클래스의 인스턴스를 선언할 때 작성한 것들입니다.

이와 같이 예외 처리 클래스를 만들어 사용하면 프로그램 내부에 만들어야 하는 모든 예외 정보를 한 클래스에서 만날 수 있습니다. 따라서 각종 오류를 포함한 예외 상황들을 정책적으로 관리하기 용이할 뿐만 아니라 디버깅하기도 훨씬 수월합니다. 특히 여러 사람이 공동 프로젝트를 진행 중인 경우라면 더욱 그렇습니다.

10.2 스택 풀기(Stack unwinding)

함수가 함수를 호출하면 매개변수, 자동 변수, 기타 추가 정보가 모두 스택 메모리에 쌓입니다. 디버거에서 '호출 스택'은 이 정보들을 보여주는 것이며 쌓여 올라간 순서를 보면 함수 호출 관계를 일목요연하게 확인할 수 있습니다. 그리고 함수를 반환하면 스택은 자동으로 줄어들어 함수 호출 전으로 되돌려집니다. 이 때문에 스택을 사용하는 변수를 '자동 변수'라고 부릅니다. 만일 함수 A()가 B()를, 다시 B()가 C()를 호출한다면 함수 C()는 가장 마지막에 호출된 함수가 됩니다. 그런데 이 C() 함수에서 예외가 발생했을 때 이를 A()가 호출되기 전으로 되돌려야 하는 경우가 있습니다. 문제는 **쌓여 올려진 스택이 정상적으로 줄어들도록 하려면 C()를 호출한 B(), A() 함수가 모두 반환되도록 코드를 작성해야 한다는 것입니다.**

그러려면 관련 상황에 맞는 코드들이 모두 A(), B(), C() 함수에 들어있어야 하지만 구조화된 예외 처리를 이용한다면 그 '상황에 맞는 코드들'을 별도로 만들 필요 없이 한 번에 해결할 수 있습니다. ExceptStack.cpp 예제는 이와 같은 예를 보인 것으로 마지막에 호출된 TestFunc1() 함수에서 throw문을 실행한다면 catch문이 존재하는 _tmain() 함수로 흐름이 이동해야 하고 스택도 되돌려져야 합니다.

[10/ExceptStack/ExceptStack.cpp] 스택 풀기

```
01  #include "stdafx.h"
02  #include <iostream>
03  using namespace std;
04
05  void TestFunc1()
06  {
07     // 가장 마지막에 호출된 함수가 예외를 던진다.
08     cout << "***TestFunc1() - Begin***" << endl;
09     // throw 0;
10     cout << "****TestFunc1() - End****" << endl;
11  }
12
13  void TestFunc2()
14  {
15     cout << "***TestFunc2() - Begin***" << endl;
16     TestFunc1();
17     cout << "****TestFunc2() - End****" << endl;
18  }
19
20  void TestFunc3()
21  {
22     cout << "***TestFunc3() - Begin***" << endl;
23     TestFunc2();
```

```
24      cout << "****TestFunc3() - End****" << endl;
25  }
26
27  int _tmain(int argc, _TCHAR* argv[])
28  {
29      try
30      {
31          TestFunc3();
32      }
33
34      catch(...)
35      {
36          // 함수들을 반환하지 않고 스택이 즉시 풀려 흐름이 넘어온다.
37          cout << "Exception handling" << endl;
38      }
39
40      return 0;
41  }
```

실행결과

```
***TestFunc3() - Begin***
***TestFunc2() - Begin***
***TestFunc1() - Begin***
****TestFunc1() - End****
****TestFunc2() - End****
****TestFunc3() - End****
```

9번 행 throw 0;이 주석 처리됐습니다. 그러므로 예외는 발생하지 않을 것이고 프로그램은 예외가 발생하지 않은, 소위 정상적인 처리가 끝난 경우로 생각할 수 있습니다. 이 경우에는 함수가 반환하는 코드가 자연스럽게 보입니다. 하지만 9번 행의 주석을 해제한 후 실행한다면 결과는 다음과 같이 달라집니다.

```
***TestFunc3() - Begin***
***TestFunc2() - Begin***
***TestFunc1() - Begin***
Exception handling
```

함수를 호출함으로써 보이는 결과들은 눈에 띄지만 반환과 관련된 결과는 보이지 않고 37번 행 코드가 곧바로 실행됐습니다. 하지만 스택 메모리는 TestFunc1() 함수를 호출하기 전 상태로 '정상적으로' 되돌아옵니다. 다음 그림과 같습니다.

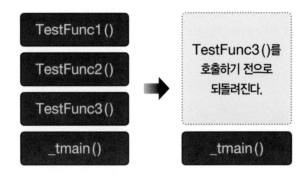

예외 처리를 잘 해줄수록 프로그램의 완성도는 높아집니다. 하지만 예외 처리를 위한 if문이 너무 많아지면 구조가 복잡해지는 문제가 생깁니다. 특히 '스택 풀기'라는 문제를 해결하려면 훨씬 더 복잡해지므로 지금과 같은 구조적 예외 처리를 기억해두었다가 이용하면 스택은 자동으로 풀릴 뿐 아니라 코드도 간결해집니다.

10.3 메모리 예외 처리

너무 큰 메모리를 할당하려고 하면 오류가 발생합니다. 이때 메모리를 할당해주는 함수나 연산자는 NULL을 반환합니다. 그래서 보통 반환값이 NULL인지 비교하는 방식으로 메모리 할당에 관한 예외 처리를 시도합니다. 하지만 구조화된 예외 처리를 이용하면 더 좋습니다.

[10/ExceptAlloc/ExceptAlloc.cpp] 구조화된 메모리 예외 처리

```cpp
01  #include "stdafx.h"
02  #include <new>  // bad_alloc 클래스를 사용하기 위한 헤더
03  #include <iostream>
04  using namespace std;
05
06  class CTest
07  {
08  public:
09    CTest(int nSize)
10    {
11      // 메모리 할당에 실패하면 예외를 던진다!
12      m_pszData = new char[nSize];
13    }
14
15    ~CTest()
16    {
17      delete[] m_pszData;
18      cout << "정상적으로 객체가 소멸함" << endl;
19    }
20
21  private:
22    char *m_pszData;
23  };
24
25  int _tmain(int argc, _TCHAR* argv[])
26  {
27    try
28    {
29      int nSize;
30      cout << "Input size: ";
```

```
31
32        // 사용자가 입력한 값을 검증 없이 그대로 사용해 객체를 생성
33        cin >> nSize;
34        CTest a(nSize);
35    }
36
37    catch(bad_alloc &exp)
38    {
39        // 시스템이 밝힌 원인을 출력한다.
40        cout << exp.what() << endl;
41        cout << "ERROR: CTest()" << endl;
42    }
43
44    return 0;
45 }
```

실행결과

```
Input size: 100
정상적으로 객체가 소멸함
```

12번 행을 보면 CTest 클래스의 생성자 내부에서 메모리를 동적 할당하고 있음을 알 수 있습니다. 그런데 매우 심각한 문제가 있습니다. 생성자 함수는 반환 형식이 아예 없으므로 인스턴스를 선언하는 쪽에서 오류를 확인하기가 어렵다는 점입니다. 물론 내부에 다른 메서드를 만들어 넣고 값을 확인하고 접근하는 코드를 만든다면 좋겠지만 접근할 때마다 일일이 오류를 확인해야 한다면 사용자 코드는 쓸데없이 복잡해질 것입니다.

이런 경우에는 예제의 12번 행과 같이 정상적인 흐름을 처리하는 코드를 try문 블록에 위치시키고 **catch(bad_alloc &exp)**를 통해 오류를 잡아내도록 하면 메모리 생성에 실패할 경우 자연스럽게 catch문 블록으로 코드의 흐름이 넘어옵니다.

예제를 실행하고 −1을 입력하면 4GB 용량의 메모리를 할당하려 하는데, 이는 int 자료형 값인 −1을 unsigned int로 해석하면 32비트로 표현할 수 있는 가장 큰 수가 되기 때문입니다. 아무튼 할당할 수 없는 크기의 메모리를 할당하려 시도한다면 다음 그림과 같은 오류 메시지가 나타납니다.

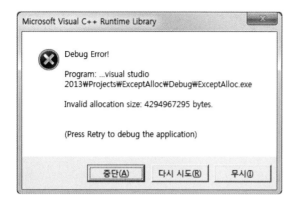

여기서 〈무시〉를 클릭하면 프로그램의 흐름은 자연스럽게 catch문 블록으로 넘어가 이어집니다.

실행결과

```
Input size: -1
bad allocation
ERROR: CTest()
```

bad_alloc 클래스는 exception 클래스의 파생 클래스이며, what() 메서드를 호출하면 예외가 발생한 이유를 확인할 수 있습니다. 이때 출력되는 메시지는 운영체제가 알려주는 것입니다.

1. Stack unwinding에 대해서 설명하세요.

2. bad_alloc에 대해서 설명하세요.

객체지향 주소록

이번 장은 어떤 의미에서 1~10장을 얼마만큼 이해했는지 확인하는 '마지막 평가 시험' 같은 장입니다. 왜냐하면 기존에 C로 작성된 프로그램을 C++ 기반 프로그램으로 변경해야 하기 때문입니다. 함께 고민해서 생각해볼 수도 있겠지만 이는 실력 향상에 그다지 바람직한 선택이 아니라는 것을 그간의 강의에서 확인한 바 있습니다.

따라서 11장은 꼭 필요한 코드를 제시한 후 여러분이 변경해야 할 코드의 기본적인 구조만 필자가 알려주고 여러분이 직접 고민해서 문제를 해결하는 식으로 구성했습니다. 최대한 여러분의 힘으로 이번 장을 해결할 수 있기를 바랍니다. 그래도 어렵다면 이번 장의 동영상 강의를 꼭 들어보세요. 이해하는 데 많은 도움이 될 것입니다.

또한 이번 장의 핵심은 몇몇 알려진 설계 기법을 코드에 적용해 보면서 일부 '디자인 패턴'을 경험해보는 것입니다. 이 역시 코드를 복잡하게 만드는 부분이지만 반드시 이해하고 넘어가야 합니다. 진정한 객체지향 프로그래머가 되기 위해서 말이죠.

마지막으로 반드시 실습을 해야 하는 것은 물론이고 할 수만 있다면 함께 공부하는 다른 사람들의 코드와 자신이 만든 코드를 비교해보기 바랍니다.

이 장의 핵심 개념

11장은 훈련의 개념입니다. 여러분은 C와 지금까지 배운 C++의 개념을 최대한 활용해야 합니다. 훈련의 목적은 여러분이 확실하게 객체지향 프로그래밍을 할 수 있도록 만드는 것입니다. 다소 어렵더라도 직접 해결할 수 있는 힘을 키우기 바랍니다!

이 장의 학습 흐름

여기에서는 C 기반의 주소록을 C++ 기반의 주소록으로 바꿔봅니다.

11장

C 기반의 코드를 살펴보고 구조를 이해합니다.

필요한 클래스와 메서드를 설계하고 절차지향 구조의 함수를
각 클래스에 나눠봅니다.

포인터와 다른 조강지처! 참조자를 배웁니다.

왜 C++를 배워야 하는지 알게 됩니다.

11.1 C 주소록 예제

지금부터 살펴볼 예제는 전형적인 단일 연결 리스트 기반의 주소록 프로그램입니다. 리스트를 이루는 각 요소는 USERDATA 구조체에 안에 구현했으며 여러 전역 함수들로 프로그램 기능이 만들어집니다. 그런데 프로그램을 분석해보면 다음 두 종류의 함수로 나누어진다는 것을 알 수 있습니다.

- 리스트를 직접 다루는 함수
- 화면 및 사용자 인터페이스 함수

그리고 이 함수들은 모두 USERDATA 구조체를 중심으로 한 데 묶입니다. 어떤 함수는 정보를 추가하고 또 어떤 함수는 정보를 읽어서 출력합니다.

자, 이제 여러분에게 과제를 내겠습니다. 다음 소개하는 C 예제를 만들고 빌드한 후 실행합니다. 예제를 만들 때는 다음 사항들을 충분히 생각해서 작성해야 합니다. 좀 더 실력을 향상시키고 싶은 분이라면 다음 사항들이 구현되었는지 확인하면서 이 책을 참고하지 말고 코드를 직접 작성해보는 것도 좋습니다.

- 예제를 만들 때는 반드시 소스 코드의 확장명을 .c로 저장합니다.
- 연결 리스트를 직접 다루는 함수를 구별하고 리스트가 있는지 확인합니다.
- 화면 출력, 사용자 인터페이스 등을 담당하는 함수 리스트가 있는지 확인합니다.
- 주소 추가, 주소 검색, 모든 주소 출력, 주소 제거, 종료라는 프로그램의 모든 기능을 한 번씩 다 실행해보고 결과를 확인합니다.

[11/AddressBook/AddressBook.c] C 기반의 주소록

```
001  #include <stdio.h>
002  #include <conio.h>
003  #include <stdlib.h>
004  #include <string.h>
005
006  //////////////////////////////////////////////////////////
007  // 주소록이 저장될 데이터 파일
008  #define DATA_FILE_NAME "Address.dat"
009
010  //////////////////////////////////////////////////////////
011  void ReleaseList();
```

```
012
013  ///////////////////////////////////////////////////////////////
014  typedef struct _USERDATA
015  {
016    char szName[32];    // 이름
017    char szPhone[32];   // 전화번호
018
019    struct _USERDATA *pNext;
020  } USERDATA;
021
022  // 더미 헤드 노드 선언 및 정의
023  USERDATA g_Head = {0};
024
025  ///////////////////////////////////////////////////////////////
026  // 리스트에서 이름으로 특정 노드를 검색하는 함수
027  USERDATA *FindNode(char *pszName)
028  {
029    USERDATA *pTmp = g_Head.pNext;
030    while(pTmp != NULL) {
031      if(strcmp(pTmp->szName, pszName) == 0)
032        return pTmp;
033
034      // 다음 노드로 이동
035      pTmp = pTmp->pNext;
036    }
037
038    // 일치하는 데이터를 찾지 못한 경우
039    return NULL;
040  }
041
042  ///////////////////////////////////////////////////////////////
043  int AddNewNode(char *pszName, char *pszPhone)
044  {
045    USERDATA *pNewUser = NULL;
046
047    // 같은 이름이 이미 존재하는지 확인한다.
048    if(FindNode(pszName) != NULL)
049      return 0;
050
```

```
051    // 메모리를 확보한다.
052    pNewUser = (USERDATA*)malloc(sizeof(USERDATA));
053    memset(pNewUser, 0, sizeof(USERDATA));
054
055    // 메모리에 값을 저장한다.
056    sprintf_s(pNewUser->szName, sizeof(pNewUser->szName), "%s", pszName);
057    sprintf_s(pNewUser->szPhone, sizeof(pNewUser->szPhone), "%s", pszPhone);
058    pNewUser->pNext = NULL;
059
060    // 더미 노드 바로 뒤에 붙인다. 따라서 가장 최근에
061    // 추가한 데이터가 가장 앞쪽에 온다.
062    pNewUser->pNext = g_Head.pNext;
063    g_Head.pNext = pNewUser;
064
065    return 1;
066  }
067
068  ///////////////////////////////////////////////////////////////////
069  // 이름을 입력받아 리스트에 추가하는 함수
070  void Add()
071  {
072    char szName[32] = {0};
073    char szPhone[32] = {0};
074
075    printf("Input name : ");
076    fflush(stdin);
077    gets_s(szName, sizeof(szName));
078
079    printf("Input phone number : ");
080    fflush(stdin);
081    gets_s(szPhone, sizeof(szPhone));
082
083    // 실제로 리스트에 추가한다.
084    AddNewNode(szName, szPhone);
085  }
086
087  ///////////////////////////////////////////////////////////////////
088  // 특정 노드를 검색하는 함수
089  void Search()
```

```
090  {
091    char szName[32] = {0};
092    USERDATA *pNode = NULL;
093
094    printf("Input name : ");
095    fflush(stdin);
096    gets_s(szName, sizeof(szName));
097
098    pNode = FindNode(szName);
099    if(pNode != NULL) {
100      printf("[%p] %s\t%s [%p]\n",
101        pNode,
102        pNode->szName, pNode->szPhone,
103        pNode->pNext);
104    }
105
106    else {
107      puts("ERROR: 데이터를 찾을 수 없습니다.");
108    }
109
110    _getch();
111  }
112
113  ////////////////////////////////////////////////////////////////
114  // 리스트에 들어있는 모든 데이터를 화면에 출력하는 함수
115  void PrintAll()
116  {
117    USERDATA *pTmp = g_Head.pNext;
118    while(pTmp != NULL) {
119      printf("[%p] %s\t%s [%p]\n",
120        pTmp,
121        pTmp->szName, pTmp->szPhone,
122        pTmp->pNext);
123
124      pTmp = pTmp->pNext;
125    }
126
127    _getch();
128  }
```

```
129
130  /////////////////////////////////////////////////////////////////////
131  // 특정 노드를 검색하고 삭제하는 함수
132  int RemoveNode(char *pszName)
133  {
134    USERDATA *pPrevNode = &g_Head;
135    USERDATA *pDelete = NULL;
136
137    while(pPrevNode->pNext != NULL) {
138      pDelete = pPrevNode->pNext;
139
140      if(strcmp(pDelete->szName, pszName) == 0) {
141        pPrevNode->pNext = pDelete->pNext;
142        free(pDelete);
143
144        return 1;
145      }
146
147      pPrevNode = pPrevNode->pNext;
148    }
149
150    return 0;
151  }
152
153  /////////////////////////////////////////////////////////////////////
154  // 이름을 입력받아 자료를 검색하고 삭제하는 함수
155  void Remove()
156  {
157    char szName[32] = {0};
158
159    printf("Input name : ");
160    fflush(stdin);
161    gets_s(szName, sizeof(szName));
162
163    RemoveNode(szName);
164  }
165
166  /////////////////////////////////////////////////////////////////////
167  // 메뉴를 출력하는 UI 함수
```

```
168   int PrintUI()
169   {
170     int nInput = 0;
171
172     system("cls");
173     printf("[1] Add\t [2] Search\t [3] Print all\t [4] Remove\t [0] Exit\n:");
174
175     // 사용자가 선택한 메뉴의 값을 반환한다.
176     scanf_s("%d", &nInput);
177
178     return nInput;
179   }
180
181   ///////////////////////////////////////////////////////////////////
182   // 데이터 파일에서 노드들을 읽어와 리스트를 완성하는 함수
183   int LoadList(char *pszFileName)
184   {
185     FILE *fp = NULL;
186     USERDATA user = {0};
187
188     fopen_s(&fp, pszFileName, "rb");
189
190     if(fp == NULL)
191       return 0;
192
193     ReleaseList();
194
195     while(fread(&user, sizeof(USERDATA), 1, fp))
196       AddNewNode(user.szName, user.szPhone);
197
198     fclose(fp);
199
200     return 0;
201   }
202
203   ///////////////////////////////////////////////////////////////////
204   // 리스트 형태로 존재하는 정보를 파일에 저장하는 함수
205   int SaveList(char *pszFileName)
206   {
```

```
207    FILE *fp = NULL;
208    USERDATA *pTmp = g_Head.pNext;
209
210    fopen_s(&fp, pszFileName, "wb");
211
212    if(fp == NULL) {
213      puts("ERROR: 리스트 파일을 쓰기 모드로 열지 못했습니다.");
214      _getch();
215
216      return 0;
217    }
218
219    while(pTmp != NULL) {
220      if(fwrite(pTmp, sizeof(USERDATA), 1, fp) != 1)
221        printf("ERROR: %s에 대한 정보를 저장하는 데 실패했습니다.\n", pTmp->szName);
222
223      pTmp = pTmp->pNext;
224    }
225
226    fclose(fp);
227
228    return 1;
229  }
230
231  /////////////////////////////////////////////////////////////////////
232  // 리스트의 모든 데이터를 삭제하는 함수
233  void ReleaseList()
234  {
235    USERDATA *pTmp = g_Head.pNext;
236    USERDATA *pDelete = NULL;
237
238    while(pTmp != NULL) {
239      pDelete = pTmp;
240      pTmp = pTmp->pNext;
241
242      free(pDelete);
243    }
244
245    memset(&g_Head, 0, sizeof(USERDATA));
```

```
246  }
247
248  //////////////////////////////////////////////////////////////////
249  void main()
250  {
251    int nMenu = 0;
252    LoadList(DATA_FILE_NAME);
253
254    // 메인 이벤트 반복문
255    while((nMenu = PrintUI()) != 0) {
256      switch(nMenu) {
257      case 1:  // Add
258        Add();
259        break;
260
261      case 2:  // Search
262        Search();
263        break;
264
265      case 3:  // Print all
266        PrintAll();
267        break;
268
269      case 4:  // Remove
270        Remove();
271        break;
272      }
273    }
274
275    // 종료 전에 파일로 저장하고 메모리를 해제한다.
276    SaveList(DATA_FILE_NAME);
277    ReleaseList();
278  }
```

11.2 첫 번째: 기초 수준 객체화

C로 작성된 프로그램을 완성하고 함수 단위로 분석하는 작업이 끝났으므로(AddressBook 예제의 주석 참고) 이번에는 C++로 새로 개발해보겠습니다. 우선 설계는 매우 단순합니다. C로 구현할 때 등장했던 함수들을 세 개의 클래스에 나눠서 넣는 것입니다. 세 개 클래스의 구성과 기능은 다음과 같습니다.

클래스 이름	설명
CUserData	USERDATA 구조체와 동일한 의미를 갖는 클래스
CMyList	CUserData 클래스의 인스턴스를 단일 연결 리스트로 관리하는 클래스
CUserInterface	CMyList 클래스 참조를 멤버로 가지면서 사용자 인터페이스를 구현한 클래스

이번 절에서는 다음 단계에 따라 절차지향 프로그램의 구조를 객체지향 프로그램의 구조로 바꿔보겠습니다.

step 1

AddressBook_OOP라는 새 프로젝트를 생성(프로젝트 이름은 다른 이름으로 정해도 상관없습니다)하고 '실습 과제 1'의 [Step 4]~[Step 6]을 참고해서 CUserData 클래스를 프로젝트에 추가합니다. 그리고 다음에 소개하는 UserData.h 파일에 멤버 데이터와 메서드를 추가한 후 빌드합니다. 이때 다음 사항에 주의합니다.

- 메서드를 추가하더라도 구체적인 내용은 작성하지 않고 컴파일 오류만 발생하지 않도록 합니다.
- 정적 멤버 정의에 주의합니다.
- 정적 int 자료형 변수 nUserDataCounter는 생성된 객체의 개수를 계수하기 위한 것입니다.

이 외에도 목적에 맞는 적절한 코드를 추가합니다.

[11/AddressBook_OOP1/UserData.h] 사용자 데이터를 저장할 CUserData 클래스 선언

```
01  #pragma once
02
03  class CUserData
04  {
05    friend class CMyList;
```

```
06
07  public:
08      CUserData(void);
09      ~CUserData(void);
10
11      const char* GetName(void) const { return szName; }
12      const char* GetPhone(void) const { return szPhone; }
13      const CUserData* GetNext(void) const { return pNext; }
14
15      static int GetUserDataCounter(void) { return nUserDataCounter; }
16
17  protected:
18      char szName[32];    // 이름
19      char szPhone[32];   // 전화번호
20
21      CUserData *pNext;
22
23      static int nUserDataCounter;
24  };
```

[11/AddressBook_OOP1/UserData.cpp] 사용자 데이터를 저장할 CUserData 클래스 정의

```
01  #include "stdafx.h"
02  #include "UserData.h"
03
04
05  CUserData::CUserData()
06  {
07  }
08
09
10  CUserData::~CUserData()
11  {
12  }
```

⚠ 정답은 11.2.1 [Step 6]에서 확인합니다.

프로젝트에 CMyList 클래스를 추가하고 다음 코드처럼 멤버 데이터와 메서드를 추가한 후 빌드합니다. 단, 메서드 내용(정의)은 작성하지 않습니다.

[11/AddressBook_OOP1/MyList.h] 주소록 리스트를 관리하는 CMyList 클래스 선언

```
01  #pragma once
02
03  #include "UserData.h"
04
05  class CMyList
06  {
07  public:
08    CMyList(void);
09    ~CMyList(void);
10
11  protected:
12    void ReleaseList(void);
13    CUserData m_Head;
14
15  public:
16    CUserData* FindNode(const char* pszName);
17    int AddNewNode(const char* pszName, const char* pszPhone);
18
19    void PrintAll(void);
20
21    int RemoveNode(const char* pszName);
22  };
```

[11/AddressBook_OOP1/MyList.cpp] 주소록 리스트를 관리하는 CMyList 클래스 정의

```
01  #include "stdafx.h"
02  #include "MyList.h"
03
04  CMyList::CMyList() {  }
05
06
```

```
07  CMyList::~CMyList() {  }
08
09
10  void CMyList::PrintAll(void) {  }
11
12
```

⚠ 정답은 11.2.1 [Step 7]에서 확인합니다.

step 3

프로젝트에 CUserInterface 클래스를 추가하고 다음에 소개하는 UserInterface.h와 UserInterface.cpp 파일을 참고해 멤버 데이터와 메서드를 추가한 후 빌드합니다. 앞에서와 마찬가지로 메서드 내용(정의) 은 작성하지 않습니다.

[11/AddressBook_OOP1/UserInterface.h] 사용자 인터페이스를 관리하는 CUserInterface 클래스 선언

```
01  #pragma once
02
03  class CMyList;
04
05  class CUserInterface
06  {
07  public:
08    CUserInterface(CMyList &rList);
09    ~CUserInterface(void);
10    void Add(void);
11
12  protected:
13    CMyList &m_List;
14
15  public:
16    void Search(void);
17
18    void Remove(void);
19
20    int PrintUI(void);
```

```
21
22    int Run(void);
23  };
```

[11/AddressBook_OOP1/UserInterface.cpp] 사용자 인터페이스를 관리하는 CUserInterface 클래스 정의

```
01  #include "stdafx.h"
02  #include "UserInterface.h"
03
04
05  CUserInterface::CUserInterface()
06  {
07  }
08
09
10  CUserInterface::~CUserInterface()
11  {
12  }
```

⚠ 정답은 11.2.1 [Step 8]에서 확인합니다.

step 4

AddressBook_OOP.cpp에서 다음과 같이 프로젝트의 _tmain() 함수를 작성하고 프로젝트를 빌드합니다. 만일 컴파일 오류가 발생하면 모든 오류를 수정하고 다음 단계를 진행합니다.

[11/AddressBook_OOP1/AddressBook_OOP.cpp] 실행 부분 구현

```
01  #include "stdafx.h"
02  #include "UserInterface.h"
03  #include "MyList.h"
04
05  int _tmain(int argc, _TCHAR* argv[])
06  {
07    CMyList DB;
```

```
08    CUserInterface UI(DB);
09    UI.Run();
10
11    return 0;
12  }
```

step 5

CUserInterface 클래스의 Run 메서드 안에 C로 작성한 원본의 main() 함수에 보이는 이벤트 반복문 코드를 추가합니다. 빌드한 후 실행하고 결과를 확인합니다.

[11/AddressBook_OOP1/UserInterface.cpp] 이벤트 반복문 코드 추가

```
01  int CUserInterface::Run(void)
02  {
03    int nMenu = 0;
04
05    // 메인 이벤트 반복문
06    while((nMenu = PrintUI()) != 0)
07    {
08      switch(nMenu)
09      {
10      case 1:  // Add
11        Add();
12        break;
13
14      case 2:  // Search
15        Search();
16        break;
17
18      case 3:  // Print all
19        PrintAll();
20        break;
21
22      case 4:  // Remove
23        Remove();
24        break;
```

```
25        }
26     }
27
28     return nMenu;
29  }
```

이제 [Step 6]~[Step 8]을 설명할 차례입니다. 두 가지 구현 방법이 있습니다. 첫 번째는 클래스별로 메서드들을 모두 완성해가는 방식이고 두 번째는 프로그램의 기능별로 구현하는 것입니다. 둘 중어느 것을 선택해도 상관없지만 구현 방법은 전혀 다르므로 가능하다면 두 가지 방법을 모두 경험해보는 것이 좋습니다. 만일 두 가지를 모두 실습해보고 싶다면 [Step 5]까지 만든 프로젝트를 백업한후 진행하기 바랍니다. 권장하는 것은 첫 번째 방법을 먼저 시도해보고 두 번째 방법을 시도해보는것입니다.

11.2.1 첫 번째 방법: 클래스별로 메서드 완성하기

step 6

CUserData 클래스의 메서드들을 모두 정의합니다.

[11/AddressBook_OOP1/UserData.cpp]

```
01  #include "stdafx.h"
02  #include "UserData.h"
03
04  CUserData::CUserData(void)
05  : pNext(NULL)
06  {
07  }
08
09  CUserData::~CUserData(void)
10  {
11  }
```

⚠ 정답은 473페이지에서 확인합니다.

이번에는 CMyList 클래스의 메서드들을 모두 정의합니다. 단, CMyList 클래스의 생성자와 소멸자에서 AddressBook.c 파일의 주소록을 읽어오는 코드(LoadList())와 변경된 것을 다시 파일로 저장하는 코드 (SaveList())를 실행하도록 만듭니다.

[11/AddressBook_OOP1/MyList.cpp]

```
01  #include "stdafx.h"
02  #include "MyList.h"
03
04  CMyList::CMyList(void)
05  {
06  }
07
08  CMyList::~CMyList(void)
09  {
10  }
11
12  int CMyList::AddNewNode(const char* pszName, const char* pszPhone)
13  {
14  }
15
16  void CMyList::PrintAll(void)
17  {
18  }
19
20  CUserData* CMyList::FindNode(const char* pszName)
21  {
22  }
23
24  int CMyList::RemoveNode(const char* pszName)
25  {
26  }
27
28  void CMyList::ReleaseList(void)
29  {
30  }
```

⚠ 정답은 473페이지에서 확인합니다. 지면 관계상 LoadList()와 SaveList() 부분은 예제 파일을 참고하기 바랍니다.

CUserInterface 클래스의 메서드들을 모두 정의합니다.

[11/AddressBook_OOP1/UserInterface.cpp]

```
01   #include "stdafx.h"
02   #include "UserInterface.h"
03   #include "MyList.h"
04
05   CUserInterface::CUserInterface(CMyList &rList)
06   : m_List(rList)
07   {
08   }
09
10   CUserInterface::~CUserInterface(void)
11   {
12   }
13
14   void CUserInterface::Add(void)
15   {
16   }
17
18   int CUserInterface::PrintUI(void)
19   {
20   }
21
22   void CUserInterface::Search(void)
23   {
24   }
25
26   void CUserInterface::Remove(void)
27   {
28   }
29
30   int CUserInterface::Run(void)
31   {
32   }
```

⚠ 정답은 476페이지에서 확인합니다.

11.2.2 두 번째 방법: 기능별 프로그램 구현하기

step 6

먼저 전체 기능의 기반이 되는 UserData.cpp를 구현합니다.

[11/AddressBook_OOP1/UserData.cpp]

```
01  #include "stdafx.h"
02  #include "UserData.h"
03
04  CUserData::CUserData(void)
05  : pNext(NULL)
06  {
07  }
08
09  CUserData::~CUserData(void)
10  {
11  }
```

그리고 Add, PrintAll 메뉴가 실제로 작동하도록 관련 코드들을 모두 작성하고 실행시킨 후 결과를 확인합니다.

[11/AddressBook_OOP1/MyList.cpp]

```
01  #include "stdafx.h"
02  #include "MyList.h"
03
04  CMyList::CMyList(void)
05  {
06  }
07
08  CMyList::~CMyList(void)
09  {
10  }
11
12  int CMyList::AddNewNode(const char* pszName, const char* pszPhone)
```

```
13 {
14 }
15
16 void CMyList::PrintAll(void)
17 {
18 }
```

[11/AddressBook_OOP1/UserInterface.cpp]

```
01 #include "stdafx.h"
02 #include "UserInterface.h"
03 #include "MyList.h"
04
05 CUserInterface::CUserInterface(CMyList &rList)
06 : m_List(rList)
07 {
08 }
09
10 CUserInterface::~CUserInterface(void)
11 {
12 }
13
14 void CUserInterface::Add(void)
15 {
16 }
17
18 int CUserInterface::PrintUI(void)
19 {
20 }
21
22 int CUserInterface::Run(void)
23 {
24 }
```

⚠ 정답은 473, 476페이지에서 확인합니다.

Search, Remove 메뉴가 실제로 작동하도록 관련 코드들을 모두 작성하고 실행시킨 후 결과를 확인합니다.

[11/AddressBook_OOP1/MyList.cpp]

```
20  CUserData* CMyList::FindNode(const char* pszName)
21  {
22  }
23
24  int CMyList::RemoveNode(const char* pszName)
25  {
26  }
```

[11/AddressBook_OOP1/UserInterface.cpp]

```
26  void CUserInterface::Search(void)
27  {
28  }
29
30  void CUserInterface::Remove(void)
31  {
32  }
```

CMyList 클래스의 생성자와 소멸자에서 AddressBook.c 파일의 주소록을 읽어오는 코드(LoadList())와 변경된 것을 다시 파일로 저장하는 코드(SaveList())를 추가합니다.

[11/AddressBook_OOP1/MyList.cpp]

```
28  void CMyList::ReleaseList(void)
29  {
30  }
```

프로그램을 완성하고 원본 C 버전과 동일하게 작동하는지 확인합니다. 그리고 코드를 백업해두고 다음 절을 살펴봅니다.

11.3 두 번째: 컨테이너 구현

'첫 번째: 기초 수준 객체화'는 클래스 단위로 코드를 나누었다는 사실에 큰 의미가 있습니다. 관리 대상 자료(CUserData)와 관리 구조(CMyList) 그리고 사용자 인터페이스(CUserInterface) 정도로 코드를 분할했습니다. 그런데 한 가지 문제가 있습니다. 다 좋은데 '관리 대상'과 '관리 시스템'이 완전히 분리되지 못했습니다.

다들 '대형 마트'에 가본 경험이 있을 것입니다. 마트에 가면 '카트'가 있습니다. 여기서 '카트'라는 것은 마트가 고객에게 제공하는 '컨테이너'입니다. 마트에서 이것 저것 담아 쇼핑하는 데 도움이 되라고 제공하는 것이죠. 다음 그림과 같습니다.

여기서 컨테이너라는 것은 관리의 방법이나 시스템 일부를 의미합니다. 우리는 다음 그림처럼 관리 대상이 될 데이터와 관리 방법을 반드시 구별해서 말해야 합니다. 카트에 이런 저런 다양한 물건들을 담을 수 있는 것처럼 관리 방법이라는 것도 관리 대상이 무엇이든 상관없어야 합니다.

결과부터 말해 **단순 연결 리스트는 자료를 구조화하는 방법이고 시스템입니다. 그리고 관리 대상인 정보들은 시스템과는 별개여야** 합니다. 그렇다면 이제 한 가지 의문이 생깁니다. CUserData 클래스의 pNext 라는 멤버는 관리 대상 자료일까요? 아니면 관리 시스템의 일부일까요? 의문에 대한 정답은 '**관리 시스템'의 일부**입니다. 따라서 CUserData 클래스에서 관리 대상과 관리 시스템을 따로 분리해야 합니다.

자, 그렇다면 CUserData 클래스 멤버 중에서 관리 대상 정보가 아니라 관리 시스템(자료구조)에 해당하는 멤버는 무엇일까요? 바로 pNext입니다. 그래서 구조를 다음과 같은 관계도처럼 변경해야 합니다.

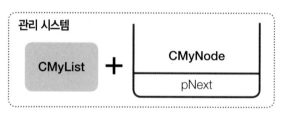

CMyNode는 순수 가상 클래스며 CUserData는 CMyNode의 파생 클래스가 됩니다. 그리고 CMyList 는 CMyNode 클래스를 연결 리스트로 관리합니다. 이렇게 함으로써 단일 연결 리스트는 CMyList, CMyNode로 분리되고 관리 대상 데이터는 CUserData로 분리됩니다. 이렇게 해서 얻을 수 있는 가장 큰 장점은

　　"CMyNode의 파생 클래스라면 그 어떤 것이라도 CMyList에 의해 관리될 수 있다"

는 사실입니다! 즉, CMyNode의 파생 클래스인 CMyMovie 클래스를 만들고 영화 관련 정보를 담는다면 주소록에서 순식간에 영화 관리 프로그램이 될 수 있다는 의미입니다.

그리고 개인적으로 이번 절이 11장에서 가장 중요한 부분이라고 생각합니다. '11.4 세 번째: 반복자 구현'도 중요하지만 컨테이너와 자료를 구별하는 것은 객체지향 프로그래밍 및 설계라는 점에서 매우 중요한 밑거름이 될 것이기 때문입니다. 그럼 단계별 실습을 시작합니다.

step 1

'11.2 첫 번째: 기초 수준 객체화'에서 작성한 AddressBook_OOP 프로젝트를 열고 '실습 과제 1'의 [Step 4]~[Step 6]을 참고하여 CMyNode 클래스를 추가하고 클래스 멤버를 구성합니다. MyNode.h와 MyNode.cpp 파일에 다음과 같이 선언과 정의를 작성합니다.

[11/AddressBook_OOP2/MyNode.h]

```
01  #pragma once
02
03  class CMyNode
04  {
05      friend class CMyList;
06  public:
07      CMyNode(void);
08      virtual ~CMyNode(void);
09
10      CMyNode* GetNext(void) const { return pNext; }
11
12      // 관리를 위해 꼭 필요한 인터페이스 함수들을 순수 가상 함수로 선언
13      virtual const char* GetKey(void) = 0;
14      virtual void PrintNode(void) = 0;
15
16  private:
17      // 연결 리스트 자체를 위한 멤버
18      CMyNode *pNext;
19  };
```

```
01  #include "stdafx.h"
02  #include "MyNode.h"
03
04
05  CMyNode::CMyNode()
06  {
07  }
08
09
10  CMyNode::~CMyNode()
11  {
12  }
```

⚠ 정답은 479페이지에서 확인합니다.

---

step 2

앞에서 만든 CUserData 클래스를 CMyNode 클래스의 파생 클래스가 되도록 수정하고 다음과 같이 선언 내용을 변경합니다. 그리고 GetKey(), PrintNode()라는 가상 함수를 프로그램이 정상적으로 작동할 수 있도록 적절히 정의합니다.

```
01  #pragma once
02  #include "MyNode.h"
03
04  // CMyNode 클래스의 파생 클래스로 변경
05  class CUserData : public CMyNode
06  {
07  public:
08     CUserData(void);
09     CUserData(const char* pszName, const char* pszPhone);
10     ~CUserData(void);
11
12     const char* GetName(void) const { return szName; }
```

```
13    const char* GetPhone(void) const { return szPhone; }
14    static int GetUserDataCounter(void) { return nUserDataCounter; }
15
16  protected:
17    char szName[32];
18    char szPhone[32];
19
20    // pNext 멤버가 사라졌다!
21    static int nUserDataCounter;
22
23  public:
24    // 순수 가상 함수들 정의
25    virtual const char* GetKey(void);
26    virtual void PrintNode(void);
27  };
```

[11/AddressBook_OOP2/UserData.cpp]

```
14  CUserData::CUserData(const char* pszName, const char* pszPhone)
15  {
16  }
......
23  const char* CUserData::GetKey(void)
24  {
25  }
26
27  void CUserData::PrintNode(void)
28  {
29  }
```

⚠ 정답은 479페이지에서 확인합니다.

CMyList 클래스의 선언 부분을 다음 코드처럼 수정합니다. 수정 내용은 CUserData 클래스를 모두 CMyNode로 대체하는 것과 '이름' 대신 '키' 값을 매개변수로 받도록 변경하는 것입니다. 그리고 디폴트 생성자를 제거하고 CMyList(CMyNode *pHead); 생성자만 정의합니다. 생성자가 매개변수로 받는 객체는 더미 헤더로 활용될 노드를 만드는 것입니다.

```
[11/AddressBook_OOP2/MyList.h]

01  #pragma once
02  #include "MyNode.h"
03
04  // 노드 클래스에 대한 알림 선언
05  class CMyNode;
06
07  class CMyList
08  {
09  public:
10    CMyList(CMyNode *pHead);
11    ~CMyList(void);
12
13  protected:
14    void ReleaseList(void);
15    CMyNode *m_pHead;
16
17  public:
18    CMyNode* FindNode(const char* pszKey);
19    int AddNewNode(CMyNode *pNewNode);
20    void PrintAll(void);
21    int RemoveNode(const char* pszKey);
22  };
```

CMyList 클래스의 MyList.cpp 파일에 있는 AddNewNode(), PrintAll() 메서드의 정의를 다음과 같이 수정합니다. 이번에도 핵심은 CUserData를 CMyNode로 대체하는 일입니다.

[11/AddressBook_OOP2/MyList.cpp]

```cpp
15  int CMyList::AddNewNode(CMyNode *pNewNode)
16  {
17    if(FindNode(pNewNode->GetKey()) != NULL)
18    {
19      delete pNewNode;
20
21      return 0;
22    }
23
24    pNewNode->pNext = m_pHead->pNext;
25    m_pHead->pNext = pNewNode;
26
27    return 1;
28  }
29
30  void CMyList::PrintAll(void)
31  {
32    CMyNode *pTmp = m_pHead->pNext;
33
34    while(pTmp != NULL)
35    {
36      pTmp->PrintNode();
37      pTmp = pTmp->pNext;
38    }
39
40    printf("CUserData Counter : %d\n", CUserData::GetUserDataCounter());
41
42    _getch();
43  }
```

step 5

CMyList 클래스의 선언 및 정의에 남아있는 나머지 CUserData 클래스 관련 부분을 모두 CMyNode로 대체합니다. 검색이나 삭제 시 기준이 되는 요소가 이름에서 '키'로 변경됐다는 점을 주의해야 합니다.

```
[11/AddressBook_OOP2/MyList.cpp]

01  #include "stdafx.h"
02  #include "MyList.h"
03
04  CMyList::CMyList(CMyNode *pHead)
05  {
06  }
07
08  CMyList::~CMyList(void)
09  {
10  }
11
12  CMyNode* CMyList::FindNode(const char* pszName)
13  {
14  }
......
20  int CMyList::RemoveNode(const char* pszName)
21  {
22  }
23
24  void CMyList::ReleaseList(void)
25  {
26  }
```

⚠ 정답은 481페이지에서 확인합니다.

step 6

소스 코드를 빌드하고 _tmain() 함수에서 발생하는 오류를 제외한 모든 컴파일 오류를 해결합니다.

_tmain() 함수의 코드를 다음과 같이 변경하고 프로그램을 빌드합니다.

```
[11/AddressBook_OOP2/AddressBook_OOP.cpp]

01  #include "stdafx.h"
02  #include "UserInterface.h"
03  #include "MyList.h"
04  #include "UserData.h"
05
06  int _tmain(int argc, _TCHAR* argv[])
07  {
08      CMyList DB(new CUserData);
09      CUserInterface UI(DB);
10      UI.Run();
11
12      return 0;
13  }
```

step 8

프로그램을 실행하고 모든 기능이 정상적으로 작동하는지 확인한 후 문제점을 찾아 모두 수정합니다.

아마도 많은 오류를 경험하게 될 것입니다. 어쩌면 11.3절의 단계를 수행하는 내내 '힘들다'거나 '모르겠다'라는 말을 입버릇처럼 할지도 모르겠습니다. 위안이 될지 모르겠지만 필자가 강의하면서 만난 대부분의 학생은 이 실습을 한 번에 진행한 경우가 거의 없었습니다. 소수의 몇몇 학생들만이 자신의 힘으로 완료했습니다.

다시 한번 강조합니다. 문제를 해결하기가 너무 어렵다면 11장의 동영상 강의와 필자가 운영하는 '널널한 Windows 개발자 되기(http://cafe.naver.com/windev)'에 글도 올려 적극적으로 도움을 받기 바랍니다. 혹시 여러 사람과 스터디를 진행하고 있다면 다른 사람의 코드를 비교해보는 것도 큰 도움이 됩니다.

11.4 세 번째: 반복자 구현

이번 절은 선택 사항입니다. 그러니까 꼭 해야 하는 것은 아니라는 말입니다. '11.3 두 번째: 컨테이너 구현'을 잘 구현한 사람들만 실습을 진행하고 나머지 분들은 코드를 쭉 훑어보는 것만으로도 충분합니다. 코드를 보고 '반복자'가 무엇인지만 알 수 있어도 목적은 달성했다고 볼 수 있습니다.

'11.3 두 번째: 컨테이너 구현'을 진행하면서 설계상 가장 문제가 되는 부분은 전체 노드의 내용을 화면에 출력하는 부분이었습니다. 왜냐하면 화면 출력은 분명히 사용자 인터페이스에 해당하므로 CUserInterface 클래스에서 담당하는 것이 맞기 때문입니다. 따라서 CMyList의 PrintAll() 메서드는 CUserInterface 클래스로 옮겨져야 합니다.

그런데 이 과정에는 한 가지 심각한 문제가 있습니다. CMyList 클래스의 중요한 멤버 변수인 m_pHead에 접근해야 전체 노드를 화면에 출력할 수 있기 때문입니다. 그렇다고 m_pHead 변수를 CUserInterface 클래스에서 접근하도록 허락했다가는 **CMyList가 아닌 외부 클래스에서 연결 리스트 전체 데이터에 접근해서 훼손될 가능성**이 생깁니다. 이 또한 매우 부적절하므로 나온 대안이 바로 '**반복자**^{Iterator}'입니다.

반복자를 사용하는 구조는 다음 그림과 같습니다.

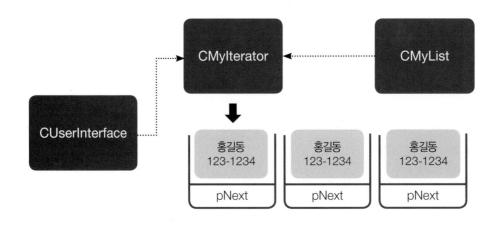

CMyIterator 클래스는 CMyList 클래스가 생성하는 반복자 클래스로 CMyList의 m_pHead 변숫값을 복사해 갖습니다. 그리고 **CUserInterface는 오로지 CMyIterator를 통해서만 CMyList의 전체 노드에 접근**할 수 있고 CMyIterator가 제한하는 수준으로만 모든 접근이 제한됩니다.

이러한 사실을 이해한 후 다음 단계를 살펴보기 바랍니다.

step 1

'11.3 두 번째: 컨테이너 구현'까지 완료한 프로젝트를 열고 '실습 과제 1'의 [Step 4]~[Step 6]을 참고해 CMyIterator 클래스를 추가하고 다음 코드를 참고해 MyIterator.h와 MyIterator.cpp 파일에 선언과 정의를 작성합니다. 생성자/소멸자의 정의는 MyIterator.cpp 파일을 참고합니다.

[11/AddressBook_OOP3/MyIterator.h]

```
01  #pragma once
02  #include "MyNode.h"
03
04  class CMyIterator
05  {
06    friend class CMyList;
07
08  public:
09    CMyIterator(void);
10    ~CMyIterator(void);
11
12    CMyNode* GetCurrent(void) const { return m_pCurrent; }
13    void MoveNext(void)
14    {
15      if(m_pCurrent != NULL)
16        m_pCurrent = m_pCurrent->pNext;
17    }
18
19  private:
20    CMyNode *m_pHead;
21    CMyNode *m_pCurrent;
22  };
```

[11/AddressBook_OOP3/MyIterator.cpp]

```
01  #include "stdafx.h"
02  #include "MyIterator.h"
```

```
03
04  CMyIterator::CMyIterator()
05  {
06  }
07
08  CMyIterator::~CMyIterator()
09  {
10  }
```

⚠ 정답은 483페이지에서 확인합니다.

 step 2

CMyList 클래스에서 PrintAll() 메서드를 제거한 후 다음과 같이 MakeIterator() 메서드를 추가합니다.

[11/AddressBook_OOP3/MyList.h]

```
05  class CMyList
06  {
07  public:
08    CMyList(CMyNode *pHead);
09    ~CMyList(void);
10
11  protected:
12    void ReleaseList(void);
13    CMyNode *m_pHead;
14
15  public:
16    CMyNode* FindNode(const char* pszKey);
17    int AddNewNode(CMyNode *pNewNode);
18
19    // UI 코드. 설계상 바람직하지 않다.
20    // void PrintAll(void);
21    int RemoveNode(const char* pszKey);
22
23    // 열거자를 생성한다.
24    CMyIterator MakeIterator(void);
25
```

```
26    // 데이터가 추가될 때마다 호출되는 가상 함수
27    virtual int OnAddNewNode(CMyNode* pNewNode);
28  };
```

[11/AddressBook_OOP3/MyList.cpp]

```
099  CMyIterator CMyList::MakeIterator(void)
100  {
101  }
102
103  int CMyList::OnAddNewNode(CMyNode* pNewNode)
104  {
105  }
```

⚠ 정답은 484페이지에서 확인합니다.

---

step 3

CUserInterface 클래스에 PrintAll( ) 메서드를 추가하고 다음과 같이 코드를 작성합니다.

[11/AddressBook_OOP3/UserInterface.h]

```
20   void PrintAll(void);
```

[11/AddressBook_OOP3/UserInterface.cpp]

```
005  #include "MyIterator.h"
......
122  void CUserInterface::PrintAll(void)
123  {
124    // 리스트에 대한 열거자를 생성한다.
125    CMyIterator it = m_List.MakeIterator();
126    CUserData *pNode = NULL;
127
128    // 열거자를 이용해 리스트 전체에 접근한다.
```

```
129    while((pNode = static_cast<CUserData*> (it.GetCurrent())) != NULL)
130    {
131      pNode->PrintNode();
132      it.MoveNext();
133    }
134
135    _getch();
136 }
```

⚠ 정답은 487페이지에서 확인합니다.

step 4

CMyList 클래스에서 PrintAll( ) 메서드를 제거했기 때문에 발생한 오류를 포함해 모든 컴파일 오류를 제거하고 AddressBook_OOP.cpp의 내용을 수정해 프로그램을 빌드합니다. 물론 정상으로 동작하는지도 확인합니다.

⚠ 정답은 491페이지에서 확인합니다.

어떤가요? 지금까지 11장 전체를 모두 잘 마쳤나요? 얼마나 많은 분들이 여기까지 도달했을지 궁금합니다. 가능하다면 카페나 메일로 소감이라도 전해주면 고맙겠습니다. 어떤 소감이 전달될지는 모르겠지만 필자의 입장에서도 매우 기쁜 일입니다. 더불어 좋은 의견 주신다면 검토해 반영하도록 노력하겠습니다.

11.5 번외편

끝으로 번외편 실습 과제 두 가지만 더 제안해봅니다. 현재 CUserData 클래스의 이름과 전화번호
는 모두 char 자료형 배열입니다. 그런데 우리가 이 문자열 배열을 대체하려고 '실습 과제 1~13'
을 통해 CMyString 클래스를 이미 만든 바 있습니다. 실습 과제 13을 통해 완성된 MyString.h
와 MyString.cpp 파일을 이번 AddressBook_OOP 프로젝트에 복사하고 추가합니다. 그리고
CUserData 클래스의 UserData.h와 UserData.cpp 파일을 다음과 같이 변경해봅시다. 또한 생
성자도 변경해봅시다.

[11/AddressBook_OOP3/UserData.h]

```
04   class CUserData : public CMyNode
05   {
......
25   protected:
26      CMyString strName;
27      CMyString strPhone;
......
31   public:
32      virtual const char* GetKey(void);
33      virtual void PrintNode(void);
34      CUserData(const char* pszName, const char* pszPhone);
35   };
```

그리고 CMyList 클래스의 MyList.h와 MyList.cpp 파일에 OnAddNewNode() 라는 메서드를
가상 함수로 만들어 추가하고 AddNewNode() 메서드에서 다음과 같이 호출하도록 코드를 수정
해봅시다.

[11/AddressBook_OOP3/MyList.cpp]

```
31   int CMyList::AddNewNode(CMyNode *pNewNode)
32   {
33      if(FindNode(pNewNode->GetKey()) != NULL)
34      {
35         delete pNewNode;
```

```
36
37     return 0;
38   }
39
40     // 미래에 재정의된다면 그 '미래'의 함수를 호출한다!
41     if(OnAddNewNode(pNewNode))
42     {
43       pNewNode->pNext = m_pHead->pNext;
44       m_pHead->pNext = pNewNode;
45
46       return 1;
47     }
48
49     return -1;
50   }
```

그래서 언제일지 모를 미래에 CMyList의 파생 클래스가 OnAddNewNode()를 재정의한다면 그 함수의 반환값으로 지금 우리가 만든 코드가 작동할 수 있도록 길을 열어둡시다. 그리고 지금 당장은 노드를 삭제한 후에 이를 되돌릴 수는 없지만 미래에 이런 기능이 구현될 가능성을 고려해서 OnRemoveNode() 같은 가상 함수를 만드는 것도 고민해봅시다.

[11/AddressBook_OOP1/UserData.cpp]

```
01   #include "stdafx.h"
02   #include "UserData.h"
03
04   int CUserData::nUserDataCounter = 0;
05
06   CUserData::CUserData(void)
07   : pNext(NULL)
08   {
09     memset(szName, 0, sizeof(szName));
10     memset(szPhone, 0, sizeof(szPhone));
11
12     nUserDataCounter++;
13   }
14
15   CUserData::~CUserData(void)
16   {
17     nUserDataCounter—;
18   }
```

[11/AddressBook_OOP1/MyList.cpp]

```
001   #include "stdafx.h"
002   #include "MyList.h"
003
004   CMyList::CMyList(void)
005   {
006     // LoadList() 함수 코드 참고
007   }
008   CMyList::~CMyList(void)
009   {
010     // SaveList() 함수 코드 참고
011     ReleaseList();
012   }
013   int CMyList::AddNewNode(const char* pszName, const char* pszPhone)
014   {
```

```
015    CUserData *pNewUser = NULL;
016
017    if(FindNode(pszName) != NULL)
018      return 0;
019
020    pNewUser = new CUserData;
021    strcpy_s(pNewUser->szName, sizeof(pNewUser->szName), pszName);
022    strcpy_s(pNewUser->szPhone, sizeof(pNewUser->szPhone), pszPhone);
023    pNewUser->pNext = NULL;
024
025    pNewUser->pNext = m_Head.pNext;
026    m_Head.pNext = pNewUser;
027
028    return 1;
029  }
030
031  void CMyList::PrintAll(void)
032  {
033    CUserData *pTmp = m_Head.pNext;
034
035    while(pTmp != NULL)
036    {
037      printf("[%p] %s\t%s [%p]\n",
038        pTmp,
039        pTmp->szName, pTmp->szPhone,
040        pTmp->pNext);
041
042      pTmp = pTmp->pNext;
043    }
044
045    printf("CUserData Counter : %d\n", CUserData::GetUserDataCounter() );
046
047    _getch();
048  }
049
050  CUserData* CMyList::FindNode(const char* pszName)
051  {
052    CUserData *pTmp = m_Head.pNext;
```

```
053
054    while(pTmp != NULL)
055    {
056      if(strcmp(pTmp->szName, pszName) == 0)
057        return pTmp;
058
059      pTmp = pTmp->pNext;
060    }
061
062    return NULL;
063  }
064
065  int CMyList::RemoveNode(const char* pszName)
066  {
067    CUserData *pPrevNode = &m_Head;
068    CUserData *pDelete = NULL;
069
070    while(pPrevNode->pNext != NULL)
071    {
072      pDelete = pPrevNode->pNext;
073
074      if(strcmp(pDelete->szName, pszName) == 0)
075      {
076        pPrevNode->pNext = pDelete->pNext;
077        delete pDelete;
078
079        return 1;
080      }
081
082      pPrevNode = pPrevNode->pNext;
083    }
084
085    return 0;
086  }
087
088  void CMyList::ReleaseList(void)
089  {
090    CUserData *pTmp = m_Head.pNext;
```

```
091    CUserData *pDelete = NULL;
092
093    while(pTmp != NULL)
094    {
095      pDelete = pTmp;
096      pTmp = pTmp->pNext;
097
098      delete pDelete;
099    }
100
101    m_Head.pNext = NULL;
102  }
```

[11/AddressBook_OOP1/UserInterface.cpp]

```
001  #include "stdafx.h"
002  #include "UserInterface.h"
003  #include "MyList.h"
004
005  CUserInterface::CUserInterface(CMyList &rList)
006  : m_List(rList)
007  {
008  }
009
010  CUserInterface::~CUserInterface(void)
011  {
012  }
013
014  void CUserInterface::Add(void)
015  {
016    char szName[32] = {0};
017    char szPhone[32] = {0};
018
019    printf("Input name : ");
020    fflush(stdin);
021    gets_s(szName, sizeof(szName));
022
```

```
023    printf("Input phone number : ");
024    fflush(stdin);
025    gets_s(szPhone, sizeof(szPhone));
026
027    m_List.AddNewNode(szName, szPhone);
028  }
029
030  int CUserInterface::PrintUI(void)
031  {
032    int nInput = 0;
033
034    system("cls");
035    printf("[1]Add\t[2]Search\t[3]Print all\t[4]Remove\t[0]Exit\n:");
036
037    scanf_s("%d", &nInput);
038
039    return nInput;
040  }
041
042  void CUserInterface::Search(void)
043  {
044    char szName[32] = {0};
045    CUserData *pNode = NULL;
046
047    printf("Input name : ");
048    fflush(stdin);
049    gets_s(szName, sizeof(szName));
050
051    pNode = m_List.FindNode(szName);
052
053    if(pNode != NULL)
054    {
055      printf("[%p] %s\t%s [%p]\n",
056        pNode,
057        pNode->GetName(), pNode->GetPhone(),
058        pNode->GetNext());
059    }
060
```

```
061    else
062      puts("ERROR: 데이터를 찾을 수 없습니다.");
063
064    _getch();
065  }
066
067  void CUserInterface::Remove(void)
068  {
069    char szName[32] = {0};
070
071    printf("Input name : ");
072    fflush(stdin);
073    gets_s(szName, sizeof(szName));
074
075    m_List.RemoveNode(szName);
076  }
077
078  int CUserInterface::Run(void)
079  {
080    int nMenu = 0;
081    while((nMenu = PrintUI()) != 0)
082    {
083      switch(nMenu)
084      {
085        case 1:    // Add
086          Add();
087          break;
088
089        case 2:    // Search
090          Search();
091          break;
092
093        case 3:    // Print all
094          m_List.PrintAll();
095          break;
096
097        case 4:    // Remove
098          Remove();
```

```
099        break;
100      }
101    }
102
103    return nMenu;
104  }
```

[11/AddressBook_OOP2/MyNode.cpp]

```
01  #include "stdafx.h"
02  #include "MyNode.h"
03
04  CMyNode::CMyNode(void)
05  : pNext(NULL)
06  {
07  }
08
09  CMyNode::~CMyNode(void)
10  {
11  }
```

[11/AddressBook_OOP2/UserData.cpp]

```
01  #include "stdafx.h"
02  #include "UserData.h"
03
04  int CUserData::nUserDataCounter = 0;
05
06  CUserData::CUserData(void)
07  {
08    memset(szName, 0, sizeof(szName));
09    memset(szPhone, 0, sizeof(szPhone));
10
11    nUserDataCounter++;
12  }
```

```
13
14  CUserData::CUserData(const char* pszName, const char* pszPhone)
15  {
16    memset(szName, 0, sizeof(szName));
17    memset(szPhone, 0, sizeof(szPhone));
18
19    strcpy_s(szName, sizeof(szName), pszName);
20    strcpy_s(szPhone, sizeof(szPhone), pszPhone);
21
22    nUserDataCounter++;
23  }
24
25  CUserData::~CUserData(void)
26  {
27    nUserDataCounter--;
28  }
29
30  const char* CUserData::GetKey(void)
31  {
32    return szName;
33  }
34
35  void CUserData::PrintNode(void)
36  {
37  #ifdef _DEBUG
38    printf("[%p] %s\t%s [%p]\n",
39      this,
40      szName, szPhone,
41      GetNext());
42  #else
43    printf("%s\t%s\n", szName, szPhone);
44  #endif
45  }
```

[11/AddressBook_OOP2/MyList.cpp]

```
01  #include "stdafx.h"
02  #include "MyList.h"
03  #include "UserData.h"
04
05  CMyList::CMyList(CMyNode *pHead)
06  {
07    // LoadList() 함수 코드 참고
08    m_pHead = pHead;
09  }
10  CMyList::~CMyList(void)
11  {
12    // SaveList() 함수 코드 참고
13    ReleaseList();
14  }
15  int CMyList::AddNewNode(CMyNode *pNewNode)
16  {
17    if(FindNode(pNewNode->GetKey()) != NULL)
18    {
19      delete pNewNode;
20
21      return 0;
22    }
23
24    pNewNode->pNext = m_pHead->pNext;
25    m_pHead->pNext = pNewNode;
26
27    return 1;
28  }
29
30  void CMyList::PrintAll(void)
31  {
32    CMyNode *pTmp = m_pHead->pNext;
33
34    while(pTmp != NULL)
35    {
36      pTmp->PrintNode();
```

```
37      pTmp = pTmp->pNext;
38    }
39
40    printf("CUserData Counter : %d\n", CUserData::GetUserDataCounter() );
41
42    _getch();
43  }
44
45  CMyNode* CMyList::FindNode(const char* pszKey)
46  {
47    CMyNode *pTmp = m_pHead->pNext;
48
49    while(pTmp != NULL)
50    {
51      if(strcmp(pTmp->GetKey(), pszKey) == 0)
52        return pTmp;
53
54      pTmp = pTmp->pNext;
55    }
56
57    return NULL;
58  }
59
60  int CMyList::RemoveNode(const char* pszKey)
61  {
62    CMyNode *pPrevNode = m_pHead;
63    CMyNode *pDelete = NULL;
64
65    while(pPrevNode->pNext != NULL)
66    {
67      pDelete = pPrevNode->pNext;
68
69      if(strcmp(pDelete->GetKey(), pszKey) == 0)
70      {
71        pPrevNode->pNext = pDelete->pNext;
72        delete pDelete;
73
74        return 1;
```

```
75      }
76
77     pPrevNode = pPrevNode->pNext;
78   }
79
80   return 0;
81 }
82
83 void CMyList::ReleaseList(void)
84 {
85   CMyNode *pTmp = m_pHead;
86   CMyNode *pDelete = NULL;
87
88   while(pTmp != NULL)
89   {
90     pDelete = pTmp;
91     pTmp = pTmp->pNext;
92
93     delete pDelete;
94   }
95
96   m_pHead = NULL;
97 }
```

[11/AddressBook_OOP3/MyIterator.cpp]

```
01 #include "stdafx.h"
02 #include "MyIterator.h"
03
04 CMyIterator::CMyIterator(void)
05 : m_pHead(NULL), m_pCurrent(NULL)
06 {
07 }
08
09 CMyIterator::~CMyIterator(void)
10 {
11 }
```

[11/AddressBook_OOP3/MyList.cpp]

```cpp
001  #include "stdafx.h"
002  #include "MyList.h"
003  #include "UserData.h"
004
005  CMyList::CMyList(CMyNode *pHead)
006  {
007    // LoadList() 함수 코드 참고
008    m_pHead = pHead;
009  }
010  CMyList::~CMyList(void)
011  {
012    // SaveList() 함수 코드 참고
013    ReleaseList();
014  }
015  int CMyList::AddNewNode(CMyNode *pNewNode)
016  {
017    if(FindNode(pNewNode->GetKey()) != NULL)
018    {
019      delete pNewNode;
020
021      return 0;
022    }
023
024    /*
025    if(OnAddNewNode(pNewNode))
026    {
027      pNewNode->pNext = m_pHead->pNext;
028      m_pHead->pNext = pNewNode;
029
030      return 1;
031    }
032    */
033
034    return -1;
035  }
036
```

```
037  /*
038  void CMyList::PrintAll(void)
039  {
040    CMyNode *pTmp = m_pHead->pNext;
041
042    while(pTmp != NULL)
043    {
044      pTmp->PrintNode();
045      pTmp = pTmp->pNext;
046    }
047
048    printf("CUserData Counter : %d\n", CUserData::GetUserDataCounter());
049
050    _getch();
051  }
052  */
053
054  CMyNode* CMyList::FindNode(const char* pszKey)
055  {
056    CMyNode *pTmp = m_pHead->pNext;
057
058    while(pTmp != NULL)
059    {
060      if(strcmp(pTmp->GetKey(), pszKey) == 0)
061        return pTmp;
062
063      pTmp = pTmp->pNext;
064    }
065
066    return NULL;
067  }
068
069  int CMyList::RemoveNode(const char* pszKey)
070  {
071    CMyNode *pPrevNode = m_pHead;
072    CMyNode *pDelete = NULL;
073
074    while(pPrevNode->pNext != NULL)
```

```
075   {
076     pDelete = pPrevNode->pNext;
077
078     if(strcmp(pDelete->GetKey(), pszKey) == 0)
079     {
080       pPrevNode->pNext = pDelete->pNext;
081       delete pDelete;
082
083       return 1;
084     }
085
086     pPrevNode = pPrevNode->pNext;
087   }
088
089   return 0;
090 }
091
092 void CMyList::ReleaseList(void)
093 {
094   CMyNode *pTmp = m_pHead;
095   CMyNode *pDelete = NULL;
096
097   while(pTmp != NULL)
098   {
099     pDelete = pTmp;
100     pTmp = pTmp->pNext;
101
102     delete pDelete;
103   }
104
105   m_pHead = NULL;
106 }
107
108 CMyIterator CMyList::MakeIterator(void)
109 {
110   CMyIterator it;
111   it.m_pCurrent = m_pHead->pNext;
112   it.m_pHead = m_pHead->pNext;
```

```
113
114    return it;
115  }
116
117  int CMyList::OnAddNewNode(CMyNode* pNewNode)
118  {
119    return 1;
120  }
```

[11/AddressBook_OOP3/UserInterface.cpp]

```
001  #include "stdafx.h"
002  #include "UserInterface.h"
003  #include "MyList.h"
004  #include "UserData.h"
005  #include "MyIterator.h"
006
007  CUserInterface::CUserInterface(CMyList &rList)
008  : m_List(rList)
009  {
010  }
011
012  CUserInterface::~CUserInterface(void)
013  {
014  }
015
016  void CUserInterface::Add(void)
017  {
018    char szName[32] = {0};
019    char szPhone[32] = {0};
020
021    printf("Input name : ");
022    fflush(stdin);
023    gets_s(szName, sizeof(szName));
024
025    printf("Input phone number : ");
```

```
026    fflush(stdin);
027    gets_s(szPhone, sizeof(szPhone));
028
029    int nResult = m_List.AddNewNode(new CUserData(szName, szPhone));
030
031    if(nResult == 0)
032    {
033      puts("ERROR: 이미 존재하는 데이터입니다.");
034
035      _getch();
036    }
037
038    else if(nResult == -1)
039    {
040      puts("ERROR: 욕설을 이름으로 쓸 수 없습니다.");
041
042      _getch();
043    }
044  }
045
046  int CUserInterface::PrintUI(void)
047  {
048    int nInput = 0;
049
050    system("cls");
051    printf("[1]Add\t[2]Search\t[3]Print all\t[4]Remove\t[0]Exit\n:");
052
053    scanf_s("%d", &nInput);
054
055    return nInput;
056  }
057
058  void CUserInterface::Search(void)
059  {
060    char szName[32] = {0};
061    CUserData *pNode = NULL;
062
063    printf("Input name : ");
```

```
064     fflush(stdin);
065     gets_s(szName, sizeof(szName));
066
067     pNode = static_cast<CUserData*>(m_List.FindNode(szName));
068
069     if(pNode != NULL)
070     {
071       pNode->PrintNode();
072     }
073
074     else
075     {
076       puts("ERROR: 데이터를 찾을 수 없습니다.");
077     }
078
079     _getch();
080   }
081
082   void CUserInterface::Remove(void)
083   {
084     char szName[32] = {0};
085
086     printf("Input name : ");
087     fflush(stdin);
088     gets_s(szName, sizeof(szName) );
089
090     m_List.RemoveNode(szName);
091   }
092
093   int CUserInterface::Run(void)
094   {
095     int nMenu = 0;
096
097     while( (nMenu = PrintUI()) != 0 )
098     {
099       switch(nMenu)
100       {
101         case 1:    // Add
```

```
102        Add();
103        break;
104
105     case 2:    // Search
106        Search();
107        break;
108
109     case 3:    // Print all
110        PrintAll();
111        break;
112
113     case 4:    // Remove
114        Remove();
115        break;
116     }
117   }
118
119   return nMenu;
120 }
121
122 void CUserInterface::PrintAll(void)
123 {
124   CMyIterator it = m_List.MakeIterator();
125   CUserData *pNode = NULL;
126
127   while((pNode = static_cast<CUserData*>(it.GetCurrent())) != NULL)
128   {
129     pNode->PrintNode();
130     it.MoveNext();
131   }
132
133   _getch();
134 }
```

[11/AddressBook_OOP3/AddressBook_OOP.cpp]

```
01  #include "stdafx.h"
02  #include "UserInterface.h"
03  #include "MyListEx.h"
04  #include "UserData.h"
05
06  int _tmain(int argc, _TCHAR* argv[])
07  {
08    CMyListEx DB( new CUserData("Dummy", "Head"));
09    CUserInterface UI(DB);
10    UI.Run();
11
12    return 0;
13  }
```

못 다한 이야기와
앞으로 해야 할 것

11장을 끝으로 사실상 제가 이 책을 통해 여러분께 하고 싶은 말들은 모두 끝냈습니다. 그럼에도 이렇게 12장이라는 사족을 붙인 이유는 호빗의 여정처럼 아직 C++의 긴 여정은 끝나지 않았기 때문입니다. 여전히 해야 할 것들이 남아있으니까요. 이번 장에서는 그것들은 무엇이며 어디까지 배워야 할 것인지를 소개합니다.

자신이 속한(혹은 희망하는) 분야에 따라 약간 차이가 있겠지만 그런 부분들은 고려하지 않고 분야에 상관없이 꼭 필요한 것들만 이야기하고자 합니다. 아울러 C++11에 새로 등장한 문법도 다룹니다. 지금까지 이 문법을 다루지 못한 이유는 9장에서 설명한 STL을 알고 있어야 했기 때문입니다. 9장을 꼼꼼히 읽었다면 그리 어렵지 않으니 편한 마음으로 읽어보기 바랍니다.

이 장의 핵심 개념

12장의 핵심 개념은 '여러분의 미래'입니다. C++ 역시 계속 발전을 거듭해 가는 언어입니다. 따라서 앞으로 여러분이 C++ 프로그래머로 살아가는 데 필요한 STL의 주요 개념과 최신 개념인 람다식을 소개합니다.

1. STL: 표준 템플릿 라이브러리를 뜻합니다. 앞으로 계속 공부하고 기억해야 할 템플릿 모음입니다.

2. 람다식: '이름 없는 함수'입니다. 별도로 클래스를 선언할 필요 없이 간단한 람다식 선언과 정의만으로 함수를 사용하는 것과 동일한 결과를 얻을 수 있습니다.

3. 디자인 패턴: 효율적으로 프로그래밍할 수 있는 이론입니다.

이 장의 학습 흐름

여기에서 우리가 다룰 것은 '여러분의 미래'입니다.

12장

STL의 개념이 무엇인지를 정확하게 이해합니다.

람다식을 직접 작성하고 살펴봅니다.

디자인 패턴을 왜 알아야 하는지 정확하게 이해합니다. ➡

C++ 프로그래머가 된 여러분을 응원합니다.

12.1 STL 맛보기

'STL^{Standard Template Library}'은 템플릿 기반의 클래스 라이브러리로, 다양한 알고리즘과 자료구조를 쉽게 사용할 수 있는 방법을 클래스 형태로 제공합니다. 우리는 어떤 것들이 있는지 알아보고 잘 활용하면 됩니다.

한 가지 질문 좀 해볼까요? STL로 제공되는 기능이 있습니다. 그것을 가져다가 사용하는 것이 좋은 선택일까요? 아니면 내 스스로 직접 구현해서 사용하는 것이 더 나은 선택일까요? 무 자르듯 딱 잘라 말할 수 있는 것은 아니지만 특별한 이유가 없다면 STL을 사용하는 것이 정답입니다.

STL은 지난 십여 년간 실무에서 사용됐고 검증도 끝났습니다. 이제 겨우 프로그래밍에 눈뜬 초보자가 만들어낸 코드와는 비교할 수 없을 정도의 완성도를 자랑합니다. 게다가 그저 가져다 사용하기만 하면 끝이므로 생산성도 높습니다. 그리고 사용하는 방법도 어렵지 않습니다. 그럼 결론이 나온 셈이지요?

당장 문자열을 다루는 일만 해도 그렇습니다. 우리는 이 책 초반부터 문자열 처리 클래스인 CMyString 클래스를 만들었습니다. 그런데 사실 이런 기능의 클래스가 STL에 이미 존재합니다. 클래스 이름은 string이며 보통 '스트링 컨테이너'라고 부릅니다.

[12/StlStringSample/StlStringSample.cpp] 스트링 컨테이너 사용

```
01  #include "stdafx.h"
02
03  // string 클래스를 사용하기 위한 헤더
04  #include <string>
05
06  #include <iostream>
07  using namespace std;
08
09  int _tmain(int argc, _TCHAR* argv[])
10  {
11    string strName;
12    cout << "이름: ";
13    cin >> strName;
14    cout << "당신의 이름은 " + strName + "입니다." << endl;
15
16    return 0;
17  }
```

> 이름: 홍길동
> 당신의 이름은 홍길동입니다.

std::string 클래스를 사용하려면 4번 행처럼 string 헤더를 불러와야 합니다. 그리고 std 네임스페이스 소속이며 보통은 cout 객체처럼 using 선언으로 생략합니다. 내부적으로 메모리를 자동으로 관리하는 것은 물론이고 이동 시맨틱 등 한마디로 좋다는 것들은 다 구현되어 있습니다.

14번 행처럼 연산자도 다 만들어져 있습니다. 덧셈 연산자뿐 아니라 다음 코드처럼 관계 연산자도 구현되어 있으며 cout 객체로 출력할 수 있습니다.

```
std::string strData("Hello");

if(strData == "World")
  cout << "Same" << endl;
```

그렇다면 필자에게 다음과 같은 원망 아닌 원망을 할지도 모르겠습니다.

"아니, 그럼 우리는 그동안 뭐하러 힘들게 CMyString 클래스를 구현한 거지?"

가르치는 사람들의 흔한 변은 아마 다들 짐작할 테니 길게 말하지 않겠습니다. 다 여러분의 실력 향상을 위한 것입니다.

그리고 11장에서 구현한 것들도 모두, 아니 그 이상의 것들까지 모두 STL에 있습니다.

StlVectorSample.cpp 예제와 같이 배열을 템플릿으로 구현한 vector 클래스가 있는데 크기가 늘어나기까지 합니다.

[12/StlVectorSample/StlVectorSample.cpp] 템플릿으로 구현한 배열 vector 클래스

```
01  #include "stdafx.h"
02  #include <vector>
03  #include <iostream>
04  using namespace std;
05
06  int _tmain(int argc, _TCHAR* argv[])
```

```
07  {
08      // 요소가 int 자료형이고 개수가 세 개인 벡터 선언
09      vector<int> vec(3);
10      vec[0] = 10;
11      vec[1] = 20;
12      vec[2] = 20;
13
14      for(auto &n : vec)
15          cout << n << '\t';
16
17      cout << endl;
18
19      // 뒤에 새로운 요소 두 개를 더 추가한다.
20      vec.push_back(30);
21      vec.push_back(40);
22
23      for(auto &n : vec)
24          cout << n << '\t';
25
26      cout << endl;
27
28      return 0;
29  }
```

실행결과

10	20	20		
10	20	20	30	40

9번 행을 통해 **int[3]** 형태의 배열이 만들어졌습니다. 당연히 배열 연산자를 사용(10~12행)할 수 있으며 14번 행처럼 **범위 기반 for문과 더불어 활용**할 수 있습니다. 게다가 20~21번 행의 push_back( ) 메서드를 활용하면 배열 요소의 개수가 자동으로 증가하고 배열 요소 안에 값이 추가됩니다. 템플릿 클래스이므로 int 같은 기본 자료형만 지원하는 것이 아니라 사용자 정의 클래스도 지원합니다. STL에 익숙해지면 **CMyData arr[5];**같은 코드는 아예 잊어버리는 편이 나을 것입니다.

참고로 지금까지 설명한 것들을 '컨테이너'라고 하는데 경우에 따라 '컬렉션' 혹은 '자료구조'라고 부르기도 합니다. 이 외에도 반복자나 알고리즘 객체도 있습니다. 물론 모두 그냥 사용하기만 하면

됩니다. 여기에서는 자세한 내용까지 샅샅이 알아야 할 필요는 없으므로 앞으로 반드시 STL을 별도로 공부하기 바랍니다.

많은 좋은 책들이 있지만 일단 STL에 입문하기 위한 서적으로는 공동환 님의 『뇌를 자극하는 C++ STL』을 추천합니다. 그리고 최흥배 님의 『Thinking About C++11 STL』도 참고하기 바랍니다. 특히 게임 개발자를 꿈꾸는 사람이라면 반드시 최흥배 님의 서적들을 모두 섭렵하기 바랍니다. 왜냐 구요? 실력 있는 게임 개발자로 그리고 커뮤니티 리더로서도 이미 인정받은 분이기 때문입니다.

12.2 람다식과 함수 객체

C++11부터 등장한 '람다Lambda'는 '이름 없는 함수'입니다. 어떻게 보면 함수 속에 존재하는 또 다른 함수처럼 보이기도 합니다. 하지만 람다는 함수 객체를 대체하는 것으로, 별도로 클래스를 선언할 필요 없이 간단한 람다식 선언과 정의만으로 같은 결과를 얻을 수 있으므로 매우 편리합니다.

다음은 람다식의 형태입니다. 모습이 조금 낯설게 느껴질 수 있습니다.

```
[캡처] (매개변수 리스트) -> 반환형식 { 구문; }
[캡처] mutable throw (매개변수 리스트) -> 반환형식 { 구문; }
          └──── mutable, throw는 필요한 경우에만 기술합니다
```

구성 요소 중 가장 낯선 것은 아마도 왼쪽에서 첫 번째로 보이는 '캡처' 부분일 것입니다. 이는 **람다식 내부에서 외부에 선언된 요소에 접근하기 위한 문법**인데 자세한 설명은 '12.2.4 람다 캡처'에서 구체적으로 다룹니다. 일단 람다식을 사용하는 가장 기본적인 예제는 다음과 같습니다.

[12/LambdaSample/LambdaSample.cpp] 람다식 기본

```
01  #include "stdafx.h"
02  #include <iostream>
03  using namespace std;
04
05  int TestFunc(int nParam)
06  {
07    cout << "Function Pointer: " << nParam << endl;
```

```
08
09    return nParam;
10  }
11
12  int _tmain(int argc, _TCHAR* argv[])
13  {
14      // 람다식 선언 및 정의
15      auto func = [](int nParam) -> int
16      {
17          cout << "Lambda: " << nParam << endl;
18
19          return nParam;
20      };
21
22      // 람다식 호출
23      func(5);
24
25      // 함수 포인터를 이용한 호출
26      auto pfTest = TestFunc;
27      pfTest(10);
28
29      return 0;
30  }
```

실행결과

```
Lambda: 5
Function Pointer: 10
```

15~20번 행은 크게 두 부분으로 나눌 수 있습니다. **auto func**과 나머지 코드입니다.

```
15      auto func [](int nParam) -> int
16      {
17          cout << "Lambda: " << nParam << endl;
18
19          return nParam;
20      };
```

우선 **[ ](int nParam) -> int**는 매개변수가 int 자료형 하나고 반환 형식도 int 자료형인 함수 원형으로 볼 수 있습니다. 물론 함수가 아니고 람다식이므로 별도로 이름이 있는 것은 아닙니다. 그런데 이 람다식의 초깃값으로 **func**가 선언 및 정의되어 있습니다. 그리고 형식은 **auto**이므로 자동으로 람다식을 담을 수 있는 형식이 됩니다. 23번 행에서 **func** 변수를 통해 람다식(혹은 람다 함수)을 호출했습니다.

지금까지와 비슷한 C 스타일 구조는 26~27번 행 코드입니다. 5~10번 행에 선언 및 정의된 TestFunc( ) 함수의 주소를 함수 포인터 변수에 담아 27번 행에서 호출했습니다.

방금 설명한 LambdaSample.cpp 예제는 람다식이 무엇인지 보여주기 위한 예에 불과합니다. 그래서 이와 같은 구조의 코드는 다시 볼 일이 많지 않습니다.

하지만 LambdaFunctional.cpp 예제는 앞으로도 매우 자주 보게 될 구조로, 람다식을 이용해 함수 그 자체를 다른 함수의 매개변수로 넘기고 호출하는 형태입니다.

[12/LambdaFunctional/LambdaFunctional.cpp] 람다식을 다른 함수의 매개변수로 사용

```
01  #include "stdafx.h"
02
03  // std::function 객체를 사용하기 위한 헤더 추가
04  #include <functional>
05
06  #include <iostream>
07  using namespace std;
08
09  // std::function 템플릿 클래스를 매개변수로 받는다.
10  void TestFunc(char* pszParam, std::function<int(char*, int)> param)
11  {
12    cout << pszParam << endl;
13    param("Hello", 10);
14  }
15
16  int _tmain(int argc, _TCHAR* argv[])
17  {
18    cout << "*****Begin*****" << endl;
```

```
19    ::TestFunc(
20      "TestFunc()",
21
22      // 함수의 실인수로 함수 몸체를 람다식으로 기술한다.
23      [](char *pszParam, int nParam)->int
24      {
25        cout << pszParam << " : " << nParam << endl;
26
27        return 0;
28      }
29    );
30
31    cout << "******End******" << endl;
32
33    return 0;
34  }
```

실행결과

```
*****Begin*****
TestFunc()
Hello : 10
******End******
```

10번 행에 선언된 TestFunc( ) 함수의 두 번째 매개변수(**std::function<int (char*, int)> param**)는 어떤 함수라도 매개변수로 받을 수 있는 std::function 클래스 템플릿입니다. **int(char*, int)**에서 괄호 왼쪽 int는 함수의 반환 형식이며 괄호 안쪽은 매개변수 목록입니다. 23번 행 람다식을 보면 이에 부합한다는 것을 알 수 있습니다.

13번 행에서는 매개변수로 전달된 함수를 호출합니다. 그리고 19~29번 행의 코드로 TestFunc( ) 함수를 호출합니다. 결과적으로 23~28번 행에 기술된 람다식은 13번 행에 의해 호출된 것입니다.

27번 행의 return문은 당연히 람다식의 return문으로, 결코 _tmain( ) 함수의 return이 아님에 주의해야 합니다.

12.2.1 함수 포인터와 콜백

람다를 이해하려면 함수 포인터와 콜백(Callback, '역호출'이라고도 부릅니다) 구조를 잘 알아야 합니다. 아쉽게도 이는 C++라기보다는 C에서 배웠어야 할 내용입니다. 필자가 군이 '아쉽다'라고 까지 한 것은 C를 배울 때 함수 포인터를 배운 독자가 생각보다 너무 적기 때문입니다. 아무리 생각해도 이점은 매우 아쉽습니다. 그래서 별도로 설명하려 합니다. 함수 포인터를 이미 알고 있다면 '12.2.2 함수 객체'로 그냥 넘어가도 좋습니다.

QuickSortSample.cpp는 qsort() 함수를 이용해서 int 자료형 배열을 정렬하는 예를 보인 것으로, CompareData() 함수는 qsort() 함수가 내부에서 배열의 두 항을 비교할 때마다 호출하는 함수입니다. 따라서 **예제 코드만 봐서는 몇 번이나 호출되는지 알 수 없습니다!** 또한 _tmain() 함수에서 직접 호출하지도 않습니다.

[12/QuickSortSample/QuickSortSample.cpp] 호출 횟수를 파악할 수 없는 qsort() 함수

```cpp
01  #include "stdafx.h"
02  #include <iostream>
03  using namespace std;
04
05  // 사용자는 각 항을 비교하는 방법을 정의해야 한다.
06  int CompareData(const void *pLeft, const void *pRight)
07  {
08    return *(int *)pLeft - *(int *)pRight;
09  }
10
11  int _tmain(int argc, _TCHAR* argv[])
12  {
13    int aList[5] = {30, 50, 10, 20, 40};
14
15    // 각 항을 비교하는 방법(함수 주소)을 콜백 함수로 전달한다.
16    qsort(aList, 5, sizeof(int), CompareData);
17
18    for(auto &n : aList)
19      cout << n << '\t';
20
21    cout << endl;
22
```

```
23    return 0;
24 }
```

```
10      20      30      40      50
```

16번 행에서 qsort() 함수를 호출하며 함수의 마지막 실인수가 함수의 주소(이름)입니다. **qsort()** **함수 내부에서 두 요소를 비교할 때마다 이 주소를 호출**합니다.

8번 행은 두 요소를 비교하기 위해 두 요소의 값을 대상으로 **뺄셈 연산**을 실행합니다. 뺄셈을 해서 값이 같다면 두 수는 값이 같은 것이고 양수라면 왼쪽 값이 더 큰 것입니다. 물론 오른쪽이 더 크다면 음수가 될 것입니다. qsort() 함수는 이 반환값을 기준으로 퀵^{Quick} 정렬을 실행합니다. 여기서 생각해야 할 의문점은 다음과 같습니다.

"그냥 빼면 되지 왜 별도로 함수를 만들었지?"

정렬의 대상이 문자열이라면 지금처럼 뺄셈 연산만으로는 제대로 두 항을 비교할 수 없기 때문입니다. 즉, **정렬하려는 대상에 따라 비교 방법을 사용자 스스로가 결정할 수 있도록 길을 열어준 것**입니다. 그러므로 다음 코드처럼 뺄셈의 좌우 항을 바꾼다면 실행 결과가 달라집니다.

```
06   int CompareData(const void *pLeft, const void *pRight)
07   {
08     return *(int *)pRight - *(int *)pLeft;
09   }
```

```
50      40      30      20      10
```

실행 결과를 보면 바로 알 수 있듯이 내림차순 정렬이 됩니다.

12.2.2 함수 객체

'함수 객체'는 함수 호출 연산자를 다중 정의한 클래스를 말하는데, 이 함수 호출 연산자를 여러 매개변수 구조로 다중 정의함으로써 마치 함수 템플릿처럼 활용할 수 있습니다. 그러나 사용자가 어떤 형식이든 적용시킬 수 있는 함수 템플릿과 달리 함수 객체는 지원하는 형식과 구조를 특정할 수 있다는 점이 다릅니다.

그리고 의도적으로 사용자 코드를 제한하고 싶다면 당연히 함수 객체를 이용해야 합니다. 참고로, 함수 객체는 '펑터Functor'라고도 부릅니다.

[12/FunctionObject/FunctionObject.cpp] 함수 객체

```
01  #include "stdafx.h"
02  #include <iostream>
03  using namespace std;
04
05  // 함수 객체 클래스의 선언 및 정의
06  class Add
07  {
08  public:
09    // 함수 호출 연산자를 다중 정의한다.
10    int operator()(int a, int b)
11    {
12      cout << "()(int, int)" << endl;
13
14      return a + b;
15    }
16
17    // 다양한 매개변수 구성으로 다중 정의할 수 있다.
18    double operator()(double a, double b)
19    {
20      cout << "()(double, double)" << endl;
21
22      return a + b;
23    }
24  };
25
26  int _tmain(int argc, _TCHAR* argv[])
```

```
27  {
28      Add adder;
29
30      // 함수 객체로 호출한다.
31      cout ≪ adder(3, 4) ≪ endl;
32      cout ≪ adder(3.3, 4.4) ≪ endl;
33
34      return 0;
35  }
```

```
()(int, int)
7
()(double, double)
7.7
```

31~32번 행 코드를 보면 함수 템플릿과 크게 다르지 않습니다. 하지만 28번 행처럼 객체를 선언하고 사용한다는 점에서 사용자 코드에는 차이가 있습니다. 게다가 함수 객체를 함수 템플릿처럼 생각해 클래스가 제공하는 것 외에 다른 구조로 매개변수를 구성한다면 즉시 컴파일 오류가 발생합니다.

Add는 클래스이므로 함수의 매개변수가 될 수 있습니다! 따라서 다음과 같은 코드를 사용할 수 있습니다.

```
// 제작자 철수의 코드
void TestFunc(Add &add)
{
    // 사용자가 만든 함수를 제작자가 호출한다.
    cout ≪ add(3, 4) ≪ endl;
}

// 사용자 영희의 코드
int _tmain(int argc, _TCHAR* argv[])
{
    // 함수를 만들고
    Add adder;
```

```
      // 제작자에게 전달하면 호출해준다.
      TestFunc(adder);

      return 0;
   }
```

이렇게 함으로써 결과적으로 함수를 함수의 매개변수로 넘긴 것과 동일한 효과를 얻을 수 있습니다. 사실 콜백 구조라는 것도 겉으로는 "함수의 주소를 넘긴다"라고 말하겠지만 개념은 "함수를 넘긴다"라고 말할 수 있습니다. 함수의 매개변수로 함수를 넘긴다는 말이 좀처럼 이해되지 않을 수 있지만 깊이 생각해보면 꼭 그렇지도 않습니다.

이제 함수를 매개변수로 넘길 수 있다는 사실을 알았을 겁니다. 보통 함수를 객체화하고 클래스로 구현했으므로 클래스 상속이 적용되는 것은 당연합니다. 따라서 좀 더 확장 개념인 함수 객체의 클래스 상속을 다뤄보려 합니다. 다음에 있는 FuncObjSort.cpp 예제를 살펴봅시다.

[12/FuncObjSort/FuncObjSort.cpp] 함수 객체의 클래스 상속

```
01  #include "stdafx.h"
02  #include <iostream>
03  using namespace std;
04
05  // 제작자 코드
06  class CCompareBase
07  {
08  public:
09    virtual int operator()(int a, int b) const = 0;
10  };
11
12  class CTestData
13  {
14  public:
15    CTestData()
16    {
17      m_array[0] = 30;
18      m_array[1] = 10;
19      m_array[2] = 50;
```

```
20      m_array[3] = 20;
21      m_array[4] = 40;
22    }
23
24    void Print()
25    {
26      for(auto &n : m_array)
27        cout << n << '\t';
28
29      cout << endl;
30    }
31
32    // 배열을 정렬한다.
33    void Sort(const CCompareBase &cmp)
34    {
35      int nTmp;
36
37      for(int i = 0; i < 4; ++i)
38      {
39        for(int j = i + 1; j < 5; ++j)
40        {
41            // 두 항을 비교하는 방법은 함수 객체를 이용한다.
42            if(cmp(m_array[i], m_array[j]) < 0)
43            {
44              nTmp = m_array[i];
45              m_array[i] = m_array[j];
46              m_array[j] = nTmp;
47            }
48        }
49      }
50    }
51
52 private:
53    int m_array[5];
54 };
55
56 // 사용자 코드
57 class CMyCmpDesc : public CCompareBase
58 {
```

```
59   public:
60     int operator()(int a, int b) const { return a - b; }
61   };
62
63   class CMyCmpAsce : public CCompareBase
64   {
65   public:
66     int operator()(int a, int b) const { return b - a; }
67   };
68
69   int _tmain(int argc, _TCHAR* argv[])
70   {
71     CTestData data;
72
73     // 내림차순 정렬 및 출력
74     CMyCmpDesc desc;
75     data.Sort(desc);
76     data.Print();
77
78     // 오름차순 정렬 및 출력
79     CMyCmpAsce asce;
80     data.Sort(asce);
81     data.Print();
82
83     return 0;
84   }
```

실행결과

50	40	30	20	10
10	20	30	40	50

CTestData는 int[5]라는 배열 멤버를 갖고 있습니다. 그리고 CCompareBase 클래스의 참조를 매개변수로 받아 배열을 정렬하는 Sort() 메서드를 제공합니다. 정렬 과정에서 두 항을 비교할 때 는 CCompareBase 클래스의 함수 호출 연산자를 활용합니다.

33~50번 행은 CTestData 클래스의 Sort() 메서드 선언 및 정의로, (선택 정렬로 알려진) 버블 정렬 알고리즘을 이용해 int 배열을 정렬합니다. 여기서 중요한 것은 정렬을 위해 두 항을 비교하는 42번 행의 if(cmp(m_array[i], m_array[j]) < 0)입니다. cmp는 Sort() 메서드의 매개변수이고 형식은 const CCompareBase &cmp입니다.

CCompareBase는 함수 객체를 사용하려고 만든 클래스인데 9번 행을 보면 **virtual int operator()** **(int a, int b) const = 0;**과 같이 정의했습니다. 순수 가상 함수로 선언된 연산자 함수임을 알 수 있습니다. 따라서 모든 CCompareBase의 파생 클래스는 int 자료형 둘을 매개변수로 받아 다시 int 자료형를 반환하는 함수 호출 연산자를 재정의해야 합니다. 물론 끝에 보이는 const 예약어도 빠뜨리면 안 됩니다.

종합해서 말하면, 만일 CTestData::Sort() 함수의 실인수가 CCompareBase 클래스의 파생 클래스가 된다면 기본 형식으로 파생 형식을 참조하는 것은 전혀 문제가 되지 않을 뿐만 아니라 42번 행의 비교 코드인 cmp(m_array[i], m_array[j])는 파생 형식의 것, 즉 '미래의 함수'를 호출하는 것이 됩니다. '미래의 함수'라는 말은 필자가 누누이 해온 설명이므로 어떤 의미인지 잘 알고 있으리라 생각하고 긴 설명은 생략하겠습니다.

사용자 코드를 보면 74번 행에서 내림차순 정렬을 위해 CMyCmpDesc 클래스의 인스턴스를, 80번 행에서 오름차순 정렬을 위해 CMyCmpAsce 클래스의 인스턴스를 선언하고 Sort() 함수로 전달했습니다. 만일 다른 정렬 방법을 적용하고 싶다면 CCompareBase의 파생 클래스를 새로 만들고 함수 호출 연산자를 재정의한 후 Sort() 함수의 매개변수로 전달하기만 하면 됩니다. 즉, 확장성이 매우 뛰어나고 유연합니다.

하지만 단점도 있습니다. 지금 예제에서 본 것처럼 코드가 생각보다 꽤 커집니다. 덩달아 구조도 더 복잡해질 수밖에 없습니다.

12.2.3 람다식으로 변경하기

함수 포인터도 좋지만 '포인터'의 단점 때문에 발생하는 구조적 문제들이 있습니다. 포인터는 언제나 그렇듯 '양날의 검'과 같습니다. 잘 사용하면 좋겠지만 조금이라도 실수했다가는 나 자신을 베는 흉기가 되어버리기 때문입니다.

하지만 함수 객체를 이용한다면 여러 문제들을 근본적으로 틀어 막을 수 있습니다. 좋긴 한데 코드가 너무 커지는 단점이 있습니다. 이런 문제점을 보완해서 C++11에 포함된 것이 바로 '람다식'입니다.

앞서 람다식의 정의를 언급했지만 이제 함수 포인터, 함수 객체까지 모두 알았으므로 좀더 실질적인 의미에서 람다식을 이해하려면 다음과 같은 정의를 내릴 수 있을 것입니다.

"람다식이란 함수에 매개변수로 함수 자체를 전달할 수 있는 방법이다."

그런 의미에서 LambdaSort.cpp 예제는 꽤 의미가 큽니다. 앞에서 함수 객체로 구현한 내용을 람다식을 이용하는 것으로 변경한 버전이기 때문입니다. CTestData 클래스는 FuncObjSort.cpp 예제의 내용과 크게 다르지 않습니다. 두 항을 비교하는 부분의 코드가 약간 달라졌을 뿐입니다.

크게 달라지는 것은 사용자 코드 쪽입니다. 코드의 길이를 대폭 늘려 놓았던 장본인인 함수 객체가 없어진 대신 두 항의 비교 방법을 사용자 코드에서 직접 람다식으로 정의해 Sort() 함수로 넘겨야 하기 때문입니다.

[12/LambdaSort/LambdaSort.cpp] 함수 객체를 람다식으로 바꾼 정렬

```
01  #include "stdafx.h"
02  #include <functional>
03  #include <iostream>
04  using namespace std;
05
06  // 제작자 코드
07  class CTestData
08  {
09  public:
10    CTestData()
11    {
12      m_array[0] = 30;
13      m_array[1] = 10;
14      m_array[2] = 50;
15      m_array[3] = 20;
16      m_array[4] = 40;
17    }
18
19    void Print()
20    {
21      for(auto &n : m_array)
22        cout << n << '\t';
```

```
23
24      cout << endl;
25    }
26
27    // 배열을 정렬한다.
28    // 함수의 매개변수가 람다식을 받을 수 있는 function 클래스다.
29    void Sort(function<int(int, int)> cmp)
30    {
31      int nTmp;
32
33      for(int i = 0; i < 4; ++i)
34      {
35        for(int j = i + 1; j < 5; ++j)
36        {
37          // 두 항을 비교하기 위해 함수 객체를 이용한다.
38          if(cmp(m_array[i], m_array[j]) < 0)
39          {
40            nTmp = m_array[i];
41            m_array[i] = m_array[j];
42            m_array[j] = nTmp;
43          }
44        }
45      }
46    }
47
48  private:
49    int m_array[5];
50  };
51
52  // 사용자 코드
53  int _tmain(int argc, _TCHAR* argv[])
54  {
55    CTestData data;
56    data.Sort([](int a, int b)->int { return a - b; });
57    data.Print();
58
59    // 오름차순 정렬 및 출력
60    data.Sort([](int a, int b)->int { return b - a; });
61    data.Print();
```

```
62
63    return 0;
64    }
```

실행결과

```
50      40      30      20      10
10      20      30      40      50
```

실행 결과를 보면 앞의 함수 객체를 사용한 FuncObjSort.cpp 예제와 같습니다. 심지어 정렬을 시도한 CTestData 클래스는 코드가 거의 똑같습니다. 그런데 함수 객체를 사용하지 않다 보니 비교 방법을 규정하기 위한 클래스들은 모두 빠졌습니다.

29번 행에 선언된 Sort() 메서드의 매개변수는 **function<int (int, int)> cmp**입니다. 그러니까 int 자료형 두 개를 매개변수로 받아 다시 int 자료형을 반환하는 함수가 됩니다. 이 Sort() 메서드를 호출하기 위한 사용자 코드는 56, 60번 행입니다.

```
......
56    data.Sort([](int a, int b)->int { return a - b; });
......
60    data.Sort([](int a, int b)->int { return b - a; });
......
```

함수 자체를 람다식으로 직접 기술하고 매개변수로 넘깁니다. 그러므로 별도로 함수 객체를 만들 필요가 없습니다. 사용자가 자신의 상황에 맞게 변경하기도 쉬우므로 유연성도 뛰어납니다. 이런 이유로 기존의 함수 객체를 사용했던 코드들을 람다식으로 대체하고 있는 추세입니다.

12.2.4 람다 캡처

'람다 캡처'란 람다식 내부에서 외부에 선언된 변수에 접근하기 위한 선언입니다. 람다식은 함수 내부에 정의하는 또 다른 함수이므로 각각 개별화됩니다. 마치 임신중인 어머니와 뱃속의 아기가 각각 다른 사람인 것처럼 서로 다른 둘인 것이죠. 그러니까 람다 캡처라는 것은 어머니와 아기를 이어주는 탯줄 같은 것으로 생각하면 이해하기 쉽습니다.

람다식 내부에서 사용하려는 외부 변수는 반드시 캡처 선언을 해야 하며 캡처 종류는 다음과 같습니다.

캡처 종류	설명
복사 캡처	람다식 선언([ ])의 내부에 외부에서 사용할 변수 이름을 작성해 캡처하는 것을 말합니다(예: [nData](void)->void).
참조 캡처	람다식 선언([ ])의 내부에 외부에서 사용할 참조 변수(&) 이름을 작성해 캡처하는 것을 말합니다(예: [&nData](void)->void).
디폴트 복사 캡처	람다식 외부의 사용할 수 있는 모든 변수(람다 선언 직전에 이미 선언되었고 소멸되지 않은 모든 사용 범위 안 변수들)를 복사로 한꺼번에 캡처합니다. [=]라고 선언해서 사용합니다(예: [=](void)->void).
디폴트 참조 캡처	디폴트 복사 캡처와 같은 의미인데 복사 대신 참조로 한꺼번에 캡처합니다. [&]라고 선언해서 사용합니다(예: [&](void)->void).

람다 캡처는 크게 복사와 참조 캡처로 나눌 수 있습니다. 말이 좀 바뀐 것뿐이지 함수 매개변수 전달 기법과 같습니다. 복사 캡처는 '값에 의한 호출Call by value'과 같고 참조 캡처는 '참조에 의한 호출Call by reference'과 같습니다. 그리고 몇 가지 문법이 약간 더해진 것뿐입니다.

[12/LambdaCap1/LambdaCap1.cpp] 람다 캡처

```
01  #include "stdafx.h"
02  #include <iostream>
03  using namespace std;
04
05  int _tmain(int argc, _TCHAR* argv[])
06  {
07    int nData = 10;
08    cout << nData << endl;
09    auto TestFunc = [nData](void)->void
10    {
11      cout << nData << endl;
12    };
13
14    TestFunc();
```

```
15
16    return 0;
17  }
```

```
10
10
```

9번 행의 TestFunc는 auto 예약어로 선언했으므로 별도로 형식을 알려줄 필요가 없습니다. 하지만 굳이 소개하자면 **std::function<void(void)>**입니다. 그리고 초깃값으로 람다식을 정의했습니다. 앞서 살펴본 예제들과 달리 '캡처' 부분에 nData라고 써 있는데 이는 7번 행에서 선언 및 정의한 nData입니다.

그리고 9번 행은 다음과 같이 변경해도 아무런 문제가 발생하지 않습니다. 왜냐하면 void는 기본적으로 생략할 수 있기 때문입니다.

```
auto TestFunc = [nData](void)->void     // 모두 기술
auto TestFunc = [nData](void)           // 반환 형식 생략
auto TestFunc = [nData]()               // 반환 형식, 매개변수 생략
auto TestFunc = [nData]                 // 모두 void이므로 괄호까지 생략
```

만일 캡처에 기술할 내용이 전혀 없다면 9번 행을 auto TestFunc = [ ]와 같이 작성할 수도 있습니다.

아무튼 람다식 외부에 선언된 변수를 복사 캡처한 경우 람다식 내부에서 값을 읽는 것은 가능하지만 변경하는 것은 안 됩니다. 가령 11번 행을 cout ≪ ++nData ≪ endl;과 같이 변경해 단항 증가 연산을 실행하면 다음과 같은 오류 메시지가 나타납니다.

```
error C3491: 'nData': 변경 불가능한 람다에서 값 방식 캡처를 수정할 수 없습니다.
```

그러므로 복사 캡처는 기본적으로 **const 예약어가 적용된 것처럼 작동**한다고 볼 수 있습니다. 하지만 auto TestFunc = [&nData](void)->void처럼 '&' 기호를 붙여 '참조 캡처'로 선언한다고 생각하면 람다식 내부에서 값을 읽는 것은 물론이고 단항 증가 연산, 단항 감소 연산, 대입 연산을 실행하더라도 전혀 문제가 발생하지 않습니다. 물론 원본 외부 변수의 값도 변경됩니다.

그런데 조금 독특한 경우가 있습니다. 복사 캡처이면서도 람다식 내부에서 값을 변경할 수 있도록 허용한다는 것입니다. 단, 그 **변화는 람다식 내부로 제한**됩니다.

[12/LambdaCap2/LambdaCap2.cpp] 람다식 내부에서 값 변경 허용

```cpp
01  #include "stdafx.h"
02  #include <iostream>
03  using namespace std;
04
05  int _tmain(int argc, _TCHAR* argv[])
06  {
07    int nData = 10;
08    cout << nData << endl;
09    auto TestFunc = [nData](void) mutable -> void
10    {
11      cout << ++nData << endl;
12    };
13
14    TestFunc();
15    cout << nData << endl;
16
17    return 0;
18  }
```

실행결과
```
10
11
10
```

9번 행에서 람다식을 **[nData](void) mutable->void**로 정의했습니다. 중요한 것은 바로 **mutable** 예약어인데, 이 **mutable**은 상수형 메서드를 배울 때 다룬 적이 있습니다. 지금도 그때와 비슷하게 작용합니다. 그래서 11번 행에서 복사 캡처한 외부 변수 nData에 단항 증가 연산을 실행할 수 있는 것입니다.

그러나 람다식이 끝나고 복사 캡처의 원본인 nData의 값을 출력(15번 행)하면 본래 값 그대로 출력됩니다. 즉, **mutable**을 선언하면 **복사 캡처된 변수의 값을 변경할 수는 있지만 그 영향은 람다식 내부까지로 제한**되는 것입니다.

복사 캡처할 변수가 여러 개라면 쉼표를 이용해 이어서 기술하면 됩니다.

[12/LambdaCap3/LambdaCap3.cpp] 복사 캡처할 변수가 여러 개

```
01  #include "stdafx.h"
02  #include <iostream>
03  using namespace std;
04
05  int _tmain(int argc, _TCHAR* argv[])
06  {
07    int x = 10, y = 20;
08
09    auto TestFunc = [x, y]() -> int
10    {
11      return x + y;
12    };
13
14    cout << TestFunc() << endl;
15
16    return 0;
17  }
```

실행결과

```
30
```

9번 행에서 외부 변수인 x와 y를 모두 복사 캡처합니다. 그런데 사실 x와 y는 람다식 외부에 존재하는 변수 전체입니다. 이와 같이 변수 전체를 복사 캡처하고 싶다면 auto TestFunc = [=]()->int와 같이 '디폴트 복사 캡처'를 선언하는 것이 좋습니다.

대괄호 안에 '=' 기호 하나만 넣으면 모든 람다식 내부에서 외부 변수에 접근할 수 있습니다. 만일 '='
대신 '&'를 사용하면 '디폴트 참조 캡처'가 되고 읽기 접근뿐만 아니라 쓰기 접근도 허용됩니다.

```
auto TestFunc = [&]()->int
{
  return ++x + ++y;
};
```

그리고 원한다면 일부는 참조, 일부는 복사 캡처를 시도할 수도 있습니다.

```
int x, y, z;

[&, z] { };
[=, &z] { };
```

디폴트 참조 캡처를 적용하지만 z만은 예외로 복사 캡처를 진행하는 경우와 디폴트 복사 캡처를 적
용하지만 z만은 예외로 참조 캡처를 적용하는 예입니다.

하지만 다음 형태와 같이 조합해서 캡처를 선언할 수는 없습니다.

```
int x, y, z;

[x, x] { };      // (X)
[x, &x] { };     // (X)
[&, &y] { };     // (X)
[=, y] { };      // (X)
```

잘못된 예의 공통된 특징은 '같은 변수가 두 번 같은 방법으로 캡처'된다는 것으로 요약할 수 있습
니다.

12.3 앞으로 배워야 할 것

C++에 대한 이 책의 안내는 여기까지입니다. 필자로서 제가 여러분에게 하고 싶은 이야기는 모두 남김 없이 한 것 같습니다. 그러나 아쉽게도 앞으로도 배워야 할 것들이 더 남아 있습니다. C++ 자체도 그렇지만 특히나 '설계'와 관련해서 배울 것이 많이 남아 있습니다.

그중에서도 가장 기본이 될 원칙은 바로 **SOLID 원칙**으로 다음 다섯 가지 구조의 약자입니다.

설계 원칙	한글 이름	설명
SRP(Single Responsibility Principle)	단일 책임 원칙	한 클래스는 하나의 책임만 가져야 합니다.
OCP (Open Closed Principle)	개방 폐쇄 원칙	소프트웨어 요소는 확장은 쉽게, 변경은 어려워야 합니다.
LSP(Liskov Substitution Principle)	리스코프 치환 원칙	프로그램의 객체는 프로그램의 정확성을 깨뜨리지 않으면서 하위 타입의 인스턴스로 바꿀 수 있어야 합니다.
ISP(Interface Segregation Principle)	인터페이스 분리 원칙	특정 클라이언트를 위한 인터페이스 여러 개가 범용 인터페이스 하나보다 낫습니다
DIP(Dependency Inversion Principle)	의존성 역전 원칙	프로그래머는 추상화에 의존해야 합니다. 구체화에 의존하면 안 됩니다.

각각이 무엇인지 자세하게 설명하려면 꽤 많은 분량의 지면이 필요합니다. 그래서 구체적인 설명은 생략합니다. 인터넷을 검색하면 좋은 설명을 많이 찾을 수 있으니 스스로 찾아보기 바랍니다.

이제 한 가지 선택을 해야 할 시간이 된 것 같습니다. **설계**부터 공부하고 프로그래밍 경험을 쌓든지 아니면 **경험**부터 쌓고 설계를 공부하든지 한 가지 선택을 해야 합니다. 설계부터 공부하는 것이 바람직하겠으나 실전 경험이 부족한 상태에서는 중요성을 잘 깨닫지 못 할 수 있습니다. 반대로 실전에서 경험을 쌓은 후에는 "아, 지금 배우는 설계를 좀 더 일찍 알았더라면 이런 불상사는 없었을 텐데…"라며 후회 아닌 후회를 할 수도 있습니다.

객체지향 프로그래밍에서 설계의 중요성은 아무리 강조해도 지나치지 않습니다. '상속'이 등장한 순간부터 설계의 중요성은 이미 시작된 것입니다. 그러므로 꼭 객체 설계를 배우기 바랍니다. 그러려면 반드시 '**UML**^{Unified Modeling Language}'과 '**디자인 패턴**'을 알아야 합니다. UML은 클래스 객체 사이의 관계를 도형으로 표현하는 수단이며, 디자인 패턴은 모든 프로그램에 일반적으로 적용할 수 있는 자료 구조나 프로그램 구조를 설명한 이론입니다.

그런데 C++ 개발자들은 JAVA 개발자와 비교했을 때 상대적으로 UML과 디자인 패턴에 둔감한 편입니다. 주로 시스템을 다루는 코드를 작성하는 경우가 많다 보니 시스템에 관한 이론이나 제어 기법을 설계보다 우선시하는 경향을 보이기 때문입니다. 그러므로 의도적으로 노력하지 않으면 실무 개발자로 수년의 시간을 보내더라도 UML이나 디자인 패턴 모두 다른 나라 이야기처럼 들릴 것입니다.

그리고 '**정규 표현식**^{Regular Expression}'을 공부할 것을 권합니다. 정규 표현식은 사용되지 않는 곳이 없을 정도로 다양한 분야에서 활용되고 있습니다. 앞으로도 계속 그럴 것입니다. 보통 정규 표현식은 문자열을 정교한 조건으로 검색하는 데 사용됩니다. 문자열 데이터를 많이 다루는 웹 개발자들에게 정규 표현식은 그야말로 필수입니다. 그리고 가능하면 **JAVA**나 **C#**도 공부하기 바랍니다. 그래야 C++를 더 잘할 수 있습니다.

앞으로 해야 할 일까지 알려드렸으니 지금 여기에 도달하기까지 노력한 것처럼 여정을 이어가기 바랍니다. **프로그래밍은 즐거운 일입니다.** 부디 쫓기듯 일하지 않고 살아가기 바랍니다. 현실의 문제를 탓할 부분도 있지만 내가 노력해서 극복해야 할 부분도 있다는 사실을 명심하세요. 그래야 개발자로서의 삶을 오래도록 즐길 수 있습니다.

부족한 제 책이 하나 더 늘었습니다. 책을 쓰는 내내 시간에 쫓겨 피곤했지만 그래도 이번에는 이상할 정도로 **행복**했습니다. 한 번은 책을 다 쓴 후에 주책 없이 눈물을 한 바가지 흘리기도 했었는데 이번엔 정말로 마음이 편안하고 행복합니다. 이제 여러분의 평을 기다리겠습니다. 어떤 방법으로든 여러분의 의견을 전해주기 바랍니다.

책을 구매한 곳에 평을 남겨도 좋고, 제가 운영하는 카페(http://cafe.naver.com/windev)에 와서 글을 남겨도 좋습니다. 아니면 메일(cx8537@naver.com)을 보내도 좋습니다. 향후 이 책을 개선하는 데 소중히 활용하도록 하겠습니다.

감사합니다.

찾아보기